JN045989

京大の世界史

20ヵ年［第3版］

教学社編集部 編

教学社

はしがき

　受験対策の書籍には，本書のように大学名を冠したものがあります。もちろん大学ごとに異なる世界史が存在するわけではなく，大学ごとに出題の内容や形式に特徴的な傾向があるということです。傾向を知れば，効果的な対策も可能となるため，そこに大学別世界史対策の存在理由があります。

　私が大学生の頃，よく「1つのテーマについて何かを知り，また何かを書こうと思ったら，関連本に10冊は目を通せ」と言われました。これは理想ですが，受験勉強では非現実的で，かつ不要です。教科書や用語集の内容を理解し，それを土台にすればよいのです。

　世界史を理解するためには，「大きな流れ」をつかむことが大切と言われます。教科書の各節を要約し，それらをすべてつなげると，一応は「大きな流れ」になります。しかしこれでは入試に対応できません。「大きな流れ」を構成する個々の出来事や動きを理解し，それらを正しく覚えなければ，得点には結びつきません。世界史は「暗記科目」ではありませんが，事項の名称や，事項の相互のつながりを覚えない限り，各事項を歴史の「大きな流れ」の中に位置づけることはできません。

　歴史は点と線です。点は事項で，線は事項の連鎖です。京大の世界史で言うと，前者が語句記述，後者が論述となります。点と線のどちらも，歴史の「大きな流れ」の中に位置づけながら，覚えなければなりません。何を覚え，何を理解しなければならないか，それをつかむ絶好の場が問題演習です。

　本書では過去問を通じて受験に必要な事項や流れを説明しつつ，併せて論述の作成法も示しています。教科書・用語集を土台とした学習を補い，かつ獲得した知識を深め，さらに応用力を育成してほしい，こうした願いのもとに本書は作成されています。

　「神は細部にひそむ」とは歴史を学ぶ者の信条とされますが，受験でも高得点へのカギは「細部」にあります。この「細部」のわかりやすい説明こそ，本書が目指したところです。本書を利用して，京大の世界史を攻略するために必要な「細部」をつかみ，それを武器にして高得点へとつなげていきましょう。

編著者しるす

目　次

京大世界史の研究

1 概要

▶全体の形式

> 大 問 数：例年4題と一定している。　　　試験時間：90分

▶大問ごとの形式

〔1〕〔3〕：長文論述（配点は各20点）

　〔1〕と〔3〕は300字の長文論述である。語句指定のない論述を主とするが，時に2つ（ないし3つ）の語句指定を伴う論述も出題されている。

〔2〕〔4〕：記述・短文論述（配点は各30点）

　〔2〕と〔4〕は語句記述と短文論述の融合問題で，まれに選択問題（地図上の位置選択や正文選択）を含む場合がある。どちらの大問もA・B（ないしA・B・C）のリード文に分かれ，それぞれが空欄補充と下線部設問（時には下線部設問のみ）で構成されているため，実質は〔2〕と〔4〕を併せて4，5題分の出題となっている。

　〔2〕は2011年度（A・B・C3題）を除きA・Bの2題で，全問語句記述の形式が多く，その場合にはA・Bそれぞれ解答個数は15個である。もちろん短文論述が含まれると，配点の関係上，解答個数は少なくなる。一方，〔4〕では2017年度以降それまでのA・B・C3題からA・B2題になっているが，常に1～6問の短文論述が含まれる。そのため，解答個数は短文論述の数に左右され，24～30個である。

　〔2〕〔4〕とも，年度によって解答個数にばらつきがあるものの，どの年度も解答個数はA・B（ないしA・B・C）にバランスよく振り分ける工夫がなされている。また，〔2〕〔4〕には「二つ記せ（ないし二つあげよ）」という設問が含まれる場合もあり，これも解答個数に影響する。

　なお，短文論述には2007年度を例外として（30字などの字数指定があった），字数指定はなく空白の解答欄となっている。ただ，目安としては，1行分の空欄で20～30字程度，2行分の空欄で40～60字程度と思われる。

▶時間配分は？

　2題の300字論述と，実質4，5題となる語句記述・短文論述問題からなるため，分量が多く，スピーディーな解答が求められる。〔2〕と〔4〕を30分程度で処理し，残りの時間を〔1〕と〔3〕の長文論述の解答に充てるのがベターであろう。

2　出題形式ごとの傾向分析

■ 出題テーマの特徴

〔1〕アジア地域／長文論述

年度	表　　　　題	地　域	時　代	分　野
2022	マラッカ王国の歴史	東南アジア	15〜16世紀初頭	政治，経済，文化
2021	ヨーロッパ人宣教師の中国来訪と活動	中国	明，清	文化
2020	イラン系民族の活動と中国文化への影響	ユーラシア大陸東部	隋，唐	政治，経済，文化
2019	前近代のマンチュリアの歴史	東アジア東北部	4〜17世紀前半	政治
2018	近現代トルコにおける国家統合	西アジア	19世紀後半〜20世紀前半	政治
2017	前3〜後4世紀初頭の匈奴と中国の関係史	中央ユーラシア，中国	戦国時代〜晋	政治
2016	9〜12世紀におけるトルコ系の人々のイスラーム化	中央アジアとその周辺	9〜12世紀	政治
2015	清末の4回の戦争の講和条約と清の動向	中国	近代	政治
2014	中国の科挙制度史	中国	隋〜清末	政治，社会，文化
2013	ウンマの成立とあり方の変化	西アジア	7世紀	政治
2012	魏晋南北朝時代における仏教・道教の発展とその影響	中国	魏晋南北朝時代	政治，社会，文化
2011	4〜12世紀における長江下流地域（江南）の開発	中国	晋〜宋	経済
2010	中国共産党の歴史	中国	20世紀前半	政治
2009	インドの民族運動とイギリスの政策	インド	19世紀末〜20世紀前半	政治
2008	土地制度と学術から見た宋代の士大夫	中国	唐〜宋	政治，経済，文化
2007	北方民族に対する中国歴代王朝の懐柔策と外交政策	中国	前2〜16世紀	政治
2006	1910〜1950年代の中東アラブ地域	中東アラブ地域	20世紀前半	政治
2005	辛亥革命から日中戦争開始までの日中関係史	中国	20世紀前半	政治
2004	トルコ系・モンゴル系国家とイスラーム	西アジア	11〜18世紀	政治，社会
2003	宋代，明代，清代の皇帝独裁制	中国	宋，明，清	政治

▶地域では

〔1〕はアジア地域関連の 300 字論述で固定している。中国が中心で，3 年に 1 回程度はイスラーム世界と関連させる形で西アジアやインドが扱われる。2022 年度は東南アジアが，ここ 20 年間では初めて扱われ，意表を突かれたが，出題対象はイスラーム国家となるマラッカ王国で，東南アジアのイスラーム化を問われたため，イスラーム世界と関係する地域の出題という京大の傾向には沿っていたといえる。中国以外の地域についてはイスラーム世界と関わるユーラシア世界すべてに注意を向ける必要があるだろう。

中国について見ると，中国国内の動向を扱うパターン（2012 年度など），中国国内の一地域をめぐる動向を扱うパターン（2011 年度など），中国と周辺地域・国との関係を扱うパターン（2021・2019・2017 年度など）がある。

▶時代では

中国史に関しては，複数の時代（宋代～清代など）を対象とするパターン（2011 年度など）と，特定の時代（漢代，清代など）を対象とするパターン（2015 年度など）がある。そのため，古代の秦から現代の中華人民共和国まで，各時代（各時代の王朝・国家）が満遍なく扱われることになる。ただ，傾向としては近代の 19 世紀までの中国史が圧倒的に多いといえる。

一方，西アジア・インドに関しては，前近代ではイスラーム世界との関係，近現代では欧米列強との関係がよく取り上げられている。前近代では，西アジアで 7 ～16 世紀，インドで 13～16 世紀，近現代では，両者とも 19 世紀末～20 世紀中頃が要注意の時代となる。また，西アジアのオスマン帝国に関しては 19 世紀も軽視できない。2022 年度の出題を踏まえると，東南アジアでは前近代の 15～16 世紀と近代の 19 世紀も忘れてはならないだろう。

▶分野では

制度史，地域と地域の関係史など，政治史からの出題が大半を占めるが，「政治的・経済的関係…に言及しつつ，…説明せよ」（2022 年度），「新しい土地制度…にも必ず言及し，…述べよ」（2008 年度）など経済史も軽視できない。さらに「歴史的な変遷を，政治的・社会的・文化的な側面にも留意しつつ，…説明せよ」（2014 年度）など，社会史や文化史が論述の一部に組み込まれている場合もあり，分野的にも幅広く扱われている。

〔2〕アジア地域／記述・短文論述

年度	中問	表　　　題	地　域	時　代	分　野
2022	A	歴史的「シリア」をめぐる歴史	西アジア	前8〜20世紀前半	政治，文化
	B	中国の人口推移と社会	中国	13〜20世紀	政治，経済，文化
2021	A	秦〜隋代の関中盆地	中国	秦〜隋	政治，経済，文化
	B	西アジアにおける新たな文化形成	西アジア	前4〜19世紀	政治，文化，経済
2020	A	世界史上のムスリムと非ムスリムの関係	西アジア	7世紀以降	政治，文化
	B	近現代の中国と海軍	中国	19〜20世紀	政治
2019	A	西アジア起源の文字をめぐる歴史	西アジア，エジプト	古代〜現代	政治，文化
	B	明の滅亡と清の盛衰	東アジア，東南アジア	明末〜清	政治，文化
2018	A	皇帝と前近代の中国史	中国	戦国時代〜宋	政治，文化
	B	3つの租界から見た近現代の中国史	東アジア，ヨーロッパ	19〜20世紀前半	政治，文化
2017	A	文学と前近代中国史	中国	後漢〜清	政治，文化
	B	コプト教会信徒と前近代エジプト史	エジプト，西アジア	5〜19世紀初め	政治
2016	A	戦国時代〜後金の中国歴代王朝と正統	中国	戦国時代〜後金	政治
	B	後漢〜現代の中国史における「党」	中国	後漢〜1960年代	政治
2015	A	中国の南北地域関係史	中国	夏〜清	政治
	B	シーア派の動向史	西アジア	7〜20世紀	政治
2014	A	洛陽をめぐる中国史	中国	後漢〜明	政治，文化
	B	前近代イランの歴史と文化	イラン	前6〜18世紀	政治，文化
2013	A	夏〜前漢時代の中国史	中国	夏〜前漢	政治，文化
	B	近世〜現代におけるアルメニア人関連史	アジア	16〜20世紀	政治，文化
2012	A	イスラーム世界とその文化	西アジア	7〜16世紀	政治，文化
	B	アメリカ合衆国・中国関係史	中国，アメリカ	19〜20世紀	政治
2011	A	古代インド史	インド	前16〜7世紀	政治，文化
	B	五代〜宋代における海上貿易の発展	東アジア，東南アジア	10〜15世紀	政治
	C	帝国主義時代の中国と朝鮮	東アジア	19世紀末〜20世紀初め	政治，文化
2010	A	古代〜イスラーム期の西アジア	西アジア	前3千年紀〜10世紀	政治，文化
	B	清帝国とロシア帝国	中国，ロシア	16〜18世紀	政治
2009	A	歴史の中での中国の地図	中国	前7〜18世紀	政治，文化
	B	新羅・高麗・朝鮮王朝関連史	朝鮮	7〜17世紀	政治

年度	中問	表　　題	地　域	時　代	分　野
2008	A	ユーラシアの北方諸民族の活動	モンゴル	前3世紀末〜10世紀	政治，文化
	B	モンゴル帝国時代の東西交流	西アジア	11〜13世紀	政治，文化
2007	A	トルコ民族史	西アジア，中央アジア	前6〜17世紀	政治
	B	アロー戦争と華夷秩序の崩壊	東アジア，東南アジア，中央アジア，インド	19〜20世紀	政治
2006	A	唐末から元代の中国	中国	秦〜元	政治，経済
	B	清以後の中国の兵制	中国	清，中華民国	政治
2005	A	中国歴代王朝の都	中国	前漢〜明	政治
	B	近代以前のインド史	インド	古代〜17世紀	政治，文化
2004	A	石碑から見た前近代の中国史	中国	秦〜明末	政治，文化
	B	明・清の外交政策	中国	明，清	政治
2003	A	陳独秀と中国の政治運動	中国	19〜20世紀前半	政治
	B	古代西アジアの大帝国	西アジア	前17〜8世紀	政治

▶地域では

〔2〕はアジア地域関連の問題で固定されている。その際，〔1〕が中国史の場合には，AとBは中国と中国以外，〔1〕が中国史以外の場合には，A・Bともに中国関連というパターンが多い。よって，中国史重視は京大のアジア地域関連の特徴である。

中国以外では，西アジア（特にイスラーム世界）からの出題が多く，次いでインドや朝鮮となる。ただし，設問レベルで見ると，中央アジアやモンゴルなど内陸アジア，さらに東南アジアも扱われており，アジア各地からの幅広い出題となっている。

▶時代では

中国に関しては特定の時代を対象とするパターンと，複数の時代を対象とする通史的なパターンがある。しかし，A・Bともに中国史の場合は，前者のパターンであっても，結果的に古代から現代の20世紀後半までを扱う出題となってくる。

中国以外の地域では，前近代（19世紀初めまで）からの出題が多いという傾向があるが，西アジアは21世紀初めまでの現代史も軽視できない。

▶分野では

政治史を中心とするが，文化史も扱われる。実際，設問レベルでは中国文化史やイスラーム文化史からの出題も多いので，文化史対策も重要となる。

〔3〕欧米地域／長文論述

年度	表　　題	地　域	時　代	分　野
2022	民主政アテネと共和政ローマ	ヨーロッパ	古代	政治
2021	19世紀のドイツ統一過程	ドイツ	19世紀	政治
2020	1962〜1987年の国際関係と核兵器	世界	1962〜1987年	政治
2019	近世ヨーロッパ諸国のインド亜大陸進出	インド	16〜18世紀	政治，経済
2018	十字軍運動の性格と中世ヨーロッパへの影響	ヨーロッパ	11世紀末〜13世紀後半	政治，文化，経済
2017	1980年代の社会主義諸国に起こった変革	ソ連，東欧，中国，ベトナム	1980年代	経済，政治
2016	18世紀のイギリス・プロイセンにおける啓蒙思想の受容と影響	ヨーロッパ	18世紀	政治，社会
2015	共和政期のローマに生じた変化	ローマ	前3〜前1世紀	政治
2014	第二次世界大戦後のドイツ史と冷戦	ドイツ	20世紀半ば〜末	政治
2013	19世紀のフランス・ロシア関係史	ヨーロッパ	近代	政治
2012	18世紀後半〜19世紀前半の南北アメリカ大陸の歴史	南北アメリカ	18世紀後半〜19世紀前半	政治
2011	1920年代のアメリカ外交	世界	現代	政治，経済
2010	古代ギリシア・ローマと西洋中世における軍事制度	ヨーロッパ	古代，中世	政治，社会
2009	「新大陸」の発見と新・旧両世界の変化	新・旧両世界	16世紀	社会
2008	古代アテネ民主政の歴史的展開	ギリシア	前6世紀末〜前5世紀末	政治
2007	1960年代における多極化の進展	世界	1960年代	政治，経済
2006	4〜8世紀の地中海世界	地中海地域	4〜8世紀	政治
2005	18世紀後半〜19世紀前半の英仏関係	ヨーロッパ	18世紀半ば〜19世紀前半	政治
2004	4世紀のローマ帝国とヨーロッパ中世世界の形成	ヨーロッパ	4世紀	政治，社会
2003	第一次世界大戦中のイギリスの植民地政策とその結果	インド，エジプト	第一次世界大戦中と大戦後	政治

▶地域では

〔3〕は欧米地域関連の 300 字論述で固定されている。西ヨーロッパと北アメリカが中心で，次いでロシアも重要となる。ただし，ヨーロッパ内の特定地域を扱う場合（2022・2021 年度）がある一方，ヨーロッパとアメリカ大陸が同時に扱われる場合（2012・2009 年度）や，欧米地域の視点から世界や国際社会を扱う場合（2011・2007 年度）もあり，地域的に幅広い出題となることも多い。なお，ここで注意したいのは，近年，欧米地域関連の論述の中にアジア地域の動向（2017 年度）やヨーロッパ諸国のアジア地域での活動（2019 年度）を組み込んだ出題も見られる点である。これは世界の一体化（グローバル化）の視点から世界史を見直そうとする近年の歴史学の傾向の反映ともいえる。近現代における欧米地域とアジア地域の関係や，両者の同時代史的な比較にも注意を払った学習が欠かせない。

▶時代では

通史的な出題は少なく，大半は特定の時代（例えば，古代ローマの時代，近世の 18 世紀，近代の 19 世紀，第二次世界大戦後の現代など）を対象とする。ただし，出題が常に特定の一時代（例えば中世）に偏るような傾向はない。2022・2018・2015・2010・2008・2006・2004 年度は古代・中世，2021・2019・2016・2013・2012・2009・2005 年度は近世・近代，2020・2017・2014・2011・2007・2003 年度は現代と，バランスよく出題されている。

▶分野では

軍事を含む制度や国際関係・ナショナリズムなど，政治史からの出題が主となる。その一方，政治の動きと文化や社会を関連させる出題も一部に見られる。例えば，2004 年度には政治とともに宗教が，2016 年度には啓蒙思想と政治・社会の関連が，2018 年度には十字軍運動の政治・宗教・経済への影響が扱われた。

欧米地域関連の論述では，文化や社会が単独のテーマとなることは少ないが，政治とからめて出題される場合（例えば 16 世紀ヨーロッパの国際関係とドイツ宗教改革など）もあるので注意しておきたい。加えて政治史からの出題では複数の地域の状況・動向を「比較」させる場合もあり（2022・2017・2010 年度），「比較」による相違点（ないし類似点）の抽出・指摘が要求されることもある。

〔4〕欧米地域／記述・短文論述

年度	中問	表　　　題	地　域	時　代	分　野
2022	A	中世～近代のヨーロッパの大学	ヨーロッパ	6～19世紀	政治，文化
	B	石炭から見る近現代ヨーロッパ	ヨーロッパ	18～20世紀	政治，経済
2021	A	古代ギリシア・ローマと継承国家	ヨーロッパ，ロシア	前5～16世紀	政治，文化
	B	動物をめぐる歴史	欧米	11～19世紀	政治，経済，文化
2020	A	前近代ヨーロッパにおける正戦論	ヨーロッパ，ラテンアメリカ	前4～17世紀	政治，文化
	B	情報伝達をめぐる世界史	欧米，中東	全時代	政治，文化
2019	A	前近代ヨーロッパの王位や王国の継承	ヨーロッパ	前5～14世紀	政治
	B	近現代世界における人の移動	世界	19～20世紀	政治
2018	A	地図とヨーロッパの世界観	世界	前4～19世紀	政治，文化
	B	ブルジョワジーと19世紀の欧米世界	世界	18世紀末～19世紀	政治，文化，経済
2017	A	古代・中世初期のヨーロッパにおける人の移動	ヨーロッパ	前16～10世紀	政治
	B	近世～現代のバルト海周辺地域の覇権争い	ヨーロッパ	16～20世紀	政治
2016	A	前近代における西洋史上の船の役割	ヨーロッパ	前9～15世紀	政治
	B	近世・近代におけるディアスポラ	ヨーロッパ，アメリカ大陸	15世紀末～19世紀	政治，経済
	C	第二次世界大戦後の国際システムの変容	世界	20世紀後半	政治，経済
2015	A	中世ヨーロッパにおける団体と活動	ヨーロッパ	11～15世紀	政治，経済
	B	近世ヨーロッパのキリスト教会と国家権力	ヨーロッパ	14～19世紀	政治，文化
	C	近現代の世界における人々の一体性	世界	19～20世紀	政治
2014	A	中世イベリア半島史	ヨーロッパ，アフリカ	11～14世紀	政治，経済
	B	人民の政治参加をめぐる欧米史	欧米	前6～20世紀	政治
	C	19世紀後半の世界各国の動向	世界	19世紀後半	政治，経済
2013	A	古代ギリシア・ローマ世界	ヨーロッパ	前5～9世紀	政治，文化
	B	ジブラルタル海峡関連史	ヨーロッパ	5～19世紀	政治
	C	第三世界関連史	第三世界	20世紀後半	政治，経済
2012	A	古代～近世における反乱の歴史	ヨーロッパ	前1～16世紀	政治，文化
	B	包摂と排除の歴史	欧米	前8～20世紀	政治，文化
	C	エネルギー問題関連史	世界	古代，19～20世紀	政治，経済
2011	A	ライン川にみる古代・中世ヨーロッパ	ヨーロッパ	前1～9世紀	政治
	B	絶対王政期のフランス	欧米	17～18世紀	政治，経済
	C	近世・近代のバルカン半島	ヨーロッパ	17～20世紀初め	政治
2010	A	スラヴ人のキリスト教受容	東欧，ロシア	中世，近世	政治
	B	ヨーロッパの人口の増減・移動	ヨーロッパ	中世末～近代	政治，社会
	C	東南アジアの植民地化	東南アジア	19～20世紀半ば	政治，経済

年度	中問	表　　題	地　域	時　代	分　野
2009	A	古代ギリシア・ローマ史	ヨーロッパ	古代	政治, 文化
	B	ヨーロッパにおける民族・集団の移動	ヨーロッパ	中世, 近世	政治
	C	18〜20世紀のロシア・ドイツ関連史	ロシア, ドイツ	近世〜現代	政治
2008	A	近世・近代ヨーロッパにおける信仰の自由	ヨーロッパ	17〜19世紀	政治
	B	西アフリカにおけるイスラーム国家	西アフリカ	7〜20世紀初め	政治, 経済
	C	現代における世界の一体化	世界	20世紀	経済, 文化
2007	A	西洋史上の軍事指導者と権力	ヨーロッパ	前1〜20世紀	政治, 経済
	B	太平洋地域の探検	太平洋	16〜18世紀	政治, 文化
	C	アメリカ合衆国の独立と発展	北アメリカ	18世紀後半〜19世紀	政治
2006	A	イギリス農業の変化	イギリス	14〜19世紀	政治, 経済
	B	19世紀の英・仏・米	欧米	19世紀	政治, 経済
	C	戦間期のソ連邦	ソ連	20世紀前半	政治, 経済
2005	A	「帝国」としてのヨーロッパ統合	ヨーロッパ	2〜9世紀	政治
	B	ゾラと近代ヨーロッパ	ヨーロッパ	19世紀後半	政治, 文化
	C	冷戦と統合のヨーロッパ現代史	ヨーロッパ	20世紀後半	政治, 経済
2004	A	ロシアのシベリア進出	極東	16〜20世紀初め	政治
	B	アメリカ独立革命関連史	北アメリカ	17〜18世紀	政治
	C	現代史上の文芸・哲学思想と紛争	ヨーロッパ	20世紀	文化, 政治
2003	A	古代・中世のヨーロッパ都市	ヨーロッパ	古代, 中世	政治, 社会
	B	宗教改革とその影響	ヨーロッパ	16〜19世紀	政治
	C	19世紀のヨーロッパ	ヨーロッパ	19世紀	文化, 政治

▶地域では

　〔4〕は欧米地域関連の問題で，ヨーロッパ（特に西ヨーロッパ）が中心となる。2016年度までのA・B・C3題の場合にはA・Bでヨーロッパを，Cで欧米地域に限定せず世界各地を扱うパターンが多かった。2017年度以後A・B2題となっても，ヨーロッパ中心の傾向は変わらず，年度によりBで世界各地の動向も問われており，地域的に幅広い出題となっている。

▶時代では

　A・B・C3題の出題の場合，2題で特定の時代を，残り1題で複数の時代を扱うパターンもあった。しかしA・B2題になると，A・Bともに複数の時代を扱うパターンが主となっている。ただ，どちらの場合にしろ，古代から現代まで満遍なく扱われ，時代的な偏りは少ない。例えば，2020年度には歴史時代以前〜21世紀初めの歴史事項が問われた。よって，時代的に幅広い出題は〔4〕の大きな特徴といえる。

▶分野では

政治史が中心を占めるが，社会経済史や文化史からの出題もある。特に注意を要するのは文化史で，A・B・C 3 題の場合にはそのうちの 1 題が文化史関連というパターン（2015 年度 B，2004 年度 C など）もあり，設問レベルでも文化史は多かった。A・B 2 題になると，文化史が 1 題として扱われることはあまりなく，また設問レベルでも以前ほど多く出題されていない。しかし語句記述で文化史関連に難問が出題される場合（2021 年度 B の『白鯨』の作者メルヴィル）や短文論述で文化史が扱われる場合（2020 年度 B のキリル文字考案の宗教上の背景）もあり，軽視はできない。特にキリスト教関係史や政治史とからむ文化史（例えばギリシア独立戦争とロマン主義，ドレフュス事件と自然主義作家，スペイン内戦と欧米の作家など）には注意しておきたい。分野に関しても，幅広い出題ととらえた方がよい。

■ 難度と出題パターン

〔1〕〔3〕長文論述

　教科書レベルの知識で対応できる部分も多いが，事項や歴史的流れの正確な理解とそれに基づく応用力，さらには文章の構成力も要求されるため，かなり手強い。出題パターンとしては，〔1〕〔3〕とも，次の2つに大別される。

①特定の地域・国における制度や状況の変化，他の地域・国との関係の変遷を述べるパターン（歴史的推移の論述）

　このパターンでは，設問の要求する事項の流れを時系列に述べれば対応できる場合が多い。その際，複数の王朝や時代区分にまたがる場合と，特定の時代を対象とする場合があり，〔1〕のアジア地域関連では2022年度〔1〕前近代のマラッカ王国の歴史が後者の，2019年度〔1〕前近代のマンチュリア史などが前者の，〔3〕の欧米地域関連では2014年度〔3〕冷戦下のドイツ統一過程が後者の，2006年度〔3〕4～8世紀の地中海世界が前者の，典型的な出題である。なお，欧米地域では後者の出題が多い点にも注意しておきたい。

②特定の視点から複数の地域・国について，それぞれの動向を述べるパターン（並列的な論述）

　このパターンでは，ある時期の歴史的事件や歴史的動向について，地域・国ごとに並列して述べていけば対応できる場合が多い。

　その際，注意したいのは，並列的であるが故に，比較が要求される点である。実際，2022年度〔3〕は「両者の違いに留意」，2017年度〔3〕は「類似点と相違点に着目」，2008年度〔1〕は「それ以前のものと対比」，2004年度〔1〕は「相互の違いに注意」が求められた。もちろん，比較を指示していない設問もあるが，特定の視点から複数の地域・国を扱う論述では，常に比較が意識されていると考えたい（2012年度〔3〕）。よって，比較にも対応できるように，共通点や相違点を示すような文章の作成手法も重要となる。

　その他，この2つのパターンを組み合わせた出題（2021年度〔1〕，2018年度〔3〕，2012年度〔1〕，2010年度〔3〕），どちらのパターンでも対応できる出題（2011年度〔3〕，2004年度〔3〕）もある。

〔2〕〔4〕記述・短文論述

　専門的な内容やなじみのないテーマのリード文，難度の高い用語や説明の箇所を含んだ設問文も多く見られ戸惑うが，語句記述の大半は基本事項・重要事項が占める。よって，リード文や設問文中のヒントに気づけば，容易に解答できる場合が多く，解答の確定が難しい場合でも推測できる。

　一部では難度の高い用語も問われるが，そのなかには用語集を踏まえた丁寧な学習で対処できる事項（2022年度〔2〕の「トゥールーン朝」，〔4〕の「チェチェン」，2017年度〔2〕の「サヌーシー教団」など）と，教科書・用語集レベルを超えた事項（2021年度〔4〕の「メルヴィル」，2012年度〔4〕の「黄禍論」など）があり，前者の攻略こそがめざす到達点の一つとなる。

　一方，短文論述には大きく2つのパターンがある。

①重要事項の内容説明（事件のあらすじ，条約・協定の主要な取り決め，法律や政策の中味，文芸思潮の特徴など）を求めるパターン

②重要事項をめぐる状況説明（事件の経緯，起こった理由・原因・背景，社会との関係や社会への影響など）を求めるパターン

　どちらも大半が教科書の該当用語が記された箇所の前後や脚注で述べられている。そのため，教科書の精読と，それによる用語の理解が短文論述攻略の決め手となる。そしてこの学習はまた，2020年度〔4〕「アラブの春」で長期政権が崩壊した国など，難度の高い語句記述問題を解く手段ともなる。語句記述対策と短文論述対策は表裏一体であることに注意したい。

　なお，短文論述では教科書に記載がなくても当時の状況から解答を推察できる場合もあるため（2021年度〔4〕の牛肉冷凍，2019年度〔4〕のインフルエンザと人の移動など），時代状況を意識した学習も大切である。

■ 京大世界史で求められる学力

▶記述・短文論述

　語句記述も短文論述も，大半が教科書レベルの基本事項・重要事項に関わる。よっ
て，これらの事項の内容や位置（前後の出来事との関わり）を歴史の大きな流れの中
で理解していれば，ほとんどの問題に対応できる。京大が発表した「京都大学の学力
検査の出題方針について」においても，「教科書に記載されている個々の歴史的事象
をその背景とともに理解しているかを問う問題」を出題すると記されている。

▶長文論述

　長文論述は，①一定期間における特定の地域・国の制度や状況の変化，他の地域・
国との関係の変遷を扱う歴史的推移の論述と，②特定の視点から複数の地域・国を対
象に，それぞれの動向を比較史的観点をからめて扱う並列的な論述を柱とする。

　これは京大が提示する「個々の地域世界の内部の展開および地域世界間の相互関係
を適切に把握しているかを問うことに重点」を置き，また「様々な歴史的事象を一貫
した論理の下に相互に関連づけて歴史的潮流を説明する能力を問う」という方針に対
応する。その際，論述のテーマ自体は教科書でストレートに記されているわけではな
いが，教科書の中からテーマに該当する箇所を取り出し，①では時系列に，②では地
域・国ごとに相互の共通点（ないし相違点）を示しつつまとめれば一応解答は完成す
る。それ故，論述でも教科書レベルの知識と，それを使いこなす力（応用力）が求め
られている。

▶京大が求める学力

　以上から，京大が求める学力は，教科書レベルの基本事項・重要事項の内容理解と，
それらの歴史的位置づけや相互関連の把握となる。

　さらに，京大では地域史や，社会・文化の動向が問われることも多い。これは京大
が「狭義の一国史よりも地域社会を単位として重視」し，また「政治・社会・文化の
様々な側面」に重点を置くことを出題方針とするからである。よって，京大では一国
内の特定地域（係争地や政治・経済の中心地など）や，国を超えた地域世界（東アジ
ア世界，イスラーム世界など），さらには移動する人（移民，商人など）が結びつけ
る地域の視点から，政治だけでなく，社会や文化，さらには経済にも注意を向けつつ，
多角的に歴史を把握する力も要求されている。

3 効果的な対策・学習法と本書の利用法

　京大の語句記述・短文論述問題は，大半が基本事項・重要事項に関わり，また長文論述も教科書レベルの基本的知識でかなりの部分をカバーできる。そこで，まず教科書を精読し，そのなかで基本事項・重要事項を，その前後の文章や脚注にも注意しながら理解し（つまり事項・用語を説明できるようにし），併せて相互の関連や結びつきなど歴史的流れを把握していくことが土台となる。その上で，問題に慣れ，かつ理解した知識を使いこなす訓練として，過去問演習を行えばよい。

▶過去問演習の注意点と効果
　ミスした箇所やあいまいな箇所，さらには論述で書けなかった（思いつかなかった）部分については，必ず教科書・用語集，さらには本書の解説などで確認する。こうすれば，知識は増え，理解も深まる。論述については文章の作成自体も重要となる

●**長文論述では…**
- 古代アテネ・ローマの政治体制　2022・2015・2008〔3〕
- 国際関係　　　　　　　　　　　2020・2007〔3〕
- 中国と匈奴の関係　　　　　　　2017・2007〔1〕
- イギリスとインドの関係　　　　2009〔1〕・2003〔3〕
- イギリスとエジプトの関係　　　2006〔1〕・2003〔3〕
- 近現代ドイツ史　　　　　　　　2021・2014〔3〕

●**語句記述では…**
- 改革・開放政策　　　　　　　　2022〔2〕・2008〔4〕
- ベーリング　　　　　　　　　　2021・2004〔4〕
- マカートニー（2010〔2〕）とアマースト（2004〔2〕）
- ソグド人　　　　　　　　　　　2019・2007〔2〕

●**短文論述では…**
- ドイツ宗教改革関係　　　　　　2020・2012〔4〕
- アウグスブルクの和議　　　　　2008・2003〔4〕

●**その他にも…**
- 語句記述で問われた用語が，別年度の短文論述で内容説明を問う出題に
　　冊封→2009・2004〔2〕，ジャガイモ飢饉→2019・2010〔4〕
- 短文論述が長文論述の一部に関連
　　イエズス会→2021〔1〕・2017〔2〕，中世イタリア都市→2018〔3〕・2015〔4〕

から，できれば学校の先生などにお願いして添削してもらおう。

　囲みのように，京大では内容の点で重複・関連する問題が出題されることもある。過去問およびその解説を利用した，知識の確認と関連情報の習得をはかる発展的学習は効果的といえる。

▶本書の利用法

　上記の対策・学習法と本書をどのように連動させたらよいのか。

(1)　一通り学習を終えている場合

　本書収録の最初の年度から，年度に従って〔1〕〜〔4〕を解いていく。その際，語句記述・短文論述を攻略する力が長文論述の土台となるから，まず〔2〕と〔4〕で知識を確認し，次いで〔1〕と〔3〕に挑戦するのもよいだろう。

(2)　一通りの学習をまだ終えていない場合

　自分の学習進度に合わせ，その時点までの既習の範囲に該当する問題を1つ（ないし2つ）選んで解いていく。こうすると，知識の確認，プラス今後の学習における注意点（例えば，短文論述対策としてはどこを見ておく必要があるのか，長文論述対策ではどのような知識が要求されるのかなど）を認識できる。そして一通り学習が終われば，やり残した問題をすべて解く。

　最後に参考として，学習の進度に応じて挑戦できる長文論述問題を示しておこう。加えて，長文論述問題の時代的な出題傾向も再度つかんでほしい。

● 16世紀まで学習が終われば
　〔1〕アジア地域関連　中国で 2020・2017・2012・2011・2008・2007 年度
　　　　　　　　　　　　中国以外で 2022・2016・2013 年度
　〔3〕欧米地域関連　2022・2018・2015・2010・2008・2006・2004 年度

● 16世紀〜19世紀後半の学習が終われば
　〔1〕アジア地域関連　中国で 2021・2019・2003 年度
　　　　　　　　　　　　中国以外で 2004 年度
　〔3〕欧米地域関連　2021・2019・2016・2013・2012・2009・2005 年度

● 19世紀末〜20世紀の学習が終われば
　〔1〕アジア地域関連　中国で 2015・2014・2010・2005 年度
　　　　　　　　　　　　中国以外で 2018・2009・2006 年度
　〔3〕欧米地域関連　2020・2017・2014・2011・2007・2003 年度

　時代分けを見ると，アジア地域関連では16世紀以前と19世紀末以降の出題が多く，欧米地域関連では時代的な偏りがなく，バランスよく出題されていることがわかる。さ

らに中国史対策の重要性も理解できよう。なお，語句記述・短文論述問題については，本書収録の表を利用してほしい。表が示すとおり，幅広い出題となっているので，くり返し全問にあたり解説で理解を深めれば，京大対策に必要な知識をほぼ網羅できるだろう。

4　論述作成講座

▶パターン別の解法に至る発想

⑴歴史的推移の論述：「ある時期」から「ある時期」までの，地域Aと地域Bの「関係の変化を述べよ」というような形式

　指定された時期（期間）の，指定された地域・国の歴史を想起し，そこから設問が求める該当箇所を導き出し，それらを時系列でまとめればよい。

⑵並列的な論述：「ある点」について，地域Aと地域Bに「起こった状況を述べよ」，あるいは「ある時期」の地域Aの状況を，「政治・社会・文化の3側面から述べよ」というような形式

　対象となる地域・国の，指定時期における歴史や状況を想起し，そこから設問が求める該当箇所を導き出し，地域・国ごとに（例えば，「A地域では～，B地域では～」として），あるいは側面ごとに（例えば，「政治では～，社会では～，文化では～」として）まとめればよい。その際，設問で「比較」が要求されているなら，共通点や相違点のわかるような文章を作成する。

▶実践：論述設計図

　京大の長文論述の柱といえる2パターンについて，論述の構成法を考えてみる。

⑴歴史的推移の論述

> 　中国の歴代王朝が北方民族に対して用いた懐柔策や外交政策について，紀元前2世紀から16世紀に至るまで，できるだけ多くの事例を挙げて300字以内で説明せよ。
> 　　　　　　　　　　　　　　　　　　　　　　　　　　　　　　（2007年度〔1〕）

　「紀元前2世紀から16世紀に至るまで」という長い時代を対象に，中国王朝と北方民族の関係史を，中国王朝の政策の視点から述べるのだから，歴史的推移の論述となる。まず前2世紀と16世紀の中国王朝の状況の中から，北方民族と関係する箇所を取り出し，書き出しと締めくくりを定める。次いで前1世紀～15世紀の中国史を想起し，そこから北方民族と関わる箇所，特に懐柔策や外交政策と関わる部分を導き出し，それらを時系列に配置し，書き出しからつなげ，締めくくりにつながるように文章化していけばよい。

解答例

　　前漢は高祖以来，対匈奴和親策をとったが，武帝は積極策に転換し，匈奴挟撃のため張騫を大月氏へ派遣した。隋は突厥を離間策で東西に分裂させ，唐は服属させた突厥を羈縻政策で間接統治した。しかし，羈縻政策が破綻すると，ウイグルには絹馬貿易を認めるなど懐柔策をとった。北宋は契丹の遼と澶淵の盟を，タングートの西夏と慶暦の和約を結び，南宋は女真の金に臣従する形で銀や絹を贈って平和を維持した。明は，永楽帝がオイラト・タタールに積極策として親征を行う一方，朝貢関係を結んで懐柔も図った。しかし，その後は消極策をとり，土木の変後は守勢に転じ，タタールのアルタン=ハンとは和議を結んで朝貢貿易を認め北方情勢を安定させた。

(300 字以内)

(2)並列的な論述

> 　18 世紀のイギリスとプロイセンの場合を比較しながら，啓蒙思想がどのような人々に受容され，そのことがどのような影響を政治や社会に及ぼしたのか，300 字以内で説明せよ。　　　　　　　　　　　　　　　　　　　（2016 年度〔3〕）

　「18 世紀」という短い時代を対象に，イギリスとプロイセンにおける啓蒙思想の受容や政治・社会への影響を述べるのだから，国ごとに論点を記す並列的な論述となる。18 世紀のイギリスとプロイセンの状況，特に政治や社会をめぐる状況を想起しながら設問の要求に関わる箇所を導き出し，それらを「比較」させつつまとめればよい。

解答例

　　立憲王政を確立したイギリスでは市民が啓蒙思想を受容した。彼らは自由な経済活動を求めて資本主義社会を成立させ，またコーヒーハウスでの交流などにより世論を形成し，議会政治の進展に影響を与えた。一方，北米のイギリス植民地でも人々が啓蒙思想を力に独立戦争を展開し，植民地をアメリカ合衆国として独立させた。プロイセンでは絶対王政のもとで君主やユンカーが啓蒙思想を受容した。フリードリヒ 2 世は啓蒙思想をもとに上からの近代化改革を進める政治体制を樹立し，ユンカーの協力を得て，産業の育成などを行った。しかし，体制内改革にとどまったため，ユンカーの支配を打破できず，資本主義社会の形成も市民の政治参加も進まなかった。

(300 字以内)

第1章　アジア地域／長文論述

1　マラッカ王国の歴史

（2022年度　第1問）

〔地域〕東南アジア　〔時代〕15～16世紀初頭　〔分野〕政治，経済，文化

　15世紀から16世紀初頭のマラッカ王国の歴史を述べさせる問題。ここ20年間の京都大学では初めての東南アジアからの論述問題となった。マラッカ王国の発展・滅亡の歴史を，王国をめぐる政治的・経済的関係や周辺地域のイスラーム化に与えた影響に言及しながら説明する論述問題となる。マラッカ王国が①港市国家で，②東南アジア初の本格的なイスラーム国家であったことを想起し，この2つの性格を持つに至った経緯を踏まえた上で，論述の〔条件〕に注意しながら王国の盛衰・興亡の歴史を記せばよい。

設問の要求

〔主題〕15世紀から16世紀初頭までのマラッカ王国の歴史。
〔条件〕• 外部勢力との政治的・経済的関係に言及する。
　　　 • 周辺地域のイスラーム化に与えた影響に言及する。

本問攻略の基礎知識

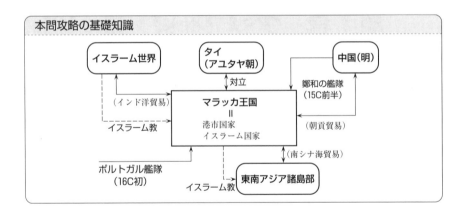

▶論述の方向性

　マラッカ王国は14世紀末に成立し，16世紀初めの1511年に滅亡する。よって，本論述は成立直後の15世紀初めから王国滅亡までが対象となり，そこに設問の〔条件〕を組み込むことが要求されている。

　設問文の「国際交易の中心地」「貿易拠点」から，マラッカ王国が港市国家（物資の集散地となる港市を中心とした，交易に基盤を置いた国家）であったことがわかる。また，「イスラーム化」については，東南アジア最初の本格的なイスラーム国家になったことを必ず指摘したい。これらを糸口に設問の〔条件〕を反映させた解答を構成すればよい。

①外部勢力との政治的・経済的関係

● 鄭和の遠征前におけるマラッカ王国

マラッカ王国は，マレー半島南西部，インド洋と南シナ海を結ぶ交通上の要衝・マラッカ海峡を臨む地に成立した。当初から港市国家の性格が強く，海上貿易の中継を行った。これは同じ港市国家であったタイのアユタヤ朝との競合を招き，その従属下に置かれた。

● 鄭和の遠征とマラッカ王国

15世紀前半に明が行った鄭和の南海遠征（1405～33年）においてマラッカ王国は鄭和の艦隊の拠点・基地となり，その保護の下でアユタヤ朝からの干渉を排除して，明の朝貢国となった。その後，明が鄭和の遠征終了とともに対外活動を消極策に転じる中，マラッカ王国は西方のイスラーム商業勢力との関係を深め，本格的なイスラーム国家となった。

● マラッカ王国の交易

マラッカ王国は中国の絹や陶磁器の他，ムスリム商人がインド洋方面から持ち込んだ綿布や宝石，ジャワ商人がモルッカ諸島から持ち込んだ香辛料などの集荷地となり，それらの取引を活発化させ，東南アジア海上交易世界の中心として成長することになった。

②周辺地域のイスラーム化に与えた影響

● マラッカ王国とイスラーム教

東南アジアには8世紀頃からムスリム商人が進出していたが，15世紀にマラッカ王国の国王がイスラーム教に改宗したことで，西方のイスラーム商業勢力との関係が深まることになった。また，鄭和の南海遠征終了（1433年）に見られるように明が対外活動を消極策に転じた後は，アユタヤ朝が一時マラッカの回復を試みようとしたが，イスラーム商業勢力との関係を深めていたマラッカ王国はこれを退けることに成功している。これは，マラッカ王国の有力化とイスラーム教拡大の契機となった。

● 東南アジア諸島部へのイスラーム教の拡大

東南アジア最初の本格的なイスラーム国家となったマラッカ王国は，東南アジアのイスラーム化を進める拠点（布教の中心）にもなった。イスラーム教はマラッカを中心とする海上交易ルートに沿って東南アジアの諸島部に広まり，ジャワ島ではヒンドゥー王国のマジャパヒト王国を衰えさせ，スマトラ島では15世紀末にイスラーム国家としてアチェ王国を成立させた。このアチェ王国はマラッカ王国滅亡後，ムスリム商人の貿易拠点の一つとなった。

③マラッカ王国の滅亡

15世紀末に大航海時代が開幕すると，ポルトガルはアジアへ進出し1510年にはイ

ンドのゴアを占領してアジア貿易の拠点とした。さらに翌1511年には香辛料貿易への参入をめざしてマラッカ王国を占領し，滅亡させた。

> **ポイント**
> ・マラッカ王国の成立は14世紀末で本論述の対象外のため，15世紀初めから始まった鄭和の遠征とマラッカ王国の関係から書き始める。
> ・マラッカ王国と東南アジアの本格的なイスラーム化の関係を説明する。
> ・マラッカ王国滅亡の経緯を正確に記して論述の結びとする。

解答例

マラッカ王国は明の鄭和の遠征の基地となり，その保護の下でアユタヤ朝の支配から脱して明の朝貢国となった。明が対外消極策に転ずると，マラッカ王国は西方のイスラーム商業勢力との関係を深め，イスラーム国家として布教と海上交通の一大拠点となった。以後，南シナ海とインド洋を結ぶ中継貿易によって港市国家として栄え，中国の絹や陶磁器，東南アジアの香辛料，インドの綿布などが取引された。一方，マラッカ王国を中心とする貿易ルートに沿ってイスラーム教がジャワやスマトラなど周辺の諸島部に広まり，各地のイスラーム化を促した。しかし，東南アジアの香辛料貿易への参入をめざすポルトガルによって占領され，16世紀初頭に滅亡した。

(300字以内)

2 ヨーロッパ人宣教師の中国来訪と活動

(2021 年度 第 1 問)

〔地域〕中国 〔時代〕明, 清 〔分野〕文化

　ヨーロッパ人宣教師が 16 世紀（明末）の中国に来訪した背景と, 彼らの 16 世紀から 18 世紀（明末・清前半期）の中国における活動とその影響を説明させる問題。前近代の東西世界交流史における頻出テーマで,「ヨーロッパ人宣教師」としてイエズス会宣教師を想起し, 設問が求める「中国に来るに至った背景」,「中国での活動とその影響」に答え, 文章化していけばよい。文章を整合的にまとめる構成力が必要な論述である。

設問の要求

〔主題〕• 16 世紀にヨーロッパ人宣教師が中国に来訪した背景。
　　　• 16〜18 世紀におけるヨーロッパ人宣教師の中国での活動とその影響。

本問攻略の基礎知識

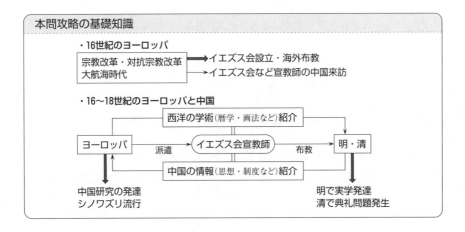

▶論述の方向性

　本論述は次の 3 つの柱から考えたい。

1. 16 世紀にヨーロッパ人宣教師が中国に来訪した背景

2. 16〜18 世紀のヨーロッパ人宣教師の中国での活動

3. 2 による影響

① 16 世紀にヨーロッパ人宣教師が中国に来訪した背景

• 大航海時代

　16 世紀は大航海時代開幕（15 世紀末）直後で, 16 世紀にはスペイン・ポルトガル

の船が，17世紀以降にはイギリス・オランダ・フランスの船がアジアに来航するようになり，宣教師はこれらの船に乗ってキリスト教布教のためアジア各地に来訪した。

● 対抗宗教改革

　中国に来訪したヨーロッパ人宣教師の中心はイエズス会宣教師であった。イエズス会は16世紀の対抗宗教改革の中で創設されたカトリックの教団で，カトリックの勢力回復・拡大をめざし，1583年にマテオ＝リッチが初めて中国に来訪した。もちろんイエズス会士以外の宣教師（例えば，フランチェスコ会）も来訪している。

② 16～18世紀のヨーロッパ人宣教師の中国での活動

● 中国宮廷におけるヨーロッパ人宣教師

　カトリックの布教が活動の中心であるが，その際，為政者（皇帝など王族や高級官僚）の支持・協力を求めて，宣教師は宮廷に接近し，西洋の学術（自然科学・建築技術など）を紹介した。一方，中国側は宣教師を技術者として重用している。

● 代表的なイエズス会宣教師と業績

マテオ＝リッチ…『幾何原本』，中国最初の世界地図「坤輿万国全図」作成
アダム＝シャール…徐光啓とともに『崇禎暦書』編纂
フェルビースト…大砲鋳造などの技術紹介
ブーヴェ…中国最初の実測地図「皇輿全覧図」作成
カスティリオーネ…円明園の設計参加，西洋画法紹介

③ 16～18世紀のヨーロッパ人宣教師の中国での活動による影響

● 中国への影響

　宣教師は布教とともに西洋の学術を紹介したため，中国の実学（科学技術など実用的な学問）の発展に貢献した。その成果としては徐光啓が編纂した『農政全書』などがある。また徐光啓がアダム＝シャールらの協力を得て編纂した『崇禎暦書』は清代に「時憲暦」として施行された。一方，キリスト教の布教は典礼問題（中国人信者が中国の伝統的儀礼に参加することを容認するかどうかの問題）を発生させた。そのため清の雍正帝はキリスト教の布教を全面禁止している（1724年）。こうして中国における宣教師の布教者としての活動は終わりを迎えた。

● ヨーロッパへの影響

　イエズス会宣教師などヨーロッパ人宣教師は中国の情報をヨーロッパにもたらした。当時のヨーロッパでは世襲や売官・縁故によって官吏登用が行われていたが，科挙は試験による，能力に応じた官吏登用という点でそのシステムが高く評価された。また，中国古来の農業重視の考えはケネーの重農主義に影響を与えた。啓蒙思想家は当時のヨーロッパ絶対王政の問題点を映し出す鏡として中国の政治体制（専制体制）に関心を持ち，ヨーロッパの政治体制と比較した。中国の政治体制をヴォルテールが評価し，

モンテスキューが批判するなど，その優劣を論じている。さらに中国の歴史や文化を研究対象とする学問を発達させ，美術では家具や壁面装飾に中国風のデザインを取り入れたシノワズリ（中国趣味）を流行させた。なお，このシノワズリの流行は陶磁器など中国製品の輸入も背景にある。

ポイント
- なぜ 16 世紀にイエズス会宣教師が中国に来訪したのか，から「背景」を考える。
- 代表的なイエズス会宣教師の名と業績を挙げて「活動」の事例とする。
- 東西交流に関わるため，中国への「影響」の他，ヨーロッパへの「影響」も欠かせない。

解答例

大航海時代が本格化するとスペインやポルトガルの海外進出とともに，イエズス会を中心とした宣教師が対抗宗教改革の一環として海外布教に向かい，明清代の中国を訪れた。彼らは宮廷で重用され，マテオ=リッチが「坤輿万国全図」作成を指導し，カスティリオーネが西洋画の技法を伝えるなど西洋の学術を紹介した。これは徐光啓の『農政全書』など中国の実学発展に影響を与えた。しかし，布教方法をめぐる典礼問題から雍正帝がキリスト教布教を全面禁止している。一方，宣教師が科挙や儒教などをヨーロッパに伝えたことで，啓蒙思想家は中国と比較する形で絶対王政の国家体制を論じ，また中国研究の学問も発達し，美術ではシノワズリが流行した。

（300 字以内）

3 イラン系民族の活動と中国文化への影響

(2020年度 第1問)

〔地域〕ユーラシア大陸東部 〔時代〕隋，唐 〔分野〕政治，経済，文化

ユーラシア大陸東部でのイラン系民族の活動と，その活動が中国文化に与えた影響を述べさせる問題。「6世紀から7世紀にかけて，ユーラシア大陸東部」にあいついで生まれた「大帝国」である隋・唐の時代に活躍したイラン系民族，すなわちソグド人の活動や中国の文化への影響も含めて東西交流の視点から論じることが求められている。

設問の要求

〔主題〕①ユーラシア大陸中央部から東部に及んだイラン系民族の活動。
　　　　②イラン系民族が中国の文化に与えた影響。
〔条件〕6～7世紀にかけてユーラシア大陸東部に生まれた大帝国の時代を対象とする。

本問攻略の基礎知識

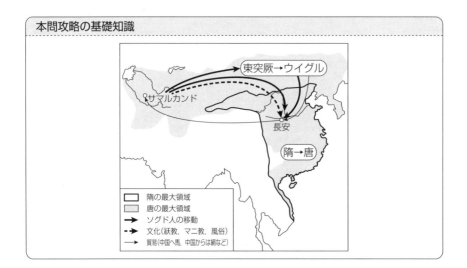

▶論述の方向性

論述の対象となる「大帝国の時代」と「イラン系民族」をまず確定したい。

6～7世紀に「ユーラシア大陸東部」にあいついで生まれた大帝国としては，隋（581年成立），唐（618年成立）があり，「大帝国の時代」を成立年のみでなく，存続した時期として捉えると，唐滅亡（907年）までが論述対象として考えられる。この時期は，モンゴル高原（草原地帯）で突厥（東突厥），続いてウイグルが国家を築いていた。一方，「イラン系民族」とは中国で一般に胡人と呼ばれたソグド人である。

　このため，隋・唐時代のソグド人の活動と彼らが中国の文化に与えた影響を論じていけばよい。

　東方でのソグド人の動向は，1．植民集落の建設，2．遊牧国家や中国との関係，3．中国での貿易，4．西方の文物の中国への導入，の4つに分類するとわかりやすいだろう。このうち，1～3は「活動」，4は「中国文化への影響」に関わるので，大きく2つに分けて論じる。

①ソグド人の東方での活動

● 植民集落の建設

　ソグディアナ出身のソグド人は商人として「オアシスの道」に乗り出し，東西交易に活躍した。そうしたなか，東方で6世紀に突厥が台頭すると，ソグド人の東方での活動も活発化し，突厥領内に，ついで突厥（東突厥）に取って代わったウイグル領内に入り込んで，植民集落を建設した。一方，同じ頃，一部のソグド人は西域から隋・唐代の中国へ，さらに突厥・ウイグル領内にいたソグド人の一部も中国へ進出し，同じように植民集落を建設し，定住した。

● 遊牧国家や中国との関係

　突厥・ウイグル領内に入ったソグド人の商人はそれぞれの国家の保護を受けて交易活動を行い，その見返りに税を納め，国家を財政的に支えた。また定住したソグド人の中には役人となって，通訳など外交の分野で重用される者（当時の中央ユーラシアの共通語はソグド語），さらには傭兵や武将など軍事で活躍する者もいた。なお，ソグド人はアラム文字や，アラム文字を基にしたソグド文字を東方へ伝え，突厥では突厥文字，ウイグルではウイグル文字がつくられた。一方，中国へ進出したソグド人の中にも兵士となり，やがて将軍として唐の政界に関わる者も現れた。その代表が節度使となった安禄山（ソグド人を父にもつ武将）であった。

● 中国での貿易

　中国領内へ進出したソグド人の商人は中国と西方（西域）を結ぶ貿易の中継を担った。さらには突厥・ウイグルの下にいたソグド商人も，両国の中国進出に同行し，中国との貿易（絹馬貿易）に従事した。特に安史の乱後，ウイグルと唐の間では絹馬貿易が盛んとなったが，この貿易はソグド商人が独占した。ソグド商人は中国やモンゴル高原（草原地帯）と西方の貿易，中国とモンゴル高原の貿易を担い，中国の絹を西方に運んだことから，「オアシスの道」は「絹の道」とも呼ばれている。

②中国文化への影響

　ソグド人の宗教は主にゾロアスター教であったが，中にはマニ教やネストリウス派キリスト教などを信奉する者もいた。こうした西方の宗教はソグド人により中国へ伝わり，特にソグド人の集落に寺院が造られたゾロアスター教（祆教）やマニ教が周辺

に広まり，一部で流行した。またソグド人の活動を通してイラン系の風俗や生活習慣も伝わり，特に都の長安では胡楽，胡服，胡食，胡旋舞，ポロ競技などが流行し，都市文化に彩りを添えた。さらに唐代には唐三彩という陶器が作られたが，ラクダに乗った胡人が題材に選ばれており，ソグド人の文化的・社会的影響の大きさを表している。

ポイント

- ソグド人は商人の他，役人や軍人としても活動した。
- 中国文化への影響として宗教の他，風俗・生活習慣，さらに教科書などで写真が掲載される唐三彩にも言及できる。
- 突厥文字やウイグル文字の成立は中国文化でないため，触れる必要はない。

解答例

サマルカンドなどを本拠とするソグド人は「オアシスの道」に乗り出し，東方では突厥・ウイグル領内や隋・唐下の中国へ進出し，現地と西域を結ぶ交易を行った。さらに突厥・ウイグルとは共生関係を築いて中国進出に同行し，モンゴル高原と中国を結ぶ絹馬貿易を担い財政的に支えた。一方，進出先で植民集落を建設し定住したソグド人の一部は役人や兵士となり，節度使の安禄山のように政界と関係する武将も現れた。ソグド人はゾロアスター教やマニ教，さらにイラン系の風俗や習慣を中国へ伝え，胡服・胡食などが長安を中心に流行して，国際色豊かな都市文化を生んだ。またソグド人を題材にした唐三彩が製作されるなど，唐の文化を特徴づけた。

(300字以内)

4 前近代のマンチュリアの歴史 (2019 年度 第 1 問)

〔地域〕東アジア東北部 〔時代〕4～17 世紀前半 〔分野〕政治

　4～17 世紀前半のマンチュリアを対象に，諸民族・諸国家の興亡を述べさせる問題。
「諸民族・諸国家の興亡」史であるため，興亡する諸民族・諸国家を時系列で述べていく。
ただし，周辺諸地域や，周辺諸地域の国家との関わりを興亡史の中に組み込む必要がある。
長い時代を扱うため，情報量も豊富となり，どのように論点を字数内にまとめるか，文章
構成力も要求されている。

設問の要求

〔主題〕マンチュリアにおける諸民族・諸国家の興亡。
〔条件〕4 世紀から 17 世紀前半を扱う。

本問攻略の基礎知識

マンチュリア支配の変遷　＊（ ）内は民族名	
前 1 世紀頃	高句麗（高句麗族）成立
7 世紀後半	高句麗 → 唐 → 渤海（高句麗遺民・靺鞨人）
7 世紀後半～12 世紀	渤海 → 遼（契丹）→ 金（女真）
13～16 世紀	金 → モンゴル帝国（モンゴル民族，1271 年～元）→ 明
17 世紀前半	後金（女真，1636 年：国号を清，民族名を満州に改めた）

▶論述の方向性

　4 世紀から 17 世紀前半にマンチュリアと関わった諸民族・諸国家を時系列で配置
し，各民族・各国家の動向や推移（興亡）を説明すればよい。

　設問文に「周辺諸地域に進出」したり，「周辺諸地域の国家による支配」を受けた
り，と記されているから，この 2 点を論述に組み込むこと。

　以下の解説では「周辺諸地域に進出」を波線，「周辺諸地域の国家による支配」を
二重線としている。

①4 世紀～7 世紀後半

・**高句麗**…4 世紀初め（313 年），楽浪郡（中国王朝による朝鮮支配の拠点）が高句
麗により滅ぼされたことを想起したい。高句麗は前 1 世紀頃，マンチュリアの中核を
なす中国東北地方に成立した国家で，本論述が最初に扱う国家は高句麗となる。高句
麗は朝鮮に進出し，楽浪郡を滅ぼして半島北部を支配下に置いた。その後，高句麗は

広開土王の時代に最盛期を迎え，次の長寿王の時代に平壌へ遷都した。しかし7世紀に入ると，隋の遠征軍を撃退したものの国力を消耗させ，唐と新羅の連合軍に滅ぼされた（668年）。この結果，マンチュリアは唐の支配下（安東都護府の統治下）に入った。

② 7世紀後半～16世紀

- **渤海**…高句麗滅亡後の698年，大祚栄（だいそえい）が高句麗の遺民や靺鞨人（まっかつじん）を率いて中国東北地方に進出して建てた国家。唐の冊封を受け，「海東の盛国」として繁栄した。しかし926年契丹に滅ぼされ，マンチュリアは遼の支配下に入った。

- **契丹（遼）**…916年，耶律阿保機が契丹を統合し，モンゴル高原東部に建てた国家。渤海を滅ぼし，マンチュリアを支配下に置いた。渤海を滅ぼした当時の国号は民族名と同じ契丹で，後に遼を国号としている。その一方，契丹（遼）は領土を広げ，さらに中国へ進出し，後晋の建国を助けた代償として燕雲十六州も獲得した（936年）。しかし1125年，金により滅ぼされ，マンチュリアは金の支配下に入った。

- **金**…1115年，完顔阿骨打が遼の支配から自立し，女真を統合して中国東北地方に建てた国家。遼を滅ぼし，ついで中国へ進出し，靖康の変で北宋を滅ぼし（1127年），華北も支配した。しかし，モンゴル帝国（大モンゴル国）の進出を受けて滅び（1234年），マンチュリアは元の支配下に入った。ついで元が江南から興った明によりモンゴル高原に撃退されると，マンチュリアは明の支配下に入った。この明の支配の下で女真が勢力を強め，建州部のヌルハチは明から自立して女真を統合し，後金を成立させた。

③ 17世紀前半

- **後金**…17世紀前半は中国では明清の交替期にあたる。清は中国東北地方に1616年成立した女真の国家・後金が前身である。女真は明の支配下にあったが，そこから自立したヌルハチが女真を統合して後金を建てた。以後，後金は内モンゴルへの進出（1635年：チャハル部征服）や朝鮮への進出（1637年：朝鮮王朝の属国化）を行い，この間に清と改称した（1636年）。そして明が滅ぶと，中国へ進出して，北京を占領・遷都し，中国支配を開始した。これは1644年の出来事だから，ここが本論述の締めくくりとなろう。

ポイント
- 4世紀の高句麗の動向から書き始め，17世紀前半の清の動向で書き終わる。
- 周辺諸地域については，唐・元・明など中国王朝との関係を見落とさないように。

解答例

　高句麗は朝鮮へ進出して楽浪郡を滅ぼし半島北部も領有したが，7
世紀には滅亡し，マンチュリアは唐の支配下に入り，ついで高句麗
の遺民などを率いた大祚栄により渤海が成立した。この渤海をモン
ゴル高原から台頭した契丹が滅ぼし，その後中国の燕雲十六州も領
有した。12世紀に成立した女真の金は遼を滅ぼし，さらに北宋を滅
ぼして華北にも領土を広げた。13世紀には金がモンゴル帝国に滅ぼ
されて元の支配下に入り，14世紀には元を撃退した明の支配下に移
った。やがてヌルハチが自立して女真を統合し後金を建てた。後金
は内モンゴルを征服，直後に清と改称し，朝鮮王朝を属国とした。
清は明が滅ぶと北京を占領し，中国支配を開始した。

（300字以内）

5　近現代トルコにおける国家統合　　(2018年度　第1問)

〔地域〕西アジア　〔時代〕19世紀後半〜20世紀前半　〔分野〕政治

　近現代のトルコを対象に，歴代の指導者・政治組織による国家統合の試みを述べさせる問題。歴史的推移の論述が求められている。どのような「異なる理念」に基づいて統合をはかったのか，その理念を示す用語を正しく使用しながら国家統合の試みの推移を説明できるかどうかが，出来・不出来の決め手となるだろう。

設問の要求

〔主題〕近現代トルコの指導者たちが試みた国家統合。
〔条件〕時系列に沿って説明する。

本問攻略の基礎知識

| タンジマート期 | …オスマン主義，新オスマン人を糾合 |

　↓　ミドハト憲法制定 (1876：第1次立憲制成立)

| アブデュルハミト2世期 | …パン=イスラーム主義，反立憲派を糾合 |

　↓　憲法停止 (1878)，スルタンの専制 → 青年トルコ革命 (1908) で憲法復活 (第2次立憲制成立)

| 第2次立憲制期 | …パン=トルコ主義，立憲派を糾合 |

　↓　第一次世界大戦敗北 → トルコ革命でスルタン制廃止 (1922：オスマン帝国滅亡)

| ムスタファ=ケマル期 | …トルコ民族主義 (トルコ主義)，共和派を糾合 |

　↓　トルコ共和国樹立 (1923)，近代化政策による世俗化と歴史・言語によるトルコ人民族意識の育成

▶論述の方向性

　設問文に示された指導者・政治組織を時系列に並べ，どのように国家統合をはかろうとしたか，その試み (政治活動) を述べていけばよい。

①大宰相ミドハト=パシャの国家統合：オスマン主義

　クリミア戦争後，オスマン帝国では立憲制を求める声が高まった。その声の主は西欧の立憲思想に鼓舞された，新オスマン人と自称する官僚や知識人であった。新オスマン人は帝国の全住民に「オスマン人」としての意識をもたせ，宗教の違いを超えて共存・協力させるオスマン主義の理念を持った。ミドハト=パシャはこの新オスマン人の要求に応える形で，ミドハト憲法を制定した (1876年)。オスマン主義の理念に基づき，新オスマン人を糾合し，憲法制定による立憲君主制の樹立で国家を統合しよ

うとしたのである。

②皇帝（スルタン）アブデュルハミト2世の国家統合：パン=イスラーム主義

アブデュルハミト2世はロシア=トルコ戦争（露土戦争）の勃発を口実にミドハト憲法を停止した（1878年）。彼はスルタンの専制による国家再建を考え，ヨーロッパ列強の進出に対する危機意識を利用し，イスラーム世界の諸民族・諸国家の団結をはかるパン=イスラーム主義を唱え，帝国内に住むトルコ人以外のムスリムの分離をおさえようとした。この理念は旧体制の復帰を望む人々，すなわち反立憲派から支持された。彼はパン=イスラーム主義の理念に基づき，反立憲派を糾合し，スルタンの専制政治で国家を統合しようとしたのである。しかし，ロシア=トルコ戦争に敗北し，バルカン半島における領土の多くを失ったことで専制政治への批判が高まった。

③統一と進歩委員会（統一と進歩団）の国家統合：パン=トルコ主義

統一と進歩委員会はアブデュルハミト2世の憲法停止と専制政治に反発した人々により組織され，この政治組織を中核とする「青年トルコ人」と呼ばれた反体制派の人々は憲法復活運動を展開した。そして1908年に青年トルコ革命を起こし，オスマン主義の立場から憲法を復活させ，再び立憲君主制を樹立した。しかしその後，政権を握ると，統一と進歩委員会はパン=トルコ主義（全トルコ民族の連帯，一体化を求める理念）を主張し，帝国内の立憲派トルコ人を糾合し国家を統合しようとした。

④トルコ共和国初代大統領ムスタファ=ケマルの国家統合：トルコ民族主義

トルコ共和国は第一次世界大戦後のトルコ革命を経て樹立された（1923年）。初代大統領となったムスタファ=ケマルは近代化改革として，カリフ制の廃止など世俗主義（脱イスラーム化）と，文字改革などトルコ民族主義（国民を「トルコ人」という同一民族にして国家建設をはかる，トルコ=ナショナリズム，トルコ主義ともいう）を進めた。その際，トルコ民族主義ではトルコ人以外の民族の排除と同化を伴うことになった。こうして彼は西欧風の近代的な「国民国家」の建設をめざした。ムスタファ=ケマルは世俗主義とトルコ民族主義の理念に基づき，トルコ人「民族」意識を受け入れる共和派を糾合し，近代的な国民国家の建設で国家を統合しようとした。

ポイント

- 「異なる理念」として，オスマン主義，パン=イスラーム主義，パン=トルコ主義，トルコ民族主義を念頭に置きたい。
- 「特定の人々」を上記の理念を踏まえて新オスマン人（官僚や知識人），反立憲派，立憲派，共和派と具体的に考えたい。

解答例

クリミア戦争後，立憲制への要求が高まる中，大宰相ミドハト=パシャはオスマン主義に基づいて新オスマン人と称する官僚や知識人を糾合し，憲法を制定し立憲君主制を樹立した。これに対してアブデュルハミト2世はパン=イスラーム主義に基づいて反立憲派を糾合し，憲法を停止し専制政治を始めた。そこで統一と進歩委員会は青年トルコ革命で憲法を復活させて再び立憲君主制を樹立し，政権獲得後にはパン=トルコ主義で立憲派を糾合した。しかし第一次世界大戦後，トルコ革命で成立したトルコ共和国の大統領ムスタファ=ケマルは世俗主義とトルコ民族主義に基づき，共和派を糾合しつつ，上からの改革による近代的な国民国家の建設をめざした。

(300字以内)

6 前3～後4世紀初頭の匈奴と中国の関係史

(2017年度 第1問)

〔地域〕中央ユーラシア，中国 〔時代〕戦国時代～晋 〔分野〕政治

　前3世紀から後4世紀初頭までの匈奴の歴史について，中国との関係を中心に述べさせる問題。一定期間の2地域の関係史を扱う，歴史的推移の論述となる。北方民族と中国という頻出のテーマのため，言及できる内容が豊富にあり，要点を整理する構成力も問われている。

設問の要求

〔主題〕前3～後4世紀初頭の匈奴の歴史。
〔条件〕匈奴と中国との関係を中心に述べる。

本問攻略の基礎知識

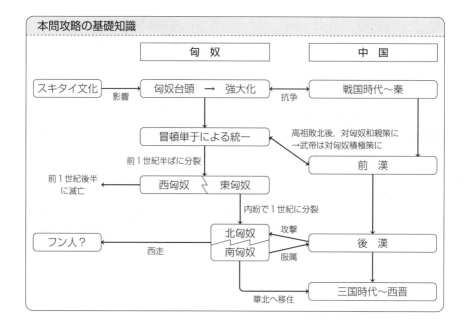

▶論述の方向性

　「前3世紀から後4世紀初頭」という年代から，戦国時代～晋（西晋）末の中国を想起し，その上で匈奴との関係を匈奴から見た形で論述すればよい。その際，中国王朝は①戦国時代末・秦・前漢建国期，②漢・三国時代・晋初期，③晋（西晋）滅亡期の各時期に分けると書きやすいと思われる。中国王朝との抗争の事例や匈奴の分裂に

関して正確に指摘したい。

①前3世紀：匈奴と戦国時代末・秦・前漢建国期の中国

　匈奴はスキタイ文化（歴史上最初の騎馬遊牧民スキタイ人が育んだ騎馬文化）の影響を受けて騎馬遊牧民に成長し，遊放国家を形成した（前3世紀）。この前3世紀は，中国史では戦国時代末期～前漢の建国期に該当する。戦国時代に中国北方に位置した燕や趙では匈奴などの侵入に対して長城を建設した。ついで，中国を統一した秦の始皇帝は軍を派遣して匈奴が占領していたオルドスを奪回する一方，匈奴の侵入を防ぐため戦国時代に造営された長城を修築した。その後，中国では秦が滅亡し，前漢が成立したが，この時期匈奴では冒頓単于が現れ，東胡などを討ってモンゴル高原を統一し，さらに成立直後の前漢を圧迫した。

②前2～後3世紀：匈奴と漢・三国時代・晋初期の中国

　高祖（劉邦）は匈奴の冒頓単于と戦い，敗北した（白登山の戦い：前200年）。以後，前漢は酒・絹・米を贈ったり，公主（皇帝の娘）を降嫁させるなど対匈奴和親策を展開した。しかし武帝は張騫の大月氏派遣，衛青・霍去病の匈奴討伐など対匈奴積極策に転換した。この結果，前漢の領土は西域に拡大する一方，匈奴の勢力は衰え，前1世紀中頃には東西に分裂し，さらに西匈奴は前1世紀後半に前漢により滅ぼされた。その後，東匈奴は勢力を回復させたが，後1世紀半ばになると（中国では後漢時代），内紛により東匈奴は南北に分裂した。後漢は，西域をめぐって対立した北匈奴を討ち，西走させる一方，南匈奴を服属させている。以後，南匈奴のなかには華北へ移住する者も増え，三国時代・晋では傭兵として重用された。

③4世紀初頭：匈奴と晋（西晋）滅亡期の中国

　晋（西晋）の末期には，匈奴（南匈奴）は五胡（匈奴，鮮卑，羯，氐，羌という5つの異民族の総称）の一つとして華北で勢力をもつようになった。晋で八王の乱が起こると，諸王が五胡の武力を利用したため，匈奴も兵力として活躍し，その勢いに乗って活動を活発化させた。その結果，匈奴は華北に漢（のちの前趙）を建国（304年）し，五胡十六国時代（304～439年）が始まることになった。さらに匈奴は永嘉の乱に関わり，晋を滅ぼしている（316年）ので，ここまでをまとめたい。

> **ポイント**
> ・前3世紀の匈奴と中国の関係から書き始め，後4世紀初頭の関係で締めくくる。
> ・中国の王朝や時代を時期表示の指標・目安とする。
> ・冒頓単于の活動や前漢武帝の対匈奴政策は，字数を考慮し簡潔にまとめる。

解答例

　スキタイ文化の影響を受け騎馬遊牧民に成長した匈奴は，戦国時代に中国の北辺を脅かし，燕や趙では長城が築かれた。秦の始皇帝は匈奴を討伐する一方，侵入を防ぐため長城を修築した。冒頓単于のもとで強大化した匈奴はモンゴル高原を統一し，さらに前漢を圧迫して高祖を破った。以後，前漢は匈奴に和親策をとったが，武帝は積極策に転換し匈奴を攻撃した。これを機に匈奴は衰え，東西に分裂した。その後，西匈奴滅亡後には東匈奴が南北に分裂，北匈奴は後漢に敗れて西走し，南匈奴は後漢に服属した。この頃から匈奴の華北への移住が進み，晋末の八王の乱の際には五胡の一つとして活躍・蜂起し，華北に建国する一方，永嘉の乱で晋を滅ぼした。

（300字以内）

7 9〜12世紀におけるトルコ系の人々のイスラーム化

(2016年度 第1問)

〔地域〕中央アジアとその周辺 〔時代〕9〜12世紀 〔分野〕政治

　9〜12世紀のイスラーム世界を対象に，「トルコ系の人々のイスラーム化」の過程を述べさせる問題。約400年というやや長い期間を扱う歴史的推移の論述となる。9〜12世紀のイスラーム地域・王朝の正確な把握と，トルコ系の人々のイスラーム化，移動などをイメージしなければならず，構成力が必要な問題となっている。

設問の要求

〔主題〕9世紀以降のトルコ系の人々のイスラーム化の過程。
〔条件〕特に9〜12世紀の様相を，2つのキーワードを用いて述べる。

本問攻略の基礎知識

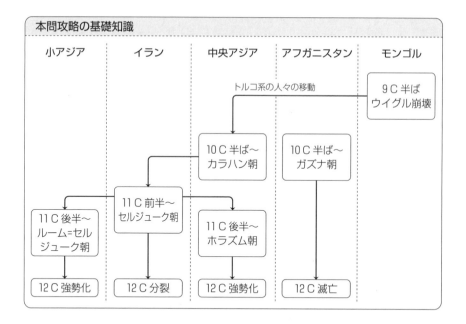

▶指定語句の検討

・マムルーク

　イスラーム世界における白人，特に中央アジア出身のトルコ人の奴隷を指す。9世紀後半に成立したサーマーン朝（中央アジア最初のイラン系イスラーム王朝で，領域は西トルキスタン）は獲得したマムルークを基に強力な軍隊を組織する一方，アッバ

ース朝など西アジアにも輸出した。こうしてマムルークは各地のイスラーム王朝の軍隊の主力となって勢力を強め，自ら王朝を樹立する場合もあった。

• カラハン朝

10世紀半ばに成立した中央アジア最初のトルコ系イスラーム王朝。10世紀末にサーマーン朝を滅ぼし，中央アジアをほぼ統一した。この結果，中央アジアのトルコ化とイスラーム化（特にトルコ系の人々のイスラーム化）が促進された。

▶論述の方向性

9世紀の中央アジアとトルコ系の人々の状況を書き出しとし，カラハン朝の成立へとつなげる。ついでカラハン朝の成立以後のトルコ系の人々の移動・移住（拡大）と，トルコ系の人々のイスラーム化をさらに促すセルジューク朝など各地のトルコ系イスラーム王朝の成立を，12世紀までの範囲内で扱っていけばよい。

①中央アジアのトルコ化：トルコ系カラハン朝の成立（9～10世紀）

9世紀半ば，モンゴル高原に勢力をもったウイグル（トルコ系）がキルギス（トルコ系）によって崩壊すると，ウイグルの一部は中央アジア東部に移動し，これに刺激されて他のトルコ系の人々も移住し，中央アジアをトルコ化していった（そのため中央アジアは「トルキスタン（トルコ人の土地）」とも呼ばれるようになる）。これらトルコ系の人々は，9世紀後半の中央アジア西部（西トルキスタン）にあったイラン系サーマーン朝のもとでイスラーム教を受容するようになり，また，アッバース朝など各地のイスラーム王朝へマムルークとして輸出された。10世紀半ばになると，最初のトルコ系イスラーム王朝であるカラハン朝が樹立された。カラハン朝はサーマーン朝を滅ぼし，中央アジア（東西トルキスタン）を併せたことで，中央アジアのトルコ化とイスラーム化はさらに進展していった。また，10世紀後半にサーマーン朝のマムルークはアフガニスタンで自立しガズナ朝を建て，ガズナ朝は10世紀末頃からインドへ侵入し，インドのイスラーム化に道を開いた。

②セルジューク朝と各地のトルコ系王朝の成立（11～12世紀）

中央アジアのイスラーム化したトルコ系の人々の一部は西方へ移動し，イラン東部でセルジューク朝を建国した。セルジューク朝はブワイフ朝を滅ぼし，イラン・イラクに支配領域を広げた。セルジューク朝は12世紀末に滅亡するが，11世紀後半には中央アジアで自立したセルジューク朝のマムルークがホラズム朝（ホラズム＝シャー朝）を，またセルジューク朝の王族がアナトリアにルーム＝セルジューク朝を建て，12世紀には両王朝とも勢力を伸張させたため，トルコ系の人々の移住とイスラーム化を進展させた。

ポイント

- カラハン朝の歴史的意義が中央アジア（トルキスタン）のトルコ化と，トルコ人のイスラーム化を促した点にあることを踏まえて書く。
- 各トルコ系イスラーム王朝の所在地は明確に記す。
- エジプトのマムルーク朝，北インドの奴隷王朝，小アジアのオスマン帝国は成立が13世紀なので，本論述の対象外となる。

解答例

　中央アジアには9世紀，トルコ系の人々が移住し，イラン系サーマーン朝のもとでイスラーム化が進んだ。一部はマムルークとして各地に流入する一方，彼らの樹立したカラハン朝がサーマーン朝を滅ぼして東西トルキスタンを併せ，この地のトルコ化とイスラーム化を促した。さらにサーマーン朝のマムルークがアフガニスタンに建てたガズナ朝はインドに侵入しイスラーム化に道を開いている。その頃，中央アジアからイラン方面に進出したトルコ系の人々はセルジューク朝を樹立し，ついで王朝のマムルークが中央アジアにはホラズム朝を，王族がアナトリアにルーム=セルジューク朝を建て，現地のトルコ化とトルコ系の人々のイスラーム化を進展させた。

（300字以内）

8 清末の 4 回の戦争の講和条約と清の動向

(2015 年度 第 1 問)

〔地域〕中国 〔時代〕近代 〔分野〕政治

19 世紀半ば～20 世紀初めの中国を対象に，清末のアロー戦争，清仏戦争，日清戦争，義和団事件と続く 4 回の戦争の講和条約と条約後の清の動向を述べさせる問題。「60 年間」という期間を扱う時系列の論述となる。「諸外国への経済的権益の承認」「清と隣接国家との関係改変」で条約内容を，「清が陥った状況」で条約後の清をめぐる動向を，それぞれの戦争と関連づけて論じていく構成力が求められる。

設問の要求

〔主題〕清末の 4 回の戦争の講和条約と清の動向。
〔条件〕「諸外国への経済的権益の承認」「清と隣接国家との関係改変」「清が陥った状況」の 3 点に言及する。

本問攻略の基礎知識

戦　争	条　約	諸外国への経済的権益の承認	清と隣接国家との関係改変	清が陥った状況
アロー戦争	北京条約 (1860)	開港場の増加	外国公使の北京駐在 総理衙門の設置	欧米流の近代外交を受容 朝貢体制の動揺
清仏戦争	天津条約 (1885)		フランスによるベトナムの保護国化を承認	ベトナムを失い，朝貢体制がさらに動揺
日清戦争	下関条約 (1895)	日本に通商上の特権を与える	朝鮮の独立承認	朝貢国をすべて失う →朝貢体制の終焉 洋務運動の限界が露呈 →変法運動へ
義和団事件	北京議定書 (1901)		外国軍隊の北京駐屯を認める	半植民地化

▶論述の方向性

アヘン戦争後の「60 年間」に起こった「4 回の戦争」は，アロー戦争，清仏戦争，日清戦争，義和団事件の 4 つが該当する。よって，戦争の時系列に沿って講和条約の内容を考え，設問の 3 つの〔条件〕に対する答えを導き出していけばよい。4 つの講和条約それぞれについて，3 つの〔条件〕に言及できるわけではないので，どの条件に言及できるかを判断してまとめる必要がある。

　以下では，(1)で「諸外国への経済的権益の承認」と，「清と隣接国家との関係改変」，(2)で「その結果，清がどのような状況に陥ったのか」をまとめている。

①北京条約（1860年）

　(1)「諸外国への経済的権益の承認」については，北京条約で天津を含む11港の開港などを認めたことを指摘すればよいだろう。「清と隣接国家との関係改変」については，北京条約で外国公使の北京駐在を認めたことが重要となる。これを機に翌年，北京に対外交渉の窓口として総理衙門（総理各国事務衙門）を設置した。それまで清は外交を朝貢として扱い，礼部が担当していたため，総理衙門の設置は清が従来の朝貢に加えて，欧米流の近代外交，すなわち形式上対等の国家間の外交を受け入れたことを意味した。

　(2)欧米流の近代外交を受容したことで，従来の朝貢体制（朝貢により中国王朝と周辺諸国が結びつく東アジアの伝統的な国際秩序）は動揺した。また外交の近代化と並行して，国内では洋務運動と呼ばれる富国強兵をめざした近代化運動も始まった。

②天津条約（1885年）

　(1)「諸外国への経済的権益の承認」については，天津条約で清南部での通商や鉄道建設に関してフランスに特権を与えているが，これはかなり細かい内容なので指摘する余裕はないと思われる。「清と隣接国家との関係改変」については，天津条約で清がベトナムに対する宗主権を放棄し，フランスのベトナムに対する保護権を認めたことが重要となる。これにより，清は朝貢国であったベトナムを喪失した。

　(2)ベトナムを失ったため，清の朝貢体制はさらに動揺した。

③下関条約（1895年）

　(1)「諸外国への経済的権益の承認」については，下関条約で開港場での日本企業の設立など日本の通商上の特権を認めたことなどを指摘したい。「清と隣接国家との関係改変」については，下関条約で朝鮮の独立を認めたことが重要となる。これにより，清は最後の朝貢国であった朝鮮を失った。

　(2)朝鮮の喪失により完全に朝貢体制は崩壊した。こうして清は東アジアの国際秩序における中心の地位を失い，国内では日清戦争の敗北によって洋務運動は完全に挫折し，代わって変法運動と呼ばれる立憲君主制の樹立をめざした政治改革運動が起こった。運動は戊戌の変法を断行させたが，戊戌の政変で挫折している。

④北京議定書（1901年）

　(1)「諸外国への経済的権益の承認」については，北京議定書（辛丑和約）で多額の賠償金を支払っているが，これについては問題文から考えて指摘する必要はないと思

われる。「清と隣接国家との関係改変」については，北京議定書で日本に軍隊の北京駐屯を認め，中国（大陸）進出の足がかりを与えることになった。

(2)中国はまた，北京議定書で日本以外の列強にも軍隊の北京駐屯を認めたことから，日本を含む列強の半植民地となり，名目的には独立国であるが，実質的には植民地と変わらない状況に陥ったのである。

ポイント
- 各条約について，条件のすべてが満たせるわけではないことに注意する。
- 天津条約・下関条約を経て，朝貢体制が崩壊したことを指摘したい。
- 北京議定書により清が陥った状況を明確に記して締めくくりとする。

解答例

アロー戦争で北京条約が結ばれ，清は開港場の増加などのほか，外国公使の北京駐在を認め，これを機に総理衙門を設け欧米流の近代外交を受容した。また国内では富国強兵をめざす洋務運動が始まった。ついで清仏戦争の天津条約でベトナムの宗主権を放棄し，さらに日清戦争の下関条約で日本に通商上の特権を与え，朝鮮の独立を認めた。この結果，清は朝貢国をすべて失い，中国を中心とする伝統的な東アジアの国際秩序であった朝貢体制は崩れ，列強による中国分割が本格化した。また国内では洋務運動に代わり，政治改革をめざす変法運動が起こった。その後，義和団事件の北京議定書で外国軍隊の北京駐屯を認めたため，中国の半植民地化が深まった。

（300字以内）

9　中国の科挙制度史

（2014年度　第1問）

〔地域〕中国　〔時代〕隋〜清末　〔分野〕政治，社会，文化

　科挙制度の変遷を，「政治的・社会的・文化的」側面から述べさせる問題。一国の制度史で，歴史的推移の論述となる。まず，成立→展開→廃止の基本的流れを想起し，ついで段階ごとに3つの側面と関わる動向や状況を抽出することが解答に至る道となる。本問は制度の歴史を軸にしつつ，該当箇所へ3つの側面を組み込む以上，全体のバランスを考えて文章を構成することが大切となる。

設問の要求

〔主題〕中国の官吏任用制度である科挙の歴史的変遷。
〔条件〕政治的・社会的・文化的な側面に留意する。

本問攻略の基礎知識

隋	政	九品中正に代わる官吏登用法として，科挙の創始
唐	文	『五経正義』がテキスト→儒学の停滞
	文	進士科の重視→詩の発達
宋	政	殿試の新設→君主独裁体制を支える
	社	士大夫が支配層に
元	政	一時，科挙の停止
	社	士大夫を後退させた
明・清	政 文	朱子学の官学化
	社	地方社会の実力者として郷紳の成長
清末	政	光緒新政（近代化改革）の一つとして，科挙廃止（1905）

▶論述の方向性

　各王朝別に科挙と関わる「政治的・社会的・文化的」な動向や状況を導き出し，それらを科挙の歴史に組み込んで文章を構成していけばよい。隋での導入から，各王朝での展開，清代での廃止という3つの段階に分けて，論点をまとめていこう。

①科挙の成立

　科挙は隋で創始された。隋に先立つ魏晋南北朝時代には官吏任用制度として九品中正が行われたが，九品中正は有力豪族の上級官職独占を招いた。そこでこの弊害を除くため，隋の文帝は九品中正に代えて，学科試験によって広く人材を求める科挙を創

始した。

②科挙の展開

●唐

孔穎達らにより編纂された『五経正義』が科挙のテキストとされたため，儒学の停滞（固定化・形式化）を招いた。また科目では進士科（詩作の能力を問う）が重視されたため，詩が盛んになった（唐詩）。なお，唐では蔭位の制もあり，当初は門閥貴族が政治を独占したが，則天武后が非門閥の科挙官僚を積極的に登用したため，これ以降は新興地主層や商人層などが官界へ進出した点を指摘してもよいだろう。

●宋

新たに殿試を設置するなど，科挙を整備し，君主独裁体制を確立した。その際，儒学や詩文を学び，科挙に合格できたのは経済力のある新興地主層であったため，新興地主（形勢戸），科挙出身の高級官僚，儒学的教養をもつ知識人（読書人）の3つの性格を併せもった階層，すなわち士大夫が生まれ，新たな支配層を形成した。

●元

モンゴル人が要職を独占し，協力者として色目人（西域出身者）を重用した。そのため科挙は一時廃止され，士大夫は冷遇された。

●明・清

明では朱子学を官学として科挙を整備し，明の科挙を継承した清では漢民族統治における懐柔策として科挙を実施した。そのため，明・清代の科挙では官学とされた朱子学の立場からの経典解釈が重視された。たとえば，明の永楽帝時代に編纂された注釈書『五経大全』や『四書大全』は科挙の際の解釈の基準となった。その結果，実務的能力や創造性は重視されなかった。一方，科挙を介して郷紳（科挙に合格し官僚の資格をもった，郷里に居住する者）と呼ばれる地方社会の実力者が生まれた。郷紳は地域に大きな影響力を行使し，地方官に協力するなど地域の秩序維持に貢献した。

③科挙の廃止

北京議定書（義和団事件を収拾するため1901年に結ばれた条約）により中国の半植民地化が進む中，清では光緒新政（立憲君主制国家に向けての改革）が始まった。この中で，教育制度や官僚機構の近代化が求められ，1905年に科挙は廃止された。

> **ポイント**
> ・隋代の科挙の成立から書き始め，清末の科挙の廃止で締めくくる。
> ・「政治的・社会的・文化的」側面は必ず，科挙との関連を示して説明する。
> ・長い時代で，かつ複数の王朝を扱うため，字数配分を考える。

解答例

　九品中正の弊害を除くため，隋は学科試験による科挙を創始した。唐の科挙は『五経正義』をテキストとしたため儒学の停滞を招いたが，進士科が重視されたため詩の発達をもたらした。宋では皇帝自らが行う殿試が新設されて君主独裁体制を支え，士大夫という新たな支配層を生み出した。その後，科挙は元代の一時廃止を経て，明・清代にも継続された。明・清代の科挙は官学とされた朱子学を基礎としたため，朱子学の経典解釈が中心であり，実務的能力は軽視された。その一方で，郷紳と呼ばれる地方社会の実力者を生み，彼らは地域の秩序維持に貢献した。しかし，清末の列強進出を背景として近代化改革が始まると，科挙は1905年に廃止された。

（300字以内）

10　ウンマの成立とあり方の変化　（2013年度　第1問）

〔地域〕西アジア　〔時代〕7世紀　〔分野〕政治

　初期イスラーム史に起こった，ウンマの成立と，ウンマのあり方の変化を述べさせる問題。ウンマの成立・変化を軸とする歴史的推移の論述となる。特に正統カリフ時代からウマイヤ朝成立の流れの中で，ウンマの置かれた状況がどのように変化していくのかをはっきりと示すことが求められている。

設問の要求

〔主題〕初期イスラーム史におけるウンマの動向。
〔条件〕①ウンマ成立の経緯，②「正統カリフ時代」にウンマに生じた主要な政治的事件，
　　　　③政治的事件の結果，ウンマに生じた変化，の3点に言及する。

本問攻略の基礎知識

ウンマ成立の経緯
• ムハンマドによるヒジュラ（622年）によってメディナにウンマが成立
「正統カリフ時代」にウンマに生じた主要な政治的事件
• ジハードによる領域の拡大→ウンマの拡大
• ウンマ内部の分裂・対立からアリー暗殺
　→正統カリフ時代の終焉，ウマイヤ朝成立
政治的事件の結果，ウンマに生じた変化
• シーア派の形成→スンナ派と対立

▶指定語句の検討

• ヒジュラ

　預言者ムハンマドが少数の信者とともにメッカからメディナに移住した出来事をさす。このヒジュラの起こった622年はイスラーム暦元年となる。

• カリフ

　ムハンマドの後継者で，ウンマの指導者（長）としてイスラーム教徒を政治的・宗教的に指導した。正統カリフ時代には信者の合意で選出されたが，ウマイヤ朝成立以降は世襲となった。

• シーア派

　第4代正統カリフのアリーとアリーの子孫のみをウンマの指導者とする一派（少数派）で，カリフをウンマの指導者と認めず，代わりにイマームを立てた。そのためカ

リフを指導者とするスンナ派（多数派）と対立した。

▶論述の方向性

　①ウンマ成立の経緯についてはヒジュラ，②「正統カリフ時代」にウンマに生じた主要な政治的事件については第4代カリフ・アリーの暗殺，③ウンマに生じた変化についてはシーア派の成立，これらを踏まえて説明していけばよい。

①ウンマ成立の経緯

　ムハンマドは，唯一神アッラーへの帰依を説いてイスラーム教を創始したが，富の独占を批判したため，メッカの大商人の迫害を受け，622年に少数の信者を率いてメディナに移住するヒジュラを行い，メディナにウンマを成立させた。

　ウンマは，ムスリムの共同体で，信者と神（アッラー）をつなぎ，また信者と信者が同胞として助け合う，二重の場を意味する。部族・人種・所属する国家の違いは問題とならず，領土や領土を要素とする「国家」とは一致しない。このウンマこそ，問題文にある「イスラーム復興主義（イスラームの原理・原則に戻り，イスラーム法の実施される社会の再構築をめざす運動）」の主張する「ムスリムが立ち戻るべき理想的な社会」とされている。

②「正統カリフ時代」にウンマに生じた主要な政治的事件

　ムハンマドの死後，ウンマの指導者として，アブー＝バクル，ウマル，ウスマーン，アリーの4人が相次いでカリフとして選出された。彼らはウンマの合意（選挙制でカリフになる人を選出し，彼に信者が「忠誠の誓い」を行うこと）を得てカリフに就任しており，この時代を正統カリフ時代（632～661年）という。

　「正統カリフ時代」は，カリフの指導によって大規模な征服活動であるジハードが行われ，ササン朝ペルシアを破ってイランを，ビザンツ帝国からシリア・エジプトを獲得した。こうしてムスリムの支配する領域が広がり，ウンマも拡大していったが，その内部にはアター（俸給）の格差などへの不満やカリフによる一族の重用などのひずみが生ずるようになり，指導者であるカリフをめぐって対立や抗争が発生した。ウンマに生じた主要な政治的事件としては，第4代カリフであるアリーの暗殺に必ず言及する必要がある。

③政治的事件の結果，ウンマに生じた変化

　アリー暗殺後，ムアーウィヤによってウマイヤ朝が成立したことに言及し，それがウンマにどのような変化をもたらしたかを説明すればよい。

　アリーを支持した人々はウマイヤ朝のカリフを認めず，独自の指導者（イマーム）を立て，シーア派が成立した。シーア派は，ウマイヤ朝のカリフを認めるスンナ派と

対立し，ここにウンマの指導者をめぐるムスリムの分裂が始まった。ウンマのあり方の変化とは，ウンマの指導者をめぐる動きだという点に気づきたい。

ポイント

- 設問の順がそのまま歴史的流れとなるから，その順に従って論を展開する。
- ニハーヴァンドの戦いなどジハードの内容を丁寧に説明する必要はない。
- シーア派の成立で，ウンマが 2 つに分裂したわけではないことに注意する。

解答例

ムハンマドはメッカの大商人の迫害を受けたため，信徒と共にメディナに移住するヒジュラを行い，この地にウンマを成立させた。ムハンマド死後は，後継者としてカリフが選ばれウンマの指導者となった。この正統カリフ時代，対外的にはジハードが進められシリアやエジプトの征服など領域を広げウンマも拡大した。しかし，ウンマ内部ではカリフ権などをめぐって対立も生まれ，第 4 代カリフのアリーは暗殺された。彼と対立していたムアーウィヤがカリフを称してウマイヤ朝を成立させると，アリーとその子孫のみを指導者と認める人々がシーア派を形成し，スンナ派と対立するようになった。こうしてウンマの指導者をめぐるムスリムの分裂が始まった。

（300字以内）

11 魏晋南北朝時代における仏教・道教の発展とその影響

（2012年度　第1問）

〔地域〕中国　〔時代〕魏晋南北朝時代　〔分野〕政治，社会，文化

　魏晋南北朝時代における仏教・道教の発展と，その政治的・社会的・文化的影響を述べさせる問題。京大特有の，歴史的動向と3側面への影響を融合させた論述となる。魏晋南北朝時代の歴史の中から，仏教・道教の発展に関わる動きと，仏教・道教と結びつく当時の政治・社会・文化の状況を抽出し，設問に沿うようにまとめていけばよい。その際，3側面への影響について個別に説明していく以上，字数配分も重要となる。

設問の要求

〔主題〕魏晋南北朝時代における仏教・道教の発展。
〔条件〕政治・社会・文化の3側面に与えた影響を説明する。

本問攻略の基礎知識

	仏　教	道　教
発　展	仏図澄・鳩摩羅什・法顕の活躍	北魏の寇謙之による教団化
政治的な影響	儒教に代わる統治理念	
	北朝の国家仏教	北魏の太武帝により国教化
社会的な影響	魏晋南北朝時代の社会的拠り所	
	南朝（江南）において，貴族社会が受容	民衆に広く受容　知識人も関心をもつ
文化的な影響	雲崗・竜門の石窟寺院	医学や薬学の発達

▶論述の方向性

　仏教・道教の発展，その政治・社会・文化への影響という順で，まとめていきたい。①仏教・道教の発展については人物を中心に，②政治への影響は王朝の統治理念と関連づけて，社会への影響は当時の不安定な時代との親和性から，文化への影響は石窟寺院や不老長寿への願望などと結びつけて論述を構成していきたい。

①仏教・道教の発展

●仏教の発展

　仏教は，紀元前後に中央アジアを経由して中国に伝来したと言われているが，魏晋南北朝時代に入って社会一般に広まった。華北では，仏図澄が，後趙の洛陽で布教を

行って多くの寺院を建立し，弟子を育成するなどして民間への仏教浸透に大きな影響を与えている。また，鳩摩羅什は，前秦や後秦に迎えられて仏典の漢訳に従事し，仏教教理の確立に大きく寄与した。江南では東晋の法顕が自らグプタ朝下のインドに赴いて仏典を持ち帰り漢訳した。

● 道教の発展

道教は，後漢末の太平道・五斗米道（天師道）などの民間信仰や不老長寿を求める神仙思想と道家思想が結びついて発展したもので，仏教の教理も取り入れて成立した。これを宗教として確立したのは北魏の寇謙之で，太武帝によって国教とされたことから大きく発展することになる。

②仏教・道教が政治・社会・文化に与えた影響

● 政治に与えた影響

仏教・道教ともに，庶民だけではなく支配階層にも受容されたが，その結果，これらの宗教は，魏晋南北朝の諸王朝の統治理念の一つとなった。特に北朝では，仏教は国家仏教となり，国家鎮護的な性格をもった。また，道教が太武帝の時代に国教とされた際には仏教が弾圧されるなど，仏教と道教は政治（国家権力）との関係で対立することもあった。これに対して，南朝では，皇帝権力が北朝よりも弱く，貴族が政治を左右していたため，国家レベルでの大規模な仏教と道教の対立は起こらなかった。

● 社会に与えた影響

仏教は，北朝では異民族の侵入による社会的混乱を背景に民衆の間に広く流行し，人心の安定に寄与した。一方，南朝では比較的安定した漢族の社会が保たれたことを背景に，仏教は主に教養として貴族社会に受け入れられた。例えば，『文選』を編纂した梁の昭明太子は仏教徒として知られる。

道教は，その現世利益的な教理が広く民衆社会に影響を与え，民間医療や占いなどで深く日常生活と結びついていった。

● 文化に与えた影響

仏教については，華北における石窟寺院の造営や江南における寺院の建設など，具体的な文化的成果を示せばよいだろう。また，仏教を通じて，哲学・建築・彫刻・絵画などのインド文化が流入し，中国文化を刺激している点を指摘することもできる。例えば，雲崗石窟寺院の石仏はインドのガンダーラ・グプタ様式の影響がみられる。またその後造営された竜門石窟寺院では，より中国的な様式の石仏が製作されている。

道教が文化に与えた影響については，直接言及している教科書が少ないが，不老長寿や現世利益的な教えから，医学や薬学，そして料理法などが発達し，自然界を研究する博物学の成長も促している。

なお，「道教」を広くとり，老荘思想もその範囲に含むのであれば，竹林の七賢に代表される清談に影響を見いだすことも可能である。

ポイント
- 教団の組織化，教義の確立，人々への普及などが宗教の「発展」に関わる。
- 個々の人物や動きの説明は字数を考慮し，簡潔に要点のみ提示する。
- 政治・社会・文化への影響がそれぞれわかるように文章を工夫する。

解答例

　仏教は，仏図澄による弟子育成や鳩摩羅什の仏典翻訳など華北での西域僧の活動や，インドに赴いて学んだ東晋の法顕などにより教義確立が進んだ。道教は民間信仰に仏教・神仙思想・道家思想などが合流して成立し，北魏の寇謙之によって教団が組織された。仏教と道教は不安定な分裂時代を生きる個人の心と社会生活を安定させたほか，政治面でも儒教とは異なる統治理念となり，特に北朝では仏教は国家仏教として保護を受け，道教も北魏の太武帝時代には国教とされた。一方，南朝では仏教は貴族の教養とされ，昭明太子など熱心な仏教徒を生んだ。仏教は雲崗・竜門の石窟寺院のような仏教美術も生み，道教は不老長寿を求めて医学や薬学の発達を促した。

(300字以内)

12 4～12 世紀における長江下流地域（江南）の開発

(2011 年度 第1問)

〔地域〕中国 〔時代〕晋～宋 〔分野〕経済

長江下流地域（江南）の開発により，中国経済の中心が華北から江南へ移った過程を述べさせる問題。1国を対象とする長い期間の動向を扱った歴史的推移の論述となる。各王朝と長江下流域の関係，およびこれとつながる当時の経済状況を正しく示していくことが求められている。

設問の要求

〔主題〕経済の中心が華北から長江下流地域（江南）へ移動した過程。
〔条件〕4～12 世紀に進展した江南の開発と関連させて述べる。

本問攻略の基礎知識

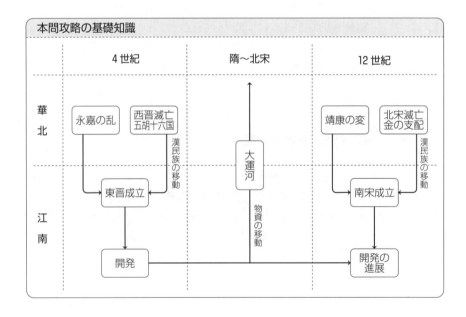

▶論述の方向性

4～12 世紀における長江下流地域の開発を各王朝・時代ごとに時系列的に説明しながら，経済の中心が華北から江南へ移ったことを示せばよい。その際，4 世紀と12 世紀に華北から長江下流地域へ，住民の漢民族が大量に移住した背景と経済を関連づけることの重要さに気づきたい。

　なお，300字という字数制限を考え，〔解答例〕では長江下流地域ではなく，「江南」を使用した。このため，以下の解説でも「江南」を使用している。ただし，「江南」には，広く長江以南全体をさす場合と，狭く長江下流域一帯をさす場合があり，本問では後者で使用している。

①4世紀＝西晋滅亡と江南の東晋成立

　永嘉の乱で西晋が滅亡すると，華北は五胡十六国と呼ばれる小国の分裂・抗争状態となり，異民族の支配下に入った。漢民族は異民族支配と戦乱を嫌い，東晋の建国された江南へ大量移動することになった。漢民族の移動は南北朝時代にも続き，江南では移住者の労働力を利用した水田耕作が普及したことで開発が進展した。

②隋～北宋代＝大運河の建設・利用と江南の経済

　4世紀と12世紀の住民移動に挟まれた隋・唐・北宋代の江南については，大運河との関連で説明したい。隋代に完成した大運河は華北と江南を結合させることになり，唐では，華北に位置する首都・長安に江南から大量の米などが大運河を利用して輸送されている。ついで北宋代でも大運河を通じて江南の物資は華北に運ばれた。こうして中国経済における江南の重要性が高まった。また，北宋ではベトナムから日照りに強い早稲種の占城稲が江南に伝来・普及し，さらに囲田・圩田など新田も造成され，収穫量を増大させることになった。

③12世紀＝北宋の滅亡と江南の南宋成立

　靖康の変で北宋が滅亡すると，華北は異民族の金の支配下に入り，漢民族は南宋が建国された江南へ2度目の大量移動を行った。これにより，江南ではさらに新田の造成が進み，さらに一年二期作の普及など農業技術も進歩したため，「蘇湖（江浙）熟すれば天下足る」といわれるほどの穀倉地帯となった。また，茶・絹などの特産品も生まれ，これらの取引によって商業が活発化し，特に都の置かれた杭州は明州や揚州と同様，港市として海外貿易で発展・繁栄した。こうして江南は中国経済の中心となった。

> **ポイント**
> ・4世紀の状況から書き始め，12世紀の状況を述べて締めくくる。
> ・4世紀と12世紀は，中国史上2度あった，大規模かつ画期的な北から南への人口移動の時期であったことを意識する。
> ・江南が経済の中心になる上で大運河が果たした役割には必ず言及する。

解 答 例

西晋が永嘉の乱で滅亡し，江南に東晋が成立すると，華北から江南
へ漢民族が大量移動し，この移動は南北朝時代にも続いた。そこで
江南の貴族は移住者を使って水田を開発し荘園を経営した。唐では
隋代に完成した大運河を利用して江南の物資が華北へ運ばれるなど
両者の結びつきが強まり，江南の経済的重要性が高まった。北宋に
なると，江南では占城稲が普及し，囲田・圩田など新田も造営され，
収穫量が増大した。北宋が靖康の変で滅亡し，南宋が成立すると，
再び漢民族の大量移動が起こり，江南の開発は一層進んで穀倉地帯
となった。また，茶などの特産品も生まれて商業や海上貿易が発展
し，港市の杭州が栄えるなど，江南は中国経済の中心となった。

（300字以内）

13　中国共産党の歴史 （2010年度　第1問）

〔地域〕中国　〔時代〕20世紀前半　〔分野〕政治

　中国共産党を対象に，結成から中華人民共和国建国期までの歴史を中国国民党との関係を含めて述べさせる問題。特定の組織の，特定期間における動向を扱う歴史的推移の論述となる。中国共産党の歴史に，中国国民党との協力・対立という政治的関係の変化を組み込んでわかりやすく説明する文章構成力が求められた。

設問の要求

〔主題〕中国共産党の，結成から中華人民共和国建国までの歴史。
〔条件〕中国国民党との関係を含めて説明する。

本問攻略の基礎知識

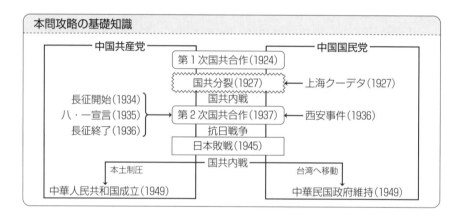

▶論述の方向性

　中国共産党が結成され，それ以降は中国国民党と協力・対立を繰り返し，最終的に中国共産党が勝利して中華人民共和国が成立した経緯を時系列でまとめればよい。協力と対立に関わる重要な出来事（第1次国共合作，上海クーデタ，第2次国共合作，日本敗戦後の国共内戦）を軸に説明するとよいだろう。

①中国共産党の成立と中国国民党との協力期（1921～27年）

●中国共産党の創立

　第一次世界大戦後，五・四運動を背景として孫文は1919年10月に中華革命党を改組し大衆に立脚する中国国民党を組織した。一方，陳独秀や李大釗はコミンテルンの指導のもとに，1921年7月中国共産党を上海で創立した。

• 第1次国共合作と北伐

　孫文は，大衆に立脚する国民革命（中国統一）を目指し，中国国民党と中国共産党の提携（合作）を1924年の中国国民党一全大会で決定，「連ソ・容共・扶助工農」の3大政策を掲げ，共産党員が個人の資格で国民党に入党することを認めた（第1次国共合作）。1925年に孫文は死去したが，国民党は同年に広州（広東）国民政府を樹立，翌1926年に国民革命実現のため，蔣介石を総司令とし，北方の軍閥打倒の軍事行動（北伐）を起こした。

②国共対立期（1927～37年）

• 上海クーデタと南京国民政府

　北伐軍は共産党指導の農民運動に支えられ順調に軍閥打倒を進め，1927年には上海・南京を支配下におさめた。しかし，蔣介石は共産党や左派の勢力拡大を警戒し，同年4月上海クーデタを起こして多数の共産党員と労働者を殺害，南京国民政府を樹立した。こうして第1次国共合作は崩壊した。その後，蔣介石率いる国民党政府（南京国民政府）は1928年には北伐により全国を統一し，残された抵抗勢力である共産党拠点地域への軍事攻勢を強めた。

• 中国共産党の対国民党行動と政府樹立

　第1次国共合作崩壊後，中国共産党は労働者・農民からなる新しい軍（紅軍）の育成や土地改革を進め，毛沢東らは湖南・江西両省の境界に位置する井崗山に入って革命根拠地を建設，さらに1931年には江西省の瑞金に中華ソヴィエト共和国臨時政府を樹立した。

• 長征と延安根拠地建設

　国共内戦が激化する間，日本は1931年満州事変，1932年第1次上海事変を起こし，中国侵略を進めたが，蔣介石は国外の敵を討つ前に国内を平定する「安内攘外」を基本方針とした。国民党軍に包囲攻撃された共産党軍は1934年末瑞金を放棄し，長征により陝西・甘粛両省に移動し陝西省延安を新たな根拠地とした。

• 八・一宣言

　長征途上の1935年8月1日，共産党は「抗日救国のために全同胞に告げる書」を発表，日本帝国主義の侵略に対し，内戦停止と民族統一戦線結成を呼びかけた。これが八・一宣言である。

③共産党と国民党の協力期（1937～45年）

• 西安事件と第2次国共合作

　当時西安にあって，共産党軍と対峙していた国民党東北軍の張学良は八・一宣言に共鳴，1936年末に共産党軍制圧を促しにきた蔣介石を拘束し，内戦停止・一致抗日を訴えた。これが西安事件で，共産党の周恩来の説得もあり，蔣介石は訴えを受け入

れた。こうして共産党と国民党は再び接近し，翌 1937 年には第 2 次国共合作が成立する。

• 抗日戦争と共産党の勢力拡大

　1937 年 7 月の盧溝橋事件を機に日中戦争（日中全面戦争）が勃発すると，9 月には第 2 次国共合作が成立し，国共は協力して日本軍と戦うことになった。国民政府は首都を南京から武漢さらに奥地の重慶に移し（1938 年），ソ連やアメリカの支援も受け抗戦を続ける中，共産党は紅軍を八路軍や新四軍に改編して日本軍への攻撃を展開し，広大な農村に抗日根拠地を建設し，勢力を拡大していった。

④国共内戦と中華人民共和国の建国期（1946～49 年）

　日本が 1945 年に敗戦を迎えると，内戦が再開された。国民党はアメリカの支援を受けたが，党の腐敗などもあって，人々の支持を失い，逆に共産党は解放区での土地改革により農民の支持を獲得した。この結果，人民解放軍と改称された共産党軍は攻勢に転じ，1949 年末までには中国本土を制圧し，10 月 1 日には北京で中華人民共和国の建国が宣言された。一方，国民党軍は台湾に逃れ，中華民国政府を維持した。

ポイント
- 中国共産党の結成に至る事情は字数の点から簡潔にまとめる。
- 第 1 次国共合作と第 2 次国共合作の成立と崩壊をきちんと説明したい。

解答例

　1921 年コミンテルンの指導で結成された中国共産党は，第 1 次国共合作で国民党と連携した。しかし，蔣介石による上海クーデタで連携は崩壊，国民党は共産党に対する攻撃に転じ，1934 年共産党は瑞金から延安に根拠地を移す長征を開始した。この長征中，共産党は日本の侵略に対し八・一宣言で内戦停止と抗日民族統一戦線結成を呼びかけ，これに呼応して張学良が起こした西安事件を経て 1937 年第 2 次国共合作が成立した。共産党と国民党は連携して抗日戦争を戦ったが，その過程で共産党は各地に支配地域を拡大した。日本敗戦後，国共内戦が起こって，共産党が全土を掌握して国民党を台湾に追い，1949 年毛沢東が北京で中華人民共和国の成立を宣言した。

（300 字以内）

14 インドの民族運動とイギリスの政策

(2009 年度 第 1 問)

〔地域〕インド 〔時代〕19 世紀末～20 世紀前半 〔分野〕政治

　インドにおける民族運動の展開を軸に，ヒンドゥー教徒・イスラーム教徒・イギリス 3 者の関わりを述べさせる問題。3 者の関わりの変遷を扱う歴史的推移の論述となる。インドとパキスタンの分離・独立までの法律や民族運動などの歴史用語を使いながら，ヒンドゥー教徒とイスラーム教徒の協調と対立，イギリスの懐柔策と弾圧策を時系列的にまとめる力が試された。

設問の要求

〔主題〕19 世紀末～1947 年までのインド民族運動とイギリスの政策。
〔条件〕運動におけるヒンドゥー教徒とイスラーム教徒の関係や立場の違い，およびこれをめぐるイギリスの政策の変遷を説明する。

本問攻略の基礎知識

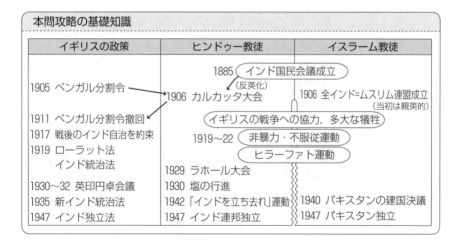

イギリスの政策	ヒンドゥー教徒	イスラーム教徒
	1885 インド国民会議成立	
1905 ベンガル分割令	(反英化)	
	1906 カルカッタ大会	1906 全インド=ムスリム連盟成立 (当初は親英的)
1911 ベンガル分割令撤回	イギリスの戦争への協力，多大な犠牲	
1917 戦後のインド自治を約束	1919～22 非暴力・不服従運動	
1919 ローラット法 インド統治法	ヒラーファト運動	
	1929 ラホール大会	
1930～32 英印円卓会議	1930 塩の行進	
1935 新インド統治法	1942「インドを立ち去れ」運動	1940 パキスタンの建国決議
1947 インド独立法	1947 インド連邦独立	1947 パキスタン独立

▶論述の方向性

　インド民族運動に対するイギリスの懐柔策と弾圧策に，ヒンドゥー教徒・イスラーム教徒がどのような立場・姿勢をとったのか，重要な法律などを軸として整理していけばよい。インド国民会議の成立～第一次世界大戦，戦間期，第二次世界大戦と戦後の 3 つの時期に分けると書きやすいと思われる。

① 19 世紀末〜第一次世界大戦期までのインド

　インドでは，19 世紀後半には綿工業を中心に民族資本が成長する一方，近代教育を受けた知識人も増加し，イギリスの植民地支配に対する不満が高まった。こうした状況に危機感をもったイギリスは，インド人を懐柔するため 1885 年ボンベイ（現ムンバイ）でインド国民会議を開催した。しかし，対英協調的な組織として発足した国民会議は，改革に消極的なイギリスに対して不満を強め，ティラクら急進派が台頭し，反英的な民族運動の中心となり，国民会議派と称される民族運動を指導する政治組織に転化していった。

　こうしたなか，インド総督カーゾンは 1905 年，民族運動の分断を目的に，ベンガル分割令を発布した。ベンガル分割令は，ベンガル州をヒンドゥー教徒の多い西ベンガルとイスラーム教徒の多い東ベンガルの 2 つに分割するとした内容で，これに対し国民会議は，1906 年のカルカッタ大会で英貨排斥・スワデーシ（国産品愛用）・スワラージ（自治獲得）・民族教育の 4 綱領を採択し，反英民族運動を強化した。

　少数派のイスラーム教徒は，ヒンドゥー教徒中心の国民会議派の民族運動への不安を抱き，イギリスが国民会議派へ対抗させるためイスラーム教徒に接近したこともあって，1906 年ダッカで全インド＝ムスリム連盟を結成した。さらにイギリスは懐柔策として 1911 年にベンガル分割令撤回と民族運動の中心地であったカルカッタからデリーへの遷都を発表した。その後，第一次世界大戦が始まると，イギリスは戦争遂行のためインドの協力が必要となり，1917 年に戦後の自治を約束するモンタギュー声明を出してインド民族運動に譲歩している。

②戦間期のインド

　第一次世界大戦中，インドでは産業が発展したことから民族資本家や労働者が増加し，国民会議派の民族運動は大衆的な広がりを見せることになった。しかし，大戦終結直後の 1919 年にイギリスはローラット法を制定して民族運動を弾圧し，さらにインド統治法でインド人による自治を実質的に否定した。これに国民会議派は反発し，ガンディーの指導の下で第 1 次非暴力・不服従運動が開始され，さらにイスラーム教徒が起こしたカリフ制擁護のヒラーファト運動も支持するなど両教徒は協力して民族運動を展開することになった。しかし，運動の過激化などを理由に 1922 年ガンディーは非暴力・不服従運動を中止し，両教徒の協力も崩れ，対立へと向かった。

　その後，国民会議派は運動立て直しのためネルーらを中心に 1929 年ラホール大会を開き，「プールナ＝スワラージ（完全独立）」を決議した。これを受け，翌年，ガンディーは第 2 次非暴力・不服従運動として「塩の行進」と呼ばれる抵抗運動を開始している。しかし，ジンナー率いる全インド＝ムスリム連盟はこの運動には協力せず，対英協力と反国民会議派の姿勢を強めた。イギリスは妥協の道を探り，1930〜32 年に 3 回にわたって英印円卓会議を開いてインド人指導者と協議し，1935 年のインド

統治法（新インド統治法ともいう）で連邦制と州自治制を認めた。このインド統治法によって 1937 年に州議会選挙が行われると、国民会議派が多くの州で勝利をおさめる結果となり、全インド=ムスリム連盟との連立を完全に否定したため、対立がさらに深まることになった。

③第二次世界大戦期と戦後のインド

　第二次世界大戦が起こると、イギリスはインドに協力を要請したが、国民会議派は要請を拒否し、1942 年に「インドを立ち去れ」運動を起こした。そのため、国民会議派はイギリスによって非合法化されたが、全インド=ムスリム連盟は戦争遂行に協力して勢力を伸ばし、1940 年には「パキスタンの建国」を決議した。これは国民会議派の反発を招き、両者の対立を激化させた。第二次世界大戦後、イギリスは 1947 年 7 月、インド独立法を制定して分離・独立を認め、同年 8 月インドはイギリス連邦内の自治領として、ヒンドゥー教徒中心のインド連邦とイスラーム教徒中心のパキスタンに分かれて独立した。

ポイント

- 両教徒の関係については、対立や協力という言葉を使って変遷を示す。
- 両教徒の立場の違いはインド独立の方向性にあった点を指摘する。
- イギリスの政策ではベンガル分割令の発布や分離独立の承認が重要となる。

解答例

イギリスはインドへの懐柔策としてインド国民会議を結成させたが、ベンガル分割令後、カルカッタ大会でヒンドゥー教徒を主とする国民会議派は反英路線を鮮明にした。そこでイギリスは全インド=ムスリム連盟結成を支援し対抗させた。第一次世界大戦後、ローラット法やインド統治法が制定されると、非暴力・不服従運動がイスラーム教徒との連携で進展したが、運動挫折後には再び対立した。その後、新インド統治法で州の自治が認められたものの、選挙結果をめぐって対立を深めた。第二次世界大戦中、全インド=ムスリム連盟がパキスタン建国を決議すると対立は激化し、戦後、イギリスが分離独立を認めたため、インドとパキスタンが分離・独立した。

（300字以内）

15　土地制度と学術から見た宋代の士大夫

（2008年度　第1問）

〔地域〕中国　〔時代〕唐〜宋　〔分野〕政治，経済，文化

　士大夫について，土地制度や学術と関連させて述べる問題。「以前のものと対比しつつ」とあることから，唐代の土地制度や学術と対比することが求められている。「いかなる点で新しい存在であったのか」という問いかけにきちんと答えることが重要。唐から宋にかけての大きな社会的変動への理解が試された。

設問の要求

〔主題〕宋代に出現した士大夫はいかなる点で新しい存在であったか。
〔条件〕士大夫を生み出した新しい土地制度，士大夫が担った新しい学術について宋代以前と対比しつつ述べる。

本問攻略の基礎知識

	唐	宋
支配階層	門閥貴族	士大夫
官吏登用法	科挙，蔭位の制	科挙のみ，殿試の新設
土地制度	均田制→荘園制（大土地所有）	荘園制（大土地所有）
税　制	租庸調制→両税法	両税法
学　術	訓詁学	宋学（朱子学）

▶論述の方向性

　士大夫を生み出した「新しい土地制度」について述べ，ついで士大夫の性格を指摘しつつ，「いかなる点で新しい存在であったか」という主題に答えたい。最後に士大夫が担った「新しい学術」を説明すればよいだろう。

①士大夫の性格（「士大夫とは何か」）

(1)経済的には新興地主層をさす。この新興地主層を宋代，形勢戸と呼んだ。
(2)政治的には科挙出身の高級官僚をさす。それゆえ，士大夫の地位は世襲ではなく，自己の能力による科挙合格によってのみ獲得できた。
(3)文化的には儒学的教養を身につけた知識人をさす。
　この(1)〜(3)の性格を併せもった階層が士大夫である。では，いかなる点で「新しい

存在」なのか。豪族は(1)・(3)の性格をもつが，(2)を要件としない（官僚でなくても，豪族は豪族）。門閥貴族は(2)・(3)の性格をもつが，(1)の性格を否定していく。実際，唐代の門閥貴族は官僚であることに拠り所を求め，土地経営から離れていく。だからこそ，新興地主層や商人が官界へ進出すると，門閥貴族は高級官僚の地位を失い，勢力を後退させて没落へと向かった。

②士大夫を生み出した「新しい土地制度」と「それ以前の土地制度」

士大夫は唐の後半期から台頭した新興地主層の中から出現した。唐の後半は土地制度史から見ると，均田制の崩壊した時期だから，「それ以前の土地制度」は均田制となる。均田制は隋・唐の土地制度で，貴族の大土地所有の防止を目的とした。しかし官職に対して官人永業田と呼ばれる土地の所有を認めたため，貴族は荘園という私有地をもち，これを経済的基盤とした。ただし貴族は官職に就くことを重視し，荘園の経営から距離を置いていく。この傾向は安史の乱（755〜763年）後，さらに進んだ。一方，安史の乱後，均田制の崩壊とともに租庸調制も崩れ，代わって両税法が採用された（780年）。土地所有が公認されると，新興地主層が台頭し，彼らによる大土地所有制（荘園制，佃戸制）が進展した。そして五代十国時代に貴族は没落し，代わって大土地所有制を展開する新興地主層が新たな支配層となり，宋代に形勢戸と呼ばれた。よって士大夫を生み出した「新しい土地制度」は均田制に代わった大土地所有制（荘園制，佃戸制）となる。

なお，宋代には科挙が整備され，科挙を受験する道はすべての階層の男性に開かれていた。しかし科挙の難関を突破できたのは経済力のある形勢戸の子弟にほぼ限定された。科挙官僚を出した家を官戸と呼ぶが，それゆえに形勢戸は官戸であり，この形勢戸・官戸が士大夫の経済的・政治的な性格となる。

③士大夫の担った「新しい学術」

士大夫は儒学的な教養を身につけた知識人をさすから，彼らが担う学術とは宋代の儒学となる。宋代には宋学（朱子学）と呼ばれる新しい儒学が誕生した。漢〜唐代の訓詁学という経典の字句の解釈を厳密に行う儒学に代わり，人間の本質について深い思索をめぐらし，知の実践を重んじる儒学である。宇宙の原理から道徳の根本理念を解き明かそうとした周敦頤に始まり，万物の根本原理の「理」と根本元素である「気」との「理気二元論」で「本然の性」（理性）を説明し，万物に内在している「理」をきわめていくことを目指した朱熹によって大成され，士大夫の身につける教養とされた。

また宋代には，異民族に対する文化的優越感も強められた。漢民族を華と称し，国土を中華，中国として美化し，異民族を文化程度の低い「夷狄」として蔑視する思想は華夷思想（華夷の区別，中華思想）と呼ばれた。周辺民族の圧迫を不断に被ってい

た宋代にはその裏返しとして，漢民族の優位を示すため，華夷の区別，並立する複数王朝の正統性・非正統性（正 閏），大義名分論が士大夫を中心に宋学とからめて論じられた。

ポイント

- 士大夫が地主，官僚，知識人の3つの性格を併せもった点を明示する。
- 土地制度は均田制から大土地所有制（荘園制，佃戸制）へ，学術は訓詁学から宋学へという流れで説明する。
- 宋学については特徴や学説（大義名分論など）にも言及する。

解答例

　　唐の後半期，均田制は崩れ，代わって大土地所有制が発達し，佃戸に小作させる方式で荘園を経営する新興地主層が台頭した。彼らは門閥貴族が五代十国時代に没落する中，勢力を伸張させ，宋代には形勢戸と呼ばれた。形勢戸は儒学的教養を身につけた知識人となり，また科挙に合格して高級官僚となった。こうして地主・知識人・官僚の3つの性格を併せもち，その地位を科挙合格でのみ獲得できた点で新しい存在といえる士大夫が現れ，宋代の指導階層となった。士大夫は経典の字句解釈を重視する従来の訓詁学を否定し，宇宙万物の理を探求する宋学という新しい儒学を担った。宋学では理気二元論などを説き，また華夷思想や大義名分論が強調された。

（300字以内）

16 北方民族に対する中国歴代王朝の懐柔策と外交政策

（2007 年度 第 1 問）

〔地域〕中国 〔時代〕前 2 〜16 世紀 〔分野〕政治

　中国歴代王朝の北方民族対策という観点から，中国と北方民族の関係史を述べさせる問題。北方民族対策の変遷を扱う歴史的推移の論述となる。中国と北方民族の関係は論述問題の定番といえるが，前 2 世紀から 16 世紀という長い時代を扱うため要点整理的な力が試された。

設問の要求

〔主題〕中国歴代王朝が北方民族に対して用いた懐柔策や外交政策。
〔条件〕前 2 〜16 世紀を対象に，できるだけ多くの事例を挙げて説明する。

本問攻略の基礎知識

時代	王朝	北方民族	歴代王朝の主な政策・出来事
前 2 世紀	前漢	匈奴	高祖が匈奴の冒頓単于に敗北→和親策
			武帝による匈奴積極策→張騫の派遣
6 世紀	隋	突厥	隋の離間策で突厥の東西分裂
	唐		服属させ羈縻政策
8 世紀		ウイグル	安史の乱鎮圧にウイグルが協力→絹馬貿易
11 世紀	北宋	契丹（遼）	澶淵の盟（1004）
		タングート（西夏）	慶暦の和約（1044）
12 世紀		女真（金）	靖康の変（1126〜27）で北宋滅亡
	南宋		紹興の和議（1142）
15 世紀	明	オイラト，タタール	永楽帝のモンゴル親征
		オイラト	土木の変（1449）
16 世紀		タタール	庚戌の変（1550）

▶論述の方向性

　前 2 世紀から 16 世紀は前漢から明に該当するため，各王朝と関係する北方民族を確定し，その北方民族に対する懐柔策や外交政策を時系列で述べていけばよい。「多くの事例を挙げて」という条件があるため，バランス配分に注意が必要である。

● 漢代…匈奴

　漢代，特に前漢の時代に中国を苦しめた北方民族は匈奴だった。前202年に漢を建てた劉邦（高祖）は当初匈奴に対して積極策をとったが，前200年白登山の戦いで冒頓単于（匈奴最盛期の王）に敗れ，屈辱的な和議を結ばなくてはならなかった。以後，漢は匈奴に対して酒・絹・米を贈る，公主（皇帝の娘）を降嫁させるなど消極策・懐柔策をとることになる。しかし第7代の武帝は積極策に転じ，匈奴を挟撃するため匈奴と対立していた大月氏に張騫を派遣した。大月氏との同盟は失敗したものの，これで西域の事情が明らかとなり，中国の西域進出の端緒となった。また武帝はこれとは別に衛青・霍去病などの武将を漠北に派遣して匈奴を討って西域に勢力を伸張させた。一方，匈奴はこれ以後衰え，前1世紀に東西に分裂し，西匈奴は漢と東匈奴に滅ぼされ，東匈奴は1世紀にさらに南北に分裂した。このうちの南匈奴は後漢に服属し，のち五胡の一つとなる。北匈奴は後漢の攻撃を受け西方へ逃れた。

● 魏晋南北朝時代…鮮卑→柔然

　後漢末期から匈奴（南匈奴）や，匈奴に代わってモンゴル高原の覇権を握った鮮卑などの異民族は五胡として中国へ移住し，三国時代には兵士として用いられた。そのため晋（西晋）末に八王の乱（290〜306年）が起こると，五胡は兵力として利用され，それに伴って勢力を増大させ，永嘉の乱で匈奴が晋を滅ぼす一方，五胡は華北に建国した（五胡十六国）。その後，鮮卑が建てた北魏が華北を統一し（439年），北朝最初の王朝となり，またモンゴル高原を支配した柔然と抗争した。しかしこれらは北方民族が中国内に建国している時代であり，問題文の求める中国王朝の懐柔策や外交政策に直接該当しないため，魏晋南北朝時代は対象外と考えられる。

● 隋・唐代…突厥→ウイグル

　突厥（トルコ系）は柔然を倒し（6世紀），モンゴル高原を支配した。以後，南では中国を統一した隋を圧迫した。それに対して隋は巧みな外交政策（内紛を利用した離間策）を展開し，突厥を東西に分裂させた（6世紀末）。

　唐は東突厥，ついで西突厥を服属させ，都護府を置いて統治した。都護府とは唐の前半期，服属した周辺民族統治のために設置した機関で，中央から長官を派遣するものの，その下の官吏には現地の族長を任命し，自治を認める間接統治が行われた。これが羈縻政策で，懐柔策にあたる。その後，東突厥は唐から自立・復興し（7世紀末），やがてウイグル（トルコ系）に滅ぼされた（8世紀半ば）。一方，8世紀には唐の羈縻政策は行き詰まり，唐は都護府に代えて辺境防衛のため節度使を設置した。

　ウイグルは突厥（東突厥）に代わってモンゴル高原の覇権を握る一方，安史の乱（755〜763年）の際には唐を支援し，その後は唐へ侵入した。それに対して，唐はウイグルの要求を受け入れ，公主を降嫁させたり，ウイグルに有利な条件のもとで彼らの馬と中国の絹を取り引きする絹馬貿易を行うなど，懐柔を図っている。

● 宋代…契丹（遼），タングート（西夏）→女真（金）

契丹の遼やタングートの西夏の圧迫を受けた宋（北宋）は，遼と澶淵の盟を結び（1004 年），宋を兄・遼を弟として宋は遼に毎年絹や銀を贈り，西夏とは慶暦の和約を結び（1044 年），臣下の礼をとらせる代わりに毎年絹・銀・茶を贈ることになった（懐柔策）。その後，宋は中国東北地方から台頭した女真の金と結んで遼を滅ぼした（1125 年）が，直後に金の華北侵入を招き，都の開封が占領され，皇帝の欽宗や上皇の徽宗などが北方へ連行され（靖康の変：1126〜27 年），これによって北宋は滅亡した。

北宋を滅ぼした金は華北を支配下に置き，江南に成立した南宋と対峙した。南宋は金と和議を結び（紹興の和議：1142 年），金に臣下の礼をとり，毎年銀・絹を贈ることになった（懐柔策）。こうして中国には一時的な平和が到来したが，南宋は元によって征服されて滅亡した（13 世紀後半）。

● 元代

元は北方民族（モンゴル族）の王朝で，モンゴル高原と中国を一体化しており，元には北方民族政策は存在しないため，元は対象外と考えられる。

● 明代…オイラトとタタール

明の洪武帝は，大都を放棄してモンゴル高原に逃れた元の残存勢力である北元を滅ぼした（1388 年）。永楽帝は，15 世紀前半にモンゴル高原に親征して，オイラトとタタール（韃靼）を攻撃する一方，朝貢関係を結んで懐柔した。しかし，永楽帝後の明は対外進出に消極的となり，特にエセン＝ハンの下で強力となったオイラトの侵入を受け，皇帝の英宗が捕虜となる土木の変（1449 年）が起こると，明は守勢に転じて万里の長城の修築を進めた。その後，アルタン＝ハンの下で強力となったタタールが万里の長城を越えて侵入し，都の北京が一時包囲された（庚戌の変：1550 年）。しかしこの直後から両者の間に和平の気運が高まり，和議（1571 年）が結ばれたことで，明はアルタン＝ハンを順義王に冊封し，朝貢貿易を認めた（懐柔策）。これにより北虜（明を悩ませたモンゴル諸部族の侵入）は解消され，中国の北方情勢は 17 世紀初めの後金（のちの清）出現まで安定することになる。

ポイント
● 前漢の対匈奴和親策から書き始め，明とアルタン＝ハンの和議で締めくくる。
● 前漢の武帝による対匈奴積極策，隋の対突厥外交，唐の羈縻政策，宋の遼や金への懐柔策，明の永楽帝によるモンゴル親征には必ず言及したい。

解 答 例

前漢は高祖以来，対匈奴和親策をとったが，武帝は積極策に転換し，匈奴挟撃のため張騫を大月氏へ派遣した。隋は突厥を離間策で東西に分裂させ，唐は服属させた突厥を羈縻政策で間接統治した。しかし，羈縻政策が破綻すると，ウイグルには絹馬貿易を認めるなど懐柔策をとった。北宋は契丹の遼と澶淵の盟を，タングートの西夏と慶暦の和約を結び，南宋は女真の金に臣従する形で銀や絹を贈って平和を維持した。明は，永楽帝がオイラト・タタールに積極策として親征を行う一方，朝貢関係を結んで懐柔も図った。しかし，その後は消極策をとり，土木の変後は守勢に転じ，タタールのアルタン=ハンとは和議を結んで朝貢貿易を認め北方情勢を安定させた。

（300字以内）

17 1910〜1950 年代の中東アラブ地域

(2006 年度　第 1 問)

〔地域〕中東アラブ地域　〔時代〕20 世紀前半　〔分野〕政治

　1910 年代から 1950 年代までの中東アラブ地域に起こった「分割・独立・離脱の主要な経緯」を述べさせる問題。短期間ではあるが，一定の流れに沿って状況の変化を扱う歴史的推移の論述となる。「勢力圏から完全に離脱」した状況を正確に指摘することがやや難しい論述といえる。

設問の要求

〔主題〕1910 年代から 1950 年代までの中東アラブ地域をめぐる状況の変化。
〔条件〕「分割・独立・離脱」の主要な経緯について述べる。

本問攻略の基礎知識

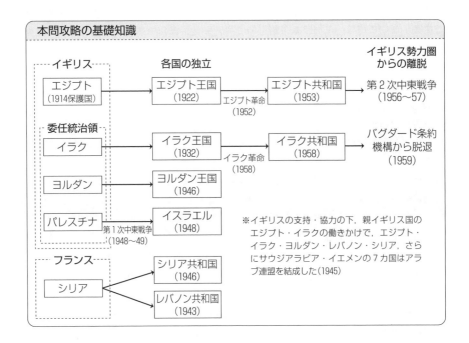

▶論述の方向性

　中東アラブ地域が，第一次世界大戦後にイギリス・フランスの委任統治領として「分割」され，旧宗主国の勢力下で「独立」し，最後にその勢力圏から「離脱」した経緯を述べていけばよい。

①英・仏の委任統治領としての「分割」

　第一次世界大戦後，オスマン帝国領の中東アラブ地域は，セーヴル条約を経てイギリス・フランスの委任統治領として「分割」された。この「分割」は 1916 年に結ばれたサイクス=ピコ協定で方向性が示されている。

・サイクス=ピコ協定

　第一次世界大戦中の 1916 年に英・仏・露が結んだ秘密協定で，戦後のオスマン帝国領の分割（各国の勢力範囲の確定とパレスチナの国際管理）を取り決めた。

・セーヴル条約

　1920 年 8 月に結ばれた連合国とオスマン帝国の講和条約。この条約に先立つ 1920 年 4 月，イタリアのサン・レモで連合国の会議が開かれ（サン・レモ会議），サイクス=ピコ協定の分割線をやや変更して，イラク・トランスヨルダン・パレスチナをイギリスの，シリアをフランスの委任統治領とすることになった。そして，セーヴル条約でオスマン帝国の中東アラブ地域における領土放棄が決まったため，中東アラブ地域の「分割」は現実のものとなった。ただ，サン・レモ会議は難度が高く，言及しなくてよい。ここでは，セーヴル条約を経てオスマン帝国の中東アラブ地域がどのように英・仏の委任統治領として「分割」されたのか，を正しく記せばよい。

②英・仏の勢力下での「独立」

　戦間期〜第二次世界大戦終結直後，委任統治領となっていた地域のうち，パレスチナ以外はほぼ独立を達成し，イギリスの保護国だったエジプトも 1922 年に独立していた。アラビア半島の大部分はもともとオスマン帝国領ではなく，委任統治の対象とはならず，戦間期に成立したサウジアラビア王国はオスマン帝国から「独立」したわけではないため，サウジアラビアに言及する必要はない。またイエメンは「分割」される前の 1918 年に独立し，イギリスの保護国だったクウェートは 1961 年に独立しているので，これらも本論述の対象外となる。

・パレスチナ以外の地域

　フランスの委任統治領シリアではレバノンが 1941 年に分離し，1943 年レバノン共和国として，第二次世界大戦後の 1946 年にはシリアがシリア共和国として独立した。イギリスの委任統治領では，イラクが 1932 年にイラク王国として，トランスヨルダンが 1946 年にヨルダン王国として独立した。

・パレスチナ

　イギリスは，第一次世界大戦中のバルフォア宣言（1917 年）で，パレスチナにおけるユダヤ人の建国に好意的態度を示していたため，第一次世界大戦後，イギリスの委任統治領となったパレスチナでは，ユダヤ人の移住が増加し，この地に従来から居住していたアラブ人（パレスチナ人）との対立が次第に激化することになった。第二次世界大戦後，1948 年のイギリスの委任統治終了とともに，ユダヤ人がイスラエル

の建国（独立）を宣言したが，これに対して周辺のアラブ諸国との間で第1次中東戦
争が勃発し，アラブ側は敗北した。

• **エジプト**

1914年以来イギリスの正式の保護国であったが，1922年に王国として形式的に独
立を達成し，1936年に主権をほぼ回復した（エジプト=イギリス同盟条約）。しかし，
その後もイギリスがスエズ運河地帯駐屯権を保持するなど，イギリスの強い勢力下に
置かれ，親英国としてイギリスの中東戦略を支えることになった。

③勢力圏からの「離脱」

中東アラブ地域で諸国が独立した後も，この地域に大きな影響力を行使したのはイ
ギリスであった（アメリカが影響力を強めるのは1956〜57年の第2次中東戦争以降）。
例えば，1945年にはイギリスの協力でアラブ7カ国はアラブ連盟（アラブ諸国連盟）
を結成した。このイギリスの中東戦略を支える役割を果たしたのは，親英国のエジプ
トとイラクであった。エジプトはイギリスにスエズ運河地帯の駐屯権を認め続け，イ
ラクはイギリスの中東支配体制を温存させる性格をもった反共のバグダード条約機構
（中東条約機構：METO）に参加している（1955年）。よって，「離脱」については
エジプトとイラクがイギリスの勢力圏から外れることを述べればよい。フランスの委
任統治領であるシリア・レバノンについては，フランスが中東アラブ地域への影響力
を低下させたため，「離脱の主要な経緯」についてはイギリスのみを扱えばよい。

• **エジプト**

イスラエル建国をめぐって勃発した第1次中東戦争（1948〜49年）におけるアラ
ブ側の敗北はエジプトに衝撃を与え，1952年に自由将校団のクーデタが起こり，親
英的であった王政は打倒され（エジプト革命），翌年共和国が成立した。1954年にエ
ジプトはイギリス軍のスエズ運河地帯からの撤退を実現させたが，アメリカ・イギリ
スがアスワン=ハイダム建設への援助を停止したことから，1956年にナセル大統領は
スエズ運河の国有化を宣言した。これに対し，英・仏・イスラエルがエジプトに侵攻
し，第2次中東戦争となったが，戦争は3国の撤退で終結した。イギリスはエジプト
に対する影響力を完全に失うことになり，エジプトはイギリスの勢力圏から「離脱」
した。

• **イラク**

エジプト革命に衝撃を受けたイギリスは，1955年バグダード条約機構を結成させ，
イラクはイギリスの中東政策の一翼を担うことになった。しかし，エジプト革命の影
響，さらに第2次中東戦争後のアラブ民族主義の高揚を背景に，親英的な政策をとる
王政への不満が高まったことから，イラクでは1958年に軍人カセムによるクーデタ
が起こり，親英の王政は打倒され（イラク革命），共和国が成立した。イラク共和国
は成立後すぐに親英路線から親ソ路線に転換し，翌1959年にはバグダード条約機構

から脱退している。こうしてイラクもイギリスの勢力圏から離脱した。

ポイント
- 「分割」・「独立」・「離脱」の３つに内容を分け，簡潔に述べていく。
- 各国の独立時期を詳細に述べる問題ではないので，これに深入りしないようにしたい。
- 「離脱」に関してはイギリスとの関係を中心にエジプトとイラクについて説明すると書きやすい。
- 中東アラブ地域でも，設問に適合しない地域は論述の対象外とすること。

解答例

　第一次世界大戦中にサイクス=ピコ協定，戦後にセーヴル条約が結ばれ，オスマン帝国領の中東アラブ地域分割が確定し，イラク・ヨルダン・パレスチナはイギリスの，シリアはフランスの委任統治領となった。その後，パレスチナ以外の委任統治領やエジプトは独立したが，イギリスは親英国のエジプト・イラクを通じてこの地域への影響力を維持した。1948年のユダヤ人国家イスラエルの成立に対して，アラブ側は反発し第１次中東戦争を戦ったものの敗北し，その後，エジプトとイラクでは革命で親英王政が倒され，共和国が成立した。エジプトは第２次中東戦争でイギリス軍を退け，イラクはバグダード条約機構を脱退し，イギリスの勢力圏から離脱した。

（300字以内）

18 辛亥革命から日中戦争開始までの日中関係史

(2005年度 第1問)

〔地域〕中国 〔時代〕20世紀前半 〔分野〕政治

　1911～1937年の日本と中国の関係史を述べさせる問題。短期間の複雑な2国間の関係の変遷を扱う歴史的推移の論述となる。二十一カ条要求，五・四運動，満州事変，盧溝橋事件などはすぐに思い浮かぶだろうが，これらを中国における軍閥と北伐の関係や，国民党と共産党の関係の中に組み込んで上手にまとめていかねばならないので，構成力が必要な問題である。

設問の要求

〔主題〕中国近代史における日本と中国の関係。
〔条件〕1911年の辛亥革命から1937年の日中戦争開始までを扱う。

本問攻略の基礎知識

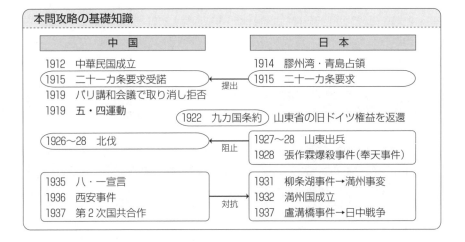

▶論述の方向性

　辛亥革命（1911年）による中華民国の成立から書き始める。以後，日本の進出と中国側の対応を軸に中国と日本の関係を示す事項を時系列で述べ，1937年の日中戦争開始で締めくくる。

①辛亥革命～第一次世界大戦期の中国と日本

　1911年に辛亥革命が起こり，翌12年清が滅亡して中華民国が成立した。その後起こった第一次世界大戦（1914年開始）では，日本は日英同盟を口実に参戦し，ドイ

ツの租借地である膠州湾・青島を占領したことで中国進出への大きな足がかりを得ることになった。1915年には袁世凱政府に山東省のドイツ利権の継承などを内容とする二十一カ条要求を提出・受諾させた。1917年には経済面から中国での影響力を強めるため袁世凱の後を継いだ段祺瑞政府に西原借款（1917〜18年）を与えて日本の権益確保をめざしている。当時の中国は各地に軍閥が割拠する不安定な政治状況で，北京の中央政府である段祺瑞政権は日本の援助をもとに政治的統一を実現しようとしたのである。また，同年の石井=ランシング協定では，アメリカの中国における門戸開放と，日本の中国における特殊権益を認めあうなど，利害調整をはかりつつ，アメリカは日本の特殊権益を超えた中国への勢力拡大をおさえようとした。

②第一次世界大戦後〜1920年代の中国と日本

　中国は1917年ドイツに宣戦布告したことで戦勝国となり，パリ講和会議に出席して，二十一カ条要求の破棄や山東のドイツ利権の返還を求めた。しかし，これが却下されたため五・四運動と呼ばれる反日救国の愛国的民族運動が起こり（1919年），この影響を受けて1919年に中国国民党が結成され，1921年にはコミンテルンの指導を受けて中国共産党が結成された。その後，両党は第1次国共合作を成立させ（1924年），国民革命（中国統一）をめざして1926年に軍閥打倒の北伐を開始した。その過程で上海クーデタ（1927年）を機に国共合作は崩壊したが，1928年国民党（南京国民政府）は北伐を完了し，中国の統一をほぼ達成した。

　一方，日本の中国における勢力伸長は欧米列強に警戒心を抱かせた。そのため日本の中国進出抑制を主目的にワシントン会議が開かれ，中国の主権と独立の尊重，領土の保全などを約した九カ国条約（1922年）が結ばれ，石井=ランシング協定も失効した。この際，日中間の交渉で山東の旧ドイツ権益も中国に返還されることになり，日本は中国から後退することになった。そこで日本は再び中国での権益の維持と拡大をめざし，北伐による中国統一を阻止するため，山東出兵（1927〜28年）を行い，済南事件（山東省済南での衝突）を起こした。さらに関東軍は中国東北地方（満州）の直接支配をねらって，張作霖爆殺事件（奉天事件）を起こしている（1928年）。しかし，国民政府による中国統一は阻止できず，1928年6月に北京が占領されて北伐は完了し，同年12月には奉天軍閥を継承した張学良の合流で国民革命が達成された。

③1930年代初め〜日中戦争開始期の中国と日本

　1930年代に入ると，日本は本格的に中国侵略を企てた。その背景には世界恐慌による日本経済の混乱があった。一方，中国では共産党による中華ソヴィエト共和国臨時政府樹立（1931年）を機に国民党と共産党の内戦が激化した。この中国の混乱に乗じて，日本は柳条湖事件を機に満州事変（1931〜33年）を起こし，満州国を建設（1932年），上海では国民党軍との大規模な衝突を起こしている（第1次上海事変：

1932 年）。その後，南京国民政府は日本と塘沽停戦協定を結んで満州事変を終わらせ，満州国を事実上認めた（1933 年）。しかし，1935 年に日本が冀東防共自治政府を樹立して華北への進出を企てると，中国では同年共産党が八・一宣言を発表し，内戦の停止と抗日民族統一戦線の結成を呼びかけた。これに影響を受けた張学良らによる西安事件（1936 年）を経て，国民党と共産党は再び接近し，この翌年，盧溝橋事件を機に日中戦争が開始（1937 年）されると，第 2 次国共合作が成立し，抗日戦の体制が整えられることになった。

ポイント

- 日本の中国における勢力伸長→日本の中国からの後退→日本の中国への干渉→日本の中国侵略，という指定された時期の日中関係史の大きな流れを踏まえる。
- 日本の中国進出という一方的な論述にならないように注意する。
- 個々の事件や出来事の説明に字数をとられすぎないように内容を絞ること。

解答例

辛亥革命で成立した中華民国に対し，日本は第一次世界大戦の勃発を利用して進出し，ドイツの租借地である膠州湾・青島を占領し，さらに二十一カ条要求を受諾させた。戦後のパリ講和会議で，二十一カ条要求取り消しなどが拒否されたことで，中国では反日の五・四運動が起こった。その後ワシントン会議で結ばれた九カ国条約で日本は中国から後退を余儀なくされたが，北伐が始まると山東出兵や張作霖爆殺事件で中国へ軍事介入を強めた。日本は柳条湖事件から満州事変を起こして満州国を建設し，さらに華北進出をはかったが，これに対し，国共両党は西安事件を機に接近し，盧溝橋事件から日中戦争が始まると第 2 次国共合作を成立させ日本に抵抗した。

（300字以内）

19 トルコ系・モンゴル系国家とイスラーム

(2004年度 第1問)

〔地域〕西アジア 〔時代〕11〜18世紀 〔分野〕政治，社会

　西アジアを支配したセルジュク朝，モンゴル帝国，オスマン朝のイスラームに対する姿勢や対応のあり方を「相互の違いに注意しつつ」述べさせる問題。同一の視点から3国の状況を扱う国ごとの並列的な論述となる。

設問の要求

〔主題〕セルジュク朝，モンゴル帝国，オスマン朝のイスラームに対する姿勢や対応のあり方。
〔条件〕相互の違いに注意して述べる。

本問攻略の基礎知識

	セルジュク朝 (1038〜)	モンゴル帝国 (1206〜)	オスマン朝 (1300年頃〜)
成立地域	イラン東部	モンゴル高原	アナトリア(小アジア)
建国時の宗教	スンナ派	非イスラーム	スンナ派
カリフとの関係	スルタンの称号を得る カリフを保護	アッバース朝を征服 カリフを殺害	マムルーク朝を滅ぼし，メッカ・メディナを管理 カリフ政治の後継者へ
対立するシーア派	ファーティマ朝	(宗教的寛容)	サファヴィー朝
その他		イル=ハン国でイスラーム教を国教化	18世紀にカリフの権威も主張

▶論述の方向性

　セルジュク朝・モンゴル帝国・オスマン朝とカリフの関係を軸に，シーア派国家との関係などを説明したい。また，モンゴル帝国分裂後のイル=ハン国でイスラーム教を国教としていることに注意したい。

①セルジュク朝（1038〜1194年）

　トルコ系遊牧民の一派であるセルジュク族を率いたトゥグリル=ベクは，中央アジアからイラン東部に移動し，この地でセルジュク朝を建国した（1038年）。以後，スンナ派のセルジュク朝はシーア派のブワイフ朝を破ってイランに領土を広げ，1055

年にはブワイフ朝を追ってアッバース朝の首都バグダードに入城した。この時，アッバース朝のカリフからスルタンの称号を得たことにより，スルタンがイスラーム法（シャリーア）に基づいて政治を行うスルタン制が成立し，カリフは政治的権限を失い，スンナ派ムスリムの象徴に過ぎなくなった。

セルジュク朝はスンナ派を奉じたため，シーア派でエジプトを本拠地としてカリフを称したファーティマ朝への対抗上，主要都市にマドラサ（学院）を創設し，スンナ派の神学や法学を奨励して学問の振興に努めた。

②モンゴル帝国（1206～1388年）

モンゴル帝国（大モンゴル国）は，1206年モンゴル高原を統一したテムジン（チンギス＝ハン）により建国された。非イスラームのモンゴル帝国はユーラシアの東西に領土を広げ，フラグが西アジアに遠征し，1258年バグダードを占領しアッバース朝を滅ぼした。その際，アッバース朝のカリフを殺害したことで，カリフ制は一時的に消滅している。カリフ制とはカリフがウンマ（ムスリム共同体）の指導者としてウンマを統括する制度だが，そのカリフをムスリムでないフラグが殺害し，モンゴル帝国はイスラーム世界に「ウンマを統括するカリフ」がいない状況を作り出したのである。なお，1261年にはマムルーク朝で，亡命してきたアッバース朝の一族をカリフとして擁立して，カリフ制は形式的に復活している。

モンゴル帝国は宗教的には寛容であったため，モンゴル帝国支配下でもイスラーム世界はそのまま保たれた。モンゴル帝国分裂後，西アジアを支配したイル＝ハン国では第7代君主のガザン＝ハンがイスラーム教への改宗と国教化を行い，イスラーム文化を保護したため，イラン＝イスラーム文化が開花した。

③オスマン朝（1300年頃～1922年）

オスマン朝（オスマン帝国）は，1300年頃イスラーム化したトルコ人によりアナトリア（小アジア）西北部に建国された。以後，バルカン方面に領土を広げる一方，西アジア方面ではイランを中心とするシーア派のサファヴィー朝と争い，セリム1世時代の1517年にはマムルーク朝を滅ぼしてシリア・エジプトを領有した。その結果，それまでマムルーク朝が保持していたメッカ・メディナ（イスラーム教の2大聖都）の保護権を得たことで，オスマン帝国はスンナ派イスラーム世界の盟主となった。

オスマン帝国が衰退へ向かう18世紀以降になると，オスマン帝国のスルタンは自らの権威を強化するため，カリフとしての立場を強調するようになった。それがスルタン＝カリフ制という制度として確立されたのか，それとも理念のレベルにとどまったのか，見解は分かれているが，スルタンがカリフの権威を利用している点は指摘して差し支えないと思われる。

　最後に，3国家のイスラームに対する姿勢・対応の「相互の違い」を整理する。上記の検討から，最重要ポイントはウンマの指導者・カリフとの関係になろう。

①セルジューク朝…カリフから政治的権限を奪い，スルタンの保護下に置いた。

②モンゴル帝国…カリフを殺害し，カリフが存在しない状況を作った。

③オスマン朝…スルタンが権威強化のため，やがてカリフの立場も強調した。

ポイント

- 3国家それぞれの，カリフとの関わりを中心に説明していく。
- 〔設問の条件〕から，共通点は必要があれば言及する程度にとどめる。

解答例

　セルジューク朝は，シーア派のブワイフ朝を追ってバグダードに入城し，アッバース朝カリフからスルタンの称号を得て政治的権限を握り，カリフを保護下に置いた。また，シーア派のファーティマ朝と対抗し，主要都市に学院を建設してスンナ派の教学を奨励した。非イスラームのモンゴル帝国は，アッバース朝を滅ぼしてカリフ制をいったん消滅させたが，帝国分裂後に成立したイル=ハン国ではイスラーム教を国教とした。オスマン朝は，マムルーク朝を滅ぼしてメッカ・メディナの保護権を握り，スンナ派イスラーム世界の盟主としてシーア派のサファヴィー朝と抗争し，後にはスルタンの権威保持・強化のためカリフとしての立場も強調するようになった。

（300字以内）

20 宋代，明代，清代の皇帝独裁制 （2003年度 第1問）

〔地域〕中国 〔時代〕宋，明，清 〔分野〕政治

　皇帝独裁制（君主独裁制）の強化という視点から，宋・明・清代の政治制度の改変を述べさせる問題。各王朝の政治制度の改変を扱うため，王朝別の並列的な論述となる。「皇帝独裁制の強化をもたらした政治制度の改変」として何が対象となるかを熟考することが求められている。特に明・清はイメージできる歴史用語が多いため，問題の要求と一致する歴史用語を慎重に選ぶ必要がある。

設問の要求

〔主題〕皇帝独裁制の強化をもたらした政治制度の改変。
〔条件〕宋・明・清の各王朝の名を明示して述べる。

本問攻略の基礎知識

宋	科挙の整備，禁軍の再編・強化
明	中央・地方の主要機関の皇帝直属化 のち，皇帝の補佐として内閣大学士設置
清	中央に軍機処設置，地方に総督・巡撫配置

▶論述の方向性

　宋・明・清の順に，各王朝ごとに皇帝独裁制の強化をもたらしたと考えられる政治制度の改変の動きを説明していけばよい。問題文に「宋代，明代，清代と時代を経るにしたがって強化された」とあるので，この視点を念頭に置いた論述が求められる。

①宋代＝「文治主義」，「禁軍の強化」，「殿試の創設」

• 文治主義と禁軍の強化

　唐末・五代十国の混乱期，門閥貴族は没落し，代わって節度使など武人が台頭し，武断政治（武力による政治）が行われた。そこで，五代十国の混乱を収拾した宋の皇帝は武人勢力の弱体化・武断政治の弊害除去をめざし，文治主義を採用した。文治主義とは，軍人ではなく文人官僚を重用して政治を行うことをいう。この原則により，節度使に対しては欠員が出るたびに文官を充てるなどして，武人の力を奪っていった。その一方，軍事力としては宮中の護衛兵に過ぎなかった禁軍を再編・強化し，皇帝直属の精鋭正規軍としている。

● 殿試の創設

　文治主義を採用したことから，皇帝の手足として政治を行う官僚が必要となったため，宋では科挙を官吏登用の唯一の方法にするとともに，科挙を整備し，それまでの州試（地方試験）→省試（中央試験）の2段階に，殿試を加えた。殿試は皇帝が省試合格者に対して面接や論述の試験を課すもので，これにより皇帝は科挙合格の決定権，および高級官僚の人事権を握ることになった。一方，官僚も皇帝に選ばれたという意識をもち，皇帝と強く結びついた。この結果，皇帝の官僚に対する影響力が強化され，官僚は宋の皇帝独裁を支える基盤となった。

②明代＝「中書省・丞相の廃止」，「内閣大学士」

● 中書省・丞相の廃止

　明の初代皇帝・洪武帝は，元代に最高行政機関として六部を統括した中書省と，その長官である丞相を廃止して，行政のすべてを皇帝が直接決定できるように六部を皇帝に直属させた。さらに軍事面では五軍都督府を，監察機関として都察院を設け，これらも皇帝に直属させ，権限の一機関への集中防止，すなわち権限の分散を図った。この権限の分散と重要機関の皇帝直属という原則は地方行政においても適用されている。こうして洪武帝は皇帝が行政・軍事・監察の三権を掌握し，中央と地方を直接支配する体制を作り上げた。

　なお，洪武帝は村落制度として里甲制，軍事制度として衛所制を導入した。これらも皇帝独裁制に関わるため，言及することも可能であろう。一方，洪武帝は有力者の出現を防ぐため大規模な粛清も行っているが，これは制度の改変ではないため言及する必要はない。

● 内閣大学士

　永楽帝時代，皇帝の職務を補佐する官僚（大臣）として内閣大学士が設けられ，7人の内閣大学士からなる機関を内閣と呼んだ。当初の内閣は皇帝の諮問機関・政治顧問として，皇帝の独裁を支えた。しかし，その後内閣は権限を拡大させ，首席内閣大学士は事実上の丞相となり，六部を支配下に置いて皇帝権を弱化させることになる。

③清代＝「軍機処」

　清は明の制度を継承しているが，明と異なる独自の制度の導入，つまり政治制度の改変も行っており，軍機処と理藩院が代表的である。このうち，皇帝独裁制の強化につながるのは軍機処の設置である。軍機処は，雍正帝がジュンガル（オイラト系の部族と国家で，最後の遊牧帝国）への軍事行動の際，軍事機密の保持を目的に創設された。メンバーは雍正帝と，彼が最も信頼する数人の官僚（のち，軍機大臣と呼ばれる）から構成された。この軍機処は軍事行動終了後も維持され，雍正帝が軍事・行政の決定権を内閣から軍機処に移したことで，軍機処は内閣に代わって国家の実質上の

最高機関となった。以後，軍機処では皇帝の下，数人の軍機大臣が軍事・行政に関する重要案件を処理し，皇帝が最終的に決裁を下した。こうして軍機処は皇帝直属の諮問機関としての性格も帯び，皇帝の裁量権を拡大させ，軍機処の設置は皇帝独裁制を一層強化する制度の改変となった。

　加えて，清は地方行政として省を設け，その省には1～3省ごとに総督，1省ごとに巡撫という地方長官を置いた。総督と巡撫には権限において差がなく，ともに皇帝に直属し，双方とも皇帝との結びつきや皇帝の支持獲得を競った。これも皇帝独裁制の強化につながるから，字数があれば言及してもよいだろう。

ポイント

• 宋の文治主義，明の中書省廃止と六部の皇帝直属化，清の軍機処の設置，これらが本問の核心部分となる。

• 「政治制度の改変」が皇帝独裁制の強化につながる理由についても言及する。

解答例

　　宋は，節度使から権力を奪い欠員に文官を任命する文治主義をとり，一方で皇帝の親衛軍として禁軍を整備した。また，科挙の最終試験として皇帝自ら実施する殿試を加え，官僚との結びつきを強化した。明は，中書省とその長官の丞相を廃止し，六部を皇帝直属としただけでなく，軍事機関の五軍都督府や監察機関の都察院も設けて皇帝直属とし，皇帝が分立する行政・軍事・監察の三権を直接掌握する体制を確立した。永楽帝時代には皇帝補佐の目的で内閣大学士が設置され，次の清でも内閣など明の諸制度が引き継がれたが，雍正帝時代には軍事機密保護のため軍機処が設けられ，次第に内閣に代わって皇帝直属の実質的な国家最高機関となっていった。

（300字以内）

第2章　アジア地域／記述・短文論述

（2022年度　第2問）

21　A　歴史的「シリア」をめぐる歴史
　　B　中国の人口推移と社会

A　〔地域〕西アジア　〔時代〕前8〜20世紀前半　〔分野〕政治，文化

歴史的「シリア」と呼ばれる地域をテーマに，西アジアの政治動向が通史的に問われた。(6)の「トゥールーン朝」は「ファーティマ朝」と紛らわしいので年代に注意したい。

B　〔地域〕中国　〔時代〕13〜20世紀　〔分野〕政治，経済，文化

人口の推移と，それによる社会状況の変化をテーマに，南宋から中華人民共和国までの中国史が問われた。専門的なテーマのリード文はやや難解だが，(15)の「囲田」と(23)の「盛京」以外は頻出事項といえ標準的な出題である。

A

a　ウマイヤ朝は661年，シリア総督ムアーウィヤが創建した。

b　アイユーブ朝は1169年，ファーティマ朝の宰相だったサラディン（サラーフ＝アッディーン）が創建した。

(1)　アッシリア王国は前7世紀，最大版図を達成した王アッシュルバニパルの下で最盛期を迎えた。アッシュルバニパル王が都のニネヴェに図書館を作ったことも覚えておきたい。

(2)　新バビロニアの王ネブカドネザル2世はユダ王国を滅ぼし，住民のヘブライ人を都のバビロンに連行した（バビロン捕囚：前586〜前538年）。

(3)　ササン朝のホスロー1世は6世紀，突厥（モンゴルの騎馬遊牧民とその国家）と結んでエフタル（中央アジアの騎馬遊牧民）を滅ぼした。

(4)　シーア派最大の宗派はアリーとその11人の男系子孫（計12人）を指導者（イマーム）とする十二イマーム派で，サファヴィー朝の国教となった。

(5)　バグダードは三重の城壁を持つ円形都市で，メソポタミアを流れるティグリス川の西岸に建設された。

(6)　やや難。エジプトには9世紀後半，アッバース朝から自立したエジプト総督代理によってトゥールーン朝が創建された。なお，トゥールーン朝滅亡（905年）後の969年，エジプトはチュニジアから興ったファーティマ朝に征服される。

(7)　ファーティマ朝の君主は建国後，アッバース朝に対抗するためカリフを称し，アッバース朝カリフの権威を否定した。10世紀にはイベリア半島の後ウマイヤ朝の君主もカリフを称したことから，イスラーム世界では3人のカリフが鼎立した。

(8)　『世界史序説』はイスラーム世界を代表する歴史家イブン＝ハルドゥーンが著した。遊牧民と都市民（定住民）の交流を中心に，王朝の変遷や交替を体系的に説明する文明論を展開した。

(9) オスマン帝国のスルタン・セリム1世は1514年，イランのサファヴィー朝（王はイスマーイール）をチャルディラーンの戦いで破り，シリアへ進出した。

(10) オスマン帝国はギリシア独立運動（ギリシア独立戦争）の際，ムハンマド=アリー朝の支援を得て，独立を支援するイギリス・フランス・ロシアと戦ったが敗北し，ギリシアの独立を認めた（1829年）。

(11) シリアをめぐるムハンマド=アリー朝とオスマン帝国の2度にわたる戦い（エジプト=トルコ戦争）は列強の介入を招き，1840年に開かれたロンドン会議でムハンマド=アリー朝はシリア領有を断念した。

(12) 第一次世界大戦後，西アジアではイラク・ヨルダン・パレスチナがイギリスの委任統治領となった。この3地域のうち，ファイサルが国王として迎えられたのはイラクで，1932年にイラク王国として独立した。

(13) 1916年，イギリス・フランス・ロシアは秘密協定としてサイクス・ピコ協定を結び，オスマン帝国領の分割や処理を定めた。イギリスは，この前年フセイン・マクマホン協定で，オスマン帝国への反乱を条件にフセインにアラブ国家独立を認め，1917年にはバルフォア宣言でパレスチナにおけるユダヤ人の民族的郷土建設を認めたため，矛盾する外交となった。

B

c 清の全盛期は，1661年に即位した康熙帝から雍正帝を経て，乾隆帝の3代にわたり，18世紀末まで続いた。

d 毛沢東は1958年，中華人民共和国の国家主席として大躍進の号令を発し，農業生産・工業生産の飛躍的増大をめざした。

(14) 明では後期の16世紀後半，銀の流入を背景に各種の税と徭役を一括して銀納させる一条鞭法が全国的に実施された。

(15) やや難。南宋では長江下流域で新田開発が進んだ。この新たに開拓された農地は囲田・圩田・湖田と呼ばれ，農業生産増大の要因となった。なお，穀倉地帯は明末には長江中流域に移動する。

(16) 徐光啓が編纂した『農政全書』は中国農書の集大成とされる。徐光啓は他にも『幾何原本』を翻訳し，『崇禎暦書』の編纂も行っている。

(17) 明代後期から清代にかけて東南アジアへ移住した中国人は南洋華僑と呼ばれた。経済的に成功する者も多く，現地経済にも大きな影響を与えたが，その影響力から現地の人々と対立する場合もあった。

(18) 明末，李自成を指導者に農民反乱が起こり，反乱軍が都の北京を包囲すると，崇禎帝は自殺した。これにより明は滅亡する（1644年）。

(19) 清代に確立した税制は地丁銀制。これは明代の一条鞭法を簡略化した税制で，康熙帝時代に広東で始まり，雍正帝時代に全国へ波及した。

⑳ 北宋の王安石は神宗のもとで富国強兵をめざし，新法による改革を実施した。この新法のうち，保甲法が兵農一致の強兵策である。

㉑ 中国に伝来したアメリカ大陸原産の畑地作物はサツマイモとトウモロコシで，これらは稲作に適さない山地での栽培が可能なため山地の開発・農地化を促した。これが清代18世紀の人口急増を支える背景の1つとなった。なお，サツマイモは主に江南，トウモロコシは主に華北で栽培された。

㉒ 太平天国は拝上帝会の組織者であった洪秀全により樹立された（1851年）。洪秀全は広東省の客家出身。

㉓ やや難。清はホンタイジ（太宗）のときに都の瀋陽を盛京と改称し，次の順治帝のときに中国本土に入り北京を占領すると，盛京から北京へ遷都した。

㉔ 19世紀末の清において排外運動を起こした宗教的武術集団は義和団で，「扶清滅洋」をスローガンに鉄道やキリスト教会を破壊した。

㉕ 中華人民共和国において1958年に大躍進の政策が始まると，農村には大躍進実行のため，生産と行政・教育活動を一体化した組織として人民公社が設立された。しかし，現実を無視した無理な計画や農民の生産意欲低下などにより農業の生産性は上がらなかった。

㉖ 中華人民共和国では1978年，鄧小平の指導の下，改革・開放政策が始まり，外国の資本・技術の導入や市場経済への移行が進められた。この政策が進む中，1985年に人民公社は消滅した。

解 答

A　a. ムアーウィヤ　b. サラディン〔サラーフ=アッディーン〕
　　(1)アッシュルバニパル　(2)ユダ王国　(3)エフタル　(4)十二イマーム派
　　(5)ティグリス川　(6)トゥールーン朝　(7)カリフ　(8)イブン=ハルドゥーン
　　(9)サファヴィー朝　(10)ギリシア　(11)ロンドン会議　(12)イラク王国
　　(13)サイクス・ピコ協定
B　c. 雍正　d. 大躍進
　　(14)一条鞭法　(15)囲田〔圩田，湖田〕　(16)農政全書　(17)南洋華僑〔華僑〕
　　(18)李自成　(19)地丁銀制　(20)保甲法　(21)トウモロコシ　(22)洪秀全　(23)盛京
　　(24)扶清滅洋　(25)人民公社　(26)改革・開放政策

22	A	秦～隋代の関中盆地
	B	西アジアにおける新たな文化形成

(2021年度　第2問)

A 〔地域〕中国 〔時代〕秦～隋 〔分野〕政治，経済，文化

　関中盆地（渭水流域を中心とする盆地）をテーマに，秦から隋代の中国史が問われた。(7)東晋はやや難だが，年代から推測したい。(11)の外戚は前近代中国史では頻出だが，内容的にはそれほど深入りしないため，用語の説明を求める本設問は意表を突いた出題で，用語内容をあいまいにしない丁寧な学習が求められた。

B 〔地域〕西アジア 〔時代〕前4～19世紀 〔分野〕政治，文化，経済

　アラビア語を介した文化の融合と，それによる新たな文化形成をテーマに西アジアが通史的に問われた。(19)知恵の館，(22)タバリー，(23)ワクフ，(25)『バーブル=ナーマ』がやや難で，得点差が生じた可能性がある。また，(24)サーマーン朝は年代を手がかりとしたい。

A

a　秦は前4世紀半ばの孝公の時代，咸陽を都とした。

b　新では18年に赤眉の乱と呼ばれる農民反乱が起こり，これを機とした混乱の中で新は滅亡した（23年）。

c　後漢は25年，劉秀（光武帝）が洛陽に都を置き建国した。建国後，劉秀は赤眉の乱を鎮圧し（27年），国内を安定させた。

d　楊堅は隋の建国者で（隋の文帝），旧長安城の南東に建設した大興城を都とした。

(1)　前4世紀半ばの秦では孝公に起用された法家の商鞅が富国強兵の改革を断行した。この結果，秦は戦国の七雄中最強の国となった。

(2)　歴史家ヘロドトスが著書『歴史』で紹介した騎馬遊牧民は，前7世紀頃から黒海北岸を中心とする草原地帯で活躍したスキタイ。スキタイは独自の騎馬文化を生み出し，匈奴などの騎馬遊牧民文化にも影響を与えた。

(3)　秦の始皇帝は中国統一後，半両銭（円形方孔の銅銭）を統一通貨として全国で使用させた。

(4)　楚の名門出身の項羽は，垓下の戦い（前202年：「四面楚歌」の故事となったことで知られる）で劉邦に敗れ，その後自殺している。

(5)　前漢の武帝は西域の大月氏と連携して匈奴を挟撃するため，張騫を大月氏に派遣した。しかし，張騫は目的を果たせず帰国した。

(6)　前漢では主要な経典として五経が定められ，後漢では儒教経典の字句解釈を行う訓詁学が発達し，鄭玄により大成された。

(7)　やや難。淝水の戦い（383年）は，江南の東晋と中国統一をめざして南下した華北の前秦との戦いで，前秦の敗北に終わった。

(8) 後秦は五胡十六国の一つ。五胡十六国時代の中国に中央アジアから仏僧の鳩摩羅什が来訪し，後秦の都長安に迎えられて仏典を漢訳した。

(9) 宇文泰は北朝の一つ，西魏の実質的な建国者で，兵制として兵農一致の府兵制を創始した。西魏の府兵制はのち，隋・唐へと継承される。

(10) 6世紀半ばのモンゴル高原では，トルコ系の突厥がモンゴル系といわれる柔然を滅ぼし，覇権を握った。

(11) 例えば，王莽は前漢の元帝の皇后の親族（・一族）として外戚となり，また楊堅は自分の長女を北周の皇帝の皇后にして外戚となり，それぞれ王朝の実権を握った。このように外戚とは皇帝の皇后（正妻）や皇妃（皇后に次ぐ地位の夫人），さらには皇帝の幼少時に実権を握る皇太后（皇帝の母）の親族をさす。

B

(12) アレクサンドロス大王はマケドニア・ギリシア連合軍を率いて東方遠征を行い，前333年イッソスの戦いでアケメネス朝の王ダレイオス3世が率いるペルシア軍を破った。この戦いを描いたポンペイ出土のモザイク画は有名。

(13) プトレマイオス朝エジプトの都アレクサンドリアにはムセイオンと呼ばれる王立研究所が設立され，自然科学や人文科学の研究の中心となった。

(14) アレクサンドロス大王の東方遠征により成立した，オリエント的要素とギリシア的要素の融合した文化をヘレニズム文化と呼び，エジプトのアレクサンドリアが文化の中心地として栄えた。

(15) メッカでイスラーム教を創始したムハンマドはメッカの大商人の迫害を受け，622年にメディナへ移動した。この移動をヒジュラと呼び，この年をイスラーム暦の紀元元年とする。

(16) ウマイヤ朝は東西にジハードを展開し，西では北アフリカ征服後，イベリア半島へ進出し西ゴート王国を滅ぼした（711年）。

(17) アッバース朝は建国直後に中央アジアへ進出し，この地に進出していた唐の軍をタラス河畔の戦い（751年）で破った。

(18) 「紀元前1200年頃から」ダマスクスを中心に内陸交易で活躍した人々はアラム人。アラム人が使用したアラム語は古代オリエントの共通語となり，またアッシリアやアケメネス朝の公用語の一つとなった。

(19) やや難。マームーンはアッバース朝第7代カリフで，都のバグダードに学術研究機関として知恵の館（バイト=アルヒクマ）を設立した。ここではギリシア語の学術文献が数多くアラビア語に翻訳された。

(20) 12世紀以降，スペインのトレドやシチリア島のパレルモで，アラビア語に翻訳されていた古代ギリシアの文献がラテン語に翻訳され，ヨーロッパに流入した。これを背景に西欧では古典文化の復興運動をベースとした文化（学問や文芸）の発展

があった。これを 12 世紀ルネサンスと呼ぶ。

⑵ ネストリウス派はエフェソス公会議（431 年）で異端とされたキリスト教の一派で，イランを経て唐代の中国に伝わり，景教と呼ばれた。

⑵ やや難。『預言者たちと諸王の歴史』を著した歴史家タバリーは，アッバース朝期の 9 世紀後半から 10 世紀前半に活躍した。

⑵ やや難。イスラーム世界では店や農耕地などの所有者がその私財や私財から生じる利益を寄進し，マドラサ（学院）やモスクなど都市の公共施設の管理・運営のための必要経費にする制度があった。この寄進制度をワクフと呼び，イスラーム世界における都市の建設・維持を支えた。

⑵ 「9 世紀から 10 世紀にかけて中央アジアを支配した」のは，イラン系のサーマーン朝で，この王朝のもとで中央アジアのイスラーム化が進むことになった。

⑵ やや難。ムガル帝国初代皇帝はバーブルで，彼は自らの活動についての回想録『バーブル=ナーマ』をチャガタイ=トルコ語で著した。

⑵ パン=イスラーム主義は，イスラーム世界を団結させ，西欧列強の侵略に対抗しようという思想・運動をさし，イラン出身の思想家・運動家のアフガーニーが提唱した。

解答

A a. 咸陽 b. 赤眉 c. 洛陽 d. 大興城
(1)商鞅 (2)スキタイ (3)半両銭 (4)項羽 (5)張騫
(6)訓詁学 (7)東晋 (8)鳩摩羅什 (9)府兵制 (10)突厥
(11)皇后や皇妃・皇太后の親族・一族。
B (12)イッソスの戦い (13)ムセイオン (14)ヘレニズム文化 (15)ヒジュラ
(16)西ゴート王国 (17)タラス河畔の戦い (18)アラム語
(19)知恵の館〔バイト=アルヒクマ〕 (20)トレド (21)景教 (22)タバリー
(23)ワクフ (24)サーマーン朝 (25)バーブル=ナーマ (26)アフガーニー

23 A 世界史上のムスリムと非ムスリムの関係
B 近現代の中国と海軍

(2020年度 第2問)

A 〔地域〕西アジア 〔時代〕7世紀以降 〔分野〕政治，文化

ムスリムと非ムスリムの関係をテーマに，幅広い地域・時代からイスラーム史に関わる動向が問われた。⑷は中央アジアのコーカンド=ハン国の地理的位置の正確な知識を問う問題で得点差が生じやすいが，他はすべて標準レベルであった。

B 〔地域〕中国 〔時代〕19～20世紀 〔分野〕政治

海軍の動向をテーマに，19世紀の清朝から20世紀後半の中華人民共和国までの中国史が問われた。特殊なテーマで，⒄琉球王国と⒅モンテスキューは歴史用語自体は標準レベルであるが，「福州」「法意」など馴染みの薄い用語が使われていたため，戸惑った受験生も多かったと思われる。

A

a　ムハンマドはクライシュ族のハーシム家出身。クライシュ族はメッカの名門一族で，ハーシム家の他，ウマイヤ家なども所属した。

b　モロッコを中心とする地域（マグリブ地方）に11世紀後半存在した王朝はムラービト朝。ムラービト朝はベルベル人のイスラーム王朝で，11世紀半ば頃に成立し，12世紀半ば頃に滅亡した。

⑴　イスラーム世界が正統カリフ時代（632～661年）の頃，ササン朝はイラクのクテシフォンに都を置いていた。しかしニハーヴァンドの戦いでムスリム軍に敗れ，まもなく滅亡した（651年）。

⑵　ファーティマ朝時代，王朝が本拠地としたエジプトに創建されたスンナ派の学院はアズハル学院で，都のカイロに建てられた。その学院が「併設されているモスク」だから，アズハル=モスクとなる。

⑶　bのムラービト朝が襲撃し，衰退させた国は西アフリカのガーナ王国。ガーナ王国は，自国産の金とムスリム商人が持ち込む塩を交換するサハラ縦断交易で繁栄していた。

⑷　やや難。ウズベク人が中央アジアに建てたムスリム国家はブハラ=ハン国，ヒヴァ=ハン国，コーカンド=ハン国の3つ。このうち「最も東に位置した」のはコーカンド=ハン国で，1876年ロシアに併合された。

⑸　2001年の同時多発テロ事件の「首謀者」・実行者はイスラーム武装組織アル=カーイダの指導者ビン=ラーディンで，「アフガニスタンの大半を支配していたムスリム政権」のターリバーン政権にかくまわれた。

⑹　セルビアは1878年のサン=ステファノ条約で独立が認められた。しかしこの条約

にオーストリアやイギリスが反発したため，ベルリン会議が開かれ，条約は破棄されて新たにベルリン条約が結ばれた。このベルリン条約により，セルビアの独立が国際的に承認された。

(7)　オスマン帝国では帝国内の非ムスリム（キリスト教徒やユダヤ教徒）を宗教別の共同体，ミッレトに分け，納税を条件に従来の慣習や自治を認めた。

(8)　ムガル帝国では，アクバル帝により官僚制度として「位階に応じて，俸給の額と，維持すべき騎兵・騎馬の数」を定めたマンサブダール制が導入され，支配者層の組織化を図った。その支配者層をマンサブダールと呼んだ。

(9)　「4 世紀から 6 世紀半ばに北インドを支配した王朝」はグプタ朝。この王朝ではアジャンター石窟の壁画に代表される純インド的な仏教美術が発達した。この美術様式を王朝名からグプタ様式と呼ぶ。

(10)　全インド=ムスリム連盟は 1906 年に結成された政治団体で，ジンナーが指導した。一時，インド国民会議派と協力して反英民族運動を展開したが，すぐに対立し，第二次世界大戦後の 1947 年にはパキスタンの分離独立を実現し，ジンナーが初代総督に就任した。

(11)　ベトナム中部には 2 世紀末チャム人の国としてチャンパーが建国され，17 世紀まで存続した。チャンパーは中国では 7 世紀頃まで林邑，8・9 世紀頃は環王，9 世紀後半から占城と記された。

(12)　「羊毛の粗衣をまとった者」を意味するアラビア語はスーフィー。スーフィーは修行による神との一体化をめざした。このスーフィーの思想・実践をスーフィズムと呼び，イスラーム神秘主義ともいう。

(13)　スィク（シク）教はヒンドゥー教のバクティ信仰とイスラーム教のスーフィズムを融合させた新宗教で，16 世紀初め頃ナーナクが創始した。一神教的で，偶像崇拝・苦行・カースト制を否定したため，ヒンドゥー教の改革派とも言われ，パンジャーブ地方に広まった。

B

(14)　林則徐は 1839 年，欽差大臣として広州に派遣され，アヘンの取締りを断行した。これに対してイギリスが軍を派遣したことで，イギリスと清の間にアヘン戦争が勃発した（1840 年）。

(15)　太平天国は南京を占領し（1853 年），ここを都の天京と定めて以後，土地政策として天朝田畝制度を発表した。これは男女の別なく，土地を均分させる政策であったが，実施されなかった。

(16)　清の「従来の軍隊」とは正規軍の八旗。この八旗の補助として漢人から編成された正規軍が緑営で，主に治安維持を担当した。

(17)　難問。福州（福建省の港市）は明代の 15 世紀から朝貢国琉球王国の受け入れ港

となっていた。福州に船政局が設置された1866年当時は琉球処分以前であるため，琉球王国は朝貢国として清への朝貢使節を福州に上陸させている。なお，その後，1872年に琉球王国を廃して琉球藩が，1879年には琉球藩を廃して沖縄県が設置されている（琉球処分）。

⑱　難問。18世紀のフランスは啓蒙思想が普及した時期なので，「18世紀フランスの思想家」とは啓蒙思想家となる。この点を意識して，書名の『法意』から，『法の精神』を想起したい。その著者はモンテスキューである。厳復は清末の思想家で，他にJ. S. ミル（英），アダム=スミス（英），スペンサー（英）らの著作を翻訳し，近代西欧の思想を紹介した。

⑲　1871年，イスラーム教徒の反乱に乗じたロシアがイリ地方を占領したことで露清間にイリ事件が起こったが，1881年にイリ条約が結ばれ，イリ地方の一部は清に返還された。

⑳　太平天国の乱鎮圧後，この乱に関わった中国人でベトナムに移った者も多く，その中のひとり劉永福は阮朝に帰順し，中国人の部隊を組織した。これが黒旗軍で，阮朝を助けフランス軍に抵抗した。

㉑　威海衛は山東半島東北端の港市で，九竜半島と同様，イギリスが19世紀末に租借した。

㉒　ドイツ革命はキール軍港の水兵反乱を機に勃発した（1918年）。

㉓　ロシアは北京条約で沿海州を獲得すると（1860年），都市ウラジヴォストークを建設して軍港とし，極東政策の拠点とした。

㉔　円明園はバロック式の西洋館と庭園を持つ離宮で，イタリア出身のイエズス会宣教師カスティリオーネ（郎世寧）が設計に参画した。

㉕　下関条約で日本は遼東半島，台湾，澎湖諸島を獲得した。澎湖諸島は台湾同様，第二次世界大戦まで日本領で，戦後中国に返還された。

㉖　奉天軍閥は北洋軍閥（袁世凱が指揮した軍閥）分裂後に成立した一派で，張作霖を首領とした。張作霖は1927年中華民国陸海軍大元帥に就任して北京政府の実権を握ったが，北伐軍に敗れ，その直後日本の関東軍により爆殺された（1928年）。

㉗　ベトナム共和国はゴ=ディン=ジエムが1955年に建設した南ベトナムの国家で，サイゴン（現在のホーチミン市）を首都とした。

㉘　ソマリア海域とは東アフリカ沿岸あたりで，リード文の「2008年」より「約600年前」とは15世紀初め頃となる。この頃の中国は明の永楽帝の時代で，南海遠征が行われ，船団の一部は東アフリカ沿岸まで達した。この南海遠征の船団は鄭和が司令官として指揮した。

解 答

A a. クライシュ b. ムラービト

(1)ニハーヴァンドの戦い (2)アズハル=モスク (3)ガーナ王国

(4)コーカンド=ハン国 (5)ビン=ラーディン (6)ベルリン条約 (7)ミッレト

(8)マンサブダール (9)グプタ様式 (10)ジンナー

(11)チャンパー〔環王，占城〕 (12)スーフィズム〔イスラーム神秘主義〕

(13)ナーナク

B (14)広州 (15)天朝田畝制度 (16)緑営 (17)琉球王国 (18)モンテスキュー

(19)イリ地方 (20)黒旗軍 (21)イギリス (22)キール軍港

(23)ウラジヴォストーク (24)カスティリオーネ〔郎世寧〕 (25)澎湖諸島

(26)張作霖 (27)サイゴン (28)鄭和

24 A　西アジア起源の文字をめぐる歴史
　　 B　明の滅亡と清の盛衰
　　　　　　　　　　　　　　　　　　（2019 年度　第 2 問）

> A　〔地域〕西アジア，エジプト　〔時代〕古代〜現代　〔分野〕政治，文化
>
> 　文字の歴史をテーマに，古代〜現代の西アジアやエジプトが通史的に問われた。難問は見当たらないが，見落としやすい事項といえる(9)イスラーム同盟や(10)フィルドゥシーなどで得点差が生じる可能性がある。
>
> B　〔地域〕東アジア，東南アジア　〔時代〕明末〜清　〔分野〕政治，文化
>
> 　明末の 16 世紀後半〜清代の 19 世紀までの中国が，主に対外関係の視点から問われた。標準レベルで作問されているが，(17)の民進党と(22)，(23)の東南アジア史で失点しないように注意したい。

A

a　「西アジアとエジプトにまたがる大帝国」とはオリエントを統一した国家をさし，「前 6 世紀」にアケメネス朝ペルシアのカンビュセス 2 世の下で実現している。

b　トルコ共和国はトルコ革命（1919〜23 年）で成立した。このトルコ革命の過程で 1922 年にスルタン制が廃止され，オスマン帝国は滅亡した。

(1)　イランでは 1796 年にカージャール朝が成立し，1925 年まで存続した。この王朝の下，「1901〜02 年」にハンムラビ法典碑がフランスの探検隊によってイランの古都スーサ（スサ）で発見された。

(2)　「アモン神からアトン神へと信仰対象の大変革」とは多神教から一神教への改革をさし，古代エジプト新王国の王（ファラオ）アメンホテプ 4 世（イクナートン）が行った（前 14 世紀）。

(3)　「前 1 千年紀前半」とは前 10〜前 6 世紀をさす。この間の西アジアではアッシリアが勢力を伸ばし，オリエントを統一したが，前 7 世紀末に滅亡している。

(4)　新バビロニアがユダ王国を征服し，住民をバビロンに連行した事件はバビロン捕囚（前 586〜前 538 年）と呼ばれ，ネブカドネザル 2 世が行った。

(5)　フェニキア人は現在のレバノン領にシドンやティルスという港市（海港都市国家）を建設し，地中海貿易の拠点とした。

(6)　「前 7 世紀」後半のオリエントでは，アッシリアの衰亡に伴い，カルデア（新バビロニア）・リュディア（リディア）の他，エジプトや「イラン西部に本拠を置いた」メディアが強力となった（4 王国分立）。

(7)　フランス人学者シャンポリオンはロゼッタ=ストーンを手がかりにヒエログリフ（神聖文字）を解読し，古代エジプト研究の基礎を築いた。

(8)　ヘレニズム時代，「西アジア」はセレウコス朝シリアが支配した。セレウコス朝

は前 1 世紀前半（前 64 年），ローマに滅ぼされている。

⑼　オランダ領のインドネシアでは 1911 年，イスラーム同盟（サレカット=イスラーム）が結成され，反オランダの民族運動を主導した。

⑽　『王の書（シャー=ナーメ）』はペルシア文学の最高傑作とも言われる民族叙事詩で，サーマーン朝末期からガズナ朝初期に活躍したイラン系詩人フィルドゥシーが著した。

⑾　「中央アジアを中心に国際的な交易に従事」したイラン系民族はソグド人。ソグド人はアラム文字を基にしたソグド文字を，「トルコ系」のウイグル人はソグド文字を基にしたウイグル文字を使用した。

⑿　「アンカラに本拠を置く政府」は，ムスタファ=ケマルが 1920 年に組織した。この政府はオスマン帝国滅亡後の 1923 年 7 月に連合国とローザンヌ条約を結び，治外法権の撤廃や関税自主権の回復を実現，新しい国境も画定した。この後，同年 10 月にトルコ共和国が成立している。

⒀　16 世紀初めのイランに成立した「十二イマーム派を奉じた王朝」とはサファヴィー朝。サファヴィー朝は第 5 代王（シャー）アッバース 1 世治世下の 16 世紀末，イラン中部の都市イスファハーンに遷都した。

B

c　明の都北京は農民反乱軍を率いた李自成が 1644 年占領した。

d　軍機処は雍正帝時代に軍事機密保持のため皇帝直属の諮問機関として設置され，清の軍事・行政上の最高機関となった。

e　元の世祖クビライ（フビライ）はチベット仏教の一派，サキャ派の高僧パスパを宗教・文化顧問の帝師に任じた。

⒁　16 世紀半ばにモンゴル高原で強盛となったのはモンゴル系の韃靼（タタール）で，その君主（族長）がアルタン=ハン。アルタン=ハンは連年明の北辺に侵攻し（北虜），1550 年には北京を一時包囲した。

⒂　明の崇禎帝の「祖父」とは万暦帝。万暦帝時代に新税制として「各種の税と労役を一括して銀で納入」させる一条鞭法が全国に普及・定着した。

⒃　景徳鎮は江西省の北東部に位置する都市で，宋代に喫茶の普及とともに陶磁器生産が発達し，中国第一の陶磁器生産地へと成長した。

⒄　やや難。国民党と並ぶ，台湾（中華民国）の政党は民進党で，2000 年の総統選挙で国民党を破り，民進党の陳水扁が当選した。以後，陳水扁は独立志向政策を採り，中国（中華人民共和国）との対立を深めた。

⒅　ネルチンスク条約は 1689 年にピョートル 1 世時代のロシア（ロマノフ朝）と康熙帝時代の中国（清）との間で結ばれ，スタノヴォイ山脈（外興安嶺）とアルグン川を両国の国境と定めた。

⒆ フランス王ルイ14世の命により中国（清）に派遣されたイエズス会宣教師はブーヴェ（白進）。ブーヴェは康熙帝の側近となり，同じくイエズス会のレジス（雷孝思）とともに中国最初の実測による中国全図「皇輿全覧図」を作製した。

⒇ 『古今図書集成』は中国最大の類書（百科事典）で，康熙帝の命により編纂が始まり，雍正帝の時代に完成した。

(21) 乾隆帝が「ジュンガルを滅ぼし」て領有した「天山以北の草原地帯と以南のタリム盆地」（東トルキスタン）は新疆と命名され，清は藩部として自治を認めた。しかし，清が対外的・国内的に動揺する19世紀後半になると，内地との一体化をはかるため1884年に新疆省とされた。

(22) タイのアユタヤ朝（1351〜1767年）はビルマ（ミャンマー）のコンバウン（アラウンパヤー）朝に滅ぼされた。コンバウン朝は「18世紀半ば」（1752年）に成立したビルマ最後の王朝で，イギリスとの3回にわたるビルマ（ミャンマー）戦争の結果，1885年に滅亡した。

(23) 黎朝下のベトナムは17世紀以降，北部の鄭氏と中・南部の阮氏の政権に事実上分裂した。それに対して18世紀後半，西山（タイソン）の乱（1771〜1802年）が起こり，両政権を滅ぼして短期間ではあるが政権を握った（西山政権，西山朝）。

(24) 高麗は建国の翌年（919年），開城（現在の朝鮮民主主義人民共和国南西部に位置する）を都と定めた。13世紀前半にモンゴル帝国の侵攻を受けると，江華島（現在の大韓民国北西部の島）へ遷都したが，服属後は再び開城を都とした。

(25) 洋務運動は「中体西用」の考えを採用し，清の旧来の専制的支配体制維持を目的としたため，抜本的な政治体制の改革（変革）には至らず，日清戦争の敗北（1895年）によって挫折した。

解答

A　a．アケメネス　b．オスマン
　⑴カージャール朝　⑵アメンホテプ4世〔イクナートン〕　⑶アッシリア
　⑷ネブカドネザル2世　⑸シドン（ティルスも可）　⑹メディア
　⑺シャンポリオン　⑻セレウコス朝
　⑼イスラーム同盟〔サレカット=イスラーム〕　⑽フィルドゥシー
　⑾ソグド人　⑿ローザンヌ条約　⒀イスファハーン
B　c．李自成　d．軍機処　e．パスパ
　⒁アルタン=ハン　⒂一条鞭法　⒃景徳鎮　⒄民進党　⒅ピョートル1世
　⒆皇輿全覧図　⒇古今図書集成　(21)新疆省
　(22)コンバウン〔アラウンパヤー〕朝　(23)西山〔タイソン〕の乱　(24)開城
　(25)中体西用

25
A 皇帝と前近代の中国史
B ３つの租界から見た近現代の中国史

(2018年度 第2問)

A 〔地域〕中国 〔時代〕戦国時代〜宋 〔分野〕政治，文化

戦国時代〜宋代の中国を対象に，「皇帝」という視点から中国国内の動向や周辺民族・国家との関係が問われた。問題文の(1)「稷下の学士」と(7)「大般若波羅蜜多経」は見慣れないだろうが解答は難しくない。(2)は問い方に戸惑うかもしれない。

B 〔地域〕東アジア，ヨーロッパ 〔時代〕19〜20世紀前半 〔分野〕政治，文化

租界が設置された上海・天津・重慶の３つの都市を軸に，主に近現代の中国の動向が問われた。空欄 b・c は同一空欄が多く解答に迷うが，前後にヒントがあるため，それを糸口にすれば解答できる。⑳は「出身」地の「現在のベルギーの一部」から，㉑の(イ)は甲申政変の年号から解答を確定したい。

A

a 三国時代の一国，四川の蜀は漢の末裔（後裔）を称した劉備により建国された（221年）。

(1) 戦国時代，諸子百家と総称される様々な学派の学者が活躍した。このうち，儒家の荀子が「性悪説」を説いた。門下に韓非と李斯がいる。

(2) 「皇帝」となった秦王の政は「諡」を廃し，死後の自分を始皇帝，その後の皇帝を２世・３世と序数で呼ぶように定めた。

(3) 蔡倫は製紙法を改良し，２世紀初めに和帝に紙を献上している。

(4) 魏の曹丕（文帝）は漢代の郷挙里選に代えて，九品中正を創始した（220年）。以後，九品中正は魏晋南北朝時代を通じて実施された。

(5) 南朝は貴族文化を発達させ，文学では四六駢儷体と呼ばれる文体を流行させた。代表的な作品が『文選』に収録されている。

(6) 「５世紀半ばに華北統一を果たした」王朝は北魏。北魏の第6代孝文帝は平城から洛陽への遷都を断行した（494年）。

(7) 唐僧の玄奘は太宗時代，陸路でインドに赴き，ナーランダー僧院で学んだ。陸路帰国後，太宗の命により，持ち帰った仏典を漢訳した。

(8) チベットは７世紀前半，ソンツェン＝ガンポにより統一され，王朝（国家）が成立した。この王朝を中国は吐蕃と呼んだ。

(9) 「５世紀末」は北魏が洛陽に遷都した時期。この頃から，洛陽南郊の竜門で石窟寺院（竜門石窟）の造営が始まった。

(10) 同治帝は西太后の子で，次の光緒帝は西太后の妹の子。両皇帝時代，西太后は摂

政として実権を握り，政治を左右した。

(11)　後晋は五代3番目の王朝で，建国の際に契丹（遼）の支援を受け，その代償として燕雲十六州を割譲した（936年）。

(12)　宋（北宋）は契丹（遼）と澶淵の盟を結び（1004年），兄である宋は弟である契丹に毎年歳幣として絹と銀を贈ることになった。

(13)　金により「北方に拉致された」上皇は徽宗で，皇帝は欽宗。この事件を靖康の変（1126～27年）と呼ぶ。徽宗は院体画（宮廷の画院を中心に発達した，写実や色彩を重視した画風）の名手として知られた。

(14)　秦檜は南宋の宰相で，講和派（和平派）の代表。将軍の岳飛ら主戦派をおさえ，金との和議（紹興の和議）を実現した（1142年）。

B

b　1番目と3番目の空欄に注目したい。「1860年の北京条約」（アロー戦争の講和条約）では2年前の天津条約における開港場を確認し，新たに天津の開港も決まった。これらの開港場のうち，「北京に近い」のは天津。

c　最後の空欄に注目したい。国民政府は日中戦争中，南京から武漢へ，さらに重慶に遷都し（1938年），対日抗戦を続けた。

(15)(ア)　曾国藩は湖南で湘軍と呼ばれる郷勇を組織し，太平天国鎮圧に貢献した。

(イ)　イギリス軍人ゴードンはウォードの戦死後，常勝軍を率いて太平天国鎮圧に貢献した。その後，スーダンでマフディーの反乱が起こると，鎮圧のため派遣されたが，現地（ハルツーム）で戦死した（1885年）。

(16)　「1921年に上海で組織された政党」は共産党。陳独秀は雑誌『青年雑誌（新青年）』を刊行して文学革命を担い，また共産党の創設にも関わった。

(17)　「日本人が経営する紡績工場での労働争議」は上海で1925年に起こり，これを契機として反帝国主義運動である五・三〇運動が起こった。

(18)　第二次世界大戦中の1940年，フランスはドイツに降伏した。以後，フランス北部はドイツ軍が統治し，南部はフランス中部のヴィシーに成立した，ペタンを国家主席とする対ドイツ協力政権であるヴィシー政府が統治した。

(19)　東学は仏教・儒教・道教と朝鮮の民間信仰を融合させた宗教で，崔済愚により創始された（19世紀半ば）。

(20)　フェルビースト（南懐仁）はベルギー出身のイエズス会士で，『崇禎暦書』の作成者アダム=シャールを補佐し，また大砲の鋳造なども紹介した。

(21)(ア)　朝鮮の開化派が日本の支援を得て起こした甲申政変を清軍が鎮圧したことから，日清間に発生した緊張を収拾するため，天津条約（1885年）が締結された。

(イ)　甲申政変が起こったのは1884年。この年，フランスのベトナム保護国化に対して清仏戦争が起こったが，清は劣勢となり，翌年講和した（天津条約）。

(22)　満州国樹立以前，中国東北地方は奉天軍閥が支配し，その首領の張学良（奉天軍閥を作った張作霖の子）が西安事件を起こした（1936 年）。

(23)　無制限潜水艦作戦は，指定水域以外を航行する船舶をすべて無警告で撃沈するという作戦。アメリカは 1917 年，ドイツ軍の無制限潜水艦作戦開始を機に第一次世界大戦に参戦した。

(24)(ア)　国民党左派の汪兆銘（おうちょうめい）は蔣介石との対立から重慶を脱出し，親日の南京国民政府を樹立し（1940 年），その主席に就任した。

(イ)　第二次世界大戦後の 1948 年，米ソが分割占領していた朝鮮半島では南に大韓民国が成立し，李承晩が初代大統領となった。

解　答

A　a．劉備

(1)荀子　(2)始皇帝　(3)蔡倫　(4)九品中正　(5)四六駢儷体　(6)孝文帝

(7)玄奘　(8)ソンツェン＝ガンポ　(9)竜門石窟　(10)西太后　(11)燕雲十六州

(12)銀　(13)院体画　(14)秦檜

B　b．天津　c．重慶

(15)(ア)湘軍　(イ)ゴードン　(16)陳独秀　(17)五・三〇運動　(18)ヴィシー政府

(19)崔済愚　(20)フェルビースト〔南懐仁〕　(21)(ア)甲申政変　(イ)清仏戦争

(22)張学良　(23)無制限潜水艦作戦　(24)(ア)汪兆銘　(イ)李承晩

26 A　文学と前近代中国史
B　コプト教会信徒と前近代エジプト史

（2017年度　第2問）

A　〔地域〕中国　〔時代〕後漢～清　〔分野〕政治，文化

梁啓超の提唱した「新史学」の視点から主に前近代の中国が問われた。インドからも1問出題されている。(2)王羲之，(9)広州，(11)三藩の乱は難問で，短文論述の(10)はやや難。特に，(10)では中国の情報のフランスへの流入を，(11)では当時の朝鮮と中国の関係を，それぞれ考察する力が求められた。

B　〔地域〕エジプト，西アジア　〔時代〕5～19世紀初め　〔分野〕政治

コプト教会信徒の視点から前近代のエジプトを主に西アジアが問われた。ただ，(13)アルメニア，(18)サヌーシー教団は高難度の事項に属し，用語集レベルの丁寧な学習が求められた。

A

a　「王朝史（断代史）」による最初の歴史書は前漢一代を扱った『漢書』。よって，王朝史の創始者は『漢書』の著者班固となる。

b　『中国歴史研究法』刊行が1922年で「三十年前」となるから，清代の19世紀末のこと。この頃，外務省の役割を担った機関は北京条約を受けて1861年に設置された外交事務官庁の総理各国事務衙門（総理衙門）。

c　9世紀後半（875～884年）に蜂起した唐代の「黄巣軍」が「千年前」となるのだから，19世紀末に「扶清滅洋」を掲げた義和団が正解となる。

(1)　「史料の欠乏」から史料となる書物の消滅を想起したい。清が思想統制のために行った文字の獄や禁書が理由と判断できる。

(2)　難問。『晋書』から東晋の書の名手で「書聖」といわれた王羲之を推測したい。唐の太宗は王羲之の書を愛好し，自らの陵墓に彼の代表作の一つである「蘭亭序」を副葬させたといわれる。

(3)　歴史家として知られる「両司馬」は前漢の司馬遷と北宋の司馬光。司馬光の作品は編年体の通史『資治通鑑』である。

(4)　宋代，仏教では禅宗と浄土宗が流行した。このうち，禅宗は宋代の支配層である士大夫層に受容され，中国仏教の主流となった。

(5)　「国内事情」として五・四運動（1919年）が起こったことを指摘すればよい。パリ講和会議で，中国が望んだ二十一カ条の要求の取り消しや山東におけるドイツ利権の返還要求が拒否されたことから，1919年5月4日に北京大学の学生を中心に抗議デモが起こり，これはヴェルサイユ条約反対などを掲げた反日の愛国運動に発展し全国へ拡大した。これが五・四運動で，これを受け中国政府はヴェルサイユ条

約の調印を拒否した。

(6) 雲崗石窟寺院を開削したのは北魏で，当時の都であった平城（現在の大同）郊外
に造営された。この「5 世紀」にインド北部を支配した王朝だから，グプタ朝
（320 年頃〜550 年頃）となる。

(7) 郭守敬はイスラーム天文学を基に「授時暦」を作成した。

(8) 清は康熙帝時代の 1689 年，ロシアのピョートル 1 世と東シベリア方面における
国境画定のためネルチンスク条約を結び，アルグン川とスタノヴォイ山脈（外興安
嶺）を国境とした。

(9) 難問。黄巣の乱の際，反乱軍は広州を占領した。広州は唐代，「南海交易の中心
都市」（港市）として栄え，外国人（アラブ人など）が商人として来航していた。
外国人居留地は蕃坊と呼ばれ，乱の際，約 12 万人の外国人住民が殺害された。

(10) やや難。18 世紀のフランスで盛んとなった「中国研究」の対象は中国の制度
（専制，科挙など）や儒学で，こうした中国の情報を伝えることができたのは中国
で活動する西洋の知識人，すなわちイエズス会宣教師であった。

(11) 難問。「康熙帝の時代に南方で起きた出来事」とは三藩の乱と台湾占領。このう
ち，三藩の乱は清の存亡を左右する事件となり，清の属国朝鮮ではこの機会に清を
攻撃するか否かで大論争となった。このため，三藩の乱をめぐる清と朝鮮の関係が
朝鮮史料に残されたのである。

B

d　カルケドンはコンスタンティノープル対岸に位置する。451 年ビザンツ皇帝マル
キアヌスがこの地に開催した公会議で，キリストに神性のみを認める単性論やネス
トリウス派の説が異端とされた。

e　第 2 代正統カリフはウマル。ウマルはジハードを推進し，ビザンツ帝国からシリ
ア・エジプト等を奪取するなど，領土を拡大した。

f　ファーティマ朝はアイユーブ朝を開いたサラディン（サラーフ＝アッディーン）
により滅ぼされた。そのアイユーブ朝ではやがてマムルーク軍がクーデタを起こし，
新王朝としてマムルーク朝を成立させた（1250 年）。

g　やや難。1260 年，バイバルスがモンゴル軍を破り（アイン＝ジャールートの戦
い），その直後にマムルーク朝第 5 代スルタンに即位した。

h　オスマン帝国の軍事封土制であるティマール制は，セルジューク朝で整備された
イクター制の影響を受けて導入された。

(12)(ア)　イエスの神性と人性は分離しているとするネストリウス派は，431 年のエフェ
ソス公会議で異端とされた。エフェソスは小アジア西岸中部の都市。

(イ)　異端となったネストリウス派は東方へ伝わり，当時イラン・メソポタミアを支
配するササン朝に受容され，その王朝の下で活動し，メソポタミアで勢力を伸張

させた。

⒀　難問。単性論はエジプト・シリア・エチオピア・アルメニアなどの教会に受け継がれた。このうち，「かつてソ連に属し」たのはアルメニア（アルメニア共和国）で，ソ連の解体に伴って独立している（1991年）。

⒁　初期のイスラーム国家が征服地に支配の拠点として置いた軍営都市はミスルと呼ばれ，エジプトのカイロ，イラクのバスラやクーファはミスルから政治や経済，さらに学術の中心として発展した都市である。

⒂　トゥールーン朝の成立は9世紀半ば（868年）。この頃，中央アジアではイラン系イスラーム王朝としてサーマーン朝が成立した（875年）。

⒃　イランのサファヴィー朝が十二イマーム派を国教として以後，十二イマーム派は勢力を伸張させ，シーア派最大の宗派となった。

⒄　フラグはモンゴル帝国第4代皇帝モンケ＝ハンの命で西アジアに遠征し，アッバース朝を滅ぼしてイル＝ハン国を建てた（1258年）。その翌年，モンケ＝ハンは死去している。

⒅　難問。イスラーム神秘主義教団のうち，19世紀前半のメッカに創設されたのはサヌーシー教団。その後，リビアへ進出し，この地を20世紀初めにイタリアが獲得すると，その植民地支配に抵抗した。

⒆(ア)　アラビア半島には18世紀中頃からワッハーブ王国（サウード家がワッハーブ派と協力して建てた国）があったが，1818年にムハンマド＝アリーに滅ぼされた。

(イ)　ギュルハネ勅令は1839年，オスマン帝国第31代皇帝（スルタン）アブデュルメジト1世が発布し，タンジマートを開始した。

解　答

Ａ　a．班固　b．総理各国事務衙門〔総理衙門〕　c．義和団
　⑴文字の獄や禁書で書物を焼却したから。
　⑵王羲之　⑶資治通鑑　⑷禅宗
　⑸二十一カ条の要求破棄が却下されたことで日本に対する反感が高まり，ヴェルサイユ条約調印に反対する五・四運動が起こった。
　⑹グプタ朝　⑺郭守敬　⑻ネルチンスク条約　⑼広州
　⑽イエズス会宣教師により中国の情報が流入したから。
　⑾三藩の乱
Ｂ　d．カルケドン　e．ウマル　f．アイユーブ　g．バイバルス
　h．ティマール
　⑿(ア)エフェソス　(イ)ササン朝　⒀アルメニア〔アルメニア共和国〕
　⒁ミスル　⒂サーマーン朝　⒃十二イマーム派　⒄モンケ＝ハン
　⒅サヌーシー教団　⒆(ア)ワッハーブ王国　(イ)アブデュルメジト1世

27	A	戦国時代～後金の中国歴代王朝と正統
	B	後漢～現代の中国史における「党」

(2016 年度　第 2 問)

A 〔地域〕中国　〔時代〕戦国時代～後金　〔分野〕政治

　粛慎の朝貢という視点で，戦国時代～17 世紀の中国が問われた。インドからも 1 問出題されている。c．東魏は最初の空欄こそ戸惑うものの，2 番目の空欄から解答できるし，(3)燕は「遼東郡」の位置から解答できる。

B 〔地域〕中国　〔時代〕後漢～1960 年代　〔分野〕政治

　「党」という政治や官僚のグループをテーマに，後漢から 1960 年代までの中国が問われた。清末から現代までの設問が半数以上を占めるが，いずれも基本的知識が問われている。(11)は「政策」の名称とともに内容の理解が，(12)科挙の廃止，(17)西安は年代からの理解が，解答に至る決め手となる。

A

a　晋（西晋）は司馬炎（武帝）が建国し（265 年），280 年に呉を滅ぼして天下統一を実現した。

b　『魏書』が扱う魏とは北魏で，鮮卑の拓跋部が建国した（386 年）。初代皇帝は道武帝（拓跋珪）。

c　2 番目の空欄から東魏と判断したい。北魏が東西に分裂した後，禅譲の形式で東魏から北斉に，西魏から北周に王朝が交替している。なお，北斉は北周によって滅亡している。

(1)　鄒衍は陰陽五行説の大成者で，諸子百家の中の陰陽家に属した。

(2)　張角は呪術的な治療を特徴とした太平道の教祖。この太平道の信者である農民が張角の指導の下，黄巾の乱を起こした（184 年）。

(3)　戦国の七雄のうち，中国北辺には魏・趙・燕が位置した。このうち，最も東に位置する燕が遼東半島を領土の一部とし，統治のため遼東郡を設置した。

(4)(ア)　紀伝体を創始したのは『史記』を著した前漢の司馬遷。

　(イ)　1 ～ 3 世紀のインドはマウリヤ朝とグプタ朝の間の時期。この時期，北インドにはクシャーナ朝があり，中央アジアも支配下に置いていた。

(5)　「前漢の禅譲を受け」た王朝とは新で，王莽が開いた（8 年）。

(6)(ア)　五胡とは匈奴，羯，鮮卑，氐，羌。このうち，「匈奴の別部」とされるのは羯。

　(イ)　4 世紀前半の中国は五胡十六国の時代。この時代，西域から来訪した亀茲出身の仏僧は仏図澄と鳩摩羅什で，仏図澄が 4 世紀初めに来訪し石勒（後趙の建国者）の帰依を受けた。

(7)　東晋から禅譲されて代わった王朝は宋で，南朝最初の王朝となった。南朝は宋→

斉→梁→陳と続く。

(8)(ア)　渤海は唐の長安に倣って建造された上京竜泉府を都とした。

　(イ)　金は猛安・謀克と呼ばれる行政・軍事制度により，女真人を統治した。猛安・
謀克は，軍を編成する戸数の単位であるとともに，その軍団の長を指している。

　(ウ)　後金は清の建国初期の国号で，ヌルハチが建国した（1616年）。

B

d　「10世紀に…打ち立てた王朝」で，「太祖」を初代皇帝としたのは宋（北宋）。宋
（北宋）は趙匡胤により建国された（960年）。

e　17世紀初めの中国は明末で，東林派と非東林派が党争を展開した。このうち，
宦官により弾圧されたのは東林派で，この「政治グループ」は東林書院（私設の教
育施設）を基礎に形成された。

f　「共和国樹立を目指した前述の結社」とは中国同盟会で，中華民国成立後，選挙
に備えて政党となるため国民党と改名した（1912年）。

(9)　後漢の時代，儒教官僚のグループ（党人）は宦官の横暴を批判したため宦官によ
り弾圧された。これを党錮の禁（166年，169年）と呼ぶ。

(10)　「皇帝が試験官となる」のは科挙の最終試験で，殿試と呼ばれた。宋代に州試→
省試→殿試の3段階の試験が確立している。

(11)　「ある政治家が提起した諸政策」とは王安石の新法。このうち，「農民・中小商人
の保護」は青苗法と市易法を指すので，それ以外の政策を想起し，そのねらいを
「二つ」挙げればよい。均輸法は物価の安定や物資の流通円滑化，募役法は労役人
材の確保，保甲法は民兵の確保や治安維持，保馬法は軍馬の確保をねらいとした。

(12)　20世紀初めに中国からの留学生が急増したのは，留学が高級官僚への資格と考
えられるようになったからである。それは1905年に科挙が廃止され，科挙合格が
官吏任用の道ではなくなったことと関係している。

(13)　「近代的な政治結社」とは中国同盟会で，「三つにまとめた」「政治主張」とは孫
文が提唱した三民主義。このうち，民族の独立，すなわち「漢民族の独立」以外の
二つだから，民権の伸張と民生の安定を答えればよい。

(14)　19世紀末に敗れた「対外戦争」とは日清戦争。それを受け，「立憲君主制導入」
を主張した「知識人」は康有為で，彼は変法と呼ばれる制度改革を行った。

(15)　「共和国が成立した」のは辛亥革命の結果。辛亥革命は民間が敷設していた幹線
鉄道の国有化への反発を背景の一つとして勃発している。

(16)　「共和国臨時大総統」とは袁世凱で，彼に「権益拡大の諸要求を承認」させた
「近隣国家」とは日本。日本は第一次世界大戦中の1915年，袁世凱に二十一カ条
の要求を提出して受諾させた。

(17)　「二つの政党の協力」とは中国国民党と中国共産党の提携，すなわち国共合作を

指す。第 2 次国共合作の成立は 1937 年で，これは 1936 年に西安で起こった事件
（西安事件）を契機に実現した。

⒅ 「党の最高指導者」とは党主席の毛沢東。毛沢東は自らの政策（大躍進政策）を
批判する国家主席の劉少奇ら党員と対立し，そこで彼らに対する攻撃を呼びかけ，
1966 年にプロレタリア文化大革命を発動した。

解 答

A a．司馬炎　b．拓跋　c．東魏

⑴陰陽家　⑵太平道　⑶燕　⑷㋐司馬遷　㋑クシャーナ朝　⑸王莽

⑹㋐羯　㋑仏図澄　⑺宋　⑻㋐上京竜泉府　㋑猛安・謀克　㋒ヌルハチ

B d．趙匡胤　e．東林　f．国民党

⑼党錮の禁　⑽殿試

⑾物価の安定，治安維持（労役人材の確保，物資の流通円滑化，軍馬の確
保，民兵の確保も可）

⑿科挙の廃止　⒀民権の伸張，民生の安定　⒁変法　⒂鉄道〔幹線鉄道〕

⒃二十一カ条の要求　⒄西安　⒅プロレタリア文化大革命〔文化大革命〕

28 A 中国の南北地域関係史
B シーア派の動向史

(2015年度　第2問)

A 〔地域〕中国　〔時代〕夏～清　〔分野〕政治

中国の南部と北部の関係をテーマに，清代19世紀までの中国王朝が通史的に問われた。ただ，d．海禁は，明で「海上」の「輸送ルート」が後退し，「大運河が…主要な輸送ルート」となった経緯・理由を手がかりに考えたい。

B 〔地域〕西アジア　〔時代〕7～20世紀　〔分野〕政治

シーア派の動向をテーマに，イスラーム世界の成立期から現代までの西アジアを中心に問われた。(11)メディナは「墓廟がある」ことを知らなくても，「622年以来」から，解答を確定できる。

A

a　南遷後の晋（西晋）は東晋と呼ばれ，建康（現在の南京）を都とした。

b　唐を倒して華北に成立した後梁（五代最初の王朝）は開封を都としている。なお，五代のうち，後唐（都は洛陽）を除く他の3王朝も開封を都とした。

c　明では洪武帝が南京を都とした。しかし，靖難の役で即位した第3代永楽帝は自らが地盤とした北京に遷都している（1421年）。

d　やや難。明は民間人の海上貿易を禁止した。この政策を海禁と呼ぶ。そのため北部が必要とする物資（穀物）は南部の江南から調達しなければならず，大運河が物資の主要な輸送ルートとなった。

(1)　殷は確認できる中国最古の王朝。それに先立つ王朝は中国最古の「伝説上の王朝」の夏で，夏は殷の湯王(とうおう)に滅ぼされたとされる。

(2)(ア)　前漢では前154年に呉楚七国の乱が起こっている。前132年は乱後の前2世紀後半だから，前漢の武帝の時代（位前141～前87年）。

　(イ)　前漢の武帝は財政再建策として，均輸と平準を実施した。このうち，物資を価格の高騰時に売却し下落時に購入した政策は平準。

(3)　呉は孫権が建業（のちの建康）を都に建国した（222年）。

(4)　晋では，八王の乱で，兵力として用いられた匈奴ら五胡が次第に勢力を増し，永嘉の乱で都の洛陽を占領され（311年），316年に滅亡した。翌年，晋は南遷して東晋を建国した。

(5)　隋代，朝鮮半島北部は平壌を都とする高句麗が支配していた。隋の煬帝は永済渠を利用して3回に及ぶ高句麗遠征を行ったが，失敗した。

(6)(ア)　金は靖康の変を起こし，北宋の皇帝（欽宗）とその父（徽宗）を捕らえ北方へ連行した。これにより北宋は滅亡した（1127年）。

(イ) 金と南宋は 1142 年に和議を結び，淮河を国境とした。

(7) 『世界の記述』（『東方見聞録』）のなかで，マルコ＝ポーロは泉州を「ザイトン」
と呼び，「世界最大の港市」として紹介した。

(8) オイラト部は指導者エセン＝ハンの下で強盛となり，1449 年には土木の変を起こ
して明の皇帝（正統帝）を捕虜とした。

(9) 洋務運動は漢人官僚の曾国藩や李鴻章が推進した。このうち，「湘軍を率いて太
平天国の平定」に活躍したのは曾国藩。

B

e　イスラーム教の創始者ムハンマドはアラビア半島西部のヒジャーズ地方（紅海沿
岸地帯）に位置する町，メッカで生まれた。

f　第 4 代正統カリフとなったのはアリー。しかし 661 年にアリーが暗殺され，正統
カリフ時代は終わった。

g　ファーティマ朝は 909 年，現在のチュニジアに建国された。

(10)　イスラーム教徒（ムスリム）には信仰告白・礼拝・断食・喜捨のほか，メッカへ
の巡礼の「五行」が義務として課された。

(11)　ムハンマドは 622 年にメッカからメディナへ移住し（ヒジュラ，聖遷），メディ
ナを活動の中心地（拠点）とした。メディナにはムハンマドの墓廟とモスクがあり，
メッカに次ぐイスラーム教第 2 の聖地とされる。

(12)　第 2 代正統カリフはウマルで，ビザンツ帝国からシリア・エジプトを奪うなど大
征服を指導した。

(13)　アッバース朝の都バグダードは 1258 年，フラグにより攻略された。フラグはチ
ンギス＝ハンの第 4 子トゥルイの子。

(14)(ア)　「復古主義」とはムハンマド時代のイスラーム教への回帰を求めた立場。18 世
紀半ば頃のアラビア半島中部でスンナ派に属する復古主義のワッハーブ派が興っ
た。

　　(イ)　1932 年，アラビア半島にはワッハーブ派を国教とするサウジアラビア王国が
イブン＝サウード（アブド＝アルアジーズ）によって建国された。

(15)　イドリース朝の興ったモロッコやファーティマ朝の興ったチュニジアは北アフリ
カのマグリブ地方に位置する。マグリブ地方に居住した民族はベルベル人で，両王
朝建国の支持基盤となった。

(16)　シーア派のファーティマ朝に代わり，エジプトを本拠としたスンナ派の王朝はア
イユーブ朝。アイユーブ朝は 1169 年サラディン（サラーフ＝アッディーン）が創建
した。

(17)(ア)　設問の「ウズベク族王朝」とはブハラ（ボハラ）＝ハン国の最初の王朝シャイ
バーニー朝を指す。シャイバーニー朝は中央アジアに成立し（1500 年），16 世

　　　初頭までにティムール朝を滅ぼした。

　⒄　ムガル朝はティムールの子孫バーブルが建国した（1526年）。

⒅　ムガル朝第6代君主はアウラングゼーブで，デカン地方を征服し最大版図とする
　　一方，厳格なスンナ派政策を採り，シーア派やヒンドゥー教徒を弾圧した。

⒆　1979年のイスラーム革命（イラン革命）の結果，イランではパフレヴィー朝が
　　打倒され，イラン＝イスラーム共和国が成立した。

解　答

A　a．建康　b．後梁　c．永楽　d．海禁
　　⑴夏　⑵㋐武帝　㋑平準　⑶孫権　⑷八王の乱　⑸高句麗
　　⑹㋐靖康の変　㋑淮河　⑺泉州　⑻エセン＝ハン　⑼曾国藩

B　e．メッカ　f．アリー　g．チュニジア
　　⑽巡礼　⑾メディナ　⑿ウマル　⒀フラグ
　　⒁㋐ワッハーブ派　㋑サウジアラビア王国　⒂ベルベル人
　　⒃サラディン〔サラーフ＝アッディーン〕
　　⒄㋐ティムール朝　㋑バーブル　⒅アウラングゼーブ
　　⒆パフレヴィー朝

29　A　洛陽をめぐる中国史
　　　B　前近代イランの歴史と文化　（2014 年度　第 2 問）

A 〔地域〕中国　〔時代〕後漢〜明　〔分野〕政治，文化

　洛陽をテーマに，後漢から明までの中国史が問われ，インドからも 1 問出題されている。全問語句記述で，基本事項が大半を占めた。ただ，⑶南朝の斉は正確な年代知識が必要で，難度は高い。また⑹永楽大典は「類書」に戸惑うが，「15 世紀初め」が明の永楽帝時代と判断できれば，解答を推測できる。

B 〔地域〕イラン　〔時代〕前 6〜18 世紀　〔分野〕政治，文化

　前 6〜18 世紀末のイランを中心に，周辺のインドや西アジア，中央アジアなどからも出題された。ｋ．ガズナや⑾ブハラは見落としやすい事項だが，こうした設問での取りこぼしを防ぎたい。

A

ａ　『文選』は魏晋南北朝時代の文化を代表する詞華集（詩文集）で，梁（南朝 3 番目の王朝）の昭明太子によって編纂された。

ｂ　『漢書』は前漢一代（王莽の新を含む）を扱った紀伝体の歴史書で，後漢の歴史家の班固が著した。

ｃ　後漢の献帝から禅譲の形式で帝位を得たのは曹操の子である曹丕（文帝）で，洛陽を都に魏を建国した（220 年）。

ｄ　西晋は永嘉の乱を起こした北方諸民族の一つで，五胡の一つともなる匈奴に滅ぼされた（316 年）。

ｅ　鮮卑の拓跋珪が建てた国は北魏。北魏は孝文帝が 494 年洛陽に遷都するまで，平城（現在の大同）を都とした。

ｆ　唐代の「7 世紀末に帝位に即いた」のは則天武后で，国号を周と改称し，洛陽を都とした。

ｇ　黄巣は山東の塩の密売人で，農民を指導して反乱を起こした。これを黄巣の乱（875〜884 年）と呼び，唐の支配体制を崩壊させた。

ｈ　『資治通鑑』は戦国時代から五代末までを扱った編年体の歴史書で，宋（北宋）の司馬光が編纂した。司馬光は政治的には旧法党の中心人物として，王安石の改革（新法）に反対し，改革を挫折させた。

⑴　黄巾の乱は太平道の信者が起こした（184 年）。太平道は後漢末に組織された宗教結社の一つで，創始者の張角が反乱を指導した。

⑵　「女史箴図」は魏晋南北朝時代の文化を代表する絵画で，東晋の画家の顧愷之によって描かれた。唐初の模写とされる絵が大英博物館に所蔵されている。

(3)　難問。孝文帝（位471〜499年）は北魏第6代の皇帝で，5世紀後半に在位した。この頃，江南には斉があった。斉は南朝2番目の王朝（479〜502年）。

(4)　グプタ朝では仏教の教義研究機関として5世紀にナーランダー僧院が設置された。ナーランダーはグプタ朝の都であるパータリプトラの東方に位置する。

(5)　やや難。隋の煬帝時代に完成した大運河のうち，通済渠が黄河と淮河を結んだ。なお，このほか，煬帝の時代には，永済渠（黄河〜涿郡），江南河（長江〜杭州）が開通している。

(6)　やや難。「15世紀初め」の中国は明の永楽帝時代。永楽帝（位1402〜24年）の命により，「類書」（百科事典）として『永楽大典』が編纂された。

(7)　唐は節度使の朱全忠によって滅ぼされ，朱全忠は開封を都に後梁（五代最初の王朝）を開いた（907年）。

B

i　アケメネス朝は第3代ダレイオス1世時代，東はインダス川流域に至る大帝国となった。

j　ブワイフ朝はイラン系シーア派のイスラーム王朝で，946年，アッバース朝の都バグダードを占領し，カリフから政治の実権を奪った。

k　やや難。サーマーン朝のマムルーク（トルコ系の奴隷軍人）が建てた王朝はガズナ朝で，アフガニスタンを中心に，イラン東部も支配した。

l　チャガタイ＝ハン国は14世紀に東西に分裂し，そのうち，西チャガタイ＝ハン国出身のティムールが自立して西チャガタイ＝ハン国を滅ぼしたのち，1370年にティムール朝を建国。その後，中央アジアをほぼ統一し，さらには旧イル＝ハン国領も併合するなど領土を広げた。

m　カージャール朝は18世紀末のイランに成立したトルコ系シーア派のイスラーム王朝で，テヘランを首都とした。なお，テヘランは，カージャール朝に続くパフレヴィー朝，イラン＝イスラーム共和国でも首都とされている。

(8)　アレクサンドロス大王の没後，ディアドコイ（後継者）戦争が起こり（前4世紀後半），大王の建設した大帝国はプトレマイオス朝エジプト，アンティゴノス朝マケドニアと，「イランとその周辺」のセレウコス朝シリアなどに分割された。

(9)　ゾロアスター教は前7世紀頃に成立したともいわれるイラン古来の宗教で，聖典『アヴェスター』は，ササン朝時代に現存する形に編纂された。

(10)(ア)　アッバース朝はウマイヤ朝を倒し，ウマイヤ朝の広大な領土のうち，西アジアに相当する部分を継承する形で成立した（750年）。

(イ)　ウマイヤ朝はシリア総督であったムアーウィヤが建てた王朝で，古来アラム人が活躍したことで知られるダマスクスを都とした。

(11)　やや難。サーマーン朝は，9世紀末頃首都をブハラに置いた。ブハラはサマルカ

ンドの西方に位置する現ウズベキスタンの都市。

⑿㋐　セルジューク朝時代，詩人・天文学者・数学者として活躍したのはイラン系
　　のオマル（ウマル）＝ハイヤーム。彼はジャラリー暦（太陽暦）の制定に関わった
　　ことで知られる。

　㋑　オマル＝ハイヤームはペルシア語で『ルバイヤート（四行詩集）』を著した。な
　　お，『ルバイヤート』は 19 世紀にイギリスの詩人フィッツジェラルドによって英
　　訳され，世界中に知られるようになった。

⒀　イスラーム教に改宗し，国教としたガザン＝ハンはイル＝ハン国第 7 代君主。モン
　ゴル系国家では，チャガタイ＝ハン国やキプチャク＝ハン国もイスラーム化している。

⒁　ティムール朝第 3 代君主シャー＝ルフの時代，子のウルグ＝ベクはサマルカンド郊
　外に天文台を建設し，精度の高い『天文表』を作成した。その後，ウルグ＝ベクは
　第 4 代君主となったが，即位 2 年後に暗殺された。

⒂　イル＝ハン国の首都はカスピ海の西部に位置するタブリーズ。サファヴィー朝の
　建国者イスマーイール 1 世もタブリーズを首都と定めたため，タブリーズはサファ
　ヴィー朝初期の首都となった。なお，サファヴィー朝は，その後カズヴィーン，イ
　スファハーンと遷都している。

解　答

A　a．昭明太子　b．班固　c．曹丕〔文帝〕　d．匈奴　e．平城
　f．則天武后　g．塩　h．司馬光
　⑴張角　⑵顧愷之　⑶斉　⑷ナーランダー僧院　⑸通済渠　⑹永楽大典
　⑺朱全忠

B　i．インダス　j．ブワイフ　k．ガズナ　l．チャガタイ
　m．テヘラン
　⑻セレウコス朝〔セレウコス朝シリア〕　⑼アヴェスター
　⑽㋐ウマイヤ朝　㋑ダマスクス　⑾ブハラ
　⑿㋐オマル〔ウマル〕＝ハイヤーム　㋑ルバイヤート　⒀ガザン＝ハン
　⒁ウルグ＝ベク　⒂タブリーズ

30　A　夏～前漢時代の中国史
　　B　近世～現代におけるアルメニア人関連史

（2013年度　第2問）

A　〔地域〕中国　〔時代〕夏～前漢　〔分野〕政治，文化

「中国」という言葉をテーマに，古代中国が問われた。漢字表記が難しいため注意が必要だが，確実に解答して得点源にしたい。

B　〔地域〕アジア　〔時代〕16～20世紀　〔分野〕政治，文化

アルメニア人の活動をテーマに，近世～現代のアジア各地の動向が問われ，アフリカからも1問出題されている。ただ，ⅰ．アグラ，⑽イヴァン4世，⒀マテオ=リッチ，⒁シヴァージーなど，年代知識をもとに判断させる問題が多く，全体の難度をやや押し上げている。

A

a　中国最古の詩集は儒家の編纂とされる『詩経』。のち，五経の一つとして儒学の経典となった。

b　春秋時代の有力諸侯は，「尊王攘夷」をスローガンに諸侯の同盟（会盟）を指導し，覇者と呼ばれた。特に，春秋の五覇が知られる。

c　夏は伝説上の中国最古の王朝で，治水に功のあった禹（伝説上の帝王の一人）により開かれたとされる。

⑴　殷王朝の代表的遺跡としては，後期の都の遺跡とされる殷墟（河南省安陽市）が有名で，甲骨文字を刻んだ亀甲・獣骨が大量に出土した。

⑵　「渭水流域」は周が生まれた地。ここに都が置かれたのは西周の時代で，首都は鎬京（現在の西安付近）である。東周の首都である洛邑（現在の洛陽）は黄河中流域に位置する。

⑶㋐　孟子は戦国時代に活躍した儒家の一人で，王道政治（徳による政治）を理想とし，「倫理・道徳学説」として性善説を主張した。

　㋑　「陰陽五行説」は，宇宙の生成変化を陰と陽の二原理の盛衰と木・火・土・金・水の五要素の循環から説明しようとした学説で，陰陽家（諸子百家の一つ）の鄒衍によって唱えられた。

⑷　前4世紀半ばの秦は孝公が王であった時代。この時代，秦は都を雍から咸陽（現在の西安付近）に移した。

⑸㋐　孔子が編纂したとされる歴史書は魯の年代記『春秋』で，のち五経の一つとなった。なお，『春秋』は，編年体で記された。

　㋑　前4～前3世紀は戦国時代。この時代に活躍した楚の詩人は屈原で，その作品

は『楚辞』に収録された。

(6) 中国統一後，秦では始皇帝が中央集権政策の一環として，半両銭（円形方孔の銅銭）を統一貨幣と定めた。

(7) 始皇帝の死後，秦では陳勝・呉広の乱と呼ばれる中国史上最初の農民反乱が起こり（前209～前208年），これを契機に秦は滅亡した（前206年）。

(8)(ア) やや難。始皇帝は，中国南部（華南）を征服し，南海郡（広東）・桂林郡（広西）・象郡（ベトナム北部）の3郡を設置している。南越は，秦の滅亡（前206年）後，南海郡の郡尉であった趙佗によって建国（前203年）された。

(イ) 南越は前2世紀末（前111年），前漢の武帝により滅ぼされ，この地には南海9郡の一つとして南海郡が置かれた。

(9) 前2世紀末～前1世紀初めごろは前漢の武帝期だから，この頃に完成した歴史書は司馬遷が編纂した『史記』となる。

B

d・e サファヴィー朝の17世紀初頭期のシャー（王）だから，eは最盛期のアッバース1世（位1587～1629年）。アッバース1世は16世紀末に新都としてイラン中部にdのイスファハーンを造営し，カズヴィーンから遷都している。

f 「東インド会社を再建した」「フランスの財務総監」だから，ルイ14世時代に重商主義政策を推進したコルベールとなる。コルベールは，1664年に東インド会社を再建している。

g 「チベットの中心都市」は，かつて吐蕃の都が置かれ，現在の中華人民共和国チベット自治区の区都となるラサである。

h 「アカプルコ」はメキシコの太平洋岸の港市で，ここを拠点にフィリピンのマニラとの間でアカプルコ貿易（ガレオン貿易）が行われた。

i 難問。17世紀初頭は，第3代皇帝アクバル（位1556～1605年）の治世で，当時のムガル帝国の首都はアグラ。なお，下線部(13)の「イエズス会士」とはポルトガル人のベント=デ=ゴエスで，アクバルの援助を受けアグラから中国に旅した。

j 4世紀にアクスム王国がコプト派のキリスト教を受容して以来，エチオピア高原ではキリスト教信仰が保持され，この王国の後継で20世紀まで続くエチオピア帝国（エチオピア王国）もキリスト教を信仰していた。

k イラン（カージャール朝）は，カフカス（黒海とカスピ海の間の地域）をめぐってロシアと戦ったが敗れ，1828年，イランはロシアとの間でトルコマンチャーイ条約を結んだ。

l 1979年のイラン革命ではパフレヴィー朝を打倒し，イラン=イスラーム共和国を樹立させ，ホメイニが最高指導者となった。

(10) やや難。16世紀のロシアはモスクワ大公国の時代で，イヴァン4世（位

1533～84年）は，アストラハン=ハン国（キプチャク=ハン国の継承国家）を征服
し，アストラハンを支配下に置いた。

⑾　イギリスはマドラス・ボンベイ・カルカッタの3都市をインド経営の拠点とした。
このうち，ベンガル地方に位置するのがカルカッタ。

⑿(ア)　清は1757年，広州での外国貿易を管理独占する特許を特定の行（商人の同業
組合）に与えた。この特許商人の組合を公行と呼び，1842年（南京条約）まで
存続した。

(イ)　インドから中国に密輸された商品だから，イギリスが確立した三角貿易を想起
したい。三角貿易ではインドから中国に密輸の形でアヘンが送られている。

⒀　難問。17世紀初頭の中国は明代（1368～1644年）。その頃，都の北京にいたのは
イエズス会最初の中国伝道者であるマテオ=リッチ。彼は，1601年から北京に滞在
し，1610年に死去した。

⒁　やや難。アウラングゼーブ帝の時代，ムガル帝国に抵抗した勢力のうち，デカン
高原西北に位置する「インド北西岸のスーラト」を支配下に置いたのはヒンドゥー
勢力のマラーター。このマラーターの指導者となったのはシヴァージーで，17世
紀後半にマラーター王国を建設している。

解　答

A　a．詩経　b．覇者　c．禹
　　(1)殷墟　(2)鎬京　(3)(ア)性善説　(イ)鄒衍　(4)咸陽
　　(5)(ア)春秋　(イ)屈原　(6)半両銭　(7)陳勝・呉広の乱　(8)(ア)南海郡　(イ)武帝
　　(9)史記

B　d．イスファハーン　e．アッバース1世　f．コルベール
　　g．ラサ　h．マニラ　i．アグラ
　　j．エチオピア帝国〔エチオピア王国〕　k．トルコマンチャーイ
　　l．ホメイニ
　　⑽イヴァン4世　⑾カルカッタ　⑿(ア)公行　(イ)アヘン　⒀マテオ=リッチ
　　⒁シヴァージー

31　**A　イスラーム世界とその文化**
　　　B　アメリカ合衆国・中国関係史

（2012 年度　第 2 問）

A　〔地域〕西アジア　〔時代〕7〜16 世紀　〔分野〕政治，文化

　文化史の観点から，イスラーム世界の発展が問われ，関連してアフリカからも 1 問出題された。

B　〔地域〕中国，アメリカ　〔時代〕19〜20 世紀　〔分野〕政治

　中国を中心に，1840〜1970 年代の米中関係史が問われ，関連する形で東南アジアからも出題された。ただ，(9)スペインを解答するには注意深い学習が必要。(10)デューイは設問内容こそ難しいが，「プラグマティズムを大成」から確定できるだろう。

A

a・b　9 世紀前半のバグダードでは，アッバース朝第 7 代カリフのマームーンが知恵の館（バイト=アルヒクマ）を創設し，ギリシア語文献が組織的にアラビア語へ翻訳されている。

c　フワーリズミーはアッバース朝の宮廷に仕え，インド数学をイスラーム数学に導入，記数法としてのアラビア数字を普及させ，また代数学を確立した。

d　アズハル学院は，チュニジアに成立してエジプトに進出したシーア派のファーティマ朝が 10 世紀後半，都のカイロに建設し，シーア派教学の中心となった。

e　11 世紀，シーア派に対抗したイスラーム王朝は，イラン・イラクを支配するセルジューク朝。下線部(4)の内容から，ニザーミーヤ学院（(4)の解答）を建設したセルジューク朝と判断できる。建国者のトゥグリル=ベクは，1055 年にバグダードに入城しブワイフ朝の勢力を一掃して，アッバース朝カリフからスルタンの称号を得ている。

f　「10 世紀中央アジア」から，サーマーン朝（875〜999 年）が正解。中央アジア・イラン東部を支配したイラン系イスラーム王朝である。

g　オスマン朝と同時期のトルコ系王朝は中央アジアに成立したティムール朝（1370〜1507 年）。建国者のティムールが西進してイル=ハン国滅亡後の領土を併せたことから，イル=ハン国のイラン=イスラーム文化が中央アジアに伝えられ，トルコ=イスラーム文化として発展した。

h　シク教は，16 世紀の初めナーナクによって創始されたヒンドゥー教の改革派で，西北部のパンジャーブ地方を中心に広がった。イスラーム教の強い影響を受け，一神教的で偶像を禁止しカースト制度を否定した。

(1)　「8 世紀前半までに」大帝国を築いたイスラーム王朝は，ダマスクスを首都とし

たウマイヤ朝（661～750年）である。

(2)　トレドはレコンキスタの過程で11世紀にキリスト教徒が再征服した。ここはイスラーム文化が西欧に流入する拠点となり，12～13世紀にはアラビア語文献がラテン語に翻訳されている。

(3)　ウラマーは，神が定めた法であるシャリーアの解釈や執行を行う一方，裁判官・教師の役割を担い，イスラーム世界の信仰の指導者となった。

(4)　ニザーミーヤ学院はセルジューク朝の宰相ニザーム＝アルムルクがバグダードやその他の都市に設立した学院（マドラサ）の総称。

(5)　モロッコ西部のマラケシュは，ベルベル系のムラービト朝（1056～1147年）とムワッヒド朝（1130～1269年）の首都として繁栄した。

(6)(ア)　10世紀以降，インド洋貿易で活躍するムスリム商人が東アフリカ沿岸のマリンディ・モンバサ・ザンジバル・キルワなどの港市に居住するようになった。その結果，東アフリカ海岸部一帯ではアラビア語と現地語（バントゥー語）が融合したスワヒリ語が商業語として普及した。

(イ)　ウルドゥー語は，北インドの言語にアラビア語やペルシア語の語彙を取り入れて成立した。主としてアラビア文字で表記される。

B

i　望厦条約はアメリカと中国の間に結ばれた最初の条約。1842年清がイギリスと結んだ南京条約と同じ内容の不平等条約である。

j　1869年，ネブラスカ州オマハから西進してきたユニオン・パシフィック鉄道とカリフォルニア州サクラメントから東進してきたセントラル・パシフィック鉄道がユタ州のプロモントリーで接続し，最初の大陸横断鉄道が開通した。

k　1898年のアメリカ＝スペイン（米西）戦争で勝利したアメリカは，キューバの独立をスペインに認めさせ，太平洋地域ではフィリピン・グアム，カリブ海地域ではプエルトリコを獲得した。

l　ストウ夫人の『アンクル＝トムの小屋』は，黒人奴隷の悲惨な状況を描き，アメリカの奴隷制を批判した。

m　日中戦争勃発時（1937年7月）の首都は南京であったが，同年12月日本が南京を占領すると蔣介石は首都を武漢，続いて重慶に移して日本への抵抗を続けた。

n　ニクソンは，泥沼化するベトナム戦争から米軍を早期に撤退させるため，中国の協力を得ようと，中華人民共和国を訪問した。

(7)　天津の開港を定めたのは，アロー戦争の講和条約である1860年の北京条約。開港場は南京条約（1842年）で5港が認められ，さらに天津条約（1858年）で10港が，北京条約で天津1港が加えられた。

(8)　フィリピンでは，アギナルドが1898年のアメリカ＝スペイン戦争の際にアメリカ

の支援を受け，1899 年にフィリピン共和国の樹立を宣言した。アメリカ=スペイン戦争の結果，アメリカがフィリピンを領有すると，今度はアギナルドは対米戦争を指導したが結局敗れ，1901 年引退した。

(9)　やや難。義和団事件で共同出兵した 8 カ国は，アメリカと日本・ロシア・イギリス・ドイツ・フランス・オーストリア・イタリア。スペインは含まれていない。ただし，北京議定書（1901 年）には加わっている。

(10)　やや難。プラグマティズムを大成したのはデューイ。プラグマティズムは実用的真理を追究する哲学で，教育学に大きな影響を与えている。

(11)　清の最後の皇帝は宣統帝で，名は溥儀。退位の後，溥儀は 1932 年に満洲国執政に就任し，1934 年には満洲国皇帝に即位している。

(12)　ポツダム宣言は，1945 年 7 月に米英中 3 国によって出された対日共同宣言。ポツダム会談はアメリカ・イギリス・ソ連の 3 国の首脳によるが，ポツダム宣言には，ソ連のスターリンは日ソ中立条約が継続中のため 7 月の段階では署名せず，一方，蔣介石は文書で同意を通告しているためアメリカ・イギリス・中国の 3 国共同宣言の形をとっている。

(13)　マッカーサーは，朝鮮戦争の際，仁川上陸作戦を成功させ国連軍を北上させたが，中華人民共和国の義勇軍参戦によって戦局が硬直すると，中国本土への原爆を含む直接爆撃などを主張して，トルーマン大統領と対立し，連合国軍最高司令官と国連軍最高司令官を解任されている。

(14)　南ベトナム解放民族戦線は，北のベトナム民主共和国の支援の下，南のベトナム共和国政府やこれを支援するアメリカ軍に対してゲリラ戦を展開した。

(15)　やや難。華国鋒は，1976 年 1 月の周恩来首相の死後首相に就任し，9 月の毛沢東の死をうけて四人組を逮捕している。そして翌 10 月，共産党主席に就任し，1978 年の日中平和友好条約，1979 年の米中交正常化を実現したが，鄧小平との権力闘争に敗れ 1980 年に首相，1981 年に共産党主席の地位を辞任している。

解　答

A　a.アッバース　b.ギリシア　c.フワーリズミー　d.アズハル
　　e.セルジューク　f.サーマーン　g.ティムール　h.ナーナク
　(1)ダマスクス　(2)ラテン語　(3)ウラマー　(4)ニザーミーヤ学院
　(5)マラケシュ　(6)㋐スワヒリ語　㋑ウルドゥー語
B　i.望厦　j.大陸横断鉄道　k.アメリカ=スペイン〔米西〕
　　l.ストウ夫人　m.重慶　n.ニクソン
　(7)北京条約　(8)アギナルド　(9)スペイン　(10)デューイ　(11)溥儀
　(12)ポツダム宣言　(13)マッカーサー　(14)南ベトナム解放民族戦線　(15)華国鋒

32	**A**	**古代インド史**
	B	**五代～宋代における海上貿易の発展**
	C	**帝国主義時代の中国と朝鮮**　（2011年度　第2問）

A　〔地域〕インド　〔時代〕前16～7世紀　〔分野〕政治，文化

宗教を中心に，古代インドの歴史が問われ，インドに遠征したアレクサンドロス大王との関連でアケメネス朝も問われた。(5)マトゥラーはやや難だが，言及する教科書もあり，用語集を踏まえたていねいな学習が明暗を分けるだろう。

B　〔地域〕東アジア，東南アジア　〔時代〕10～15世紀　〔分野〕政治

五代～宋代の政策や海上貿易と関連させながら，当時の中国と周辺地域の状況が問われた。ただ，j．興慶府は見落としやすく，注意深い学習が必要であった。また，I．カリマンタン，(11)アチェ王国は地理的な知識を踏まえた理解が求められた。

C　〔地域〕東アジア　〔時代〕19世紀末～20世紀初め　〔分野〕政治，文化

日清戦争後の東アジアをテーマに，主に中国の政治動向が問われ，朝鮮に関連して(12)閔も問われている。(12)閔，(13)東清鉄道は設問文にやや戸惑うが，前者は時の王が高宗，後者は「三国干渉の代償」とわかれば，どちらも容易に解答できるだろう。

A

a　ヒンドゥー教は，バラモン教にインド各地の民間信仰が融合し，仏教の影響も加わって成立したインドの民族宗教。シヴァ・ヴィシュヌ・ブラフマーを3大神とする多神教である。

b　仏教の始祖はガウタマ＝シッダールタ。悟りを開いた者という意のブッダ（仏陀），彼の出身部族であるシャカ（釈迦）族の聖者の意のシャカムニ（釈尊），あるいは省略してシャカと呼ばれる。

c　ジャイナ教は，主としてヴァイシャ，特に商人階級の間に広まった。禁欲・苦行を説き，極端な不殺生主義をとる。

d　マウリヤ朝はインド最初の統一王朝。チャンドラグプタがマガダ国ナンダ朝を倒して前317年頃に樹立した。

e　クシャーナ朝（1～3世紀）は，西北インドから中央アジアを領域とし，首都はプルシャプラ（現在のペシャワール）に置かれた。

f　カニシカ王は熱心な仏教徒で，第4回仏典結集を行ったことでも知られる。

g　インドではクシャーナ朝時代，ガンダーラ地方でヘレニズム文化の影響を受けて仏像が製作されるようになった（ガンダーラ美術）。

h　『マヌ法典』は前200年頃から後200年頃の長期にわたってまとめられ，グプタ朝時代に現在に伝わるような形となった。

(1) バラモン・クシャトリヤ・ヴァイシャ・シュードラの4身分制度をヴァルナ制と呼ぶ（ヴァルナは「色」を意味する言葉）。一方，インドでは職業などと結びつく，生まれを共通とする集団が出現した。これをジャーティという（ジャーティは「生まれ」を意味する言葉）。このジャーティとヴァルナ制が結びつき，現在のカースト制度が形成された。

(2) アレクサンドロス大王は，東方のアケメネス朝ペルシアに対して東方遠征を開始した。前331年のアルベラ（ガウガメラ）の戦いでダレイオス3世を破り，翌年，ダレイオス3世が暗殺されたことによりアケメネス朝は滅亡している。

(3) マウリヤ朝の首都はパータリプトラ（現パトナ）。ガンジス川流域に位置し，現在はビハール州の州都である。

(4) マウリヤ朝時代の仏教は多くの部派に分かれていたが（部派仏教），その中の1つが，個人の修行と悟りを重視する上座部仏教である。

(5) やや難。マトゥラーはデリー南方の都市で，クシャーナ朝時代には副都として栄える一方，ガンダーラ地方でのギリシア風の仏像製作と前後して純インド風の仏像製作が始まった。

(6) 法顕は東晋の僧。5世紀の初め，グプタ朝のチャンドラグプタ2世時代のインドを訪れ『仏国記』を著した。その中でチャンドラグプタ2世は超日王として紹介されている。

(7) ウマイヤ朝は，インダス川下流域のシンド地方を征服したほか，アフリカ北岸・イベリア半島にも支配を広げている。

B

i 趙匡胤は五代最後の王朝であった後周の武将で，部下に推されて恭帝の禅譲を受ける形で即位した。

j やや難。西夏はチベット系タングート族の国。都の興慶府は現在は寧夏回族自治区の銀川市である。

k 市舶司は海上貿易に関する事務を司る役所。唐の玄宗の代に広州に置かれたのが最初で，宋代には泉州，明州，杭州などにも置かれている。

l カリマンタン（ボルネオ）島は，北部はマレーシア領，南部はインドネシア領で，ブルネイは北岸に位置し，マレーシア領に囲まれた独立の君主国である。

(8) 王建は，新羅末の動乱の中で918年に高麗を建国し，935年に新羅が降伏，その翌年，朝鮮半島西南部の後百済が降伏したことから朝鮮半島を統一した。

(9) 王安石の募役法は，農民の差役（徭役）の代わりに免役銭を出させ，これを財源に失業者を雇うもの。

(10) イブン＝バットゥータはモロッコ生まれの旅行家。その旅の見聞録が『旅行記（三大陸周遊記）』である。

(11)　スマトラ島の「北端近く」から、スマトラ島北端に位置する港市国家アチェ王国が正解。マラッカ王国も15世紀にその支配者がイスラーム教に改宗しているが、その中心港市マラッカはスマトラ島中部対岸、マレー半島西南岸に位置する。

C

m　康有為、梁啓超は、日本の明治維新を模範とした立憲君主制の樹立をめざす変法運動を展開し、光緒帝も彼らの意見を取り入れて戊戌の変法を断行したが、西太后ら保守派のクーデタにより挫折した。

n　中国同盟会は興中会、華興会、光復会などの革命団体が結集して東京で結成された。民族の独立・民権の伸張・民生の安定の三民主義を基本理念とし、駆除韃虜、恢復中華、創立民国、平均地権の四大綱領を基本方針として掲げた。

o・p　1912年1月、アメリカから帰国した孫文は南京で中華民国の臨時大総統に就任した。清朝は袁世凱を派遣して交渉を進めたが、袁世凱は孫文と密約を結び、2月清朝最後の皇帝宣統帝（溥儀）を退位させ（清朝の滅亡）、翌3月孫文に代わって袁世凱が臨時大総統に就任した。

(12)　閔妃は高宗の妃。高宗の父で摂政であった大院君を退け、閔氏一族による政権独占を実現した。閔氏は最初、日本に接近したが、壬午軍乱（1882年）・甲申政変（1884年）では清の援助を受けて政権を維持した。日清戦争で清が敗北した後は、ロシアに接近して日本を排除しようとしたことから、閔妃は1895年に駐朝日本公使三浦梧楼により宮廷内で暗殺されている。

(13)　シベリア鉄道がチタ〜ウラジヴォストーク間で大きく迂回しなければならないことから、ロシアはその距離を短縮するため満州北部を横断する東清鉄道の建設を計画し、三国干渉の代償として1896年に敷設権を清より獲得している。

(14)　魯迅は中国を救うため中国人の精神改造をめざし、『狂人日記』で儒教思想を、『阿Q正伝』で当時の中国社会・民衆の実態を批判した。

解　答

A　a．ヒンドゥー　b．ガウタマ=シッダールタ　c．ジャイナ
　　d．マウリヤ　e．クシャーナ　f．カニシカ　g．ガンダーラ
　　h．マヌ法典
　　(1)ヴァルナ制　(2)アケメネス朝　(3)パータリプトラ　(4)上座部仏教
　　(5)マトゥラー　(6)法顕　(7)ウマイヤ朝
B　i．後周　j．興慶府　k．市舶　l．カリマンタン〔ボルネオ〕
　　(8)王建　(9)募役法　(10)イブン=バットゥータ　(11)アチェ王国
C　m．康有為　n．中国同盟　o．南京　p．袁世凱
　　(12)閔　(13)東清鉄道　(14)魯迅

33 　A　古代〜イスラーム期の西アジア
　　　　B　清帝国とロシア帝国
（2010 年度　第 2 問）

A　〔地域〕西アジア　〔時代〕前 3 千年紀〜10 世紀　〔分野〕政治，文化

　古代オリエント〜イスラーム期に属する 10 世紀の西アジアが問われた。一部に地図問題を含むが，いずれも重要都市の位置判定である。語句記述のうち，ⅰ．ブハラは見落としやすく，(4)パルミラは難問。

B　〔地域〕中国，ロシア　〔時代〕16〜18 世紀　〔分野〕政治

　16〜17 世紀に中国とロシアで形成された帝国について，18 世紀までを視野に入れて問われた。基本事項が大半を占めたが，(8)ウラル山脈は地理的な知識，(9)瀋陽は丁寧な学習が求められた。(12)アフガニスタン王国（アフガン王国）は難問。

A

a　ウル，ウルク，バビロンなど古代オリエントを代表する都市はユーフラテス川流域にあった。

b　アッカド人は前 24 世紀頃のサルゴン 1 世のとき，シュメール人の都市国家を征服し，メソポタミアの統一に成功した。

c　アメンホテプ 4 世は唯一神アトンの崇拝を強制し，テル＝エル＝アマルナに遷都，みずからもイクナートンと改名した。この時代をアマルナ時代，写実的な当時の美術をアマルナ美術と呼ぶ。

d　アラム人はシリアのダマスクスを拠点に内陸貿易で活躍した。それに伴い，アラム語も各地に広まり，オリエントの国際商業語となった。

e　アケメネス朝ペルシア（前 550〜前 330 年）はキュロス 2 世のもとでメディアから独立し，第 2 代カンビュセス 2 世がエジプトを征服してオリエントを統一した。第 3 代ダレイオス 1 世の時代に最盛期を迎え，その後は後退し，前 4 世紀後半にダレイオス 3 世がアレクサンドロス大王に敗れて滅亡している。

f　ティグリス川上流の河畔にはアッシリアの都ニネヴェ，中流の河畔にはセレウコス朝シリアの都セレウキア，パルティアおよびササン朝の都クテシフォンなどが建設された。

g　アレクサンドリアはナイル川デルタ地帯にアレクサンドロス大王によって建設が始められ，大王の死後はプトレマイオス朝の首都として，またヘレニズム世界の中心都市として繁栄した。地図の位置では A。

h　ムハンマドはヒジュラ以後，メディナにイスラーム教徒の共同体（ウンマ）を建設し，ここを拠点にメッカを征服した。ムハンマド死後，第 3 代正統カリフのウスマーンまでカリフはメディナに住み，征服活動を指導した（第 4 代正統カリフのア

リーはクーファに遷都した）。地図ではメッカは I ，メディナは H 。

i やや難。サーマーン朝の都ブハラは中央アジアのオアシス都市。現在はウズベキスタン共和国ブハラ州の州都。

(1)(ア)・(イ) 「この王国（王朝）」はバビロン第1王朝（古バビロニア王国）で，首都はユーフラテス川中流域のバビロン（地図上の位置は K ）。

(2) やや難。「この新都」とはエジプト中部のテル＝エル＝アマルナで，メンフィスとテーベの中間になるから地図上の位置は C 。B が古王国の都メンフィスで，D が中王国およびアマルナ時代を除く新王国の都テーベである。

(3) ダマスクスはシリアの内陸都市で，地図上の位置は F 。

(4) 難問。パルミラはシリア中央部の隊商都市で，3世紀頃には王国化し，ゼノビアの時代には領土も広げたが，ローマ帝国と対立し，ゼノビアはローマ軍に捕らえられ，都市も徹底的に破壊された。

(5) バグダードはイラク中部，ティグリス川の河畔にあるから，地図上の位置は J 。

B

j イヴァン4世は1533年にモスクワ大公国の王（君主）に即位し，1550年代にはヴォルガ川中流域のカザン＝ハン国や下流域のアストラハン＝ハン国を征服し，領土を拡張させた。

k クリム＝ハン国は，キプチャク＝ハン国の継承国家で，15世紀後半からオスマン帝国の保護下に入っていたが，1783年エカチェリーナ2世によりロシア帝国に併合された。

l 女真（女直）は中国東北地方で狩猟・農耕を営んでいたツングース系民族。ホンタイジのとき，満州族と改められた。

m ホンタイジ（位1626～43年）は，内モンゴルのチャハルを征服した翌1636年に国号を中国風に清と改めた。清朝第2代皇帝として廟号の太宗で呼ばれる。

n 雍正帝（位1722～35年）は清の第5代皇帝。対外的にはキリスト教の布教を禁止し，ロシアとはキャフタ条約（1727年）を結んでいる。また，軍機処を設置するなど君主独裁を強化した。

o・p 清が外モンゴルやチベット仏教文化圏であるチベットをめぐって争ったのはジュンガル。ジュンガルはモンゴル系遊牧民オイラトの一部族およびその国家で，外モンゴルやチベットに侵入したため，清と抗争し，乾隆帝時代の1758年に滅ぼされた。

q マカートニーはイギリスの政治家で，1793年に使節団を率いて清へ来訪し，乾隆帝に謁見して自由貿易を求めた（交渉は失敗）。なお，1816年にはイギリスのアマーストが使節団を率いて清へ来訪したが，嘉慶帝に謁見できず帰国した。

(6) キプチャク＝ハン国はバトゥが南ロシアに建国したモンゴル国家で，ルーシ（ロ

シア）を含むユーラシア西北部を支配した。なお，キプチャク=ハン国の衰退・分
裂により，継承国家としてカザン=ハン国，アストラハン=ハン国，クリム=ハン国，
シビル=ハン国が成立した。

(7) イェルマークはドン=コサックの首領。豪商ストロガノフ家の支援で遠征隊を組
織し，シビル=ハン国の首都を占領し，ロシアのシベリア征服に道を開いた。

(8) やや難。ウラル山脈はロシアを南北に走り，ヨーロッパとアジアを分ける境界線
となっている。

(9) 難問。瀋陽はヌルハチの晩年（1625年）から順治帝期の北京遷都（1644年）ま
で都が置かれ，盛京とも称された。

(10) 1644年，李自成の乱により明が滅びると，清は投降してきた明の武将呉三桂の
先導で長城内に入り（入関），李自成を破って北京を占領，清は都を北京に移した。
このときの皇帝はホンタイジのあとを継いだ順治帝（位1643〜61年）。

(11) ネルチンスク条約は1689年清の康熙帝とロシアのピョートル1世の間に結ばれ，
外興安嶺（スタノヴォイ山脈）とアルグン川を両国の国境とした。

(12) 難問。パシュトゥーン人のアフマド=シャーが建てたのは，ドゥッラーニー朝
（1747〜1842年）のアフガニスタン王国（アフガン王国）。なお，この王国は次の
王朝（バーラクザイ朝）のときイギリスの保護国となった（1880年）。

解　答

A　a．ユーフラテス　b．アッカド　c．アマルナ　d．アラム
　　e．アケメネス　f．ティグリス　g．アレクサンドリア　h．メディナ
　　i．ブハラ
　　(1)(ア)バビロン　(イ)—K　(2)—C　(3)—F　(4)パルミラ　(5)—J
B　j．イヴァン4世　k．クリム=ハン国　l．女真〔満州〕
　　m．ホンタイジ　n．雍正帝　o．チベット　p．ジュンガル
　　q．マカートニー
　　(6)キプチャク=ハン国　(7)イェルマーク　(8)ウラル山脈　(9)瀋陽〔盛京〕
　　(10)順治帝　(11)ネルチンスク条約　(12)アフガニスタン王国〔アフガン王国〕

34
A　歴史の中での中国の地図
B　新羅・高麗・朝鮮王朝関連史

(2009年度　第2問)

A　〔地域〕中国　〔時代〕前7〜18世紀　〔分野〕政治，文化

　中国で製作された地図をテーマに，前近代の中国史が問われた。リード文や問題文に専門的な内容や学術用語が多く含まれ，全体的に高難度である。ただ，空欄の前後や問題文にヒントもあるため，それを手がかりに解答を推測したい。

B　〔地域〕朝鮮　〔時代〕7〜17世紀　〔分野〕政治

　前近代朝鮮の王朝史が，地図を利用して問われた。空欄の語句記述はすべて基本的動向に関わる事項のため，確実に解答したい。(8)・(9)・(10)の短文論述は重要用語や状況の説明であるため，丁寧な学習と基礎知識で対応できる。

A

a　難問。斉の桓公は名宰相管仲の補佐を受けて覇者（諸侯の盟主）となり，春秋の五覇の筆頭になったとされる。

b　秦の首都・咸陽は現在の西安付近に位置する。

c　班固が編纂した『漢書』は前漢一代の王朝史を記した紀伝体形式の歴史書で，断代史（王朝ごとに完結した歴史書）の祖とされる。

d　難問。「禹貢」とは禹（夏を開いた伝説上の帝王）の治水などを記した中国古代の地理書で，『書経』の一編をなす。なお，『書経』は五経の一つで，周代までの王などが発した命令や言葉が記録された。

e　やや難。「1705年に江南に巡幸」とあるので清の康熙帝（位1661〜1722年）となる。

f　北魏の酈道元が著した『水経注』は，3世紀ごろ成立した『水経』に注釈を加え，諸河川，流域の都市や村，山川などを記したもの。

(1)　「紀元前2世紀」に，漢の南方にあった国は南越。南越は秦末の混乱に乗じて南海都尉の趙佗が建国（前203年）した国。前111年に前漢の武帝により滅ぼされ，南海9郡が置かれた。

(2)　難問。戦国時代，西に秦，北方に面して趙・燕，東に斉，一番南に楚が位置したから，「秦の東方，趙の南方」の2国とは，この5国に囲まれた韓と魏になる。

(3)　難問。漢代に「東京（東の都の意）」と呼ばれた都市を考える。その位置から，後漢の都・洛陽は東京，前漢の都長安は西京と呼ばれた。

(4)　「ヒマラヤ山脈の北」はチベットで，王玄策の活躍した7世紀は中国史では唐の初期にあたる。この頃，チベットには新興国として吐蕃が成立した。

(5) 王莽は前漢に代わり新を建国。『周礼』に基づき復古的な改革を行おうとしたが失敗し，新は赤眉の乱（18〜27 年）や豪族の抵抗などを招いて滅亡した。

(6) 張騫は，前漢の武帝の命で匈奴挟撃のため大月氏へ派遣された。大月氏との同盟は成立しなかったが，西域の情報を中国へ伝えた。

(7)(ア) 「1623 年に完成」した本が記す，17 世紀に交易で栄えた「ペルシアの沖合」にある島はホルムズ島。ここはインド洋海域の海上交易の要衝で，1515 年にポルトガルが占領したが，1622 年にサファヴィー朝が奪回している。

(イ) 難問。「16 世紀後半」の「印度（インド）」にはムガル帝国があり，皇帝はアクバル（位 1556〜1605 年）で，1576 年までに北インドを統一している。「莫臥爾」はムガル帝国のこと。

B

地図上の首都の位置とリード文から，X 王朝は新羅（首都は慶州〔金城〕），Y 王朝は高麗（首都は開城），Z 王朝は朝鮮王朝（首都は漢陽〔漢城，現ソウル〕）とまず確定したい。

g・h・i 新羅は唐から冊封を受け，唐と連合して 660 年百済を，668 年高句麗を滅ぼしている。唐が安東都護府を置いたのは高句麗の都であった平壌である。

j 高麗は 918 年王建により建国。この時期の中国では朱全忠が 907 年後梁を建国し，以後五代十国（907〜979 年）といわれる政治的混乱，分裂の時代に入った。

k 宋（北宋）は，960 年趙匡胤（太祖）により建てられた。第 2 代皇帝太宗は，979 年に山西にあった五代十国の最後の王朝北漢を滅ぼし中国の統一を完成した。

l 北宋では 11 世紀後半軍事，財政の危機を克服するため，王安石が富国強兵をめざした改革を断行した。この改革を支持した勢力が新法党。これに反対した保守的な官僚層は旧法党で，当時は新法党が政権を握っていた。

m 14 世紀末に成立した中国の王朝は明で，元をモンゴル高原に駆逐し中国を統一した。

n 1636 年に朝鮮王朝に侵攻したのは清の太宗（ホンタイジ）。

o 明は 1644 年，李自成に北京を占領され滅亡した。

(8) 中国の皇帝が周辺地域の君主や族長に文書で爵位や官職を与え，君臣関係を結ぶことを冊封と呼び，被冊封国は定期的な朝貢を義務づけられ，一方，冊封国の中国は被冊封国を軍事的に援助した。こうして中国を中心に，周辺との間でゆるやかな，かつ安定した秩序が形成された。これが冊封体制で，前近代東アジアの国際秩序となった。

(9) 新羅の朝鮮半島統一後の「北東アジアにおける国際環境の変化」とは，大祚栄が高句麗の遺民やツングース系の靺鞨人を統合して，698 年渤海国（建国当初は震国と称した）を建国したことである。渤海国は新羅と唐に隣接し，政治・外交的に対

峙したため，新羅・唐両国は再び親密な関係をもつようになったのである。なお，渤海国も713年唐に朝貢して渤海郡王に封じられ，以後唐の文物・制度を積極的に取り入れ，また日本ともさかんに通交した。渤海国の都，上京竜泉府は唐の長安にならった都城制で知られる。

⑽　豊臣秀吉の朝鮮侵略（日本では文禄・慶長の役，朝鮮では壬辰・丁酉の倭乱と呼ぶ）では，明は宗主国として援軍を派遣し朝鮮王朝を支援している。

解　答

A　a．（斉の）桓公　b．咸陽　c．班固　d．書経　e．康熙
　f．水経注
　(1)南越　(2)韓，魏　(3)洛陽　(4)吐蕃　(5)王莽　(6)張騫　(7)㋐ホルムズ島
　㋑アクバル

B　g．唐　h．百済　i．高句麗　j．五代十国　k．宋〔北宋〕
　l．新法　m．明　n．清　o．李自成
　(8)中国の皇帝が使節を送ってきた周辺国の支配者に官爵を授け，形式的な君臣関係を結ぶこと。
　(9)大祚栄が高句麗の遺民や靺鞨人を率い，中国東北部に渤海国を建て唐・新羅と対峙した。
　(10)豊臣秀吉の朝鮮侵略に対し，明の援軍によって撃退することができた。

35
A　ユーラシアの北方諸民族の活動
B　モンゴル帝国時代の東西交流

（2008 年度　第 2 問）

A　〔地域〕モンゴル　〔時代〕前 3 世紀末～10 世紀　〔分野〕政治，文化

　モンゴル高原で活躍した北方諸民族・国家の動向が問われた。専門的な部族名や人名が多く登場するリード文は難しいが，問われる内容は基本事項で，空欄の前後や問題文中のヒントがあるため対応しやすい。漢字表記に十分注意したい。

B　〔地域〕西アジア　〔時代〕11～13 世紀　〔分野〕政治，文化

　旅行記を題材に，モンゴル帝国時代のユーラシア西部の状況が問われた。k．バトゥ，(9)(ア)ラテン帝国，(13)ルーム＝セルジューク朝はヒントが少なく戸惑うかもしれないが，k は 3 番目の空欄で，(9)(ア)は年号から，(13)は都の所在地から，解答を確定できる。

A

a 　「前 3 世紀の末」は，前漢成立（前 202 年）の頃で，当時の匈奴は冒頓単于（位 前 209～前 174 年）の全盛時代。前漢の高祖を前 200 年に平城で包囲し屈辱的な講和を結ばせている。

b 　拓跋は鮮卑（モンゴル系とも考えられる遊牧民族）の一部族集団で，「拓跋氏」とも表記される。

c 　平城は北魏前期の都。398 年道武帝がここを都とし，494 年孝文帝が洛陽に遷都するまで北魏の都であった。有名な雲崗の石窟寺院はこの都市の西方にある。

d 　北魏は東魏・西魏に分裂し，東魏・西魏はまた北斉・北周に代わった。

e 　ウイグルはトルコ系の遊牧民およびその国家をさし，8 世紀半ばに突厥（東突厥）に代わりモンゴル高原を支配したが，9 世紀半ばキルギスにより滅ぼされた。

f 　耶律阿保機は 916 年契丹（遼）を建国し，初代皇帝となっている（国号は時期によって契丹を用いる場合と遼を用いる場合があった）。

g 　石敬瑭は五代の後唐の重臣。契丹（遼）の援助で後唐を倒し，後晋を建て，その代償として契丹（遼）に燕雲十六州を割譲した（936 年）。

(1) 　八王の乱（290～306 年）は西晋の一族諸王の内乱。諸王が五胡の兵力を利用したため，五胡の勢力伸張・蜂起を招いた。

(2) 　楽浪郡は前漢の武帝が朝鮮を平定して設置した朝鮮 4 郡の 1 つ。

(3) 　鳩摩羅什は亀茲出身の僧で，前秦軍の捕虜となって中国へ来訪し，その後は後秦の都長安に招かれ，多くの仏典を漢訳した（5 世紀初め）。同じ亀茲出身の僧，仏図澄は洛陽に来訪し，後趙の君主の尊崇を受け，仏教の布教や弟子の育成に努めた（4 世紀前半）。

(4)　陶淵明（陶潜）は，職を辞し郷里の園と自然を愛する生活に戻ったときの心境を詠んだ「帰去来辞」で有名な東晋の詩人。

(5)(ア)　寇謙之は旧来の天師道（五斗米道）を改革して新天師道を確立し，道教の教団を組織した。また，太武帝の信任を受けて道教を国教とし，漢人官僚崔浩と結んで廃仏を行った。

(イ)　柔然はモンゴル系の遊牧民。5世紀にモンゴル高原を支配したが，6世紀中頃突厥に滅ぼされた。

(6)　唐の前半，周辺民族統治の機関として，安東（朝鮮，中国東北地方），安南（ベトナム北部），安北（外モンゴル），単于（内モンゴル），安西（西域），北庭（天山北路，ジュンガリア地方）の6都護府が置かれた。

(7)　渤海国は大祚栄がツングース系民族の靺鞨人と高句麗の遺民を統合し中国東北地方東部に建てた国（698年）。大祚栄は713年唐より渤海郡王に封ぜられた。

B

h　フランチェスコはイタリア中部のアッシジの町に富裕な商人の子として生まれ，放蕩生活を送ったが，回心して財産を捨て信仰生活に入り，1209年フランチェスコ修道会を設立した。

i・j　ルブルックはフランス国王ルイ9世の命で中央アジアを経てモンゴルに旅行したフランチェスコ修道士。ルイ9世は第6・7回十字軍を主導したカペー朝の国王で，十字軍への協力を訴える親書をルブルックにもたせた。

k　バトゥはチンギス=ハンの孫でモンゴルの西征（ヨーロッパ遠征）軍総司令官。西征の帰途，南ロシアにとどまり，キプチャク=ハン国を建国（1243年）している。

l　ルブルックが謁見したのはモンゴル帝国第4代皇帝（大ハーン）モンケ（位1251～59年）。フビライのチベット・雲南遠征，フラグの西アジア遠征などを行わせた。

m　カラコルムはモンゴル帝国第2代皇帝オゴタイが外モンゴルのオルホン川右岸に建設させたモンゴル帝国の首都。

n　イェルサレム王国は第1回十字軍により建国されたが（1099年），イスラーム勢力により徐々に領土を奪われ，最後の拠点アッコンがマムルーク朝の攻撃で陥落したことにより滅亡した（1291年）。

(8)　マムルーク朝（1250～1517年）はアイユーブ朝のマムルーク軍団がクーデタを起こし，エジプトに建てたスンナ派の王朝。ルイ9世による第6回十字軍（1248～54年）の際，アイユーブ朝からマムルーク朝への王朝交代が起こっている。

(9)(ア)　やや難。「1253年」当時，コンスタンティノープルを支配していたのは，第4回十字軍がこの都市を占領し樹立していたラテン帝国（1204～61年）である。

(イ) ハギア（セント）＝ソフィア聖堂は，ユスティニアヌス帝が建てたコンスタンティノープルの最も重要な聖堂で，ビザンツ様式の代表的な建築である。

(10) ジャムチ（站赤）は，主要道路に10里ごとに駅を置き，旅行者に馬や食料を提供した駅伝制度。広大な領域内の交通が便利になり，東西交流を活発化させた。

(11)(ア) 景教（ネストリウス派のキリスト教）は，唐代の中国に伝えられ，元代のモンゴル人の間にも信者がいた。

(イ) コンスタンティノープル総大司教ネストリウスは，聖母マリアが「神の母」であることを否定し，イエスの神性と人性を分離する説を唱えたが，431年のエフェソス公会議で異端とされ，以降，ネストリウス派は東方に伝播した。

(12) 1071年のマラーズギルド（マンジケルト）の戦いは，セルジューク朝の軍がビザンツ帝国の軍を破り，アナトリア（小アジア）方面に領土を広げた戦いで，アナトリア（小アジア）のトルコ化とイスラーム化が進む契機となった。

(13) やや難。「コンヤ」はリード文からわかるように，アナトリア（小アジア）に所在する都市。13世紀，アナトリアにはセルジューク朝の一族が建てたルーム＝セルジューク朝（1077〜1308年）があり，コンヤを都とした。

解 答

A a．冒頓単于　b．拓跋　c．平城　d．北斉　e．ウイグル
　　f．耶律阿保機　g．後唐
　　(1)八王の乱　(2)楽浪郡　(3)鳩摩羅什　(4)陶淵明〔陶潜〕　(5)(ア)寇謙之
　　(イ)柔然　(6)都護府　(7)大祚栄
B h．フランチェスコ　i．ルブルック　j．ルイ9世　k．バトゥ
　　l．モンケ　m．カラコルム　n．イェルサレム王国
　　(8)マムルーク朝　(9)(ア)ラテン帝国　(イ)ハギア〔セント〕＝ソフィア聖堂
　　(10)ジャムチ　(11)(ア)景教　(イ)エフェソス公会議　(12)トルコ人
　　(13)ルーム＝セルジューク朝

36
A　トルコ民族史
B　アロー戦争と華夷秩序の崩壊

（2007年度　第2問）

A　〔地域〕西アジア，中央アジア　〔時代〕前6〜17世紀　〔分野〕政治

　トルコ民族をテーマに，前6〜17世紀末の西アジア・中央アジアの王朝・国家史が問われた。f. キプチャクは問われ方が難しいが，地理的な推測で対応したい。

B　〔地域〕東アジア，東南アジア，中央アジア，インド　〔時代〕19〜20世紀
　〔分野〕政治

　伝統的な東アジアの国際秩序崩壊をテーマに，主として近代中国が問われた。テーマ自体は頻出だが，j. 内地旅行は意表を突かれる出題で，k. 天津，l. 朝貢はリード文の理解が，(8)クリミア戦争は時期が解答への決め手になるなど，基本的知識の応用力が求められた。

A

a　キルギスは古くから中央アジアに居住したトルコ系の遊牧民で，匈奴・突厥・ウイグルの支配を受けてきたが，840年にウイグルの分裂に乗じてこれを滅ぼした。

b　カラハン朝（10世紀半ば頃〜12世紀半ば頃）は中央アジア最初のトルコ系イスラーム王朝で，999年にイラン系のサーマーン朝を滅ぼし東西トルキスタンを支配した。この王朝のもとで中央アジアのトルコ人のイスラーム化が進行した。カラハン朝は12世紀半ば頃，西遼（カラキタイ）やホラズム＝シャー朝に滅ぼされた。

c　セルジューク朝は1055年，ブワイフ朝を破ってバグダードに入城し，君主トゥグリル＝ベクがアッバース朝のカリフからスルタンの称号を得て（スルタン制の成立），イラン・イラクを支配した。

d　アイユーブ朝はエジプトを中心とするスンナ派の王朝で，この王朝でも親衛隊としてマムルーク軍団が組織されたが，次第に勢力を強め，1250年にはクーデタでアイユーブ朝を倒し，マムルーク朝を樹立した。

e　サマルカンドは中央アジアを流れるアム川・シル川に挟まれたソグディアナの中心都市で，古くから東西交易で栄えた。

f　難問。キプチャク＝ハン国（1243〜1502年）はチンギス＝ハンの孫バトゥが建てた国で，南ロシアから中央アジア西部の一部まで支配した。その領土内東部のトルコ系遊牧民集団から遊牧ウズベク（ウズベク人）がおこった。

g　スレイマン1世（位1520〜66年）はオスマン朝の最盛期を現出させた第10代スルタン。

h　カルロヴィッツ条約は1699年，オスマン朝とオーストリア・ポーランド・ヴェ
　　ネツィア間で結ばれ，オスマン朝はオーストリアにハンガリーを割譲した。この条
　　約を機に，オスマン朝とヨーロッパの力関係は逆転した。

(1)　スキタイは前6世紀頃から南ロシアの草原地帯で活躍した最初の騎馬遊牧民で，
　　その文化（動物文様の馬具や武器を特徴とするスキタイ文化）の影響を受け，匈奴
　　は強力な騎馬遊牧民に成長し，モンゴル高原の覇権を握った（前3世紀）。

(2)　ソグド人はソグディアナを中心に東西交易で活躍し，ゾロアスター教やマニ教を
　　東方に伝えるなど文化の伝播にも貢献した。

(3)　ファーティマ朝（909～1171年）は過激シーア派であるイスマーイール派の王朝
　　で，西アジアに宣教者を送ってイスマーイール派の教義の宣伝を行ったため，スン
　　ナ派のセルジューク朝はこれに対抗してニザーミーヤ学院を各地に建設した。

(4)　イル=ハン国（1258～1353年）は，チンギス=ハンの孫フラグがアッバース朝を
　　滅ぼしてイランに建国した国。第7代ガザン=ハンがイスラーム教に改宗し，イス
　　ラーム教を国教としている。

(5)(ア)　アドリアノープル（エディルネ）は，オスマン朝第3代スルタンのムラト1
　　　世がビザンツ帝国から奪取し，1366年にそれまでの都ブルサから遷都した。

　　(イ)　イェニチェリはスルタン直属の常備歩兵軍団で，デウシルメ制（キリスト教徒
　　　子弟の強制徴発制度）により編制され，オスマン朝軍の中核となった。

(6)　ミッレトはオスマン朝が領内の異教徒を宗教別に分けて組織した共同体で，貢納
　　の義務と引き換えに自治を認めたとされる。異教徒の宗教共同体に貢納を条件に自
　　治を与えるこの制度は，現在ズィンミー制度として理解され，これはオスマン朝だ
　　けでなく，他のイスラーム国家でも行われていた。

B

i　綿工業は産業革命期からのイギリスの主力産業で，その海外市場として中国に注
　　目した。清が南京条約によって自由貿易を受容すると，イギリスは綿織物輸出の拡
　　大を期待したが，輸出は伸びなかった。

j・k　南京条約後，イギリスは，5つの開港場以外での販売活動ができないことを
　　輸出が伸びない一因と考えていた。そのためアロー戦争が起こり天津が英仏軍に占
　　領されると，清は屈服して天津条約（1858年）を結び，内地旅行の自由を認めて
　　いる。なお，天津条約は批准されず，2年後「新条約」として北京条約が結ばれた。

l　朝貢は，周辺諸国が中国の皇帝の徳を慕って貢ぎ物をもって来訪することで，こ
　　れが伝統的な東アジアの外交をなした。

m　ビルマ（ミャンマー）には18世紀からコンバウン朝があったが，イギリスとの
　　3回にわたるビルマ戦争（1824～26，52～53，85年）で滅亡し，ビルマはインド
　　帝国へ併合された（1886年）。

n　ラオスはタイ（ラタナコーシン朝）の支配下にあったが，1893年に結ばれたフランスとタイ間の条約でフランスの保護国（植民地）となり，1899年にはフランス領インドシナ連邦に編入された。

o　コーカンド＝ハン国は，ブハラ（ボハラ）＝ハン国やヒヴァ＝ハン国に続いて，18世紀初めに中央アジアに成立した遊牧ウズベク（ウズベク人）の国家。19世紀に中央アジアへ進出したロシアは1868年ブハラ（ボハラ）＝ハン国を，1873年ヒヴァ＝ハン国を保護国化し，1876年コーカンド＝ハン国を併合し，ロシア領トルキスタンを形成した。

(7)　アヘン戦争（1840〜42年）は，中国に自由貿易を受容させ，イギリス製品の販売市場とするために起こした。しかし戦後，期待したほど輸出は伸びなかった。

(8)・(9)　クリミア戦争はロシアが1853年にバルカン半島内のギリシア正教徒保護を口実にオスマン朝に対して起こした戦争で，オスマン朝側にイギリス・フランス・サルデーニャがついたため1856年ロシアの敗北に終わった。この年，中国ではアロー戦争が勃発した。

(10)　シパーヒーの反乱（セポイの乱，インド大反乱）はイギリスの支配に対するインド人の抵抗で，1857年に勃発し，反乱軍はデリーを占領してムガル皇帝を擁立した。しかし1858年にはムガル皇帝が廃位され（ムガル帝国の滅亡），翌59年には反乱も完全に鎮圧され，インドはイギリスの直接統治下に置かれた。

(11)　南京は1853年，太平天国軍に占領されて天京と改称され，太平天国の首都とされた。しかし1864年陥落し，太平天国は滅亡した。

(12)　総理各国事務衙門（総理衙門）はアロー戦争終結直後の1861年，外交事務官庁として設置された。これは清が従来の朝貢と異なる，西洋の近代外交（形式上対等な国家外交）を受容したことを意味し，朝貢を柱とする華夷秩序を動揺させた。

(13)　大韓帝国は1895年の下関条約（日清戦争の講和条約）で清からの独立を認められた朝鮮王朝（李氏朝鮮）が，外国に対し自主独立の国家であることを示すため，1897年に国号として採用し，王の高宗は皇帝に即位した。

(14)　北京議定書（辛丑和約）は1901年に調印された義和団事件の講和条約で，外国軍隊の北京駐兵権や賠償金の支払いなどが決まった。これにより中国の半植民地化が深まった。

解　答

A　a. キルギス　b. カラハン　c. セルジューク　d. アイユーブ
　　e. サマルカンド　f. キプチャク　g. スレイマン 1 世
　　h. カルロヴィッツ
　　(1)スキタイ　(2)ソグド人　(3)ファーティマ朝　(4)イル=ハン国
　　(5)⑦アドリアノープル〔エディルネ〕　⑦イェニチェリ　(6)ミッレト
B　i. 綿　j. 内地旅行　k. 天津　l. 朝貢　m. ビルマ〔ミャンマー〕
　　n. ラオス　o. コーカンド
　　(7)アヘン戦争　(8)クリミア戦争　(9)1856年
　　(10)シパーヒーの反乱〔セポイの反乱，インド大反乱〕　(11)南京
　　(12)総理各国事務衙門〔総理衙門〕　(13)大韓帝国　(14)北京議定書〔辛丑和約〕

37
A 唐末から元代の中国
B 清以後の中国の兵制

(2006年度　第2問)

A　〔地域〕中国　〔地域〕秦〜元　〔分野〕政治, 経済

　前3〜14世紀の中国を対象に, 中国王朝と北方民族の関係や通貨政策が問われた。どちらも頻出といえるテーマに属し, 対応しやすい。

B　〔地域〕中国　〔時代〕清, 中華民国　〔分野〕政治

　兵制（軍制）をテーマに, 17世紀〜1930年代の中国政治史が問われた。やや特殊なテーマで⒂八路軍は難問。ｎ. 湖北, ｏ. 国民革命は見落としやすく, ⑾新疆, ⒁段祺瑞などは正確な表記が必要なため, 注意深い学習が求められた。

A

a　黄巣の乱（875〜884年）は, 塩の密売商人王仙芝の反乱に呼応した同じ塩の密売商人黄巣が起こした農民反乱で, 唐の支配体制を崩壊させた。

b　燕雲十六州は万里の長城以南の燕（北京）・雲（大同）を中心とした地域で, 五代の後晋が建国の際援助を受けた契丹（遼）に代償として割譲した。

c　文治主義は学識ある文人官僚によって行われる政治で, 宋は武断政治の弊害を除くため文治主義を採用し, 科挙の整備など君主独裁の中央集権体制を確立した。

d　澶淵の盟では国境は現状維持のまま, 宋を兄, 契丹（遼）を弟とし, 宋は毎年絹20万匹, 銀10万両を契丹へ贈ることが定められた。

e　岳飛は南宋の武将で, 主戦派の中心として, 金との講和を急ぐ宰相の秦檜ら和平派と対立し, 獄死させられた。

f　色目人は「さまざまな種類の人」という意味で, 具体的にはトルコ系やイラン系の民族をさし, 元ではモンゴル人に次ぐ準支配者としての身分とそれに伴う特権や待遇を与えられた。

g　この時代の印刷は木版印刷で, 唐初期に発明され, おもに仏典や字書が印刷されたが, 宋代以降は広く普及し, 様々な書物のほか, 宋代の交子・会子, 元代の交鈔などの紙幣も精巧な印刷技術によって作られた。

⑴　後周は華北で後梁→後唐→後晋→後漢→後周と推移した五代最後の王朝で, 後周の第3代皇帝が有力武将の趙匡胤に帝位を譲り, 王朝は宋へと交替した（960年）。

⑵　猛安・謀克は300戸を1謀克, 10謀克を1猛安として行政の単位とし, 戦時には1謀克から100人, 1猛安から1000人の兵を出して軍隊を編成した軍事・行政制度で, 金が自民族の女真人に対して実施した。

⑶　靖康の変は金が1126年に宋（北宋）の都・開封を占領, 翌27年に上皇の徽宗, 皇帝の欽宗, 皇后, 貴族などを北へ連れ去った事件で, これにより宋（北宋）は滅

亡した。

(4) 杭州は浙江省の省都。隋代に開かれた大運河の南端に位置づけられてからは急速に発展し，南宋では臨安の名で都が置かれた。元代も繁栄し，マルコ＝ポーロはキンザイの名でヨーロッパに紹介している。

(5) 淮河（淮水）は黄河と長江の間を東西に流れる川で，古来から北方畑作地帯と，南方稲作地帯の境となっていた。この淮河が金と南宋の和議（1142 年）により国境と決まった。

(6) 半両銭は秦で始皇帝が通貨統一策として用いた。半両銭の形状は以後の中国の貨幣（例：漢の五銖銭）のモデルとなった。

(7) モンゴル帝国では銀を基本通貨としたが，元では銀不足を補うため交鈔と呼ばれる紙幣を発行した。しかし，のちに乱発されて経済混乱のもととなった。

(8) 紅巾の乱は元末に起こった白蓮教の信者を中心とした農民反乱で，この反乱の中から頭角を現した朱元璋が明を建て（1368 年），元をモンゴル高原に駆逐し，中国を統一した。

B

h 清（後金）第 2 代の太宗は，満州八旗とは別にモンゴル族から蒙古八旗を，漢族から漢軍八旗を創設した。

i 緑営は八旗と並ぶ清の正規軍（正確には八旗の補助軍）で，漢人から編成され，主に治安維持を担当した。

j ジュンガルはモンゴル系オイラトの一部族で，17 世紀から勢力を伸ばしたが，清の康熙帝に討たれ，乾隆帝によって 1758 年滅ぼされた。

k 郷勇は地方官や郷紳が組織した義勇軍で，白蓮教徒の乱（1796～1804 年）や太平天国の乱（1851～64 年）の鎮圧に活躍した。

l 曾国藩は漢人官僚で，太平天国の乱が起こると故郷の湖南省湘郷県で湘軍（湘勇）を組織して鎮圧に活躍した。

m 新軍は日清戦争に敗北した清が 1895 年に創建した西洋式の軍隊で，正式名は新建陸軍。20 世紀初めの光緒新政により全国に配置された。

n 湖北省は長江中流域にある省で，この湖北省の武昌で起こった新軍の蜂起が辛亥革命の発端となった（1911 年）。

o 国民革命軍は広州の黄埔軍官学校の学生を中心として 1925 年に編成された。軍閥の打倒をめざす国民党の軍隊で，1926 年からの北伐の主力となった。

(9) 呉三桂は北京北方の山海関で清軍と対峙していたが，李自成の反乱軍による北京占領と明滅亡の報を聞いて清に投降。清の軍隊を先導して北京に入城し，その後も清の中国支配に協力したため雲南の藩王に封じられた。

(10) 衛所は洪武帝が定めた明の兵制における軍営（軍隊駐屯所）で，軍戸の兵士 112

人を百戸所，10百戸所を千戸所，5千戸所を1衛として各地の衛所に配属された。

⑾　新疆は「新しい領土」の意味で，乾隆帝のときジュンガルと回部を平定して東トルキスタンを領有し，この地を新疆と命名して藩部とした。

⑿　拝上帝会（上帝会）は自らを上帝（ヤハウェ）の子と称した洪秀全が組織したキリスト教的宗教結社で，太平天国の乱の中心となった。

⒀　ウォードはアメリカ人で，太平天国の乱鎮圧のため中国人を組織して常勝軍を創設した。なお，ウォードの戦死後はイギリス人のゴードンが常勝軍を率いた。

⒁　段祺瑞は安徽派の首領で，馮国璋を首領とする直隷派，張作霖を首領とする奉天派（奉天軍閥）などの軍閥と抗争した。

⒂　難問。八路軍は，1937年の第2次国共合作成立後，蔣介石の統一指揮下に入った共産党の軍隊（紅軍）のうち，華北戦線に配置された軍隊の名称で，江南の新四軍とともに日本軍と戦った。

解答

A　a．黄巣　b．燕雲十六州　c．文治主義　d．澶淵の盟　e．岳飛
　　f．色目人　g．印刷
　　⑴後周　⑵猛安・謀克　⑶靖康の変　⑷杭州　⑸淮河〔淮水〕　⑹半両銭
　　⑺交鈔　⑻紅巾の乱
B　h．モンゴル　i．緑営　j．ジュンガル　k．郷勇　l．曾国藩
　　m．新軍　n．湖北　o．国民革命
　　⑼呉三桂　⑽衛所　⑾新疆　⑿拝上帝会〔上帝会〕　⒀ウォード
　　⒁段祺瑞　⒂八路軍

38 A 中国歴代王朝の都
    B 近代以前のインド史
                        (2005年度 第2問)

A 〔地域〕中国 〔時代〕前漢～明 〔分野〕政治

　中国王朝の都をテーマに，前近代の中国史が問われた。通史的な出題で基本事項が扱われたが，cの前秦や(6)の運河名は見逃しやすい歴史用語となっている。

B 〔地域〕インド 〔時代〕古代～17世紀 〔分野〕政治，文化

　17世紀までのインド史が，様相の異なる歴史を展開する北インドと南インド，そしてその周辺に分けて問われた。h．ヒンドゥークシュ，m．ベンガルは教科書記載の地図への関心が決め手となった。n．ヴィジャヤナガルは見落としやすいが，インド史では頻出事項である。

A

a　渭水は甘粛省から陝西省中部を東流し黄河に合流する川で，この流域には周の鎬京，秦の咸陽，前漢・唐の長安，隋の大興城など古代から多くの王朝の都が置かれた。

b　王莽は前漢の外戚で，帝位を奪って新を建てた（8年）。

c　前秦は五胡十六国の一つで，華北を統一し，ついで天下統一をめざしたが，江南の東晋に敗れ（淝水の戦い：383年），前秦は崩壊に向かった。

d　府兵制は農民から徴兵する兵農一致の制度で，西魏で創始され，隋・唐へ継承された。

e・f　楊堅（廟号は文帝）は北周の外戚で，禅譲により即位して隋を建国し（581年），その後，都として大興城を建設，南朝の陳を滅ぼして中国を統一している（589年）。

g　汴州（汴京）は隋代に建設された大運河（永済渠と通済渠）と黄河の合流点に位置する都市で，後唐を除く五代の王朝や北宋が都を置いた。

(1)　彩陶（彩文土器）は赤・白・黒の顔料で文様をつけた素焼きの土器をさし，前5000～前3000年頃に黄河中流域で栄えた新石器文化，すなわち仰韶文化で使用された。そのため仰韶文化は彩陶文化ともいう。

(2)　商鞅は孝公に仕えた宰相で，郡県制の実施，連座制の強化（什伍の制）などの改革を通じて秦を強国化し，のちの始皇帝の中国統一の基礎をつくった。

(3)　赤眉の乱は王莽の政策による混乱の中で起こった新末の農民反乱で，新滅亡の要因となった。反乱は後漢を開いた光武帝（劉秀）により鎮圧された（27年）。

(4)　永嘉の乱は，匈奴の劉聡が洛陽を攻略し（311年），その後長安を陥落させて西晋を滅亡（316年）に追い込んだ一連の動きをいう。

(5)　太武帝は北魏の第3代皇帝。439年華北を統一するとともに，道教を大成した寇謙之を重用し，彼の進言によって道教を国教とし廃仏（仏教弾圧）を断行した。

(6)　広通渠は隋代に開削された大運河の一つで，黄河と長安を直接結んだ。他には，黄河と淮河を結んだ通済渠，黄河と現在の北京付近を結んだ永済渠，淮河と長江を結んだ山陽瀆，長江と杭州を結んだ江南河がある。

(7)　後唐は唐滅亡後の華北に興亡した5王朝（後梁→後唐→後晋→後漢→後周の5王朝で，総称は五代）の2番目の王朝。他の4王朝は汴州（開封）を都としたが，後唐は洛陽を都としている。

(8)　李自成は明末の農民反乱の指導者で，1644年に北京を占領し，明を滅亡させた。しかし，直後，呉三桂（清に帰順した明の武将）に先導された清軍に敗れて，北京から逃れた後，湖北で自殺した。

B

h　難問。ヒンドゥークシュ山脈は現在のアフガニスタンを北東から南西に走る山脈。アーリヤ人やアレクサンドロス大王はこの山脈を越え，さらにカイバル峠を通過してインドへ侵入してきた。

i　カニシカ王は2世紀頃に在位したクシャーナ朝の王で，仏教を保護して第4回仏典結集を行ったとされる。

j・k　アイバクはゴール朝のマムルーク出身の武将で，北インドに遠征してデリー周辺を支配下に置き，やがて自立して奴隷王朝を創始した（1206年）。その後，デリーを都として，デリー＝スルタン朝（奴隷王朝→ハルジー朝→トゥグルク朝→サイイド朝→ロディー朝）が興亡した。このうち最後のロディー朝がアフガン系で，他の4王朝はトルコ系である。

l　アウラングゼーブはムガル帝国の領土を最大としたが，アクバルが廃止していた非イスラーム教徒への人頭税（ジズヤ）を復活したことから，ヒンドゥー勢力の反発を招いた。

m　ベンガル湾はインド亜大陸とインドシナ半島に挟まれた海域で，インドと東南アジアを結ぶ大きな役割を果たしてきた。

n　ヴィジャヤナガル王国（1336〜1649年）はデカン地方に成立したヒンドゥー王国で，南インドに支配を広げた。なお，王朝滅亡後，デカン地方にはマラーター王国が，南インドにはマイソール王国が成立する（17世紀）。

o　マラーター王国はシヴァージーが17世紀後半デカン地方に建てたヒンドゥー王国で，ムガル帝国と抗争した。シヴァージーの死後，マラーター同盟という諸侯の連合体に転化した（18世紀初め）。

(9)　ハラッパーはインダス川中流域のパンジャーブ地方にあり，インダス川下流域のシンド地方にあるモエンジョ＝ダーロとともにインダス文明の都市遺跡を代表する。

(10)　ヴァルナは「色」を意味する古代インドの身分で，バラモン（僧侶）・クシャト
　　リヤ（貴族・武士）・ヴァイシャ（庶民）・シュードラ（隷属民）の 4 つからなる。

(11)　ナーガールジュナ（竜樹）はデカン地方のサータヴァーハナ朝で活躍した仏僧・
　　学者で，「空」の思想を説き，大乗仏教の教理（理論）を確立した。

(12)(ア)　ティムール朝を開いたティムールの 5 代目の直系子孫がムガル朝の創立者バ
　　ーブルとなる。母方はチンギス＝ハンの血を引くといわれる。このため彼が開い
　　た王朝はムガル朝（ムガルは"モンゴル"の意味）といわれるようになった。

　(イ)　遊牧ウズベク（ウズベク人）はティムール朝を滅ぼした後，中央アジアにブハ
　　ラ（ボハラ）＝ハン国，ヒヴァ＝ハン国，コーカンド＝ハン国の 3 ハン国を建てた。

(13)(ア)　ボロブドゥールはジャワ島中部にある大乗仏教の石造遺跡で，シャイレーン
　　ドラ朝（8 世紀半ば〜9 世紀半ば）により建造された。

　(イ)　マジャパヒト王国は 13 世紀末に元の遠征軍を撃退して成立したジャワ島最後
　　のヒンドゥー王国で，16 世紀初めイスラーム勢力により滅ぼされた。

解 答

A　a．渭　b．王莽　c．前秦　d．府兵　e．楊堅　f．大興　g．汴
　　(1)彩陶〔彩文土器〕　(2)商鞅　(3)赤眉の乱　(4)永嘉の乱　(5)太武帝
　　(6)広通渠　(7)後唐　(8)李自成

B　h．ヒンドゥークシュ　i．カニシカ　j．アイバク　k．ロディー
　　l．アウラングゼーブ　m．ベンガル　n．ヴィジャヤナガル
　　o．マラーター
　　(9)ハラッパー　(10)ヴァルナ　(11)ナーガールジュナ〔竜樹〕
　　(12)(ア)ティムール朝　(イ)遊牧ウズベク〔ウズベク人〕
　　(13)(ア)ボロブドゥール　(イ)マジャパヒト王国

39 A 石碑から見た前近代の中国史
　　B 明・清の外交政策

（2004 年度　第2問）

A 〔地域〕中国　〔時代〕秦～明末　〔分野〕政治, 文化

　石碑を題材に, 前3世紀末～17世紀前半の中国史が問われた。専門的なテーマで, リード文も難解なため戸惑うかもしれないが, 全問語句記述で, 基本事項が扱われており, e. 洛陽, f. 魏, (3)玄宗, (8)遼（契丹）も年代をヒントにすれば解答を確定できる。

B 〔地域〕中国　〔時代〕明, 清　〔分野〕政治

　朝貢という視点から, 明・清代中国の外交や対外政策が問われた。頻出テーマの一つで, かつ問われている語句はすべて重要事項に関わるため, 確実に解答したい。g. 夷, i. 冊封は朝貢についての正しい内容理解が求められた。

A

a 「皇后武氏」「則天文字」から, 則天武后を皇后とした唐の第3代皇帝の高宗と判断できる。

b 『後漢書』は宋（南朝最初の王朝）の范曄が著した紀伝体形式の歴史書で, 正史（中国で正統と認められた歴史書）の一つをなす。

c 吐蕃は7世紀にソンツェン=ガンポがチベット諸族を統一して建てた国で, 唐とは和平や対立を繰り返したが, 823年には講和し, 「唐蕃会盟碑」が建てられた。

d 景教はネストリウス派キリスト教の中国名で, 唐代の中国に伝来し, 一部に流行した。長安の大秦寺に建てられた「大秦景教流行中国碑」にその流行の様子が残されている。

e 「2世紀後半」は後漢（25～220年）の時代。よって, 帝都は洛陽となる。

f 241年の中国は三国時代（220年～280年）。この時代洛陽を都としたのは華北を支配した魏。

(1) 李斯は法家の政治家で, 中国を統一した秦の始皇帝の丞相となって, 郡県制の全国的実施・焚書坑儒・文字や度量衡の統一などの中央集権政策を行った。

(2) 柳宗元は唐代の文章家・文学者。唐代には南北朝時代に流行した四六駢儷体（4字6字の対句を用いる華麗な文体）が依然として盛んだったが, 韓愈とともに漢以前のシンプルな古文（散文）の復興を唱えた。

(3) 「730年代」は安史の乱（755～763年）の直前。安史の乱は玄宗の晩年に起こった節度使らの反乱であるから, 「730年代」の皇帝は玄宗（位712～756年）となる。

(4) ナーランダー僧院はグプタ朝時代の5世紀に建てられた仏教学院で, のちに玄奘・義浄もここで学んだといわれている。12世紀イスラーム教徒によって破壊された。

⑸　王羲之は東晋の書家で「書聖」と呼ばれる。

⑹　やや難。元曲（元代の戯曲）は『琵琶記』『西廂記』『漢宮秋』が有名だが，「妻を裏切る出世主義者」から『琵琶記』と判断しなければならない。『西廂記』は男女の恋愛物語，『漢宮秋』は匈奴に嫁いだ王昭君の物語である。

⑺　蘇秦は戦国時代に活躍した縦横家（外交政策を講じた，諸子百家の一つ）の代表で，合従策を説いた。なお，同じ縦横家の張儀は連衡策を説いた。

⑻　「11 世紀」の中国は北宋時代（960〜1127 年）。この時代，北京を含む一帯は燕雲十六州に属し，遼（契丹）が支配していた。

⑼　徐光啓はキリスト教徒となった明末の政治家・学者。『農政全書』の他，マテオ＝リッチと協力して『幾何原本』の漢訳や，アダム＝シャールと協力して『崇禎暦書』の編纂も行っている。

B

g　中華思想は華夷思想や華夷の区別ともいう。これは中国を世界の中心である華，周辺を文化の劣った夷として区別し，中国の文化的優越を誇った意識・思想をさす。なお，朝鮮や日本も周辺に対して自己の優越を誇るようになった。これを小中華思想（小中華意識）という。

h　鄭和はイスラーム教徒の宦官で，永楽帝の命によって 7 回にわたる南海遠征を行った。目的は朝貢を促すためで，遠征先として最も遠隔の地であるアフリカ東海岸のマリンディがよく問われる。

i　冊封は中国が周辺国家と中華思想に基づいて形式上の君臣関係を結ぶことをいう。この冊封により形成された東アジアの国際秩序を「冊封体制」という。

j・k　マラッカ王国は現在のマレーシア南部に建てられたイスラーム国家。ポルトガルは，インド航路開拓後，アジア貿易へ進出し，1510 年にはインド西岸のゴアを占領，翌 1511 年にはマラッカ王国を占領している。

l　倭寇は朝鮮や中国沿岸を荒らした海賊のことで，特に 16 世紀を中心に活動した後期倭寇（主体は中国人）は明を悩ませた。これを南倭と呼ぶ。

m　イエズス会は 1534 年イグナティウス＝ロヨラらによって創設された修道会で，反宗教改革（対抗宗教改革）の一環としてアジアへのカトリック布教を目指した。そのため中国に多くのイエズス会宣教師が訪れた。

n　藩部は清の領土のうち自治を認められた地域で，モンゴル・青海・チベット・新疆からなり，中央官庁の理藩院が統轄した。

o　アマーストを代表とするイギリスの使節団は自由貿易を求め，18 世紀末のマカートニー使節団に引き続いて，19 世紀初めに中国を訪れた。しかし，アマーストは外国使節が皇帝に謁見するために必要な儀礼である三跪九叩頭の礼を拒否したため，嘉慶帝（第 7 代皇帝）との謁見すら実現できなかった。

(10) 黎朝は陳朝の武将だった黎利がベトナム北部を支配する明軍を撃退し，1428年に開いた。

(11)(ア)・(イ) 土木の変（1449年）は明の正統帝（第6代皇帝）が河北省の土木堡でオイラトのエセン=ハンに敗れ捕虜となった事件。エセン=ハンはオイラトの族長（指導者）で，事件後，モンゴル高原に引き揚げ，覇権を握ったが，まもなく部下に暗殺されている（1454年）。

(12) 華僑は海外へ移住した中国人で，特に東南アジアで大きな勢力となり，経済・政治まで握ることもあった。この華僑が孫文の革命運動を資金面で支えた。さらに第二次世界大戦後には現地で国籍を取得して華人となり，特にシンガポールでは多数派を形成した。

(13) 『坤輿万国全図』は中国最初の世界地図で，イエズス会宣教師マテオ=リッチにより作成・刊行された（1602年）。

(14) 日清戦争勃発は1894年。このときの朝鮮の国王は第26代の高宗（位1863〜1907年）。なお，高宗は朝鮮が1897年に大韓帝国という国号を採用すると，皇帝に即位した。

解答

A a．高宗 b．後漢書 c．吐蕃 d．景教 e．洛陽 f．魏
(1)李斯 (2)柳宗元 (3)玄宗 (4)ナーランダー僧院 (5)王羲之 (6)琵琶記
(7)蘇秦 (8)遼（契丹） (9)徐光啓

B g．夷 h．鄭和 i．冊封 j．マラッカ王国 k．ポルトガル
l．倭寇 m．イエズス n．藩部 o．アマースト
(10)黎朝 (11)(ア)土木の変 (イ)エセン=ハン (12)華僑 (13)坤輿万国全図
(14)高宗

40　A　陳独秀と中国の政治運動
　　　　B　古代西アジアの大帝国

(2003 年度　第 2 問)

A　〔地域〕中国　〔時代〕19〜20 世紀前半　〔分野〕政治

　陳独秀の生涯を題材に，近現代の中国政治史が問われた。政治史上の重要な出来事を述べたリード文はわかりやすく，かつ全問語句記述で，すべて基本事項が扱われているため，戸惑う箇所もなく，確実に解答したい。

B　〔地域〕西アジア　〔時代〕前 17〜 8 世紀　〔分野〕政治

　アッシリア帝国，アケメネス朝，ササン朝を中心に，前 17〜 8 世紀初めの西アジア史が問われた。基本事項ばかりであるが，⒃の文字について注意が必要。f . ティグリスはやや迷う可能性があるが，「教科書掲載の地図は見ておく」という通常の学習で対応できるはずである。

A

a　武昌は長江中流の街で，辛亥革命は武昌の新軍（日清戦争以後清朝が創建した西洋式の軍隊）の蜂起から始まった。

b　第二革命は，袁世凱が国民党を弾圧し，党首の宋教仁を暗殺したことに対して 1913 年 7 月に起こった。しかし袁世凱に鎮圧され，その独裁強化をもたらした。

c　パリ講和会議は第一次世界大戦の講和会議として開かれ，ウィルソンの発表した十四カ条を原則とした。

d　蔣介石は孫文の死後，国民革命軍の総司令となり，1926 年国民革命（中国統一）をめざし，全国に割拠する軍閥を打倒するための北伐を開始した。

e　上海クーデタは蔣介石が起こした反共のクーデタで，この事件により第 1 次国共合作（1924 年に成立した国民党と共産党の協力体制）は崩壊に向かった。

⑴・⑵　科挙は，光緒新政と呼ばれる近代化改革のもとで 1905 年に廃止されている。光緒帝は 1898 年に康有為や梁啓超を登用して戊戌の変法と呼ばれる立憲君主制樹立をめざす改革を断行したが，西太后ら保守派のクーデタ（戊戌の政変）によって失敗し，幽閉された。しかしその後，西太后らは立憲君主制国家をめざし光緒新政を進めていく。

⑶　東遊（ドンズー）運動はファン＝ボイ＝チャウらが起こした日本への留学運動で，日露戦争後一時盛んとなった。しかし 1907 年の日仏協約を機に挫折した。

⑷　南京条約（1842 年）はアヘン戦争の講和条約で，上海・広州・福州・寧波・厦門の 5 港が開港された。

⑸　胡適（1891〜1962 年）は，アメリカ留学中の 1917 年雑誌『新青年』に「文学改良芻議」を発表して白話運動（口語文学運動）を提唱し文学革命の担い手の一人と

なった。帰国後には北京大学の教授となり，儒教批判を行っている。

(6)　膠州湾は山東半島南側の要衝で，1898年ドイツの租借地となった。ドイツは海軍基地として青島を建設している。

(7)　三・一独立運動は朝鮮で起こった反日独立運動で，これを契機に日本の朝鮮統治策は武力によって統治する武断政治から，日本の言語や慣習を強制しながら朝鮮人の政治的権利を部分的に認める懐柔策（文化政治）に転換した。

(8)　ホー=チ=ミンはヴェトナム共産党の指導者で，まずフランスの植民地支配に対し民族運動を展開し，ついで第二次世界大戦中にはヴェトナム独立同盟を組織して日本軍の占領に抵抗した。第二次世界大戦終結直後にはヴェトナム民主共和国の独立を宣言して初代大統領となり（1945年），インドシナ戦争・ヴェトナム戦争を戦った。

(9)　西安事件は張学良らが蒋介石を監禁し，内戦の停止と抗日民族統一戦線の結成を迫った事件（1936年）。この事件をきっかけに国民党と共産党は再び接近し，1937年，日中戦争の勃発を受けて第2次国共合作を成立させた。

(10)　張作霖は奉天軍閥の首領で，張作霖爆殺事件（奉天事件）で死去した。その後，子の張学良が軍閥を引き継ぎ，国民政府へ帰順し，国民革命（中国統一）を実現させた。

B

f　ティグリス川中流の西岸に位置するアッシュールがアッシリア帝国の初期の都。その後，前8世紀末から東岸のニネヴェが都となった。

g・h　メディアは前8世紀末イラン高原に成立したインド=ヨーロッパ語系の国。前550年，メディアから独立したキュロス2世はメディアを滅ぼし，アケメネス朝を建てた。アケメネス朝はやがてオリエントを統一し，第3代ダレイオス1世の時代に最盛期を迎えた。

i　パルティア（アルサケス朝，中国名は安息）はセレウコス朝から独立したイラン系の国（都はクテシフォン）で，500年近くイラン高原・メソポタミアを支配し，前1世紀からは西方から進出してきたローマと抗争した。

j　クシャーナ朝は中央アジアから西北インドを支配したイラン系の王朝で，3世紀にイランのササン朝の攻撃を受けてインダス川流域を喪失した。

k　エフタルは5世紀半ばから中央アジアで活躍した騎馬遊牧民で，インドのグプタ朝やササン朝に侵入した。しかし6世紀半ば，ササン朝のホスロー1世と突厥の挟撃を受けて滅亡した。

l　ウマイヤ朝は「8世紀はじめ」，東方では中央アジア・西北インド方面まで，西方ではイベリア半島まで領土を広げた。711年には西ゴート王国を滅ぼしている。

(11)　ヒッタイトは前17世紀のアナトリア（小アジア）に成立したインド=ヨーロッパ

語系の王国で，鉄製武器を最初に使用し，また戦車や馬を活用して，オリエントの強国となった。

⑿(ア)・(イ)　新バビロニア（カルデア）は，アッシリア滅亡後の 4 王国分立時代（リディア，メディア，新バビロニア，エジプトの 4 王国），「肥沃な三日月地帯」，すなわちメソポタミアからシリアを支配した。バビロンはユーフラテス川中流域の都市で，新バビロニアの都となり，ネブカドネザル 2 世の時代には滅亡させたユダ王国の住民に対する「バビロン捕囚」（前 586〜前 538 年）が起こっている。

⒀　イラン人は古来，ペルシア人と呼ばれてきた民族で，ペルシア語を使用した。そのためインド=ヨーロッパ語族に属する。

⒁　バクトリア（前 255 年頃〜前 139 年）はアム川上流にギリシア系住民がセレウコス朝から自立して建てた国。スキタイ系のトハラ人に滅ぼされた。

⒂　ウァレリアヌス（位 253〜260 年）は，軍隊によって擁立された軍人皇帝の一人で，ササン朝と戦って敗れ（エデッサの戦い），シャープール 1 世に捕らえられた。

⒃(ア)・(イ)　アラム文字は，セム系のアラム人がフェニキア文字をもとに作った表音文字で，アラム人の貿易活動によって東方に伝播し，様々な文字の母体となった。このうち中央アジアでは，ソグディアナ（アム川・シル川に挟まれた地域）に勢力をもったソグド人がアラム文字をもとにソグド文字を作成している。北方遊牧民族最古の文字とされている突厥文字には，アラム文字起源説とソグド文字起源説があり，母体が確定できないため，解答としては避けた。

解　答

A　a．武昌　b．第二革命　c．パリ講和会議　d．蔣介石
　　e．上海クーデタ
　　⑴1905年　⑵光緒帝　⑶東遊〔ドンズー〕運動　⑷南京条約　⑸胡適
　　⑹膠州湾　⑺三・一独立運動　⑻ホー=チ=ミン　⑼西安事件　⑽張作霖
B　f．ティグリス　g．メディア　h．ダレイオス1世　i．パルティア
　　j．クシャーナ　k．エフタル　l．ウマイヤ
　　⑾ヒッタイト　⑿(ア)新バビロニア〔カルデア〕　(イ)バビロン
　　⒀インド=ヨーロッパ語族　⒁バクトリア　⒂ウァレリアヌス
　　⒃(ア)アラム文字　(イ)ソグド文字

第3章　欧米地域／長文論述

41　民主政アテネと共和政ローマ　　（2022年度　第3問）

〔地域〕ヨーロッパ　〔時代〕古代　〔分野〕政治

　ペルシア戦争後の民主政アテネと前4世紀・前3世紀の共和政ローマの政治状況を述べさせる問題。それぞれの「国政の中心を担った機関とその構成員の実態」を比較しつつ説明することが求められている。テーマは古代ギリシア・ローマ史における論述の定番であって，知識・情報の点では難しくないが，両者に「実態」の面でどのような「違い」があるのか，この点を明示できるかどうかが出来を左右するだろう。

設問の要求

〔主題〕民主政アテネと共和政ローマにおける国政の中心を担った機関とその構成員の実態。

〔条件〕• アテネについてはペルシア戦争以降，ローマについては前4世紀と前3世紀を対象とする。
　　　　• アテネの民主政とローマの共和政の違いに留意する。

本問攻略の基礎知識

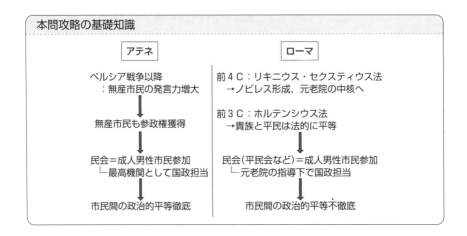

▶論述の方向性

　ペルシア戦争以降のアテネ民主政と，前4世紀・前3世紀のローマ共和政の状況を想起しつつ，〔主題〕の「国政の中心を担った機関とその構成員の実態」について説明していく。その上で〔条件〕のアテネ民主政とローマ共和政の「違い」にも言及する。設問文に「成人男性市民が一定の政治参加を果たしたとされる」としつつ，「大きな違いが存在した」と記しているので，「両者の違い」については市民の政治参加の在り方に着目したい。

①ペルシア戦争以降のアテネ民主政と市民

●直接民主政の完成

ペルシア戦争後のアテネでは軍艦の漕ぎ手として活躍した無産市民の発言力が高まり、ペリクレスの指導の下に直接民主政が完成した。奴隷制に立脚し、女性や在留外国人に参政権はなかったが、本論述で特に重要なのは成人男性市民全員が政治に参加できるようになった点である（なお、市民権法により市民は両親ともアテネ人である者に限定された）。

●アテネの民会とその構成員の実態

民主政アテネにおいて「国政の中心を担った機関」は民会である。「構成員」は成人男性市民で、全員が民会に参加し、多数決で国家の重要な政策を決定した。加えて、ほとんどの公職は市民から抽選で選ばれた（例外となる将軍職も市民全員参加の民会で選出された）。つまりアテネでは市民（成人男性市民）であるなら、貧富に関係なく誰でも平等に政治に参加できたため、市民の政治的平等が徹底されていた。

②前4世紀・前3世紀のローマ共和政と市民

●元老院と平民会

共和政ローマにおける「国政の中心を担った機関」は元老院である。ローマでは共和政へ移行した前6世紀末以降、少数の貴族が最高官職である2名の執政官（コンスル）を独占し、貴族の会議である元老院が執政官に助言を与えたり、民会の決定（例えば民会の一つである兵員会の執政官選出）に承認を与えるなど影響力を行使した。

この貴族による政権独占に対し、重装歩兵の中核であった平民が身分闘争を開始し、前5世紀初めには平民保護のための護民官や民会としての平民会が設置され、平民の成人男性市民は護民官が招集する平民会に参加した。

●貴族と平民の身分闘争

前5世紀半ばには十二表法で慣習法が成文化されて貴族による法の独占が破られ、前4世紀にはリキニウス・セクスティウス法が制定され、それまで貴族が独占していた2名の執政官のうち1名を平民から選出できるようになった。これにより元老院議員となる平民も現れ、高位の公職者を出す平民（富裕な平民）は従来の貴族と結びつき、新貴族（ノビレス）という新支配層が形成されていくことになった。

前3世紀にはホルテンシウス法が制定され、平民会の決議は元老院の承認がなくても国法となることが決まった。これにより身分闘争は終結し、平民の政治参加が拡大して貴族と平民は法的に対等となった。

●ローマの元老院とその構成員の実態

少数の新貴族が高位の公職を独占して元老院の中核となり、平民会の政策決定に大きな影響力を行使した。共和政ローマでも市民なら政治に参加できたが、少数の新貴族が政治を支配したため、市民の政治的平等は民主政アテネに比すと不徹底であった。

> **ポイント**
> - 民主政アテネでは民会が，共和政ローマでは元老院が，「国政の中心を担った機関」であったことを明確に示す。
> - 「成人男性市民が一定の政治参加を果たした」という共通性を踏まえた上で，「両者の違い」を考える。
> - アテネの民会とローマの元老院の「構成員」を説明し比較できるようにする。

解答例

　ペルシア戦争後のアテネでは無産市民の発言力が高まりペリクレスの下で直接民主政が完成した。成人男性市民全員が参加する民会が国政の中心となり，多数決で政策を決定した。また公職のほとんどが貧富に関係なく市民から抽選されるなど市民の政治的平等が徹底された。共和政ローマでは執政官のうち１人を平民から選ぶリキニウス・セクスティウス法や平民会の決議が元老院の承認なしに国法となると定めたホルテンシウス法で貴族と平民は法的に対等となった。しかし，貴族と富裕な平民からなる新貴族が高位の公職を独占し，彼らを中核とする元老院が権威を持ち，平民会など民会の政策決定に影響を与えたため，市民の政治的平等は不徹底であった。

(300字以内)

42 19世紀のドイツ統一過程 （2021年度 第3問）

〔地域〕ドイツ 〔時代〕19世紀 〔分野〕政治

19世紀におけるドイツ統一は，近代ヨーロッパ史の中でも特に頻出のテーマとなっており，歴史的推移の論述なので構成面でも対応しやすい出題であった。「プロイセンとオーストリアに着目」とあるので，この2国の動向を正確に論述内容に反映させていきたい。

設問の要求

〔主題〕1815年を起点とした，1871年のドイツ統一に至る過程。
〔条件〕プロイセンとオーストリアに着目する。

本問攻略の基礎知識

1815	ウィーン議定書調印，ドイツ連邦成立
1834	ドイツ関税同盟発足（オーストリア除く）
1848	フランクフルト国民議会開催（統一失敗）
1862	ビスマルクのプロイセン首相就任，鉄血政策開始
1864	デンマーク戦争
1866	普墺戦争→1867年北ドイツ連邦成立，オーストリア=ハンガリー帝国成立
1870	普仏戦争開始
1871	1月ドイツ帝国成立，ドイツ統一→5月フランスと講和

▶論述の方向性

1815〜1871年のドイツの歴史を想起し，その中からドイツ統一に関わる事項を抽出し，各事項をプロイセンやオーストリアの動向に注意しながら説明しつつ，それらを時系列で結びつけ，ドイツ帝国成立によるドイツ統一で締めくくればよい。

ドイツ連邦→ドイツ関税同盟→フランクフルト国民議会→北ドイツ連邦→ドイツ帝国，という流れを正確に追いながら述べていきたい。

①ドイツ連邦（1815年成立）

起点の「1815年」から，ウィーン会議（1814〜15年）で結ばれたウィーン議定書を想起したい。ウィーン議定書によりドイツには35君主国と4自由市からなる国家連合であるドイツ連邦が成立した。オーストリアが議長国となる一方，プロイセンはラインラントを獲得したことで勢力を拡大させ，この2国がドイツ連邦の2大強国と

なり，ドイツの主導権をめぐって対立していくことになった。

②ドイツ関税同盟（1834年発足）

1830年代に入り，イギリスの他，フランスやベルギーでも工業化（産業革命）が進展した。しかし，ドイツはドイツ連邦の下，国家連合であったため，諸邦間に関税障壁が存在し，それがドイツ全体の商工業の発展を妨げていた。また，イギリスなどの工業製品が大量に輸入され，ドイツの工業製品は圧倒されていた。この状況を打開するため，保護貿易によるドイツの工業育成を説く歴史学派経済学者リストの尽力により，ドイツ関税同盟が発足した。これによりドイツは関税同盟に参加しなかったオーストリアを除いて経済的に統一され，共同市場（ドイツ統一市場）が創出された。

③フランクフルト国民議会（1848～49年開催）

フランス二月革命（1848年）の影響を受け，ヨーロッパ各地で自由主義・国民主義の運動が展開する中，ドイツでも三月革命が起こり，5月にはドイツ統一をめざし，自由主義者を中心にフランクフルト国民議会が開かれた。議会ではドイツ統一の方式をめぐって，大ドイツ主義（オーストリア内のドイツ人地域を含む方式）と小ドイツ主義（オーストリアを排除してプロイセンを中心に統一する方式）が対立し，小ドイツ主義が採択されたものの，プロイセン国王がドイツ皇帝への即位を拒否したため，統一は失敗した。これ以後，ドイツ統一の担い手は自由主義者からユンカー（プロイセンの支配層）に移り，まもなくユンカー出身のビスマルクがプロイセンの首相となった（1862年）。

④北ドイツ連邦（1867年結成）

プロイセン首相ビスマルクはドイツ統一をめざして鉄血政策を行い，1864年にはオーストリアと結んでデンマークと戦って勝利した。しかしデンマークから獲得したシュレスヴィヒ・ホルシュタインの帰属をめぐってオーストリアと対立し，1866年普墺戦争（プロイセン＝オーストリア戦争）となった。この戦争に勝利したプロイセンはドイツ連邦を解体し，新たにプロイセンを盟主とする北ドイツ連邦を結成した。これはドイツ統一における小ドイツ主義の勝利を意味した。さらに戦後プロイセンは南ドイツ諸邦（バイエルンなど4諸邦）とも同盟関係を結んだため，ドイツ統一も進んだ。敗北したオーストリアはドイツ統一から除外され，1867年にオーストリア＝ハンガリー帝国を成立させることになる。

⑤ドイツ帝国（1871年成立）

1870年，スペイン王位継承問題からナポレオン3世下のフランスとの間で普仏戦争（プロイセン＝フランス戦争）が勃発した。プロイセン軍は北ドイツ連邦や同盟を

結んだ南ドイツ諸邦の軍と共同して戦い，スダン（セダン）でナポレオン3世を捕虜
とした後，パリを包囲し，包囲中の1871年1月にドイツ帝国の成立を宣言した。こ
うしてドイツ統一が達成され，さらに戦争にも勝利しフランスとの講和でアルザス・
ロレーヌを獲得し領土を拡大した。

ポイント
- プロイセンによるドイツ統一を論述の中心軸（柱）とする。
- ドイツ統一からオーストリアが排除される点にも注意する。
- 統一の達成を，1871年のドイツ帝国成立と関連づけて記す。

解答例

　　ウィーン議定書で成立したドイツ連邦では，議長国のオーストリア
とプロイセンがドイツ統一をめぐる主導権を争った。プロイセンは
ドイツ関税同盟によってオーストリアを除くドイツの経済的統一を
実現した。三月革命後のフランクフルト国民議会ではプロイセン中
心の小ドイツ主義による政治的統一をめざしたが，プロイセン王の
拒否で失敗した。その後，プロイセンはビスマルクの鉄血政策の下，
デンマーク戦争で獲得した領土をめぐる普墺戦争に勝利し，ドイツ
連邦を解体して北ドイツ連邦を結成しオーストリアを統一から除外
した。さらにプロイセンは南ドイツの諸邦と同盟を結び，普仏戦争
で勝利を続ける中，ドイツ帝国の成立を宣言し統一を完成した。

（300字以内）

43　1962〜1987年の国際関係と核兵器

（2020年度　第3問）

〔地域〕世界　〔時代〕1962〜1987年　〔分野〕政治

　核兵器に関わる動向という視点から，20世紀後半の国際関係史を述べさせる問題。「1962年」のキューバ危機はすぐに確定できるだろうが，「1987年」の中距離核戦力（INF）全廃条約は意外と見落としがちな事項で，他の条約や核をめぐる交渉にもれなく言及しなくてはならないため正確な知識が必要。核兵器に関わる動向と国際関係の展開という形で論点を整理しつつまとめていきたい。

設問の要求

〔主題〕1962年から1987年までの国際関係。
〔条件〕核兵器の製造・保有・配備，および核兵器をめぐる国際的な合意に言及する。

本問攻略の基礎知識

年代	国際関係の推移	核兵器をめぐる国際的な合意
1950年代 1960年代	フルシチョフ訪米（1959）→「雪どけ」の進展 **キューバ危機**（1962）→ 緊張再燃 中国核保有国へ（1964） 　　　　　　　　多極化	部分的核実験禁止条約（1963） 核拡散防止条約（NPT）（1968）
1970年代	緊張緩和（デタント）	第1次戦略兵器制限交渉（SALT I）（1969〜72） 第2次戦略兵器制限交渉（SALT II）（1972〜79）
1980年代	インド核保有国へ（1974） ソ連のアフガニスタン侵攻（1979）→新冷戦開始 ソ連にゴルバチョフ政権成立（1985）→新思考外交 冷戦終結（1989）	中距離核戦力（INF）全廃条約（1987）

▶論述の方向性

　1962〜1987年の国際関係の推移の中に，〔条件〕の核兵器に関わる動向を時系列で組み込んで論述を構成すればよい。そこでまず論述の始点（書き出し）と終点（締めくくり）の出来事を確定し，それらを糸口として論述の主軸をなす「国際関係」の推移を押さえる。

①国際関係とその推移

● **始点：1962年**…キューバ危機を想起できる。キューバ危機とは，ソ連が社会主義国となったキューバにミサイル基地の建設を進め，それを知ったアメリカが基地の撤去を求めて海上封鎖を行ったため，米ソ間に核戦争勃発の緊張が高まった状況をさす。

● **終点：1987年**…米ソ間の中距離核戦力（INF）全廃条約を想起できる。この条約はソ連共産党書記長ゴルバチョフとアメリカ大統領レーガンの間で調印され，冷戦の終結に至る道を開いたと評価された。

「国際関係」とは冷戦のことで，この冷戦が設問で指定された時期に核兵器に関わる動向の影響を受けてどのように推移したのかが論述の主軸となる。

● **1962～1987年における冷戦の推移**

キューバ危機はアメリカ大統領ケネディとソ連共産党第一書記フルシチョフの交渉により回避された。これを機に米ソ間に直通通信（ホットライン）協定が結ばれる（1963年）など，両国は1950年代後半に進んだ平和共存の動き（雪どけ）と同様，平和共存の路線へと向かった。その結果，1970年代には緊張緩和（デタント）が進んだ。しかしソ連のアフガニスタン侵攻（1979年）を機に再び緊張が高まった。これを新冷戦という。そうしたなか，ソ連にゴルバチョフ政権が成立し（1985年），「新思考外交」の一環として軍縮への動きを活発化させると，これを受けてアメリカ大統領レーガンも平和外交へと方針を転換した。その結果，米ソ関係は改善に向かい，中距離核戦力全廃条約の調印に至った。

以上から，「国際関係」の推移は，米ソ間の緊張の高まり→平和共存へ→緊張緩和（デタント）の進展→再度の緊張の高まり（新冷戦）→冷戦終結へ，とまとめることができる。そこで次に，この推移に組み込む，核兵器に関わる動向（事項）を時系列的に抽出する。

② 1962～1987年の核兵器に関わる動向

● **部分的核実験禁止条約**…米・英・ソが結んだ，地下以外の核実験を禁止した条約（1963年）。しかし当時，独自外交（アメリカに追随しない外交）を展開していた核保有国フランスは条約に参加せず，アメリカから距離を置いた。また中国も条約に参加せず，1964年に核保有国となった。これはスターリン批判（1956年）を契機に中国と対立するようになったソ連の反発を招き，中ソ対立をさらに悪化させた。こうしてフランス・中国の行動は，冷戦期の国際情勢において出現していた多極化（米ソを中心とする国際関係の崩壊）の動きをさらに進めた。

● **核拡散防止条約（NPT）**…新たな核保有国の出現を阻止する条約（1968年）で，平和共存を推し進めた。その一方で，1960年代，米ソは大陸間弾道ミサイル（ICBM）の開発・増産など軍拡競争を続けていた。これは軍事費を増大させ，財政を圧迫したため，米ソ間に軍縮交渉が展開する要因の一つとなる。

• **戦略兵器制限交渉（SALT）**…米ソ間の軍縮交渉。第1次は1969年に始まり，1972年第1次戦略兵器制限交渉（SALT Ⅰ）が合意された。ついで同年第2次が始まり，1979年に第2次戦略兵器制限交渉（SALT Ⅱ）が合意され，緊張緩和（デタント）が進んだ。しかしソ連がアフガニスタンに侵攻すると，アメリカは反発してSALTⅡを批准せず，新冷戦と呼ばれる緊張状態へと入った。一方，この間，世界ではインドが1974年に核保有国となり，核兵器の脅威は拡大した。

　なお，米ソ間の軍縮交渉として，第1次戦略兵器削減交渉も挙げられるが，これは1982年に始まったものの，すぐに停滞した。冷戦終結後の1991年に第1次戦略兵器削減条約（START Ⅰ）の締結となるため，本論述の条件（1962年から1987年まで）の対象外となろう。

ポイント
- キューバ危機から書き始め，中距離核戦力（INF）全廃条約の締結で締めくくる。
- 核兵器に関わる動向の影響として国際関係を説明する。
- 緊張緩和（デタント）など冷戦に関わる用語も駆使し，国際関係の推移を示す。

解答例

ソ連がキューバにミサイル基地を建設したことでアメリカとの間にキューバ危機が起こり，核戦争の緊張が高まった。この危機が両国の交渉で回避されると，平和共存へ向かい，部分的核実験禁止条約が結ばれた。この条約を拒否したフランスはアメリカと距離を置き，中国は核保有国となってソ連と対立を深め，国際関係は多極化した。一方で核拡散防止条約が結ばれ，米ソ間で2度の戦略兵器制限交渉が合意されたため，その間にインドが核保有国となるものの，デタントは進んだ。ソ連のアフガニスタン侵攻を機に再び緊張が高まったが，ソ連にゴルバチョフ政権が成立すると，米ソの軍縮交渉は進展し，中距離核戦力全廃条約が結ばれ冷戦終結に道を開いた。

（300字以内）

44 近世ヨーロッパ諸国のインド亜大陸進出

(2019 年度 第 3 問)

〔地域〕インド 〔時代〕16〜18 世紀 〔分野〕政治, 経済

　16〜18 世紀を対象に, インド亜大陸に進出したヨーロッパ諸国の貿易活動や勢力争いを述べさせる問題。まず設問に該当するヨーロッパ諸国を確定し, その上で各国のインド亜大陸での動向を設問の条件である 16〜18 世紀という年代, 交易品目, 勢力争いと関連づけて時系列で説明していけばよい。

設問の要求

〔主題〕ヨーロッパ諸国のインド亜大陸進出の過程。

〔条件〕① 16〜18 世紀を扱う。

　　　　②交易品目に言及する。

　　　　③ヨーロッパ諸国の勢力争いと関連づける。

本問攻略の基礎知識

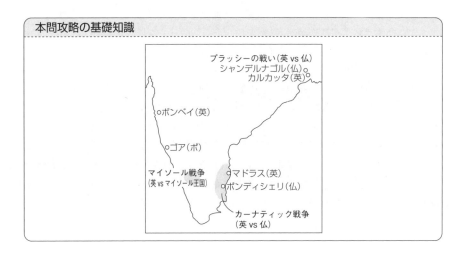

▶論述の方向性

　時系列に沿って, インド亜大陸に進出したヨーロッパ諸国を確定し, 諸国の進出過程について, 扱った交易品目や諸国の勢力争いにも触れつつ説明していけばよい。

① 16 世紀

　大航海時代開幕直後のこの時期に海外へ進出したのはポルトガルとスペイン。このうち, インド亜大陸に進出したのはインド航路を開拓したポルトガルである。

トルデシリャス条約（1494年）でアジアはポルトガルの勢力範囲となり，16世紀には対中国貿易の拠点をマカオとしたようにアジア各地に貿易の拠点を築いていくことになる。インド亜大陸では1510年にインド西岸のゴアを占領し，総督府を置いてアジア進出の根拠地とする一方，対インド貿易の拠点とした。この貿易ではアジアの物産・香辛料（特にインド産の胡椒）を獲得し，本国へ送った。

② 17世紀

この時期，ポルトガル・スペインに代わって，オランダ・イギリス・フランスが海外へ進出した。この3国はそれぞれ東インド会社を設立してアジアへ向かい，インド方面にも進出したが，オランダはセイロン島を拠点としたため，本論述の対象外と考えた（セイロン島はインド亜大陸には含まないと判断した）。本論述では英・仏両国の活動を述べればよい。

- **イギリス**…東インド会社を設立（1600年）し，香辛料を得るため，まずモルッカ諸島への進出をはかったが，オランダとの間でアンボイナ事件が起こり（1623年），モルッカ諸島から駆逐された。事件後，東インド会社を介してインド亜大陸へ進出し，マドラス・ボンベイ・カルカッタに要塞や商館を置いて対インド貿易の3大拠点とした。この貿易でも当初は香辛料が扱われたが，17世紀半ば以降になると，ヨーロッパでは香辛料への需要に代わってインド産綿布（キャラコ）への需要が高まったため，インド産綿布が主要な交易品となった。
- **フランス**…コルベールの重商主義政策として東インド会社が再建（1664年）されるとインドへ進出し，ポンディシェリ・シャンデルナゴルを対インド貿易の2大拠点とした。この貿易でも，イギリスと同様にインド産綿布が主要な交易品となっている。
- **英仏の対立**…英・仏ともにインド亜大陸へ進出したため，対インド貿易の利益などをめぐって対立が起こった。17世紀末，イギリスが3回のイギリス=オランダ戦争を経て世界貿易の覇権を握ると，英仏の対立はさらに深まり，ヨーロッパでの戦争と連動する形で，英仏植民地戦争（第2次百年戦争：1689〜1815年）が勃発することになった。

③ 18世紀

インド亜大陸での英仏植民地戦争は，ヨーロッパでの七年戦争に連動して18世紀半ばに起こった北インドのプラッシーの戦い（1757年）や，南インドで3次にわたって戦われたカーナティック戦争におけるイギリスの最終的勝利（1763年）で終結した。これにより，イギリスのインド亜大陸における優位と対インド貿易の独占が確定した。また，この時期には南インドのマイソール王国を4次にわたるマイソール戦争（1767〜99年）で征服し，南インドも支配下に入れた。

18世紀後半には，イギリス本国で産業革命が始まり，特に木綿工業が発展してい

く。それに伴い，19 世紀に入ると製品市場と原料供給地が必要となり，それをイギ
リスはインド亜大陸に求めた。そのためイギリス製綿布（ランカシャー綿布）とイン
ド産綿花がイギリスとインド間の貿易における主要な交易品となっていく。こうした
状況の変化，つまり綿布の流れがイギリスからインドへと転換するのは 1820 年代と
されるから，この点への言及は「18 世紀」までを扱う本論述の対象外と考えたい。
18 世紀後半はまだインド産綿布が主要な交易品で，イギリスは対インド貿易を独占
して綿布をインドからヨーロッパへ送った。

ポイント

• 進出の過程ではヨーロッパ諸国が築いた拠点を明確に示す。

• 交易品目としてインド産綿布の指摘は欠かせない。

• イギリスのインド支配の具体例にまで踏み込む必要はない。

解答例

　　16世紀はポルトガルがインド亜大陸に進出し，ゴアを貿易の拠点と
して香辛料を扱った。17世紀にはアンボイナ事件後のイギリスが東
インド会社を介してインド亜大陸に進出し，マドラス・ボンベイ・
カルカッタを貿易の拠点として，当初は香辛料，ついでインド産綿
布を扱った。フランスもコルベールの下で東インド会社を再建して
インド亜大陸に進出し，ポンディシェリ・シャンデルナゴルを貿易
の拠点としてインド産綿布を扱った。このため両国はプラッシーの
戦いや3回のカーナティック戦争で争い，勝利したイギリスがイン
ド亜大陸での優位を確定し，さらにマイソール戦争で南インドも征
服した。こうしてイギリスはインド貿易を独占した。（300字以内）

45　十字軍運動の性格と中世ヨーロッパへの影響

(2018年度　第3問)

〔地域〕ヨーロッパ　〔時代〕11世紀末～13世紀後半　〔分野〕政治，文化，経済

　11～13世紀に起こった十字軍運動の性格の変化と，中世ヨーロッパに与えた影響を述べさせる問題。論述の前半で「性格の変化」を述べ，後半で「影響」を分野別にまとめると書きやすいと思われる。「影響」は教科書に必ず記述があるため対応しやすいが，「性格の変化」はそれぞれの十字軍運動の性格とその変化を導き出す必要があり，史実を踏まえた分析力と思考力が求められた。

設問の要求

〔主題〕①十字軍運動の性格はどのように変化したのか。
　　　　②十字軍運動が中世ヨーロッパの政治・宗教・経済に与えた影響。

本問攻略の基礎知識

十字軍運動の性格の変化	
第1～3回	宗教的動機からイェルサレムとその周辺へ遠征
第4回	経済的利害からコンスタンティノープル占領
第5回	外交で聖地を一時的に回復
第6・7回	政治・戦略的利害からエジプト，チュニスを攻撃

中世ヨーロッパ社会の変容	
政治	諸侯・騎士の没落と国王の権力伸張
宗教	教皇権の衰退
経済	東方貿易の活発化，商業の復活

▶論述の方向性

　十字軍運動の性格の変化について，変化を示す動きに触れながら時系列で説明する。次いで中世ヨーロッパへの政治・宗教・経済への影響を述べていけばよい。

①十字軍運動の性格はどのように変化したのか

　主要な十字軍は7回。各十字軍の内容を確認したい。
・**第1回十字軍**（1096～99年）…教皇ウルバヌス2世のクレルモン宗教会議における提唱を機に始まり，聖地を回復し，イェルサレム王国を建設した。
・**第2回十字軍**（1147～49年）…イスラーム勢力が勢いを盛り返す中，イスラーム勢力の圧迫からイェルサレム王国を守るために実施した。
・**第3回十字軍**（1189～92年）…イスラーム側のサラディンが聖地を奪還すると，イギリス王・神聖ローマ皇帝・フランス王が聖地の再回復をめざして実施した。

- **第 4 回十字軍**（1202〜04 年）…ヴェネツィア商人の要求により，ヴェネツィアの商敵ビザンツ帝国の都コンスタンティノープルを占領し，ラテン帝国を建設した。
- **第 5 回十字軍**（1228〜29 年）…神聖ローマ皇帝フリードリヒ 2 世はアイユーブ朝のスルタンと交渉して聖地を一時的に回復した。
- **第 6 回十字軍**（1248〜54 年）…フランス王ルイ 9 世の主導により，聖地を支配するアイユーブ朝を倒すためエジプトへ侵攻したが，ルイ 9 世は捕虜となった（この期間中，1250 年アイユーブ朝に代わってマムルーク朝がエジプトに成立）。
- **第 7 回十字軍**（1270 年）…ルイ 9 世の主導により，聖地を支配するマムルーク朝を攻撃する拠点を確保しようと，チュニスを攻撃したがルイ 9 世が陣没。

　以上から，十字軍を整理すると，軍の直接の派遣先（目的地）は第 1 回〜第 3 回が聖地で，第 4 回がコンスタンティノープル，第 5 回〜第 7 回がエジプトであったとわかる（第 5 回十字軍は交渉相手がエジプトのアイユーブ朝のスルタン）。

　十字軍にはどの回でも様々な動機（例えば，教皇の東西教会統一への野心，諸侯や騎士の土地・戦利品の獲得，農民の負債帳消し・魂の救い，イタリア諸都市の商業的利益拡大など）がからんでいた。しかし，第 1 回〜第 3 回は聖地の直接回復を目的とする宗教的動機が強かったが，第 4 回十字軍を機に戦いによる聖地の直接回復という目的は後退していくことになる。第 4 回は経済的利害からコンスタンティノープルを占領し，第 5 回は神聖ローマ皇帝フリードリヒ 2 世とアイユーブ朝スルタンの個人的な親交に基づく外交により一時的な聖地回復が実現した。第 6 回と第 7 回では，ルイ 9 世の宗教的熱情は高かったものの，政治的・軍事的方針として，東地中海におけるイスラーム勢力に対し優位に立つために，聖地を支配していたイスラーム政権の本拠地であるエジプトや，エジプト侵攻の足場とするためチュニスに遠征した。

②十字軍運動が中世ヨーロッパの政治・宗教・経済に与えた影響

- **政治**…中世の西ヨーロッパは政治的には封建社会で，支配層を構成する国王・諸侯・騎士が十字軍の主な参加者となるから，彼らへの影響を考えたい。まず諸侯・騎士は十字軍への参加により，多額の出費や戦死者の続出によって没落していった。一方，十字軍を主導した国王は権威を高め，さらに諸侯・騎士の領地を没収し権力を伸張させることになった。これは旧来の国王と諸侯・騎士間の土地を介した主従関係，封建制を揺るがせる一因となった。
- **宗教**…中世の西ヨーロッパは教皇を頂点とするローマ＝カトリックのキリスト教世界で，教会が人々の精神的な拠り所として存在した。しかし十字軍の失敗とともに，教皇の権威は揺らぎ始め，さらに世俗権力（国王）との力関係も王権の伸張により逆転し始めた。こうして教皇権は衰退へ向かい，教会の影響力も次第に低下し，ローマ＝カトリック世界を動揺させることになった。

● **経済**…中世の西ヨーロッパでは農業中心の自給自足的な現物経済が支配的であった。しかし，農業生産の増大などを背景に貨幣経済が普及・拡大し，また十字軍運動など西ヨーロッパ世界の拡大運動も起こった。特に，十字軍運動により交通が発達したことで，地中海を舞台とした遠隔地商業，すなわち東方貿易が活発化し，北イタリア諸都市を発展させた。この商業・都市の発展は「商業の復活（商業ルネサンス）」（11～12世紀）の一端をなした。

ポイント

● 宗教的な性格（宗教的情熱・動機）の強い運動から，経済的，さらに政治的・戦略的な性格（世俗的利害・動機）の強い運動に変わったことを示す。
● 政治・宗教・経済の面における中世ヨーロッパ封建社会の動揺・変容を説明する。

解答例

　十字軍は当初，イスラーム教徒からの聖地奪還をめざし，宗教的情熱をもって聖地へ向かった。第4回はヴェネツィア商人の要求で聖地回復の目的を捨て，経済的利害からコンスタンティノープルを占領し，第5回は一時的に外交で聖地回復に成功した。第6回・第7回は政治・戦略的利害からイスラーム勢力の中心地であったエジプト攻略をめざしたが，最終的に十字軍は失敗した。十字軍の影響として，政治的には，従軍に疲弊した諸侯・騎士が没落し，国王が権力を強めた。宗教的には，十字軍を提唱した教皇の権威が低下していった。経済的には，十字軍の輸送による地中海交通の発達により東方貿易が活発化し，北イタリア都市の発展が見られた。

（300字以内）

46　1980 年代の社会主義諸国に起こった変革

(2017 年度　第 3 問)

〔地域〕ソ連，東欧，中国，ベトナム　〔時代〕1980 年代　〔分野〕経済，政治

　社会主義諸国で 1980 年代に起こった経済体制や政治体制の変革を述べさせる問題。複数の国・地域を対象に，特定の時期を扱うため，国・地域別の羅列的な論述となる。まず指定された時期の，対象となる国・地域の状況を想起し，どのような変革の動きがあったのかを導き出すことが前提となる。その上で，「類似点と相違点に着目」するのだから，いかなる点で類似し，いかなる点で相違するのかを明確に示すことが本論述の核心となる。

設問の要求

〔主題〕1980 年代のソ連，東欧諸国，中国，ベトナムの経済体制・政治体制の動向。
〔条件〕類似点と相違点に着目する。

本問攻略の基礎知識

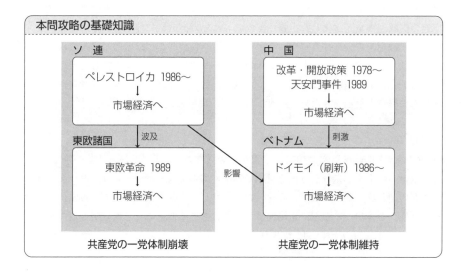

▶論述の方向性

　社会主義諸国の経済体制は計画経済，政治体制は共産党の一党体制であったことを念頭に置きたい。本論述は経済面では社会主義経済の計画経済がどうなったのか，政治面では共産党の一党体制がどうなったのか，この 2 点を軸に各国・地域の動向，その特徴を説明すればよい。

◎類似点と相違点の整理

　経済体制＝どの社会主義諸国も計画経済から市場経済へ移行した。

　政治体制＝ソ連や東欧諸国では共産党の一党体制が崩壊し，中国やベトナムでは共産党の一党体制が維持された。

① 1980年代のソ連：ペレストロイカ

　ペレストロイカとは，ソ連共産党書記長ゴルバチョフが1986年から始めた改革をさす。まず経済面において，企業の自主管理や国有企業の独立採算制を導入した。これは社会主義の計画経済から資本主義の市場経済への移行をめざすものだった。ついで政治改革に着手し，複数政党制や大統領制を導入した（1990年）。これにより共産党の一党体制は崩れ，ソ連自体も保守派のクーデタを経て1991年に消滅した。

② 1980年代の東欧諸国：東欧革命

　東欧革命とは，東欧諸国で1989年に起きた体制転換をさす。東欧社会主義諸国ではソ連のペレストロイカの影響を受け，さらにソ連が制限主権論（東欧諸国に対するソ連の内政干渉を正当化した主張）を放棄したため，一気に体制の変革が起こった。経済的には企業の独立採算制導入など市場経済へ移行した。政治的には複数政党制が導入され，例えばポーランドでワレサの率いる「連帯」が政権を獲得したように，共産党の一党体制が崩壊した。こうして東欧の社会主義体制は崩れ，コメコンやワルシャワ条約機構も解消された（1991年）ことで，東欧社会主義圏も消滅した。

③ 1980年代の中国：改革・開放政策

　中国では文化大革命後の1978年，鄧小平の指導の下に改革・開放政策が始まった。この政策では沿岸部に経済特区を設けて外国資本の導入をはかったり，農村部では農業生産の請負制（個々の農家に経営の責任を移し，作物の種類や販売を自由に決定させる制度）を採用するなど，市場経済への移行を進めた。こうした経済の自由化に伴い，人々は「政治の現代化」，つまり民主化を求めるようになった。しかしこの動きは天安門事件で弾圧され（1989年），中国は共産党の一党体制を崩さなかった。

④ 1980年代のベトナム：ドイモイ（刷新）

　ベトナムでは1986年，ソ連のペレストロイカの影響を受けてドイモイが始まった。ドイモイは対外開放と市場経済への移行をめざした改革で，外国企業の誘致を積極的にはかるなど工業化を進展させた。こうした経済の自由化に伴い，政治面では複数政党制の導入を求める人々も現れたが，これは押さえ込まれ，共産党の一党体制は維持された。つまり，ドイモイは中国の改革・開放政策と同様，政治体制の変革を伴わない（共産党支配の維持），経済面での変革（市場経済の導入）であった。

ポイント
- 各国・地域の変革をもたらした動向の名称（用語）は正しく記す。
- 社会主義体制の柱をなす計画経済と共産党支配の状況が論述の核となる。
- 4 つの国・地域をほぼ均等に扱う以上，それぞれの字数配分を考える。

解答例

　　社会主義体制が行き詰まる中，ソ連ではペレストロイカが始まり，国有企業の独立採算化など計画経済から市場経済への移行をはかり，さらに複数政党制を導入し共産党の一党体制を崩壊させた。このペレストロイカの影響を受け，東欧諸国では東欧革命が起こり，市場経済へ移行し，また複数政党制の導入などで共産党の一党体制は崩壊した。中国では改革・開放政策が推進され，外国資本の導入や農業生産の請負制など市場経済への移行をはかったが，天安門事件で民主化の動きを弾圧するなど共産党の一党体制は維持された。ベトナムではドイモイが始まり，外国資本の導入など市場経済へ移行したが，複数政党制は否定され，共産党の一党体制を維持した。

（300字以内）

47　18世紀のイギリス・プロイセンにおける啓蒙思想の受容と影響

(2016年度　第3問)

〔地域〕ヨーロッパ　〔時代〕18世紀　〔分野〕政治，社会

　18世紀のイギリスとプロイセンを対象に，啓蒙思想に関わる動向を述べさせる問題。特定の視点から同時代の2国を比較させるため，対比的な論述となる。18世紀の両国の政治・社会を対比的にまとめる力が試されている。

設問の要求

〔主題〕18世紀のイギリスとプロイセンでの，啓蒙思想をめぐる状況。
〔条件〕啓蒙思想を受容した人々と，その受容が両国の政治や社会に及ぼした影響を説明しながら，両国を比較する。

本問攻略の基礎知識

	イギリス	プロイセン
受容した人々	市民，北米の植民地人	君主，ユンカー
政治的な影響	議会政治の発展 アメリカ独立革命	啓蒙専制主義の確立 上からの近代化
社会的な影響	資本主義社会の形成が進む	資本主義社会の形成は進まず

▶論述の方向性

　イギリスとプロイセンに分けて，啓蒙思想を受容した人々，政治や社会に及ぼした影響を説明していけばよい。

　啓蒙思想は理性の光で社会の不合理（偏見，宗教的不寛容，経済統制，飢えや貧困など）を批判・否定し，改革による人間生活の改善・進歩をめざした。18世紀のイギリスでは市民や北米の植民地の人々に受容され，政治や社会の近代化に貢献した。一方，18世紀のプロイセンでは君主とユンカーに受容されたため，旧体制の維持に利用され，政治や社会の近代化を遅らせた。これらのことを説明していきたい。

① 18世紀のイギリスの場合

　18世紀のイギリスは名誉革命を経て，議会政治の近代市民社会となっていた。そのため社会の主役となった市民は自由な経済活動を求め，伝統にとらわれない啓蒙思想を受容した。このことは当時のイギリスでコーヒーハウス（コーヒーや紅茶を提供しながら，人々が自由に交流した社交施設）が流行し，市民が集い，啓蒙思想を普及

させる 1 つの背景となったことでも明らかである。市民は自分たちの要求を実現するため、コーヒーハウスなどを通じて世論を形成し、議会に働きかけ、規制排除など自由な経済活動を保障する社会、すなわち市場経済を原理とする資本主義社会を成立させた。

　一方、七年戦争後、イギリス本国は北米の 13 植民地に対して課税や規制など重商主義政策を強化した。しかし、これは啓蒙思想が否定した経済統制であったため、植民地の人々は独立戦争を起こし、イギリスの啓蒙思想家ロックの思想的影響を受けて独立宣言を発表した（1776 年）。このことから植民地の人々も啓蒙思想の受容者と判断でき、民主的なアメリカ合衆国を誕生させることになる。

② 18 世紀のプロイセンの場合

　18 世紀のプロイセンは絶対王政の国家で、当時は商工業が未発達であり、改革の担い手となる市民の成長も不十分であった。このため、フリードリヒ 2 世による「上からの改革」では啓蒙思想を利用し、ユンカー（プロイセンの支配層をなす地主貴族）の協力を得ながら、産業の育成など上からの近代化改革を進めた。しかし、旧勢力のユンカーを協力者としたため、改革は体制内改革で、ユンカー支配が続くことになり、資本主義社会の形成や市民の政治参加は進まなかった。

ポイント

- 影響には「変化」や「進展」もあれば、「維持」や「継続」もある。
- 啓蒙思想による知性の転換は新技術を発明・導入させ、産業革命に道を開いたが、産業革命は経済の動向であるため、本論述では言及しなくてもよい。

解答例

　立憲王政を確立したイギリスでは市民が啓蒙思想を受容した。彼らは自由な経済活動を求めて資本主義社会を成立させ、またコーヒーハウスでの交流などにより世論を形成し、議会政治の進展に影響を与えた。一方、北米のイギリス植民地でも人々が啓蒙思想を力に独立戦争を展開し、植民地をアメリカ合衆国として独立させた。プロイセンでは絶対王政のもとで君主やユンカーが啓蒙思想を受容した。フリードリヒ 2 世は啓蒙思想をもとに上からの近代化改革を進める政治体制を樹立し、ユンカーの協力を得て、産業の育成などを行った。しかし、体制内改革にとどまったため、ユンカーの支配を打破できず、資本主義社会の形成も国民の政治参加も進まなかった。

（300 字以内）

48　共和政期のローマに生じた変化　(2015年度　第3問)

〔地域〕ローマ　〔時代〕前3～前1世紀　〔分野〕政治

　前3世紀から前1世紀までのローマに生じた軍隊と政治体制の最も重要な変化を述べさせる問題。歴史的推移の中で変化を述べていく論述となる。政治体制が共和政から帝政（元首政）へと変化していく過程で，軍隊の主力をなす歩兵の担い手がどのように変化していくかを関連させて論述することが求められている。

設問の要求

〔主題〕前3世紀から前1世紀までのローマに生じた変化。
〔条件〕軍隊と政治体制の変化に焦点を当てる。

本問攻略の基礎知識

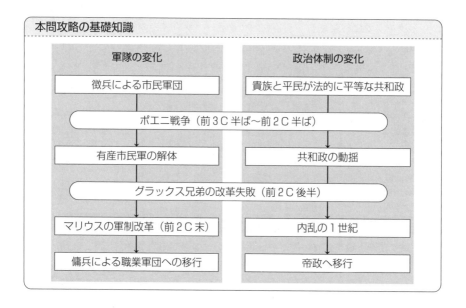

▶指定語句の検討

• 私兵

　個人が自ら養成・維持する兵士で，ローマでは前2世紀末にマリウスが行った無産市民から志願者を募って兵士にする軍制改革が私兵出現の契機となった。マリウスの軍制改革により，ローマの軍隊は徴兵による市民軍団から傭兵による職業軍団に変化し，この傭兵の軍隊は，有力政治家の私兵と化した。

・元老院

　共和政期のローマにおける最高諮問機関で，ホルテンシウス法で平民会の決議が元老院の承認を得なくても国法になると定められて以降も，権威を持って国政を指導した。元老院は共和政という政治体制を代表する機関として意味づけられる。

▶論述の方向性

　前 3 ～前 1 世紀のローマでは，軍隊が徴兵による市民軍団から傭兵による職業軍団へ，また政治体制が共和政から帝政へと変化した。この時期のローマを，①地中海進出直前期，②地中海進出展開期，③「内乱の 1 世紀」の 3 つの時期に分けて考えていくと書きやすい。

①前 3 世紀前半：地中海進出直前期のローマ

　ローマは征服戦争の結果，タレントゥムを占領し（前 272 年）イタリア半島を統一した。国内では貴族と平民の身分闘争の結果，ホルテンシウス法が制定され（前 287 年），貴族と平民は法的に対等となった。しかしこれ以後も，貴族（特に新貴族）が勢力をもつ元老院は共和政において大きな権威を持ち，国政を指導した。

②前 3 世紀半ば～前 2 世紀半ば：地中海進出展開期のローマ

　ローマは前 3 世紀半ば頃から地中海へ乗り出し，西地中海の覇権をめぐってカルタゴとポエニ戦争を行い，また東地中海方面のヘレニズム諸国の征服を進めた。こうしてローマは海外領土を拡大させたが，度重なる戦争で国内では軍の中核をなす中小農民の没落・無産市民化が進んだ。このため徴兵による市民軍は解体の危機に直面した。そこでグラックス兄弟は市民軍再建のため，改革に着手したが，元老院保守派の反対にあって挫折した。これを機にローマは「内乱の 1 世紀」に突入していく。

③前 2 世紀半ば～前 1 世紀半ば：「内乱の 1 世紀」のローマ

　「内乱の 1 世紀」では平民派（マリウス）と閥族派（スラ）の抗争→第 1 回三頭政治→カエサルの独裁→第 2 回三頭政治→オクタウィアヌスの権力掌握という政治闘争・権力の移行があった。これをすべて論述に反映させることはできないので，マリウスの軍制改革を機とした傭兵の軍隊の私兵化，共和政の中心をなす元老院に対抗する三頭政治の出現やカエサルの独裁などに絞り込んで説明したい。こうして共和政は事実上崩壊し，「内乱の 1 世紀」を終わらせ権力を掌握したオクタウィアヌスが帝政を開始することになる（前 27 年）。

ポイント
- 前3世紀のローマの共和政を導入部とし，帝政の成立で締めくくる。
- 「徴兵」から「傭兵」へ，「共和政」から「帝政」へという，変化を明確に示す。
- 変化が生じた理由や経緯についても簡潔に言及する。

解答例

　共和政ローマでは初め元老院を構成した貴族が政治の実権を握っていたが，重装歩兵として活躍する平民の政治的要求が高まり，ホルテンシウス法で貴族と平民は法的に対等となった。しかしローマが地中海へ進出し領土を広げると，中小農民の没落と無産市民化が進み，徴兵による市民軍は解体の危機に瀕し，その再建をめざしたグラックス兄弟の改革も挫折し，ローマは「内乱の1世紀」に突入した。そこでマリウスは無産市民から兵士を集める軍制改革を行ったが，傭兵の軍隊は有力政治家の私兵となり内乱を激化させ，元老院に対抗する三頭政治やカエサルの独裁が出現した。そのため共和政は崩れ，内乱を収拾したオクタウィアヌスにより帝政へ移行した。

（300字以内）

49 第二次世界大戦後のドイツ史と冷戦

（2014 年度　第 3 問）

〔地域〕ドイツ　〔時代〕20 世紀半ば～末　〔分野〕政治

　第二次世界大戦終結から冷戦の終わりまでのドイツ史を述べさせる問題。ヨーロッパでの冷戦の展開に関連させた，一国史の歴史的推移の論述となる。具体例も含め，書くべき歴史事項を選択・整理して文章化する構成力が求められている。

設問の要求

〔主題〕第二次世界大戦終結から冷戦の終わりまでのドイツの歴史。
〔条件〕ヨーロッパでの冷戦の展開との関連に焦点をあてる。

本問攻略の基礎知識

> **冷戦の開始とドイツ**
> 　1948　ソ連によるベルリン封鎖（～1949）
> 　1949　西ドイツと東ドイツが成立
>
> ↓
>
> **冷戦の展開とドイツ**
> 　1955　西ドイツが NATO に加盟
> 　　　　東ドイツがワルシャワ条約機構に加盟
> 　1961　ベルリンの壁建設
> 　1970 年代初め　西ドイツのブラント首相による東方外交開始
> 　1972　東西ドイツ基本条約成立
> 　1973　国連に同時加盟
>
> ↓
>
> **冷戦の終結とドイツ**
> 　1989　東欧革命の一環として，ベルリンの壁開放
> 　1990　東西ドイツ統一

▶論述の方向性

　第二次世界大戦後のドイツの東西分裂，東西ドイツの対峙，東西ドイツの統一という推移をヨーロッパの冷戦の展開と併せて述べればよい。そこで，①冷戦の開始，②冷戦の展開，③冷戦の終結とドイツの関係を時系列で説明していきたい。

①冷戦の開始（1940 年代後半）とドイツ

　第二次世界大戦の敗戦国ドイツは戦後，米英仏ソの 4 国によって分割占領された。

一方，戦後のヨーロッパではアメリカの封じ込め政策に対するソ連の反発から，冷戦が始まった。こうしたなか，米英仏がドイツの西側占領（管理）地区で通貨改革を行うと，ソ連はベルリン封鎖を断行した（1948年6月〜1949年5月）。これを機にドイツの西側地区にドイツ連邦共和国が，東側地区にドイツ民主共和国が成立し，ドイツは東西に分断された（1949年）。

②冷戦の展開（1950年代〜70年代）とドイツ
・1950年代
　西ドイツは1954年のパリ協定で主権回復・再軍備・北大西洋条約機構（NATO）への加盟が認められ，翌年NATOに加盟した。これを受け，ソ連はNATOへの対抗上，ワルシャワ条約機構を結成し，東ドイツも加わった（1955年）。こうして東西ドイツは東西両陣営に分かれ，ヨーロッパでの冷戦の最前線に位置づけられた。
・1960年代
　西ドイツでは1949年に就任したアデナウアー首相の長期政権下（1949〜63年）で経済の復興を成し遂げたが，これは東ドイツから西ドイツへの亡命者を生む背景の1つともなった。東ドイツ政府が亡命者を阻止するためベルリンの壁を構築すると（1961年），東西の緊張が高まり，以後，ベルリンの壁はヨーロッパにおける冷戦の象徴となった。
・1970年代
　西ドイツ首相ブラントは70年代初めに東方外交を展開し，東欧諸国との関係改善と和解を進めた。特に東ドイツとの間では1972年に東西ドイツ基本条約を結んで互いの主権を認め，翌1973年には東西ドイツの国連同時加盟を実現した。この結果，ドイツの分断（2つのドイツが存在するという状況）は固定化したが，緊張緩和（デタント）も進んだ。

③冷戦の終結（1980年代）とドイツ
　1980年代に入ると，西ドイツは引き続いて経済を発展させたが，東ドイツは他の東欧諸国と同様に経済の停滞が著しくなった。1989年東欧革命が起こると，東ドイツでは政府によってベルリンの壁が開放され，また米ソはマルタ会談によって冷戦の終結を宣言した。そして翌1990年，西ドイツ（首相はコール）は東ドイツを吸収してドイツ統一を実現した。

ポイント
- 東西ドイツの「成立」を冷戦の産物，「統一」を冷戦の終結と位置づける。
- ベルリンの壁こそ，ヨーロッパにおける冷戦を象徴する建造物となった。
- 冷戦と関連する，ドイツ現代史の基本用語をうまく使って説明する。

解答例

第二次世界大戦後，ドイツは米英仏ソ 4 カ国により分割占領され，冷戦開始を背景としたソ連のベルリン封鎖を経て東西に分断された。その後，西ドイツは北大西洋条約機構に加盟，東ドイツはワルシャワ条約機構に参加し，ドイツはヨーロッパにおける冷戦の最前線となった。スターリン批判後の平和共存の機運にもかかわらず，1961年に東ドイツがベルリンの壁を構築したことで緊張を再燃させたが，70年代に入ると西ドイツ首相ブラントが東方外交を行って東側諸国との和解を進め，東西ドイツ基本条約が成立し，国連同時加盟を実現した。80年代末に東欧革命が進行する中，ベルリンの壁が東ドイツにより開放されると，1990年東西ドイツ統一が実現した。

（300字以内）

50 19世紀のフランス・ロシア関係史

(2013年度 第3問)

〔地域〕ヨーロッパ 〔時代〕近代 〔分野〕政治

19世紀のフランスとロシアを対象に，両国の関係の変遷を述べさせる問題。2国関係の変遷を扱う，歴史的推移の論述である。フランスとロシアの関係を，オスマン帝国と関連するギリシア独立戦争，エジプト＝トルコ戦争，クリミア戦争などの一連の戦争や，ドイツのビスマルクの外交政策の視点から説明することが必要となっている。

設問の要求

〔主題〕フランスとロシアの関係の変遷。
〔条件〕ウィーン会議から露仏同盟成立までを扱う。

本問攻略の基礎知識

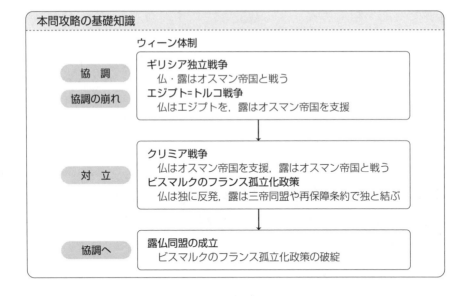

▶論述の方向性

19世紀のフランスとロシアが，ウィーン体制における五大国の一員として協調した後，体制下のエジプト＝トルコ戦争，体制崩壊後のクリミア戦争やビスマルクのフランス孤立化政策などで対立し，その後は露仏同盟によって再び協調へと向かう経緯を説明すればよい。

①ウィーン会議における協調

　ウィーン会議の基本原則となった正統主義は，フランス外相タレーランが提唱した
ものである。ロシアはナポレオンに奪われた旧ポーランド領の回復をねらっていたた
め，自国の利益に沿う正統主義を受け入れた。こうしてフランス・ロシア両国は，ウ
ィーン会議において協調関係を築いたため，神聖同盟（1815年）や五国同盟（1818
年）のメンバーとしてウィーン体制を支えることになった。

②協調から対立へ

　ウィーン体制成立後から露仏同盟成立直前までのヨーロッパ関連の歴史からフラン
ス・ロシア両国の関係に該当する事項を時系列で導き出し，関係を検討する。
• ギリシア独立戦争（1821～29年）
　ギリシアがオスマン帝国からの独立をめざした戦いで，イギリス・フランス・ロシ
アが独立を支援した。この段階では，フランス・ロシア両国の関係は協調関係にある。
• エジプト＝トルコ戦争（1831～33年，1839～40年）
　シリアをめぐるエジプトとオスマン帝国の戦いで，第1回・第2回ともフランスは
エジプトを，ロシアはオスマン帝国を支援した。フランス・ロシア両国が対立関係へ
と移行し始めたことを指摘したい。
• クリミア戦争（1853～56年）
　南下をはかるロシアがオスマン帝国との間に起こした戦いで，イギリス・フラン
ス・サルデーニャがオスマン帝国側に参戦した。こうしてフランス・ロシア両国は対
立するようになった。
• ビスマルクのフランス孤立化政策
　普仏戦争に勝利しドイツ統一を実現したビスマルクはドイツ帝国宰相となり，フラ
ンスを国際的に孤立化させる政策を実施した。その際，ビスマルクはロシアと1873
年に三帝同盟を，1887年には再保障条約を結んだ。こうして，ロシアはビスマルク
の政策に与することになり，フランス・ロシア両国は対立を深化させた。

③露仏同盟による協調へ

　露仏同盟成立の契機を考えたい。これは，ドイツの独露再保障条約更新拒否（1890
年）にあった。独露再保障条約（1887年）はビスマルクのフランス孤立化政策の一
環として結ばれたが，1890年ドイツ帝国ではビスマルクが失脚し，皇帝ヴィルヘル
ム2世の親政となった。ヴィルヘルム2世は，「世界政策」の推進を企て，対外行動
の自由を得ようと，独露再保障条約の更新を拒否している。これに反発したロシアは
フランスに接近し，1891～94年にかけて露仏同盟を成立させ，再び協調関係となっ
ている。

ポイント

- ウィーン会議での関係から書き始め，露仏同盟成立による関係で締めくくる。
- 関係の変遷が本論述の核である以上，具体的出来事の説明は簡潔に記す。
- 露仏の関係の変遷を示すため，協調や対立などの表現を意識的に使って説明したい。
- ドイツのビスマルクのフランス孤立化政策に必ず言及したい。

解答例

ウィーン会議においてフランスとロシアは正統主義で協調し，両国は神聖同盟や五国同盟の加盟国としてウィーン体制を支えた。そのためギリシア独立戦争の際には協調してオスマン帝国と戦ったが，エジプト=トルコ戦争では対立し，この対立は体制崩壊後のクリミア戦争でフランスがロシアと戦うことにより深まった。その後，ドイツ帝国宰相ビスマルクがフランス孤立化政策を始めると，ロシアは三帝同盟に加わり，ついで再保障条約を結ぶなどビスマルクに与したため，フランスとの対立は継続した。しかし，ビスマルクが失脚し，ドイツが再保障条約の更新を拒否すると，ロシアとフランスは接近して露仏同盟を成立させ，両国は再び協調関係に入った。

(300字以内)

51 18世紀後半〜19世紀前半の南北アメリカ大陸の歴史

(2012年度　第3問)

〔地域〕南北アメリカ　〔時代〕18世紀後半〜19世紀前半　〔分野〕政治

　南北アメリカ大陸の植民地に起こった変化と，その結果成立した支配体制の特徴を述べさせる問題。2つの地域を共通の視点から扱う，比較を意識した論述である。イギリス領植民地とスペイン領植民地で生じた「変化」を「独立」とつかみ，その上で，独立と独立後の支配体制にはどのような特徴があるのかを論ずることが求められている。

設問の要求

〔主題〕18世紀後半から19世紀前半にかけて北米のイギリス領13植民地と南米のスペイン領植民地で生じた変化と，その結果成立した支配体制の特徴。
〔条件〕「変化」「成立した支配体制」の他，支配体制の特徴にも言及する。

本問攻略の基礎知識

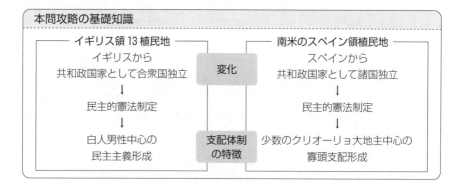

▶論述の方向性

　「変化」については，南北アメリカ大陸の植民地の独立の経緯を，「その結果成立した支配体制の特徴」については，独立後の北米と南米を比較しながら共通点や相違点を探り，それらを踏まえた上で説明すればよい。

　独立の経緯を詳しく説明する問題ではないので，両植民地をそれぞれ全体として扱い，「変化」と「支配体制の特徴」を述べる必要がある。

① 18世紀後半から19世紀前半における変化

●イギリス領13植民地

　七年戦争後，財政難となったイギリス本国政府は，イギリス領13植民地への課税強化を図った。印紙法（1765年）や茶法（1773年）制定に反発した13植民地は，

1775年に起こった武力衝突を契機として独立戦争を開始した。フランスなどヨーロッパ諸国の援助もあり，13植民地はアメリカ合衆国として1783年独立を達成した。

• 南米のスペイン領植民地

　南米のスペイン領植民地は，1810〜20年代にかけて次々に独立していった。「18世紀後半」は，アメリカ独立革命（1775〜83年）やフランス革命（1789〜99年）の影響が次第に南米にまで及んできた時期としてとらえることができる。なお，このスペイン領植民地の独立に際して，ウィーン体制下のヨーロッパ諸国が干渉を行おうとしたが，イギリスは外相カニングの自由主義外交でこれを牽制，アメリカ合衆国はモンロー宣言（1823年）でヨーロッパ諸国による干渉に反対している。

②支配体制の特徴

• イギリス領13植民地（アメリカ合衆国）

　支配体制の基本的な部分は，アメリカ合衆国憲法によって規定されている。(i)人民主権，(ii)大統領（行政）・連邦議会（立法）・連邦最高裁判所（司法）の三権分立，(iii)徴税権・通商規制権など中央政府の権限を強化する一方，各州の大幅な自治権を認める連邦主義の3点が特徴で，アメリカ合衆国はこうした民主的な憲法を持つ共和政の国家となった。しかし，憲法に規定のない部分，すなわち白人男性のみが政治参加への権利をもち，黒人奴隷や先住民（そして女性）の権利は無視されていたことにもふれておきたい。この点は，当時の民主主義の限界であった。

　なお，「19世紀前半」までを扱うことが求められているので，第7代大統領となったジャクソンのもとで進められたいわゆる「ジャクソニアン=デモクラシー」にもふれておきたい。ジャクソン大統領の時代には，白人男性の普通選挙権が拡大され，またジャクソンの支持者が民主党を結成する一方，その反対派は後に共和党に発展する政党（ホイッグ党）を結成するなど，今日にいたる二大政党制の基礎が築かれた。

• 南米のスペイン領植民地

　独立後の南米諸国では，民主的な憲法を制定し共和政が導入されたが，それは独立を指導した植民地生まれの白人であるクリオーリョの大地主を中心とした支配体制となり，地域のボスなど少数の実力者が権力を握る寡頭支配が続いた。またクリオーリョのもとで独立以前からあった大土地所有制度が存続し，貧富の格差と社会的不平等が残るなか，特に政治を支配した軍事的実力者はカウディーリョと呼ばれ，彼らの抗争から起こるクーデタや革命により政治が不安定となることが多かった。

ポイント
- 支配体制の特徴を示すため，北米と南米を対比的に説明する。
- 「共和政」や「民主主義」は支配体制と関わるため，これらの用語を使う。
- フランス領ハイチやポルトガル領ブラジルの独立は本論述の対象外となる。

解答例

北米のイギリス領13植民地は七年戦争後，イギリスによる課税をめ
ぐって独立戦争を開始し，共和政の国家として独立を達成した。合
衆国憲法では，人民主権・三権分立・連邦主義が規定され民主主義
が実現し，特にジャクソン大統領時代に選挙権拡大によって民主主
義が進展したが，それは白人男性に限られ黒人・先住民の権利は考
慮されなかった。南米のスペイン領植民地では合衆国独立やフラン
ス革命に影響されて独立運動が高揚し，諸国が次々と独立を達成し
た。独立後の各国は民主的な憲法が制定され共和政の国家となった
が，実質的には独立を指導した植民地生まれの白人であるクリオー
リョ大地主中心の寡頭支配が続き，民主主義の発展は阻害された。

(300字以内)

52　1920年代のアメリカ外交　(2011年度　第3問)

〔地域〕世界　〔時代〕現代　〔分野〕政治，経済

　アメリカの関与により形成された，1920年代の政治的・経済的な国際秩序を述べさせる問題。アメリカ外交の展開を軸に，1921年から1930年という短期間の間に形成された政治的・経済的な国際秩序を時系列で項目別に述べることが求められている。

設問の要求

〔主題〕アメリカの関与により形成された，政治的・経済的な国際秩序。
〔条件〕1921～1930年までを扱い，かつ具体的な国際的取り決めに言及する。

本問攻略の基礎知識

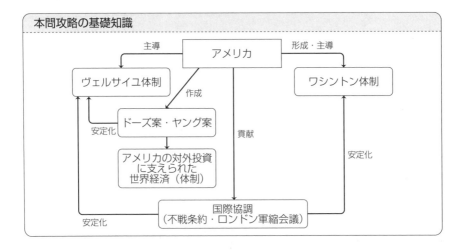

▶論述の方向性

　アメリカが，1921～1930年の短期間に，①政治的な国際秩序として，ワシントン体制，不戦条約，ロンドン軍縮会議，②経済的な国際秩序として，ドーズ案とヤング案作成に関わったことを時系列で説明していけばよい。

①政治的な国際秩序の形成

●ワシントン会議（1921～22年）

　四カ国条約，九カ国条約，海軍軍備制限条約が結ばれた。これらの条約で形成された東アジア・太平洋地域の国際秩序をワシントン体制と呼び，ヴェルサイユ体制（戦後のヨーロッパに成立した国際秩序）とともに，1920年代の国際秩序の柱となった。

- **不戦条約（1928年）**

　国際紛争解決の手段として戦争を放棄した取り決めで，国際協調を進め，国際秩序の安定に貢献した。

- **ロンドン軍縮会議（1930年）**

　ワシントン会議で残された補助艦の保有比率を審議し，この会議での取り決め（ロンドン海軍軍縮条約）では米・英・日の保有比率を決定し，軍縮を進めた。

②経済的な国際秩序の形成

- **ドーズ案（1924年）**

　この取り決めではドイツ賠償支払いの緩和とともに，アメリカ資本のドイツへの借款が決定した。これにより，アメリカの民間資本がドイツに流入し，ドイツは経済を復興させながら英・仏に賠償金を払い，英・仏はアメリカに戦債の返還を行うという，資本循環のシステムが生まれ，ここにアメリカの対外投資に支えられた世界経済という経済的な国際秩序が形成された。

- **ヤング案（1929年）**

　この取り決めでは賠償金額の大幅な減額と返済期限の延長が決まり，ドーズ案の条件を緩和した。そのため，ヤング案は経済的な国際秩序の一時的な安定に貢献した。なお，ヤング案の成立直後に世界恐慌が起こり，それによる世界の混乱のなか1920年代の国際秩序は崩壊し，第二次世界大戦へ向かったことは確認しておきたい。

ポイント
- ワシントン会議とドーズ案がもたらした国際秩序を中心にして書いていきたい。
- 1930年までを扱っていることがわかるような文章にする。

解答例

　アメリカはワシントン会議を開き，海軍軍備制限条約，九カ国条約，四カ国条約を結んだ。これにより東アジア・太平洋地域にワシントン体制が構築され，1920年代の政治的な国際秩序の柱の一つとなった。その後，不戦条約で国際協調，ロンドン軍縮会議で軍縮を進め，体制を一時安定させた。一方，アメリカはドイツ賠償問題に介入し，ドーズ案を成立させた。これによりアメリカ資本がドイツに流入し，ドイツは経済復興を進め，イギリス・フランスはドイツの賠償金でアメリカに戦債を返済する仕組みが成立し，アメリカの対外投資に支えられた世界経済が成立した。この経済的な国際秩序はヤング案でドイツ賠償問題の解決が進むと，一時的に安定した。

（300字以内）

53 古代ギリシア・ローマと西洋中世における軍事制度

(2010年度　第3問)

〔地域〕ヨーロッパ　〔時代〕古代，中世　〔分野〕政治，社会

　古代ギリシア・ローマと西洋中世における軍事制度について，政治的・社会的な背景・影響も含めて，それぞれの特徴や変化を述べさせる問題。異なる2つの対象を扱うため，比較も意識した，並列的な論述となる。軍事制度というやや意表を突くテーマであるが，古代ギリシア・ローマでは重装歩兵，西洋中世では騎士を想起し，そのあり方・変容を考えていけばよい。

設問の要求

〔主題〕古代ギリシア・ローマと西洋中世における軍事制度の特徴と変化。
〔条件〕政治的・社会的な背景や影響を含めて説明する。

本問攻略の基礎知識

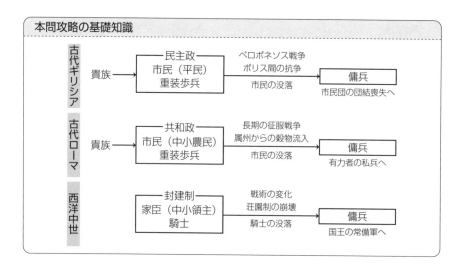

▶論述の方向性

　軍の主力が古代ギリシア・ローマでは重装歩兵から傭兵に，西洋中世では騎士から傭兵に変化したことを説明し，「政治的・社会的な背景や影響」と関連させたい。

①古代ギリシア・古代ローマの軍事制度とその特徴・変化

●古代ギリシア

　古代ギリシアのポリス，例えばアテネでは，当初，馬や武器を自弁できる富裕な少

数の市民（貴族）が軍を担い，政治体制として貴族政がとられた。しかし，商工業の発達とともに富裕となる市民（平民）が現れ，武器を自ら調達して重装歩兵となり，彼らも参加する密集隊形（ファランクス）と呼ばれる戦法が確立したことで，ポリス防衛の主力となった。このため平民の地位が向上し，彼らは参政権を求めて貴族と争い，民主化が進んだ。

特に，ペルシア戦争後のアテネでは，軍船の漕ぎ手として活躍した無産市民（市民でありながら，武器を自弁できず，参政権のなかった人々）の発言力が高まり，民主政が完成した。なお，スパルタでも，軍は市民を担い手とする重装歩兵から構成され，そのため市民の経済的平等に基礎づけられた民主政を成立させている。

しかし前5世紀後半のペロポネソス戦争を経て，前4世紀になると，ポリス間の抗争などによって多くの市民が没落し，市民軍（市民が義務として参加する軍）が維持できなくなった。そこで多くのポリスでは市民軍に代わって金で雇われる傭兵が用いられるようになり，市民皆兵の原則は崩れ，また，市民間の団結も喪失したことで，ポリス社会は変容していくことになった。

• 古代ローマ

古代ローマは前6世紀末から共和政となったが，国政の実権は貴族が握っていた。周辺への征服活動への過程で中小農民である平民が重装歩兵として重要な役割を果たすようになると，平民は貴族との間で身分闘争を起こし，政治的権利を拡大させ，民主化を進めることになった。

ローマが前3世紀半ばから地中海へ進出し，征服戦争によって領土を拡大していくと，長期間の従軍や属州からの安価な穀物流入などを背景に中小農民は没落し，重装歩兵軍は解体の危機に直面した。この危機に対処しようとしたグラックス兄弟の改革が失敗に終わると，マリウスは無産市民から志願兵を募る傭兵制（職業軍人制）を導入した。これによりローマの軍隊は市民軍に代わって傭兵が中核となった。帝政期に入っても，当初は市民の志願兵からなる傭兵軍が主力であったが，帝政後期になると，ローマ帝国内に移住したゲルマン人が傭兵として採用されるようになり，帝政末期には兵士のほとんどがゲルマン人傭兵となった。

②西洋中世の軍事制度とその特徴・変化

西洋中世では，封建制の下で騎士を中核とする軍事制度が成立した。封建制成立の背景には，ノルマン人などの外敵侵入などによる社会不安があり，人々は自分の安全を守るため地方の有力者に土地を託して主従関係を結ぶようになった。こうして封土を媒介にした保護・忠誠関係（西洋の封建制）が成立し，騎士は主君に対して軍役奉仕の義務を負い，軍の担い手となった。

しかし，火薬や火砲の導入などで戦術が変化すると，軍事面における騎士の重要性は相対的に低下し，また，十字軍への長期的な従軍によって次第に疲弊した。さらに

貨幣経済の進展や，黒死病の流行などを原因とした農民人口の激減により，荘園制が解体していくと，騎士は経済的にも窮乏した。こうして騎士の没落は決定的となり，彼らは国王に雇われる傭兵や国王に仕える官僚となった。特に百年戦争以後は，傭兵による常備軍の形成が一般化していくことになり，例えばフランスでは，シャルル7世によって常備軍が整備されている。

ポイント

- 古代ギリシア・ローマにおける市民軍から傭兵軍への変化，西洋中世における封建騎士軍から傭兵軍への変化，これが本論述の主軸となる。
- 背景や影響を丁寧に説明すると指定字数を超えるため，簡潔にまとめる。

解答例

　古代ギリシア・ローマでは，当初貴族が国防を担ったが，次第に富裕化し武器の自弁が可能となった平民が重装歩兵として軍事の中核を担うようになり，平民の政治参加も促された。しかし，長期の戦争などにより平民が没落すると，市民軍は崩れ，傭兵が軍隊の中核となった。西洋中世では，ノルマン人の侵入などによる社会的混乱を背景に封建社会が成立し，地方分権的な政治体制のもとで荘園領主でもある騎士が主君に軍役奉仕をする形で軍事の中核となった。その後，十字軍従軍による疲弊や戦術の変化，商業の発達を背景とした荘園制の解体などによって騎士は没落し，中央集権化を図る国王は，傭兵を用い，それにより常備軍を形成する場合もあった。

（300字以内）

54 「新大陸」の発見と新・旧両世界の変化

(2009 年度 第 3 問)

〔地域〕新・旧両世界 〔時代〕16 世紀 〔分野〕社会

「新大陸」の発見，すなわちヨーロッパ人のアメリカ大陸到達が新・旧両世界に与えた直接の変化を述べさせる問題。変化という視点から，同時期の 2 つの地域を扱うため，並列的な論述となる。「先住民」「産物」という指定語句があり，使用法はほぼ決まっているため，論述の構成がしやすく，書きやすいテーマといえる。

設問の要求

〔主題〕「新大陸」の発見が新・旧両世界に引き起こした変化。
〔条件〕直接の変化について，2 つの指定語句を用いて説明する。

本問攻略の基礎知識

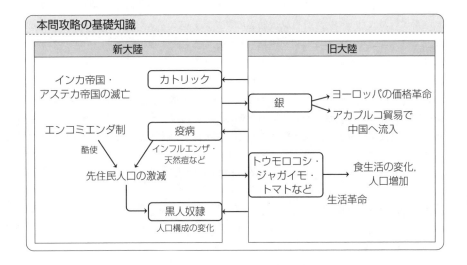

▶指定語句の検討

• 先住民

ヨーロッパ人が到達する以前から「新大陸」にいた人々で，「新大陸」発見後にはヨーロッパ人からインディオと呼ばれた。「新大陸」発見後，先住民はヨーロッパ人に鉱山などの労働力として使用され，過酷な労働や虐待，さらには天然痘や麻疹などの病気の流行によって人口を激減させた。

• 産物

「新大陸」原産のトウモロコシ，ジャガイモ，トマト，タバコなどを想起しよう。

これらは「新大陸」発見後，旧世界（アフロ＝ユーラシア大陸）に伝播した。特にジャガイモはヨーロッパで普及し，「貧者のパン」として飢饉を防いだ。また，トウモロコシやサツマイモは中国に流入し，18世紀の人口増加を支えている。

▶論述の方向性

「新大陸」の発見の結果，引き起こされた直接の変化について，新世界と旧世界に分けてそれぞれ説明すればよい。「先住民」では人口激減と，それに代わる黒人奴隷，「産物」では，新世界から旧世界へ伝播した，新大陸原産の具体的な作物名に言及すること。

①新世界における変化

「新大陸」発見の主役はスペインで，その後，スペインは「新大陸」の征服と植民地経営を進めた。征服事業ではコルテスのメキシコ征服，ピサロのペルー征服のように征服者によるアステカ文明，インカ文明などアメリカ大陸の高度な古代文明の破壊と略奪が行われた。ついでカリブ海諸島のプランテーションやボリビアのポトシ銀山などで，先住民を労働力として植民地経営が進められた。植民者はエンコミエンダ制によりカトリック布教を条件に征服地の土地・住民の統治を委託され，先住民を強制労働にかり出し酷使・虐待した。天然痘など「新大陸」になかった伝染病がヨーロッパ人により持ち込まれたことと上記のような酷使・虐待，先住民の文化・生活基盤の破壊は先住民人口の破滅的な減少を引き起こした。減少した先住民に代わって，ヨーロッパ人は西アフリカの黒人奴隷を大量に「新大陸」に運んだ。カリブ海諸島，南アメリカから北アメリカの人種・民族的人口構成は，こうして他地域にみられないほどの変貌をとげた。加えてカトリック信仰が広まり文化も変わった。

②旧世界における変化

新世界から旧世界にもたらされたものとして，銀と産物に注意したい。

●「新大陸」の銀

1545年ボリビア高原のポトシで銀山が発見されて以後，「新大陸」では先住民を労働力として大量の銀が採掘され，この銀の多くはヨーロッパに流入した。これを原因として起こったのが価格革命と呼ばれる物価騰貴である。この物価騰貴は固定地代に依存する封建領主層に打撃を与え，それまでの封建社会を崩壊させることになった。また，南ドイツの銀山経営で大きな力をもったアウクスブルクのフッガー家を没落させている。

なお，価格革命を背景に，西欧では商工業が活発化し，それに伴ってエルベ川以東ではグーツヘルシャフト（農場領主制）と呼ばれる土地経営が発達し，西欧への穀物輸出を増大させた。こうして東西ヨーロッパの間に分業体制が形成され，これは近代

世界システム（世界的な分業体制）の端緒となった。ただ，この点は「直接の変化」とはいえない面もあるため，本論述では言及しなくてもよいと思われる。

• 「新大陸」の産物

　「新大陸」原産のトウモロコシ・ジャガイモ・トマトなどが旧世界に伝えられて広く栽培され，食糧事情や生活に大きな変化をもたらしたことは生活革命と呼ばれる。この生活革命は，人口増加の背景となり，豊かな食文化（多様な食材を使った料理など）を各地域・各国で生み出すことになる。その一方で，旧世界から新世界へはサトウキビ，コーヒー，綿花などが伝わり，また牛・馬など大型家畜や鉄器・車輪も持ち込まれ，旧世界の人々の生活様式や農業形態を変化させた点も見逃せない。字数に余裕があれば，この点に言及してもよいだろう。

ポイント

• 新・旧両世界の食物などの相互の流入は「コロンブスの交換」と呼ばれる。
• 「商業革命」はインド航路開拓の結果でもあるため，言及しなくてもよいだろう。

解答例

　スペイン人に征服された「新大陸」では古代の文明が破壊され，旧世界のカトリック信仰が広まった。また先住民の人口がエンコミエンダ制による鉱山などでの酷使や旧世界から持ち込まれた疫病により激減すると，代わってアフリカから黒人奴隷が労働力として導入され，人口構成を変化させた。一方，「新大陸」原産のトウモロコシ・ジャガイモ・トマトなどの産物は旧世界に伝わり，食糧事情や食生活を変化させ，豊かな食文化の創出や人口増大につながった。さらに「新大陸」で採掘された大量の銀のヨーロッパ流入は価格革命という物価騰貴を招く要因となり，固定地代に依存する領主層に打撃を与え，またフッガー家を没落させるなど社会を変動させた。

（300字以内）

55　古代アテネ民主政の歴史的展開　（2008年度　第3問）

〔地域〕ギリシア　〔時代〕前6世紀末～前5世紀末　〔分野〕政治

　民主政の展開という観点から，古代アテネの歴史を述べさせる問題。政治の展開を扱うため，歴史的推移の論述となる。約1世紀という短期間で民主政がどのように変化していったかを，設問の示す流れに従って順序立てて説明する論述の基礎が試された。内容的に難しい部分はないため対応しやすい問題である。

設問の要求

〔主題〕アテネ民主政の歴史的展開。

〔条件〕前6世紀末からの約1世紀間を対象に，2つの指定語句を使って要点を説明する。

本問攻略の基礎知識

前5世紀のアテネの民主政の展開

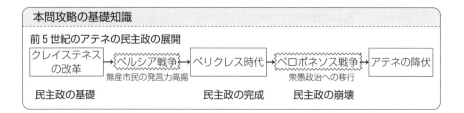

▶指定語句の検討

・民会

　18歳以上の成年男性市民全員が参加する総会で，アテネ民主政における最高議決機関となり，軍事・外交などポリスの政策を多数決により決定した。

・衆愚政治

　扇動政治家（デマゴーゴス，デマゴーグ）が民衆を操って行う政治で，民主政治の堕落形態とされる。アテネではペロポネソス戦争中，指導者ペリクレスの死を機に出現し，政治の混乱や国力の疲弊を招いた。

▶論述の方向性

　「前6世紀末からの約1世紀間」という時代から，まずクレイステネスの改革，ついでペリクレス時代，最後にペロポネソス戦争による前5世紀末の混乱の3段階について具体的な歴史事項を示してまとめていけばよい。

①民主政の基盤整備（「築き」）

　「紀元前6世紀末から」なので，クレイステネスの改革から論述を始めればよい。

クレイステネスは，貴族政の基盤である血縁に基づく4部族制を解体して，新しく地縁に基づく10部族制を編成し，各部族の基礎単位としてデーモス（区）を設置した。また各部族からデーモスを単位に議員を選出し500人評議会を設けた。さらに，僭主の出現を防止するため，一定の投票を集めた人物を危険人物として10年間国外追放する陶片追放（オストラシズム）の制度を設けた。こうしてより広い層の市民が政治に参加する民主政の基盤が整えられた。

②民主政の完成（「発展」）

• ペルシア戦争

民主政をより徹底させる契機になったのがペルシア戦争（前500～前449年）である。アテネはマラトンの戦い（前490年），サラミスの海戦（前480年）でペルシア軍を撃退したが，特にサラミスの海戦では，軍船の漕ぎ手として多数の下層無産市民が活躍し，戦後彼らの発言力が高まった。

• ペリクレス時代

ペルシア戦争後，ペリクレスがアテネ指導者となり，無産市民にも参政権が与えられ，民主政はいっそう徹底されていった。そこでは成年男子市民の全体集会である民会が国家の政策を多数決で決定する直接民主政が実現し，裁判も一般市民が抽選によって陪審員となる民衆裁判所が行った。つまり市民は貧富の差に関係なく政治に参加できるようになったのである。女性・在留外人・奴隷には参政権はなかったものの，こうした民主政が世界で初めて成立した意義は大きい。ここでは完成されたアテネ民主政の特徴ともいえる部分に触れておきたい。

③民主政の崩壊，衆愚政治への移行（「混乱」）

• ペロポネソス戦争

アテネ民主政の崩壊は，ペロポネソス戦争（前431～前404年）とともに進行した。デロス同盟の盟主として勢力を広げたアテネと，これに脅威を感じたペロポネソス同盟の盟主スパルタとの間で行われたこの戦争は，初期はアテネが優勢であった。しかし，開戦間もなくペリクレスが病死（前429年）すると，いたずらに戦争を長期化させ民衆を扇動するデマゴーゴスが続出しアテネは衆愚政治に陥った。こうしてアテネは混乱し，国力を消耗させ，降伏した（前404年）。その後，アテネでは「三十人僭主」という寡頭政権の成立，民主派との内戦を経て，民主政を復活させている（前403年）が，問題文には「混乱をも経験」とあるので，前5世紀末のペロポネソス戦争敗北を締めくくりとしたい。

ポイント
- ソロンの改革ではなく，クレイステネスの改革から書き始める。
- ペルシア戦争については，アテネ民主政における意義の点から説明する。
- アテネ民主政の特徴は字数を考慮し，簡潔に要点のみ記す。

解答例

　アテネでは，前6世紀末クレイステネスが平民の支持を得て，10部族制の導入，500人評議会の設置，僭主出現防止のための陶片追放制度などの改革を行い，民主政の基礎を築いた。前5世紀前半のペルシア戦争の勝利はアテネの勢力を強めるとともに，艦船の漕ぎ手として活躍した下層市民の発言力を高め，ペリクレスの指導の下ですべての成年男子市民が参加する民会が最高機関となり，陪審員や公職も広く市民に開放され，抽選で選ばれるなど民主政が徹底された。しかし，前5世紀後半のペロポネソス戦争においては，ペリクレスの死後にデマゴーゴスがアテネの政治をリードしたため，民主政は衆愚政治へと堕し，戦争を長期化させ，アテネを敗北させた。

（300字以内）

56　1960 年代における多極化の進展　(2007 年度　第 3 問)

〔地域〕世界　〔時代〕1960 年代　〔分野〕政治，経済

　1960 年代の世界を対象に，世界各地で起こった多極化の動きを述べさせる問題。特定時代の世界各地の動きを，特定の視点から扱う並列的な論述となる。「多極化とは何か」を明確に意識し，その上で 1960 年代の世界各地の状況を想起し，多極化に沿う動きを抽出すればよい。

設問の要求

〔主題〕1960 年代の世界における多極化の動き。
〔条件〕多極化の諸相（いろいろなあり様や動き）を具体的に説明する。

本問攻略の基礎知識

	西側陣営	東側陣営	第三世界
1960			アフリカの年
1961	ベルリンの壁建設		第 1 回非同盟諸国首脳会議
		アルバニア：ソ連と断交	
1962	キューバ危機		
1963	部分的核実験禁止条約		アフリカ統一機構（OAU）成立
	フランス：イギリスのEEC 加盟拒否		
1964	フランス：中華人民共和国承認		
1965	アメリカ：北爆開始　ベトナム戦争		インドネシア：九・三〇事件 →スカルノは失脚へ
1966	フランス：NATO軍事機構 から脱退		
1967	ヨーロッパ共同体（EC）成立		第 3 次中東戦争でナセル敗北
1968		プラハの春	アラブ石油輸出国機構 （OAPEC）成立
1969		珍宝島事件	
	戦略兵器制限交渉（SALT）開始		

▶論述の方向性

　多極化とは米・ソを中心とする冷戦下の二極構造の変化・崩壊をさす。米ソを中心とする二極構造が 1960 年代にどのように変化していったのかについて，アメリカを中心とする西側陣営（資本主義圏），ソ連を中心とする東側陣営（社会主義圏），米ソ両陣営に与しない第三勢力（第三世界）に分けて諸相（いろいろな姿）を説明してい

けばよいだろう。

①アメリカを中心とする西側陣営の構造変化―資本主義圏の多極化

• アメリカ合衆国の威信低下

　西側陣営の中心国アメリカは，1965年の北爆開始によりベトナム戦争へ本格的に介入した。しかし，ベトナム戦争が泥沼化すると，莫大な戦費の負担から財政が悪化，国際収支の大幅な赤字によってドル危機が起こる一方，ベトナム反戦運動が高揚するなど，アメリカの経済力の低下と社会的混乱が顕著となり，その国際的威信は低下していくことになった。

• フランスの対米独自外交

　フランス第五共和政の初代大統領ド＝ゴールは「フランスの栄光」を掲げ，1960年代，アメリカと距離をおく対米独自外交を展開した。1963年にはアメリカへの依存度強化につながるという理由でイギリスのヨーロッパ経済共同体（EEC）加盟を拒否，1964年には中華人民共和国を承認し，1966年にはNATO軍事機構脱退などを行い，西ヨーロッパにおける政治的主導権を確立しようとした。

• 経済的な多極化

　1967年ヨーロッパ共同体（EC）が成立し，西ヨーロッパの経済統合に道を開いた。西ドイツはアデナウアー政権（1949〜63年）のもとで急速な経済成長を遂げている。また，日本は1955年から始まった高度経済成長を経て，1968年にはアメリカに次ぐ資本主義国第2位のGNP（国内総生産）を達成するなど，アメリカを中心とする，西側の経済構造が1960年代に崩れた。

②ソ連を中心とする東側陣営の構造変化―社会主義圏の多極化

　東側陣営ではすでに1950年代にソ連共産党第一書記フルシチョフによるスターリン批判（1956年）を契機として，ポーランドとハンガリーの反ソ暴動や中ソ対立などが発生して，ソ連を中心とする社会主義圏の構造を揺るがしており，こうした動きは1960年代に本格化することになる。

• 東欧諸国とソ連

　1968年，チェコスロヴァキアではドプチェクの指導の下，自由化・民主化を求める動きが起きた。この「プラハの春」と呼ばれる動きは，ソ連と東欧4カ国の軍事介入で鎮圧されたが，東欧諸国内の対ソ不信感を増大させた。また，ルーマニアのチャウシェスクは「プラハの春」への介入不参加などの独自外交をとり，アルバニアは中ソ対立で中国を支持し，1961年にソ連と断交している。

• 中国とソ連

　スターリン批判（1956年）後のソ連がアメリカとの平和共存路線を打ち出したことを中国は批判し，中ソ対立が起こった。ソ連は，1960年に中国への経済援助を停

止してソ連人技術者を中国から引き揚げ，その後，キューバ危機（1962 年）における ソ連の譲歩や米英ソで成立した部分的核実験禁止条約（1963 年）に対してさらに 中国が反発を強めたことから，中ソ対立は公然化した。1969 年にはウスリー川のダ マンスキー島（珍宝島）で軍事衝突が起こっている。

③第三世界の台頭—米ソ中心の二極構造の崩壊

　第二次世界大戦後，アジア・アフリカでは次々に独立国が生まれ，これらの新興独 立国では 1950 年代，冷戦が激化する中，東西両陣営のどちらにも属さない第三勢力 を形成しようとする動きが現れた。1955 年のアジア＝アフリカ会議はその最初の動き といえる。そしてこの動きは 1960 年代に入ると本格化した。

・非同盟諸国首脳会議

　1961 年，ユーゴスラヴィアの首都ベオグラードで第 1 回の会議が開かれた。会議 では平和共存・民族解放の支援・植民地主義の打破をめざして共同歩調をとることを 誓い合った。これを機とした非同盟諸国の台頭によってアジア・アフリカなどの発展 途上国は第三世界と呼ばれるようになった。

・アフリカ統一機構（OAU）

　1963 年，エチオピアのアジスアベバで開かれたアフリカ諸国首脳会議で結成され， アフリカ諸国の連帯，植民地主義の一掃，非同盟路線の堅持などをめざした。

・アラブ石油輸出国機構（OAPEC）

　1968 年，中東のアラブ産油国によって結成され，先進資本主義国の石油支配に対 抗した。

　こうしてアジア・アフリカなども第三世界として国際社会に存在感を増し，その動 向は国際社会に大きな影響力を発揮し，米ソを中心とする世界の二極構造を揺るがし ていくことになる。

ポイント
・多極化は米ソ二極の冷戦構造の変化・崩壊と表裏一体であった点に注意する。
・政治面の多極化だけでなく，経済面における多極化も考えたい。

解答例

西側陣営では，アメリカがベトナム戦争で国際的威信を低下させる一方，フランスはド＝ゴール政権下で NATO 軍事機構から脱退するなど対米独自外交を展開した。また，EC の成立や，西ドイツ・日本の飛躍的な経済成長はアメリカの経済的地位を低下させた。東側陣営では，チェコスロヴァキアで自由化の動きが起こり，ルーマニアやアルバニアは対ソ独自外交を展開した。またキューバ危機と部分的核実験禁止条約などをめぐって中ソ対立が激化し国境紛争が発生した。アジア・アフリカなどは非同盟諸国首脳会議を経て第三世界として存在感を増し，アフリカ諸国はアフリカ統一機構を，中東の産油国は OAPEC を結成するなど地域的な発言力を強めた。

（300字以内）

57 4～8世紀の地中海世界 (2006年度 第3問)

〔地域〕地中海地域 〔時代〕4～8世紀 〔分野〕政治

古代末期から中世初期の地中海地域をめぐる政治的変化を述べさせる問題。約400年間に生じた政治的変化を扱うため、歴史的推移の論述となる。4世紀から8世紀の地中海地域におけるローマ帝国、ビザンツ帝国、ゲルマン人諸国家、イスラーム勢力、フランク王国などによる統一と分裂を中心に秩序立てて説明する力が問われた。

設問の要求

〔主題〕4世紀から8世紀に至る地中海地域の政治的変化。
〔条件〕統一と分裂に重点を置いて説明する。

本問攻略の基礎知識

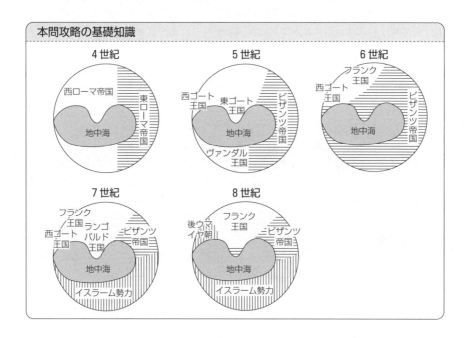

▶論述の方向性

各世紀における地中海地域の政治状況を、「統一から分裂へ」、「分裂から統一へ」の方向を意識しながら時系列に述べていく。4世紀のローマ帝国の東西分裂を書き出しとし、ゲルマン人諸国家の成立やビザンツ帝国による再統一、イスラーム勢力の拡大、フランク王国の台頭、8世紀末のカールの戴冠による状況までをまとめればよい。

① 4世紀の状況

　コンスタンティヌス帝が330年にコンスタンティノープルに遷都して以降，ローマ帝国の中心は東部へと移動していったものの，ローマ帝国の下で地中海地域の統一は維持されていった。しかし，4世紀後半に始まったゲルマン人の大移動で混乱するなか，テオドシウス帝の死後，ローマ帝国は東西に分裂（395年）し，地中海世界も東西に2分されることになった。

② 5世紀の状況

　西地中海地域にはゲルマン人の大移動により，イタリアに東ゴート王国（493〜555年），イベリア半島に西ゴート王国（418〜711年），北アフリカにヴァンダル王国（429〜534年）などが成立した。またこのゲルマン人の大移動の中で西ローマ帝国は滅亡している（476年）。一方，東地中海地域（バルカン半島，小アジア，シリア，エジプト）ではゲルマン人の大移動の影響を受けなかったビザンツ帝国が存続した。こうして地中海地域は西にゲルマン人諸国家が分立，東にビザンツ帝国が並立し，分裂が深まった。

③ 6世紀の状況

　ビザンツ皇帝となったユスティニアヌス1世（大帝）はローマ帝国の復興を企て，抗争していたササン朝と講和し，全力を地中海へ向けた。534年にヴァンダル王国を，555年に東ゴート王国を滅ぼし，また西ゴート王国からイベリア半島の一部を奪い取り，地中海地域をほぼ再統一している。なお，この頃，西ヨーロッパ内陸ではフランク王国（クローヴィスが481年に建国した国）がブルグンド王国を征服（534年）するなど，勢力を伸張させた。

④ 7世紀の状況

　問題文のアンリ=ピレンヌは，「マホメット（ムハンマド）なくしてシャルルマーニュ（カール）なし」という言葉を残したことで知られる。これは，イスラーム勢力の地中海進出が西ヨーロッパ中世世界の誕生の誘因となったとする学説である。アラビア半島から台頭したイスラーム勢力は正統カリフ時代，ビザンツ帝国からシリア・エジプトを奪取して地中海地域へ進出し，キプロス島・ロードス島を占拠するなど勢力を拡大させた。その後，661年に成立したウマイヤ朝も北アフリカを西に征服を進めている。一方，ビザンツ帝国はバルカン半島と小アジアを領土とする東地中海地域で勢力を保ち，西ヨーロッパではフランク王国と北イタリアにゲルマン人国家ランゴバルド王国（568〜774年），イベリア半島に西ゴート王国（418〜711年）が存在していた。

⑤ 8世紀の状況

　イスラーム勢力（ウマイヤ朝）は，北アフリカを征服した後，ジブラルタル海峡を渡ってイベリア半島に進出し，西ゴート王国を滅ぼした（711年）。その後，ガリアへ進出したが，トゥール・ポワティエ間の戦い（732年）でフランク王国に敗れ，イベリア半島を支配するにとどまった。一方，イスラーム勢力は750年にアッバース朝を成立させ，東地中海地域ではビザンツ帝国と対峙した。この頃，西ヨーロッパではイスラーム勢力を撃退したフランク王国が勢力を強め，カール大帝の時代には北イタリアのランゴバルド王国を征服するなど西欧の主要部を統一し，地中海地域の一大勢力となっている。さらにカール大帝は教皇レオ3世から8世紀末に戴冠された（800年）。このカールの戴冠によって西ヨーロッパ中世世界が成立したことで，地中海地域は西ヨーロッパ世界，東ヨーロッパ世界（ビザンツ世界），イスラーム世界に分裂し，3世界の鼎立状況となった。

> **ポイント**
> ・各世紀における「統一から分裂へ」，「分裂から統一へ」という勢力関係の変化を明確に示す。
> ・地中海地域をめぐる歴史の中に，「カールの戴冠」の意義を位置づける。

解答例

　4世紀前半の地中海世界はローマ帝国による統一が維持されたが，ゲルマン人の大移動開始後，4世紀末のローマ帝国東西分裂によりこの統一は崩れた。5世紀には西ローマ帝国が滅亡し，ビザンツ帝国とゲルマン諸国家が並立して分裂を深めた。6世紀にはビザンツ皇帝ユスティニアヌス1世が地中海地域をほぼ再統一したが，7世紀以後はイスラーム勢力が地中海地域へ進出し，北アフリカやイベリア半島などを領有し，ビザンツ帝国と対峙した。西欧ではフランク王国が台頭し，カール大帝は西欧の主要部を統一して教皇レオ3世よりローマ皇帝に戴冠された。これにより，地中海地域は西ヨーロッパ世界，東ヨーロッパ世界，イスラーム世界に分裂した。

（300字以内）

58　18世紀後半〜19世紀前半の英仏関係

（2005年度　第3問）

〔地域〕ヨーロッパ　〔時代〕18世紀半ば〜19世紀前半　〔分野〕政治

　七年戦争からナポレオン帝国崩壊までの英仏関係史を述べさせる問題。一定期間の2国間の関係の変化を扱う歴史的推移の論述となる。七年戦争，アメリカ独立革命，フランス革命，ナポレオン戦争における英仏両国の関係について，「協調」と「対立」という2つの視点でまとめる力が試された。

設問の要求

〔主題〕七年戦争からナポレオン帝国の崩壊にいたる時期の英仏関係。
〔条件〕関係がどのように変化したのか，変化の歴史を説明する。

本問攻略の基礎知識

| 七年戦争期 | ⇒ | アメリカ独立革命期 |

プロイセン VS オーストリア
　‖　　　　　　　　‖
イギリス ⟷ フランス
　　└ プラッシーの戦い
　　　フレンチ=インディアン戦争
　└→イギリスの勝利

イギリス本国軍 VS 独立軍
　　　　　└─┐
　　　　　　　└→フランス
ヨークタウンの戦いなど
　　└→ イギリスの敗北

⇒ | フランス革命期 | ⇒ | ナポレオン戦争期 |

フランス国民軍
　　　↑
対仏大同盟
（イギリスなど参加）

・1802　アミアンの和約→翌年，破棄
・1805　トラファルガーの海戦
・1806　大陸封鎖令
・1814〜15　ウィーン会議とナポレオン帝国崩壊

▶論述の方向性

　「戦争」として七年戦争とナポレオン戦争，「革命」としてアメリカ独立革命とフランス革命を軸に，イギリスとフランスの「対立」と「協調」の関係を時系列で整理していけばよい。

①七年戦争期…イギリスの勝利

　ヨーロッパで七年戦争（1756〜63年）が起こると，英仏はそれに連動して北米でフレンチ=インディアン戦争，北インドでプラッシーの戦いなどの植民地戦争を行い，

イギリスが勝利した。この結果、パリ条約（1763 年）が結ばれ、イギリスはフランスから北米のミシシッピ川以東のルイジアナやカナダ、アフリカ西岸のセネガルなどを獲得した。また、イギリスは世界商業と北米における覇権、インドにおける優位を獲得し、植民地帝国の基礎を築くことになった。しかし、この七年戦争による莫大な戦費によってイギリスの財政は悪化し、この解決をはかるため、北米 13 植民地への課税を強化したことなどから、アメリカ独立革命が勃発することになる。

②アメリカ独立革命期…イギリスの敗北

　イギリスは、重商主義政策のもと、北米 13 植民地を商品市場・原料供給地とし、自由な商工業の発展を阻止した。さらに七年戦争後、財政難に苦しんだイギリスは北米 13 植民地に対して印紙法や茶法などで課税を強化したことから、植民地の人々はこれに反発し、アメリカ独立革命（独立戦争）となった。フランスは植民地側と同盟を結んで参戦（1778 年）し、米・仏連合軍はヨークタウンの戦い（1781 年）でイギリス軍を降伏させ、戦争を終結させた。その後、イギリスはパリ条約（1783 年）でアメリカ合衆国の独立を承認し、同年、フランスもスペインを加えてイギリスとヴェルサイユ条約を結び、セネガルなどを獲得している。しかし、フランスはアメリカ独立戦争参戦によって財政が破綻し、これがフランス革命勃発の要因の 1 つとなった。

③フランス革命期…対仏大同盟の成立

　フランス革命の最中、国王ルイ 16 世が処刑（1793 年）されたことから、ヨーロッパへ革命が波及することを恐れたイギリスは、列強を誘って同年第 1 回対仏大同盟を結成した。一方、総裁政府時代のフランスは、イギリスとインドの連絡を絶つ目的でナポレオンをエジプトに派遣し、これを契機として第 2 回対仏大同盟が 1799 年に結成されている。そこでナポレオンはフランス軍をエジプトに残して帰国し、ブリュメール 18 日のクーデタ（1799 年）で総裁政府を倒して、統領政府を樹立し、第一統領に就任して権力を握った。

④ナポレオン戦争とナポレオン帝国の崩壊期

　統領政府時代のナポレオンは、イギリスとアミアンの和約（1802 年）を結んだことで第 2 回対仏大同盟の解体に成功し、戦争状態を終わらせた。しかし、翌年条約は破棄され、英仏は対立を深めた。そしてナポレオンが皇帝に即位（1805 年）すると、イギリスは同年第 3 回対仏大同盟を結成している。

　皇帝に即位したナポレオン 1 世はイギリスへの上陸を企てたが、トラファルガーの海戦（1805 年）で敗北した。ついでイギリス経済に打撃を与えるため、大陸封鎖令（ベルリン勅令：1806 年）を発布したが、大きな成果がなく、イギリスとの通商を禁止された大陸諸国の不満を招くことになった。この大陸封鎖令に背いたロシア遠征

失敗（1812年）を契機として，ナポレオンに対する各国の反攻が本格化することになった。

　プロイセン・ロシア・オーストリアとのライプツィヒの戦い（1813年）敗北後，ナポレオンはエルバ島へ流刑となり，フランスにはブルボン朝が復活し，またヨーロッパの秩序再建をめざしてウィーン会議（1814〜15年）が開催された。この会議の最中ナポレオンがエルバ島を脱出して復位すると，イギリスはプロイセン・オランダとともにワーテルローの戦い（1815年）でナポレオンを破り，セントヘレナ島へ流刑とした。これによりナポレオン帝国は完全に崩壊した。一方，ウィーン会議ではフランス代表タレーランの唱える正統主義にイギリスも同調する形で妥協が成立し，ウィーン議定書が調印（1815年）され，英・仏は協調しウィーン体制を支えることになる。

ポイント

- 両国の「関係の変化」を扱うのだから，最初が「対立」，ついで「対立」と「講和」を繰り返し，最後に「協調」という推移を示す。
- アミアンの和約で英仏が講和していることを見逃しやすいため注意したい。
- ナポレオンの没落とウィーン会議の開催が同時期である点に注意する。

解答例

英仏両国は，七年戦争と並行して北米とインドで植民地戦争を展開し，イギリスが勝利した。そこでアメリカ独立戦争では，フランスは植民地側についてイギリスと戦い，独立を支援した。一方，イギリスはフランス革命が起こると，対仏大同盟の中心としてフランスに敵対し戦争状態となり，その後，ナポレオンが権力を握ると両国はアミアンの和約を結んで講和し，関係を改善した。しかし条約はすぐに破棄され，ナポレオンが皇帝に即位すると両国は対立を深め，トラファルガーの海戦でイギリスに敗北した後，大陸封鎖令でイギリスの孤立をはかった。その後，ナポレオン帝国の崩壊に伴って開かれたウィーン会議では，英仏両国は協調することになった。

（300字以内）

59 4 世紀のローマ帝国とヨーロッパ中世世界の形成
(2004 年度 第 3 問)

〔地域〕ヨーロッパ 〔時代〕4 世紀 〔分野〕政治，社会

ヨーロッパ中世世界の形成という観点から，4 世紀のローマ帝国の政治と宗教に焦点を当てて重要な意義を有したと考える事象を述べさせる問題。特定の国・時代を対象に，政治と宗教を扱うため，時系列的な，あるいは分野別の並列的な論述となる。「中世ヨーロッパ世界とは何か」を意識した上で，古代ローマからヨーロッパ中世への移行期を説明する力が試された。

設問の要求

〔主題〕ヨーロッパ中世世界の形成に意義を有した，4 世紀のローマ帝国の事象。
〔条件〕政治と宗教に焦点を当てて説明する。

本問攻略の基礎知識

	4 世紀のローマ	ヨーロッパ中世世界
政治	330 コンスタンティノープル遷都 332 コロヌスの土地緊縛令 376 ゲルマン人大移動開始 395 ローマ帝国東西分裂	農奴制を基盤にした分権的な封建社会の成立 西欧と東欧の枠組みの成立
宗教	313 ミラノ勅令 325 ニケーア公会議 392 キリスト教国教化	キリスト教世界の形成

▶論述の方向性

ローマ帝国におけるコンスタンティヌス帝やテオドシウス帝の事績やゲルマン人の大移動を考え，これらがヨーロッパ中世世界の形成に重要な意義をもったということを説明していけばよい。「とくに政治と宗教に焦点を当てる」という条件から，東西ヨーロッパ世界の形成，キリスト教世界の形成などに関連する事象を述べていく。

① 4 世紀のローマ帝国と政治…東西ヨーロッパ世界の原形

4 世紀のローマ帝国を統治した皇帝としては，ディオクレティアヌス帝（位 284〜305 年），コンスタンティヌス帝（位 306〜337 年），テオドシウス帝（位 379〜395 年）の 3 人が重要だが，このうちディオクレティアヌス帝は，専制君主政（ドミナトゥス）の採用や四分統治（四帝分治制）の導入などを行ったが，これらは

ヨーロッパ中世世界の形成と結びつかないため，本論述の対象外と考えられる。

　政治面としては，コンスタンティヌス帝によるコンスタンティノープル遷都（330年）とコロヌスの移動禁止の法令発布（332年），ゲルマン人の大移動（376年），テオドシウス帝死後の東西分裂（395年）を考えたい。

　コンスタンティノープル遷都によってローマ帝国の重心は西部から東部へ移動したが，ローマ帝国はもともと西部のラテン的世界と東部のギリシア的世界という異質性をもっていたため，この遷都は東西への分離傾向を強めることになった。

　その後，ゲルマン人の大移動が始まり，ゲルマン人はローマ帝国の西部へと移動したため，東部は大移動の影響はほとんどなく，東西の差異を拡大させることになった。

　コンスタンティヌス帝によるコロヌスの移動禁止によって，コロヌスを使った生産形態が一般化するが，このコロヌス制（コロナトゥース）は，西ヨーロッパ中世の農奴制の先駆的な存在となった。ローマ帝国西部では，都市や商業が衰退し，軍事力を維持するための重税を嫌って都市から農村へ移住して自給自足的な所領を経営する者が多く現れるようになり，コロヌスがその労働力とされた。コロヌスの移動禁止は，都市の衰退や地方における所領の独立化と併せて西ヨーロッパにおける封建社会の形成につながっていくことになる。

　テオドシウス帝の死後，ローマ帝国は東西に分裂し，政治的にもヨーロッパ中世世界が東西に分裂することが確定的となった。その後，5世紀には，西ローマ帝国が滅亡（476年）して西ヨーロッパ世界ではゲルマン人の国家が分立する時代となったが，これに対し，都市経済が衰えなかった東ローマ帝国はコンスタンティノープルを中心に1453年まで存続することになる。

②4世紀のローマ帝国と宗教：キリスト教の国教化

　宗教面では，ローマ帝国におけるキリスト教がどのようにヨーロッパ中世世界と関係するかという視点をまとめたい。コンスタンティヌス帝によるミラノ勅令でキリスト教が公認（313年）→教義統一のためニケーア公会議が開催（325年）→テオドシウス帝のときに他宗教が厳禁され（392年），国教化がはかられたという流れを念頭に，ヨーロッパ中世世界におけるキリスト教世界の成立に意義をもったということを説明したい。

ポイント
- 4世紀の事象とヨーロッパ中世世界の特徴・要素との関連を示す。
- 4世紀のキリスト教史にならないように，政治面の事象にも注意を払う。

解答例

　政治的にはコンスタンティノープル遷都により帝国の重心が東方へと移ったことで，もともと異質な帝国の東部と西部の分離傾向が強まり，これはゲルマン人の大移動と帝国の東西分裂を経て一層進み，中世の東西ヨーロッパ世界の形が成立した。またコロヌスの移動禁止により農奴制の先駆となる生産形態が広まり，それに伴って大土地所有者の所領の帝国からの自立化も強まり，ヨーロッパ中世世界の枠組みをなす分権的な封建社会の要素が生まれた。宗教的にはミラノ勅令でキリスト教が公認され，また正統教義が確立され，さらに国教化されたことで，キリスト教がヨーロッパ全体に広がる基盤が生まれ，中世のキリスト教世界の形成を決定的にした。

（300字以内）

60 第一次世界大戦中のイギリスの植民地政策とその結果

（2003年度　第3問）

〔地域〕インド，エジプト　〔時代〕第一次世界大戦中と大戦後　〔分野〕政治

　　第一次世界大戦中のインドとエジプトに対するイギリスの政策，およびその結果を述べさせる問題。同一時期の2つの地域を扱う並列的な論述となる。インドに比べると第一次世界大戦中と戦後のエジプトの動きがまとめにくいと思われる。

設問の要求

〔主題〕第一次世界大戦中にイギリスがインド・エジプトに対してとった政策。
〔条件〕イギリスの政策が戦後に生み出した結果にも言及する。

本問攻略の基礎知識

	大戦中	大戦後の1920年代
インド	英は戦後の自治を約束 →	約束守らず ↓ 非暴力・不服従運動 ↓ 自治・独立実現せず，民族運動継続
エジプト	英の保護国化 英は戦後の自治を約束 →	約束守らず ↓ ワフド党の独立運動 ↓ エジプト王国成立（1922）名目的独立であったため，民族運動継続

▶論述の方向性

　　第一次世界大戦中，イギリスが戦争遂行のため支配下のインドとエジプトに何を提示・約束したのかを説明する。その上で第一次世界大戦後，インドでは独立が実現せず，エジプトでは王国として名目上独立を達成した点を，第一次世界大戦後のアジアの特徴である民族運動と関連させてまとめたい。

【インド】
①第一次世界大戦中：自治の約束
　インドは 1877 年にインド帝国が成立して以来，イギリスの植民地であった。第一次世界大戦でイギリスが 1914 年 8 月 4 日に対独宣戦したことによって，イギリス帝国（本国・自治領・植民地から構成）に属するインドも参戦を強いられた。こうしてインドは人員・物資を負担したが，それに伴い，負担の代償として自治を求める声も高まり，1916 年にはインド国民会議派と全インド=ムスリム連盟の間でラクナウ協定が結ばれ，自治を求めて協調して民族運動を進めることになった。そこでインドからの一層の支持・協力を必要としたイギリスでは，インド担当大臣モンタギューが戦争協力を条件に，戦後の自治を約束する声明を発表した（1917 年）。

②第一次世界大戦後：インドの独立運動
　イギリスは戦後の自治を約束したにもかかわらず，第一次世界大戦後の 1919 年民族運動弾圧のためローラット法を制定し，さらにこの法に抗議する集会を弾圧して多数の死傷者を出した（アムリットサル事件）。さらに同年インド統治法を制定し，インド政庁（植民地インドを統治した中央政府で，その長がインド総督）の権限の一部を州に移し，その州行政はインド人に委ねられたが，外交・軍事など重要事項は総督を中心とするインド政庁が依然として握るなど，自治とはほど遠い内容だった。こうしたイギリスの政策に対し，国民会議派の指導者ガンディーは第 1 次非暴力・不服従運動を始め，全インド=ムスリム連盟も当初はこれに協調した。1922 年にこの第 1 次非暴力・不服従運動は中止されたが，その後，国民会議派はネルーらを中心に 1929 年ラホール大会を開き，「プールナ=スワラージ（完全独立）」を決議し，翌年，ガンディーは第 2 次非暴力・不服従運動として「塩の行進」と呼ばれる抵抗運動を開始した。イギリスは妥協の道を探り，1930〜32 年に 3 回にわたって英印円卓会議を開いてインド人指導者と協議し，1935 年のインド統治法（新インド統治法ともいう）で連邦制と州自治制を認めるなど，自治についてある程度譲歩する姿勢をみせたが，独立の要求は認めなかった。なお，インドでは独立の仕方をめぐって，国民会議派と全インド=ムスリム連盟の対立が深まり，この結果，第二次世界大戦後にインド連邦とパキスタンに分かれて独立することになる（1947 年）。

【エジプト】
①第一次世界大戦中：イギリスの保護国
　ウラービー運動を単独出兵で鎮圧したイギリスは，1882 年にエジプトを軍事占領し，実質的にイギリスの植民地としたが，形式上はオスマン帝国がエジプトの宗主権を保持していた。第一次世界大戦が勃発し，オスマン帝国が同盟国側に参戦すると（1914 年 11 月），イギリスはエジプトとオスマン帝国の名目的な関係を断ち切り，

エジプトを正式に保護国とした（1914年12月）。そして戦後の自治を約束する一方，大量の人員・物資を強制的に徴発して戦争に協力させた。しかし，こうした負担に対する不満は次第に高まり，大戦終結後に開かれたパリ講和会議にイギリスからの独立を求めるエジプト代表団を派遣しようという運動が起こった。この運動のなかから民族主義政党のワフド党が生まれ，以降，1952年のエジプト革命（1952年に王政を打倒し，翌53年に共和国を成立させた革命）までエジプトの政治を主導していく。

②第一次世界大戦後：独立の実現

　エジプト代表団のパリ講和会議出席がイギリスによって阻止されると，エジプトでは抗議運動が起こり，これを機にワフド党を中心とする反英民族独立運動が発生した（1919年）。そこでイギリスは1922年，エジプトの独立を認め，エジプト王国が成立した。しかし，イギリスがエジプトの防衛権やスーダン統治権など従来の権益を放棄しなかったため，独立は名目的なものにすぎなかった。そのため運動が続き，1936年にエジプト＝イギリス同盟条約が結ばれ，エジプトはイギリスにスエズ運河地帯の駐屯権を認めたものの，主権が認められたことで，完全独立に近づいた（イギリスがスエズ運河地帯駐屯権を放棄するのはエジプト革命後の1954年である）。

ポイント

• 特定の視点から同じような状況に置かれた2つの地域を扱うため，両者を比較（対比）できるような文章にする。
• 民族運動については，運動や組織の名称などを正確に記して説明する。

解答例

　第一次世界大戦が始まると，イギリスは直轄領としていたインドや正式の保護国としたエジプトに対し，戦後の自治を約束し，その代償として戦争への協力を求め，大量の物資や人員を提供させ，戦場へ投入した。しかし戦後，イギリスは約束を守らず，インドではローラット法を制定し民族運動の弾圧をはかったため，ガンディーの指導の下で非暴力・不服従運動が起こり，やがて民族運動は完全独立をめざすようになった。一方，エジプトでもワフド党を中心に反英民族運動が起こった。そこでイギリスは1922年に独立を認め，エジプト王国を成立させたが，その独立が名目的で，イギリスが従来の権益を留保したため，以後も完全独立をめざした運動が続いた。

（300字以内）

第4章 欧米地域／記述・短文論述

61 A 中世～近代のヨーロッパの大学
B 石炭から見る近現代ヨーロッパ史

(2022年度　第4問)

A 〔地域〕ヨーロッパ 〔時代〕6～19世紀 〔分野〕政治，文化

　大学の設立をテーマに，6世紀から19世紀までのヨーロッパ史が問われ，半分以上が文化史関連の出題となっている。短文論述の(7)(イ)は設問の「宗教的立場」に戸惑うかもしれないが，ピューリタンが生まれた16世紀のイギリスが宗教改革期であったことを想起し，これをヒントに考えたい。

B 〔地域〕ヨーロッパ 〔時代〕18～20世紀 〔分野〕政治，経済

　石炭の産出・利用・影響をテーマに，18世紀から20世紀までのヨーロッパ史が問われた。やや特殊なテーマで，⒃ナポレオン3世と⒆チェチェンが難問となっているが，基本的知識を土台に，⒃は時期と「統治者」から，⒆は時期と「紛争」から考えたい。

A

(1)(ア)　12～13世紀，神聖ローマ皇帝がイタリアに介入すると（イタリア政策），北イタリアの都市はミラノを中心にロンバルディア同盟を組織して皇帝軍を撃退し，皇帝に自治権を認めさせた。

　(イ)　フランチェスコ修道会やドミニコ修道会は財産を否定し，その修道士は信者から受けるわずかな施しによって活動した。そのためこれらの修道会は托鉢修道会と総称された。

(2)　東ローマ帝国では6世紀，ユスティニアヌス大帝の命により，法学者トリボニアヌスらを中心にローマ法を集大成した『ローマ法大全』が編纂された。

(3)(ア)　『医学典範』は11世紀，イスラーム世界を代表する医学者イブン=シーナー（ラテン名アヴィケンナ）により著された。

　(イ)　ハーヴェーはイギリス国王のジェームズ1世やチャールズ1世の侍医も務めた医学者で，実験的論拠に基づいて血液循環説を発表した。

(4)　プラハ大学は神聖ローマ帝国内最初の大学で，皇帝カール4世により創設された。なお，カール4世は1356年には金印勅書を発布する。

(5)　『ソクラテスの弁明』や『国家』は，ソクラテスの弟子で，イデア論や「哲人政治」で知られる古代ギリシアの哲学者プラトンによって著された。

(6)　ルターはヴィッテンベルク大学の神学教授で，ローマ教皇レオ10世による贖宥状の販売を批判して1517年に九十五カ条の論題を発表した。これがドイツ宗教改革の発端となる。

(7)(ア)　インカ帝国は1533年，スペインのピサロにより征服された。

(イ)　やや難。ピューリタンがイングランドのカルヴァン派とする指摘が前提となる。その上でその「宗教的」な「立場」を記せばよい。カルヴァン派がヨーロッパ各地に広まった16世紀は宗教改革期で，イングランドではイギリス国教会が確立された。しかしイギリス国教会の教義・祭礼にはカトリック的要素が多く残ったため，その要素の一掃をイングランドのカルヴァン派は求めた。このイギリス国教会の改革を国教会の外から望んだカルヴァン派をピューリタン（清教徒）と呼んだ。

(8)(ア)　1660年のイギリスでは王政復古により，チャールズ2世（ピューリタン革命で処刑されたチャールズ1世の子）が即位し，ステュアート朝を復活させた。

　(イ)　『プリンキピア』はイギリスの物理学者ニュートンの著書で，彼が発見した万有引力の法則などを体系化した。

(9)　ハノーヴァー朝初代国王はドイツから迎えられたジョージ1世，2代目の国王はジョージ2世。この2代の国王の時代に，ホイッグ党のウォルポール首相の下でイギリスにおける責任内閣制が確立した。

(10)　フィヒテはドイツ観念論の哲学者で，ナポレオン軍占領下のベルリンで「ドイツ国民に告ぐ」と題する連続講演を行い，ドイツ人の国民意識を高揚させた。後にベルリン大学初代学長（総長）に就任している。

B

(11)　コークス製鉄法はイギリスのダービー父子によって開発され，鉄の大量生産を可能とし，産業革命を支えた。

(12)　蒸気機関はイギリスのニューコメンにより考案され，ワットにより改良・実用化された。その結果，蒸気機関は産業革命期の動力の主役となった。

(13)　蒸気機関を導入した力織機が出現する前，イギリスでは水力紡績機（後，動力源は水力から蒸気に改良された）や人力を動力源とするジェニー紡績機が使用されていた。

(14)　イギリスはインドから綿織物（インド産綿布）を輸入していた。この綿織物の国産化をめざしてイギリスでは綿織物工業が興り（輸入代替工業化），この綿織物工業から産業革命が始まった。

(15)　イギリス産業革命期，ランカシャー地方の都市マンチェスターが綿織物工業の中心となった。

(16)　難問。フランスでは第二帝政を樹立したナポレオン3世が近代化政策として，鉄道関連事業の再編や金融システムの改革を進めた。

(17)　イタリアでは19世紀初め，ナポレオン支配下のナポリ王国においてカルボナリ（「炭焼き」という意）と呼ばれる秘密結社が生まれた。ウィーン体制成立後，カルボナリは自由主義・国民主義の運動を展開したが失敗した。

(18)　アメリカ独立革命期の大陸会議や独立直後の憲法制定会議はフィラデルフィアで開催された。フィラデルフィアは 1800 年にワシントンがアメリカ合衆国の首都になるまで，首都の役割を果たした。

(19)　難問。グロズヌイは現在，ロシア連邦に属するチェチェン共和国の首都となっている。チェチェン共和国は北カフカス（北コーカサス）に位置し，この国ではソ連崩壊後の 1994 年と 1999 年にロシア連邦からの分離独立をめぐって紛争が起こった（チェチェン紛争）。

(20)　フランスは普仏戦争（プロイセン=フランス戦争）に敗れ，アルザス・ロレーヌをドイツ帝国に割譲した（1871 年）。ドイツでは，エルザス・ロートリンゲンと呼ぶ。

(21)　ヴェルサイユ条約（第一次世界大戦後の 1919 年に結ばれたドイツと連合国の講和条約）によりザールは国際連盟の管理下に置かれ，15 年後の住民投票で帰属を決定するとされた。1935 年の住民投票により，ザールはドイツに編入された。

(22)　フランスとベルギーは 1923 年にルール占領を行い，1925 年に同地方から撤退した。

(23)(ア)　1950 年に提案されたシューマン=プランに基づき，1952 年ヨーロッパ石炭鉄鋼共同体（ECSC）が発足した。

(イ)　ヨーロッパ石炭鉄鋼共同体にはフランス・西ドイツ・イタリア・ベネルクス 3 国（ベルギー・オランダ・ルクセンブルク）の 6 カ国が参加した。1958 年にヨーロッパ経済共同体（EEC）とヨーロッパ原子力共同体（EURATOM）が発足し，この 3 つの共同体の統合によってヨーロッパ共同体（EC）が 1967 年に成立した。

(24)　イギリスでは 1979 年に成立した保守党のサッチャー政権の下で，新自由主義の政策として，石炭産業など国営企業の民営化を進めた。

解　答

A　(1)(ア)ロンバルディア同盟　(イ)托鉢修道会　(2)ローマ法大全
　(3)(ア)イブン=シーナー〔アヴィケンナ〕　(イ)血液循環説　(4)カール4世
　(5)プラトン　(6)ヴィッテンベルク　(7)(ア)ピサロ
　(イ)イングランドのカルヴァン派で，イギリス国教会の改革を不十分であるととらえカルヴァン主義の徹底を主張した。
　(8)(ア)チャールズ2世　(イ)ニュートン　(9)ウォルポール
　(10)ドイツ国民に告ぐ
B　(11)ダービー　(12)ワット　(13)水力（人力も可）　(14)インド
　(15)マンチェスター　(16)ナポレオン3世　(17)カルボナリ
　(18)フィラデルフィア　(19)チェチェン　(20)アルザス・ロレーヌ　(21)ザール
　(22)ルール　(23)(ア)ヨーロッパ石炭鉄鋼共同体〔ECSC〕
　(イ)イタリア，ベルギー，オランダ，ルクセンブルクのうちから1つ
　(24)サッチャー

62 A 古代ギリシア・ローマと継承国家
B 動物をめぐる歴史

(2021 年度　第 4 問)

A 〔地域〕ヨーロッパ，ロシア 〔時代〕前 5 ～16 世紀 〔分野〕政治，文化

　都市とその住民という視点から，古代ギリシア・ローマ，およびローマ帝国の継承国家の状況が問われた。(2)の「ペリクレスの市民権法の内容」説明は用語集も利用した一歩踏み込んだ理解が求められ，難度が高い。⑿は年代関連の正文選択問題だが，基本的知識で対応できる。

B 〔地域〕欧米 〔時代〕11～19 世紀 〔分野〕政治，経済，文化

　人類と動物の相互関係をテーマに，中世から近代までの欧米史が問われた。空欄 c は解答の表記に戸惑ったのではないだろうか。また，㉔メルヴィルは教科書記述の範囲を超えた設問であった。⒇の短文論述は生鮮な状態の「牛肉」を輸送する際に必要な技術を考えればよい。

A

a　3 世紀のローマ帝国では各地の軍団がそれぞれ皇帝を擁立して争った。この軍団に擁立された皇帝を軍人皇帝，そしてこの時代を軍人皇帝時代と呼び，帝国は分裂の危機に直面した（「3 世紀の危機」）。

b　モスクワ大公イヴァン 3 世が，初めて皇帝を意味するツァーリの称号を使用した。なお，ツァーリはイヴァン 4 世により正式の称号となる。

(1)　スパルタは征服型のポリスで，少数のスパルタ市民が征服した多数の先住民を隷属農民のヘイロータイ（ヘロット）として支配した。

(2)　やや難。それまでは母親が外国人であっても父親がアテネ市民ならば，生まれた男子に市民権が認められていたが，ペリクレスの市民権法によって，両親ともにアテネ人であることが義務づけられた。この点は市民権を拡大していく古代ローマの政策との大きな違いである。

(3)　最高神ゼウスの神殿を持つ聖域オリンピアでは，4 年ごとに徒競走・レスリング・戦車競走などスポーツの競技会が開催された。これをオリンピアの祭典と呼び，ギリシア人の民族的な行事となった。

(4)　ペルシア戦争後，ペルシアの再攻に備え，ポリスはデロス同盟を結成し，アテネを盟主とした。そのためデロス同盟はアテネが他のポリスを支配する組織となり，「アテネ帝国」と呼ばれる状況が出現した。

(5)　ペロポネソス戦争が起こると，歴史家トゥキディデスは戦争の原因・経過などを厳密な史料批判に基づいて記述した。

(6)　ローマはイタリア半島の征服を進める中，支配下の都市を自治市・同盟市・植民市などに分け待遇に差をつけて治めた（分割統治）。このうち，「兵力供出の義務を

負いながらもローマ市民権を与えられない地位に置かれた都市」は同盟市である。

(7)　ローマ最初の属州（海外領土）となったシチリア島は，ローマが第1回ポエニ戦争でカルタゴに勝利して獲得した（前241年）。

(8)　パウロは，神の無差別の愛を説きつつ，小アジアなどで伝道を行い，キリスト教を普遍的な宗教とするのに貢献し，「異邦人の使徒」と呼ばれる。異邦人とはユダヤ人以外の民族をさす。

(9)　「内乱の1世紀」を収束させたアウグストゥスは全権を掌握したが，独裁官とはならず，プリンケプス（市民の中の第一人者）と称して共和政の形式・制度を尊重した政治体制を始めた。これを元首政（プリンキパトゥス）と呼ぶ。

(10)　キリスト教は，コンスタンティヌス帝が313年のミラノ勅令で公認した後，テオドシウス1世（大帝）によって380年に国教とされ，392年には異教信仰が禁止された。

(11)　5～6世紀にビザンツ帝国と東で接した国家はイラン系のササン朝ペルシア。ササン朝は6世紀中頃にビザンツ皇帝ユスティニアヌスと講和したが，ユスティニアヌス死後の6世紀後半には抗争が再開されたため，ビザンツ皇帝の親征も多くなった。

(12)　ビザンツ帝国の滅亡は1453年。この年，(c)英仏間の百年戦争が終結した。なお，(a)はカノッサの屈辱の説明で1077年。(b)の教皇ウルバヌス2世による十字軍の提唱は1095年。(d)の教会大分裂（大シスマ）は1378年に発生した。

(13)　「962年」，東フランク・ザクセン朝のオットー1世は教皇ヨハネス12世から戴冠され，初代神聖ローマ皇帝となった。彼は教会を保護下に置いて帝国統治に利用する政策（帝国教会政策）を開始した。

B

c　空欄cを含む下線部(19)の前文を見ると，対象の時期は19世紀末までとなっている。19世紀前半の1830年，先住民強制移住法が制定され，先住民はミシシッピ川以西に設定された保留地に強制移住させられた。よって，本問はミシシッピ川以西でも，保留地でも，文意が通じるため，両方とも正解と思われる。

(14)(ア)　中世の西ヨーロッパで起こった拡大運動のうち，修道院を中心とした運動が大開墾運動で，森林を切り開いて耕地を広げた。

(イ)　大開墾運動は特に12世紀，シトー修道会を中心に展開した。シトー修道会はクリュニー修道院のロベールが11世紀末フランス・ブルゴーニュ地方のシトーに創設した。

(15)　1066年のヘースティングズの戦いでは，ノルマンディー公ウィリアムがイングランド軍を破りイングランドを征服した。これをノルマン=コンクェストと呼び，ノルマン朝が成立した。

⒃　黒死病の流行などによる人口の激減を背景に農奴解放が進み，イングランドでは
　　ヨーマンと呼ばれる独立自営農民が出現した。

⒄㋐　スペインのコルテスは 16 世紀前半，メキシコ中央高原のアステカ帝国（王
　　　国）を滅ぼした。アステカ帝国の都はテスココ湖上に建てられたテノチティトラ
　　　ン。

　㋑　テノチティトランはコルテスにより破壊され，その廃墟の上にスペイン風の都
　　　市が建設された。これが現在のメキシコシティである。

⒅㋐　スペインは 16 世紀後半，フィリピンのマニラとメキシコのアカプルコを結ぶ
　　　貿易を開いた。これをアカプルコ貿易と呼び，メキシコ銀がアカプルコを積出地
　　　としてマニラに運ばれ，さらにマニラから中国などアジア各地に流入した。

　㋑　アカプルコ貿易ではガレオン船と呼ばれる帆船が利用された。そのためアカプ
　　　ルコ貿易はガレオン貿易とも呼ばれる。

⒆　1830 年の先住民強制移住法は，西部出身の大統領ジャクソンの下で制定された。
　　なお，ジャクソンの政策をめぐって，ジャクソン派は民主党を，反ジャクソン派は
　　ホイッグ党を結成した。

⒇　「19 世紀末にこの輸送法（牛を生きたまま船で輸出）」は行われなくなったが，
　　「南米からイギリスなどへの牛肉の輸出は増加した」とある。南米からイギリスへ
　　は長距離輸送が必要で，冷蔵・冷凍技術がなかった時代には牛肉は輸送ができなか
　　ったのである。19 世紀末には第 2 次産業革命の結果，電力の利用が可能となり，
　　牛肉の冷凍輸送が行われるようになった。

(21)　アフリカ東海岸には 8 世紀頃からムスリム商人が来航した。そのためアラビア語
　　も伝わり，アラビア語の影響を受けた現地語が生まれた。これがスワヒリ語で，ア
　　フリカ東海岸一帯の広域共通語となった。

(22)　シベリアとアラスカの間にあるベーリング海峡は，探検家ベーリングの名に因む。
　　デンマーク出身のベーリングはロシア皇帝ピョートル 1 世の命を受け，アジアとア
　　メリカ大陸間を探検した。

(23)　南アフリカ戦争はトランスヴァール共和国やオレンジ自由国に対してイギリスが
　　起こした帝国主義の侵略戦争で，植民地相ジョゼフ゠チェンバレンが指導し，両国
　　を征服した（1902 年）。

(24)　難問。『白鯨（モビーディック）』（1851 年）の作者はアメリカの作家メルヴィル。
　　この小説では彼の捕鯨船での体験を基に，白鯨（モビーディック）と船長エイハブ
　　の戦いが叙事詩的に描かれた。

解　答

A　a．軍人皇帝　b．ツァーリ

(1)ヘイロータイ〔ヘロット〕

(2)アテネ市民権が付与される者を両親ともアテネ人である18歳以上の男性に限定した。

(3)オリンピアの祭典　(4)デロス同盟　(5)トゥキディデス　(6)同盟市

(7)第1回ポエニ戦争　(8)パウロ　(9)元首政〔プリンキパトゥス〕

(10)キリスト教を国教化した。

(11)ササン朝ペルシア　(12)—(c)　(13)オットー1世

B　c．保留地（ミシシッピ川以西も可）

(14)(ア)大開墾運動　(イ)シトー修道会　(15)ノルマン=コンクェスト

(16)ヨーマン　(17)(ア)テノチティトラン　(イ)メキシコシティ

(18)(ア)アカプルコ　(イ)ガレオン船　(19)ジャクソン

(20)冷凍保存できる技術が発達したため。　(21)スワヒリ語

(22)ベーリング　(23)ジョゼフ=チェンバレン　(24)メルヴィル

63
A　前近代ヨーロッパにおける正戦論
B　情報伝達をめぐる世界史
（2020 年度　第 4 問）

A　〔地域〕ヨーロッパ，ラテンアメリカ　〔時代〕前 4 〜17 世紀　〔分野〕政治，文化

　正戦論の視点から，主に前近代のヨーロッパ史が問われた。専門的なテーマのリード文であるが，設問自体は標準レベルといえる。短文論述の(7)コンスタンツ公会議と(8)エンコミエンダ制は京大定番の重要事項の説明であるため書きやすい。

B　〔地域〕欧米，中東　〔時代〕全時代　〔分野〕政治，文化

　情報伝達の手段や技術をテーマに，幅広い時代・地域から政治史・文化史上の動向が問われた。短文論述の(15)はキリル文字の由来とスラヴ人へのギリシア正教布教の関連を述べさせる問題でやや難。(16)は宗教改革と技術発展を結びつけて説明することが求められた。

A

a　「北アフリカのヒッポ司教」となったのはアウグスティヌス。彼はキリスト教の教義確立に貢献し，最大の教父とされる。

b　『神学大全』はスコラ学の大成者トマス＝アクィナスが著した。

c　「西アフリカからインドまでの征服権」を与えられたので，ポルトガルはまず西アフリカ沿岸の探検に着手した。その事業に関わったポルトガルの王子は「航海王子」といわれたエンリケ。文中の「ポルトガル王」は父のジョアン 1 世である。

(1)　古代ギリシア人は異民族をバルバロイ，自民族をヘレネスと呼んで区別した。これは民族意識の表れとされる。

(2)　キケロは古代ローマ共和政末期の政治家・雄弁家で，ラテン語散文家としても知られ，『国家論』や『友情論』などの著作を残した。

(3)　ミラノ勅令は 313 年，ローマ皇帝コンスタンティヌス（1 世）により発布され，キリスト教を公認した。

(4)　イエスの人性と神性の分離を説くネストリウス派は，431 年のエフェソス公会議で異端とされた。エフェソスは小アジア西岸中部の都市。

(5)　「帝国議会」から身分制議会としての帝国議会をもつ神聖ローマ帝国を想起したい。マクシミリアン 1 世は，15 世紀末に即位したハプスブルク家出身の神聖ローマ皇帝。神聖ローマ帝国では 1438 年からハプスブルク家が帝位を世襲していた。なお，カール 5 世はマクシミリアン 1 世の孫にあたる。

(6)　ローマ教皇インノケンティウス 4 世の命によりモンゴル帝国を訪れたフランチェスコ会修道士はプラノ＝カルピニで，帝国の都カラコルムにおいて皇帝グユク＝ハンと会い，教皇の書簡を渡した。

(7)　コンスタンツ公会議は，教会大分裂（大シスマ）やフスの教会批判による宗教界

　の混乱を収拾するため開催された。この経緯を想起し，それらに対しどのような対応をしたかを記せばよい。

⑻　エンコミエンダ制はスペインが新大陸経営のために導入した制度で，エンコミエンダとはスペイン語で「委託」を意味する。誰に何を委託し，何を認めたのか，この点の指摘が説明のポイントとなろう。

⑼　インカ皇帝アタワルパはスペイン軍に捕らえられ処刑され，インカ帝国は滅亡した。インカ皇帝の処刑を命じたのはインカ帝国の征服者ピサロである。

⑽　『インディアスの破壊についての簡潔な報告』の著者はドミニコ会修道士のラス＝カサスで，スペインの征服戦争やエンコミエンダ制を批判し，先住民の保護・救済に努めた。

B

⑾　文字の記録（史料）がない時代を先史時代と呼ぶ。

⑿⑦　インカ帝国では文字がなく，代わりに縄を記録・伝達手段として利用した。これをキープ（結縄）という。

　⑴　縄の使用法や使用目的（何を記録・伝達したのか）を指摘したい。

⒀　古代メソポタミアで生まれた叙事詩は，ウルクの伝説的な王ギルガメシュの冒険を描いた『ギルガメシュ叙事詩』である。

⒁　古代エジプトでは人は死後に冥界の王オシリスの審判を受けると考え，それに備えて，楽園に入るため生前の善行や呪文を記した絵文書を作った。これが「死者の書」で，ミイラとともに墓へ埋葬された。

⒂　やや難。キリル文字はグラゴール文字を発展させた文字。グラゴール文字はギリシア正教会の命によりスラヴ人への布教活動を行ったキュリロス兄弟が考案したことから，キリル文字がスラヴ人への布教目的に考案されたことを示したい。

⒃　宗教改革がドイツ民衆の支持を得るには，民衆が聖書やルターの著作に触れることが必要で，そのためにはそうした書物が多く印刷・出版されることが前提となる。ここから，大量の印刷・出版を可能とする「技術発展」，つまり活版印刷術が導ける。また，大量の印刷・出版を可能とするには紙も必要となるため，製紙法の普及にも言及することができる。

⒄　「19世紀末のアメリカ合衆国」が「開始した戦争」はアメリカ＝スペイン戦争（1898年）で，これに勝利し，スペインにキューバの独立を承認させた。その後，アメリカはキューバにプラット条項を押しつけ，キューバを保護国化した。

⒅　『白雪姫』はディズニー兄弟（兄ロイ，弟ウォルト）が制作した長編アニメの第1作で，ディズニー・アニメの原点とされる。この作品によりディズニーは世界トップクラスの映画制作者となった。

⒆　ベトナム戦争は1965年のアメリカ合衆国による北ベトナム爆撃で本格化する一

方，国際的な反戦運動も高揚した。そして「1970 年代」，アメリカ軍撤退（1973年），サイゴン陥落（1975年）によって終結する。

⑳　1991 年の中東地域では前年（1990 年）のイラクによるクウェート侵攻に対し，米軍を中心とする多国籍軍が派遣され戦争となった。これが湾岸戦争で，イラクをクウェートから撤退させた。

㉑　やや難。「アラブの春」とはチュニジアで起こった反政府デモ（2010 年末）に端を発した中東地域の民主化運動で，チュニジアのベンアリ政権（23 年間），エジプトのムバラク政権（30 年間），リビアのカダフィ政権（42 年間），イエメンのサーレハ政権（21 年間）という 4 つの長期独裁政権が打倒された（2011 年）。

解　答

A　a．アウグスティヌス　b．トマス＝アクィナス　c．エンリケ

⑴ヘレネス　⑵国家論　⑶コンスタンティヌス帝（1世）　⑷エフェソス

⑸ハプスブルク家　⑹プラノ＝カルピニ

⑺新教皇を選出して教会大分裂を解決し，またフスを異端として火刑に処した。

⑻スペイン人植民者に現地の統治を委託し，先住民の使役を，その保護とキリスト教化を条件に認めた。

⑼ピサロ　⑽ラス＝カサス

B　⑾先史時代　⑿㋐キープ〔結縄〕

㋑縄の結び目の位置・結び方・個数や縄の色で，人口・家畜・穀物などの数量を記録・伝達した。

⒀ギルガメシュ叙事詩　⒁死者の書

⒂ギリシア正教会がスラヴ人にキリスト教を布教する上で，スラヴ語を表記する文字が必要となった。

⒃活版印刷術の改良・実用化によって，ルターの著作やルターにより独訳された聖書が民衆の間に広く普及した。

⒄キューバ　⒅ディズニー　⒆ベトナム戦争　⒇湾岸戦争

㉑エジプト・リビア・チュニジア・イエメンのうち 2 つ

64
A　前近代ヨーロッパの王位や王国の継承
B　近現代世界における人の移動

（2019 年度　第 4 問）

A　〔地域〕ヨーロッパ　〔時代〕前 5 ～14 世紀　〔分野〕政治

　王位や王国の継承をテーマに，古代の前 5 世紀から中世の 14 世紀末までのヨーロッパ政治史が問われた。b のティベリウスは難問。短文論述の⑼は百年戦争におけるイギリス・フランス王家の血縁関係の理解が求められた。

B　〔地域〕世界　〔時代〕19～20 世紀　〔分野〕政治

　移民・難民など人の移動をテーマに，近現代世界の政治動向が問われた。⑿では見落としやすいイギリスの奴隷貿易廃止の年代の知識が問われた。⒆第一次世界大戦とインフルエンザの関係および㉒インドシナ難民とベトナムの関係についての短文論述は，因果関係を時代状況から推論させる問題のためやや書きにくかったと思われる。

A

a　古代ギリシアのアテナイ（アテネ）を代表する喜劇作家はアリストファネスで，ペロポネソス戦争中に反戦劇『女の平和』を作った。

b　難問。オクタウィアヌスは初代ローマ皇帝アウグストゥス。その彼が「帝位を継がせる者として」「養子」にしたのは第 2 代皇帝となるティベリウス。ティベリウスはアウグストゥスの妻リウィアと前夫の子。

c　「フランスのブルゴーニュ地方」に 910 年成立したクリュニー修道院は教会の腐敗・堕落を批判し，教会改革運動の中心となった。

⑴　ソロモンは古代のイスラエル（ヘブライ）王国第 3 代王。その彼を「息子」とし，「王国の基礎を築いた」のは第 2 代王のダヴィデ。

⑵　カタラウヌムの戦い（451 年）は西ローマ・西ゴート人などゲルマン人の連合軍とアッティラ王が率いるフン人の戦い。これに敗れたアッティラ王は北イタリアに侵入したが，教皇レオ 1 世の説得により撤退している。

⑶　クローヴィス（メロヴィング朝の創始者）は 496 年，王妃クロティルドの勧めでアタナシウス派キリスト教に改宗した。

⑷　テオドラを后とした東ローマ皇帝はユスティニアヌス 1 世。彼は古代ローマ帝国の復興をめざし，北アフリカのヴァンダル王国やイタリアの東ゴート王国を征服するなど，地中海世界をほぼ統一した（6 世紀）。

⑸　フランク王国は 843 年のヴェルダン条約で東フランク，中部フランク，西フランクの 3 王国に分裂し，870 年のメルセン条約で中部フランクの北部が東西フランクに分割され，独・仏・伊の基礎が築かれた。

(6) 「南イタリアとシチリアにまたがる」両シチリア王国は，1130 年，ルッジェーロ
2 世が建設した（都はパレルモ）。

(7) 農奴は領主に対して賦役・貢納・結婚税・死亡税などを，教区の教会に対して十
分の一税を納めた。

(8) イングランドではノルマン朝が断絶すると，代わってフランスのアンジュー伯ア
ンリがヘンリ 2 世として即位し，プランタジネット朝を開いた（1154 年）。

(9) 「血縁上の根拠」から血統（血のつながり）を想起したい。イングランド（プラ
ンタジネット朝）の王エドワード 3 世の母はフランス（カペー朝）の王フィリップ
4 世の娘でフランス王家の出身であった。そのためフランスでカペー朝が断絶し，
ヴァロワ朝が成立（1328 年）すると，エドワード 3 世は血統からフランス王位の
継承権を主張した。

(10) メディチ家は金融業で財を成したフィレンツェの富豪。ロレンツォの時代が最盛
期で，イタリア=ルネサンスのパトロンとして学芸を保護し，また市政も独占した。

(11) マルグレーテはデンマークの王女（事実上の女王）。彼女の主導で，1397 年北欧
3 国（デンマーク・ノルウェー・スウェーデン）がエーリック 7 世を王とする同君
連合（連合王国）を結成した。これをカルマル同盟（カルマル連合）と呼び，1523
年のスウェーデン離脱まで存続した。

B

(12) やや難。「強制的な人の移動」から奴隷の輸送・奴隷貿易を想起したい。奴隷貿
易はフランス革命の影響も受け，人道的な立場から反対運動が高まり，イギリスで
は 1807 年に廃止された。

(13)(ア) 「1840 年代から 50 年代」の合衆国では旧移民（西欧・北欧出身の移民）が増
大した。その中でも大量の移民を送り出した地域はアイルランド。1840 年代の
アイルランドでは主食のジャガイモに立ち枯れ病が流行し，ジャガイモが作れな
くなり，多くの餓死者が発生した（ジャガイモ飢饉）。そのため多くのアイルラ
ンド人が合衆国へ移民として渡った。

(イ) 合衆国はアメリカ=メキシコ戦争（1846〜48 年）でカリフォルニアを獲得した
が，直後にカリフォルニアで金鉱が発見された。そのため一攫千金を夢見て世界
各地から移民が殺到した（ゴールドラッシュ）。

(14) 1924 年の移民法は第一次世界大戦後の合衆国において保守化が強まる中で制定
された。この法では，ヨーロッパからの移民の数を国ごとに割り当てたが，①当時
は新移民（東欧・南欧出身の移民）が多かったため，新移民の流入を制限すること
に目的が置かれた。また 19 世紀末以来続くアジア系移民（中国人，ついで日本人）
排斥の動きを背景に，②日本を含むアジア系の移民を禁止している。解答ではこの
2 点を押さえたい。

(15) イギリス帝国では，1901年オーストラリアに，1910年南アフリカに自治権が認められ，両国は帝国内の自治領としての地位を得た。

(16) ロシアは露仏同盟の成立（1894年）を背景に，蔵相ウィッテの主導によりフランス資本の援助を受けてシベリア鉄道の建設を進めた。

(17) 列強による分割が進む「19世紀末の中国」では排外感情が高まるなか，外国の資本・技術によって建設された鉄道は，侵略の道具とみなされ破壊の対象となった。山東省から排外運動を起こした義和団は，「扶清滅洋」を掲げて鉄道やキリスト教会を破壊しつつ，1900年には北京に入城した。

(18) イタリア=トルコ戦争（1911～12年）により，イタリアはオスマン帝国から北アフリカのトリポリ・キレナイカ（現リビアの地）を獲得した（1912年）。

(19) やや難。「1918年から翌年」に注意したい。この時期は第一次世界大戦（1914～18年）の終結期と戦争直後にあたり，そこで起こる「大規模な人の移動」とは兵士の動員と帰国である。戦場に動員されていた多くの兵士は戦争の終結により母国に帰還したが，その際，兵士の中にインフルエンザの患者がいて，彼らがインフルエンザをそれぞれの母国に持ち込んだため，世界的に大流行することになった。このときのインフルエンザは「スペイン風邪」とも呼ばれる。

(20) アインシュタインとラッセルの名から，彼らが中心となって1955年に発したラッセル・アインシュタイン宣言を想起したい。この宣言は核兵器と戦争の廃絶を訴え，核兵器廃絶運動を高揚させた。

(21) 第二次世界大戦後の1948年，パレスチナに対するイギリスの委任統治が終了すると，ユダヤ人はイスラエルの建国を宣言した。これを機に第1次中東戦争が起こり，この戦争によって多くのアラブ人が故郷を追われパレスチナ難民となった。

(22) やや難。「1970年代半ば」に注意したい。この時期のベトナムではベトナム戦争が終結し，南北ベトナムが統一され，ベトナム社会主義共和国が成立した（1976年）。こうしてベトナム全土は共産党政権の下に置かれ，社会主義化が進むことになる。社会主義体制に馴染みのなかった南ベトナムの人々は差別や新体制への不安から国外に逃れ，ベトナム難民が発生することになった。

解 答

A a. アリストファネス b. ティベリウス c. クリュニー
(1)ダヴィデ (2)アッティラ (3)クローヴィス (4)ユスティニアヌス1世
(5)ヴェルダン条約 (6)ルッジェーロ2世 (7)十分の一税
(8)プランタジネット朝
(9)エドワード3世の母がカペー朝のフィリップ4世の娘で,フランス王家の血を引いていたから。
(10)メディチ家 (11)カルマル同盟〔カルマル連合〕

B (12)イギリス
(13)(ア)アイルランド。主食とされたジャガイモに疫病が流行って飢饉が起こり,多くの餓死者が発生したため。
(イ)合衆国がメキシコから獲得したカリフォルニアにおいて金鉱が発見され,ゴールドラッシュが起こった。
(14)東欧・南欧系の移民を制限し,日本を含むアジア系移民を禁止した。
(15)自治領 (16)露仏同盟 (17)義和団 (18)リビア
(19)第一次世界大戦による兵士の動員とその終結による母国への帰還が行われたため。
(20)核兵器と戦争の廃絶 (21)パレスチナ難民
(22)ベトナム戦争が終結して南北ベトナムが統一され,共産党政権のベトナム社会主義共和国が成立した。

65

A　地図とヨーロッパの世界観
B　ブルジョワジーと19世紀の欧米世界

(2018年度　第4問)

> A　〔地域〕世界　〔時代〕前4～19世紀　〔分野〕政治，文化
>
> 　地図をテーマに，古代から近代までのヨーロッパ史を中心に問われた。語句記述はすべて基本レベル。短文論述は(5)のアナーニ事件は書きやすかったと思われるが，(2)のプロノイア制は支配・軍事・土地の関係を明確に述べる必要があり，対策が十分でないとやや書きにくい問題であった。

> B　〔地域〕世界　〔時代〕18世紀末～19世紀　〔分野〕政治，文化，経済
>
> 　ブルジョワジーの視点から，18世紀末から19世紀の欧米世界の動向が主に問われた。短文論述では(19)はフランス産業革命の労働力についてフランス革命と関連させた知識が問われた。また，(23)は三角貿易の仕組みと，貿易黒字が銀の本国流入で実現されることを踏まえた論述が求められている。

A

a　前4世紀，エジプトはアレクサンドロス大王により征服され，支配の拠点としてアレクサンドリアが建設された。

b　『天文学大全』の著者は2世紀に活躍したギリシア人学者プトレマイオス。彼が主張した天動説は中世ヨーロッパの宇宙観となった。

(1)　エウクレイデス（ユークリッド）はヘレニズム時代の数学者で，平面幾何学（ユークリッド幾何学）を大成した。

(2)　プロノイア制について，皇帝と貴族の関係を軍役奉仕と領地にからめて説明すればよい。貴族に与えられた領地は当初は1代限りとされたが，次第に世襲化されるようになり，ビザンツ帝国の封建化・分権化が進んだ。

(3)　イブン=ルシュドはイスラーム世界を代表する哲学者で，アリストテレスの著作の優れた注釈を行い，西欧中世のスコラ学に大きな影響を与えた。ラテン名はアヴェロエスである。

(4)　「13世紀末」までシチリア王国はナポリも支配し，両シチリア王国とも呼ばれた。13世紀後半にシュタウフェン朝から，フランスのアンジュー家に支配権が移ったが，このアンジュー家の過酷な支配に対して，13世紀末（1282年）にシチリアの晩鐘と呼ばれる大反乱が発生した。この事件を契機として，シチリア王国はアラゴン家の支配下に入り，アンジュー家のナポリ王国が分離独立した。

(5)　①アナーニ事件が聖職者課税問題から起こったこと，②教皇ボニファティウス8世とフランス王フィリップ4世の間で発生し，前者が後者に捕らえられ，その後教

皇が急死したことの2点を説明すればよい。

(6) 「人文主義の王者」で「ネーデルラント出身」から16世紀最大の人文主義者である『愚神礼賛』の著者エラスムスと判断できる。

(7) 「1536年」に注意。この時期,「東フランドル」は神聖ローマ帝国領で,「カトリックの皇帝」カール5世(位1519～56年)が在位した。

(8) 「チューリヒ」はスイスの都市で,スイスの宗教改革者ツヴィングリが宗教改革を始めた。ツヴィングリはカトリック派との戦いで戦死している。

(9) マゼランはポルトガルの航海者で,西まわりでのモルッカ諸島(マルク諸島,香料諸島ともいわれる香料の特産地)到達をめざし,スペイン国王カルロス1世(神聖ローマ皇帝としてはカール5世)の後援を得て航海に乗り出した。マゼランは途中のフィリピンで戦死したが,残った部下は航海を続け,モルッカ諸島に到達した後,スペインに帰国し世界周航を完成させた。

(10) フランス王ルイ13世(ブルボン朝)の宰相はリシュリューで,フランス語の統一と純化を目的にアカデミー=フランセーズを設立した。

(11)(ア)・(イ) ナポレオン3世のメキシコ出兵は,メキシコ大統領フアレスの外債利子不払い宣言を口実に行われ,オーストリア皇帝の弟マクシミリアンをメキシコ皇帝に即位させたが,メキシコ人はフアレス大統領の指導の下に抵抗を続けて1867年にはフランス軍を撤退させ,その後にマクシミリアンを処刑した。

B

(12) やや難。「比較優位」とは各国が他国より安く生産できる商品に生産を集中(特化)し,交換すれば互いの利益になるという理論で,古典派経済学者のリカード(英)が主張し,自由貿易を理論づけた。

(13) イギリスの農村では「18世紀から19世紀初頭」に農業革命が展開し,その一環として議会の主導による第2次囲い込み(第2次エンクロージャー)が行われ,農地を追われた大量の農民が都市に流入し工場労働者となった。

(14) イギリスでは1839年,自由貿易を求めるブルジョワジーを中心に反穀物法同盟が結成された。この団体の運動を受け,政府は1846年に穀物法を廃止する。

(15) イギリスでは産業革命の結果,機械化が進んだことで,手工業者は職を奪われ,労働者は劣悪な労働条件を押しつけられた。このため,機械がその元凶であるとしてラダイト運動(1811～17年)に代表される機械打ちこわし運動が各地で発生した。

(16) 1791年憲法の制定後,国民議会に代わって立法議会が開かれ,立憲君主政を主張した勢力(党派)はフイヤン派と呼ばれた。

(17) 王政の廃止(1792年9月)は立法議会に代わって国民公会が成立したとき,共和政の樹立とともに宣言・実施された。

⒅　国民公会で行われたジャコバン派（山岳派）と呼ばれる急進派の恐怖政治は，テルミドール9日のクーデタで打倒された（1794年7月）。

⒆　産業革命によって工業化を進めるには労働力が必要であった。イギリスでは第2次囲い込みにより土地を追われた農民が労働者となっている。しかし，フランスではジャコバン派の独裁の下，封建地代の無償廃止により，農民には土地が与えられ，小農民（小規模な自作農）が大量に生まれており，このため土地を得た小農民は労働者とはならず，労働力が不足し，工業化の進展は緩慢となった。

⒇　1848年，フランス二月革命の影響を受け，ハプスブルク帝国（オーストリア）内のハンガリーではマジャール人が民族運動を起こし責任内閣を樹立し，翌1849年には完全独立を宣言した。しかし，同年オーストリアを支援して侵入したロシア軍に敗れて独立は失敗した。

㉑　アメリカ労働総同盟（AFL）は熟練労働者を中心とする職業別組合の連合組織で，1886年に結成され，会長サミュエル=ゴンパーズの指導の下に資本主義体制内での労働条件の改善をめざした。

㉒　ドレフュス事件（1894～99年）は，ユダヤ系軍人ドレフュスがドイツのスパイとされた冤罪事件で，ゾラなど知識人は政府・軍部を批判した。

㉓　アジア三角貿易の構造（仕組み）を想起し，「イギリスの貿易商品」がインドへ輸出される綿製品で，「インドの貿易商品」が中国へ輸出されるアヘンであることを必ず述べること。その上で，最終的にイギリスが中国からの茶の輸入で支払う銀以上の銀を中国から手に入れることによって貿易黒字を実現した視点から三角貿易を説明する。

㉔　洋務運動は1860年頃から始まった富国強兵運動で，清の支配体制を維持しながら，西洋の軍事技術の導入をはかった（「中体西用」）。

㉕　やや難。ホー=チ=ミンは1925年，広州で民族主義組織としてベトナム青年革命同志会を結成した。この組織を基礎に1930年にはベトナム共産党が結成され，同年中にはインドシナ共産党と改称され，民族独立運動を指導していく。

解 答

A　a．アレクサンドリア　b．プトレマイオス

(1)エウクレイデス〔ユークリッド〕

(2)皇帝が有力貴族に軍事奉仕を求め，その代償として領地を与えた制度。

(3)アリストテレス　(4)ナポリ王国

(5)聖職者への課税をめぐる対立から，フランス王フィリップ 4 世が教皇ボ
ニファティウス 8 世をアナーニで捕らえ，その後教皇が急死した事件。

(6)エラスムス　(7)カール 5 世　(8)ツヴィングリ

(9)モルッカ諸島〔マルク諸島〕　(10)リシュリュー

(11)(ア)メキシコ　(イ)フアレス

B　(12)リカード　(13)第 2 次囲い込み〔第 2 次エンクロージャー〕

(14)穀物法

(15)労働者や仕事を失った手工業者による機械打ちこわし運動。

(16)フイヤン派　(17)国民公会　(18)テルミドール 9 日のクーデタ

(19)フランス革命で多くの小農民が生まれ，工業化に必要な労働力が不足し
た。

(20)マジャール人　(21)アメリカ労働総同盟〔AFL〕　(22)ドレフュス事件

(23)イギリスは綿製品をインドへ輸出し利益をあげ，またインド産アヘンを
中国へ輸出し，茶購入後に残った銀を本国へ送り，貿易黒字を実現した。

(24)洋務運動　(25)ベトナム青年革命同志会

66　A　古代・中世初期のヨーロッパにおける人の移動
　　　B　近世～現代のバルト海周辺地域の覇権争い

（2017 年度　第 4 問）

A　〔地域〕ヨーロッパ　〔時代〕前 16～10 世紀　〔分野〕政治

　人の移動をテーマに，古代・中世初期のヨーロッパが問われた。語句記述はすべて基本事項で，a．ケルトも 2 番目の空欄から容易に判定できる。短文論述の(7)，(8)は定番の出題である。

B　〔地域〕ヨーロッパ　〔時代〕16～20 世紀　〔分野〕政治

　バルト海周辺地域の覇権争いをテーマに，近世～現代のヨーロッパが問われ，語句記述のうち，d は難問。e・g・h は初出の空欄で迷うが，後出の空欄から判定できる。短文論述はすべて重要事項に属し，特に(12)は論述の定番で対応しやすいが，「三十年戦争の性格の変化」を的確にまとめる力が必要となる。

A

a　2 番目の空欄から考えたい。ローマは前 1 世紀のカエサルの遠征でガリアを征服し，その際，ガリア地方に居住するケルト人を支配下に置いた。

b　ゴート（西ゴート）人はフン人の圧迫を受けて 376 年にドナウ川を渡ってローマ帝国領内へ移動を開始し，これを発端としてゲルマン人の大移動が始まった。

c　クローヴィスはフランク人を統一し，481 年にフランク王国（メロヴィング朝）を建国した。

(1)　ミケーネ文明では線文字A（クレタ文明で使用された文字，未解読）を改良した線文字Bが使用された。

(2)　アテネはギリシア人の一派，イオニア人の代表的ポリス。なお，イオニア人は小アジア西岸にミレトスなども建設した。

(3)　ラテン人の都市国家として建設されたローマの政体ははじめ王政で，王政後半期には異民族のエトルリア人の王の支配を受けた。

(4)　「ゲルマニアの住民」とは大移動を開始する前のゲルマン人で，彼らの部族社会では全自由民男性の参加する民会が最高決定機関となった。

(5)　キリスト教（アタナシウス派）はテオドシウス帝により，ローマ帝国の国教とされた（392 年）。

(6)　イタリアの東ゴート王国はテオドリック大王が建国した（493 年）。

(7)　クローヴィスがローマ系住民の間で正統とされていたアタナシウス派に改宗することで（クローヴィスの改宗，496 年），彼らやローマ教会の支持を得てフランク王国の統治は安定することになった。

(8)　広大な領土の支配を目的に樹立される中央集権体制を想起し，その仕組みを内容

として説明すればよい。その際，「役職名を示しつつ」という条件があるから，「伯」（各州に置かれた地方長官）や「巡察使」（伯の監督官）という用語の使用が欠かせない。

(9) カール大帝は，ヨーロッパ中央部方面（フランク王国から見ると東）ではアルタイ語系の遊牧民であるアヴァール人を制圧した。

(10) キエフ大公ウラディミル 1 世は，ビザンツ皇帝の妹との結婚を機にギリシア正教に改宗し，これを国教とし，ビザンツ帝国の専制君主政治をまねた。

B

d 難問。ドイツ騎士団領の中心都市はケーニヒスベルク（現在はロシア連邦のカリーニングラード）。4 つ空欄があるがいずれでも判定が難しい。(13)との関係でカントの出身地としてケーニヒスベルクを知っていれば特定できる。カントはケーニヒスベルク大学の教授・学長にもなっている。

e 3 番目の空欄から考えよう。1787 年のロシアはエカチェリーナ 2 世の時代。この時代，ロシアは黒海方面でオスマン帝国と戦っている。

f ロシアはエカチェリーナ 2 世時代，黒海北岸にあったオスマン帝国の属国クリム=ハン国を併合（1783 年）し，1787 年からオスマン帝国と戦争になった（1792 年のヤッシー条約で講和）。

g 2 番目と 3 番目の空欄から考えよう。第一次世界大戦後のヴェルサイユ条約で「自由都市」となったのはポーランド回廊にあったダンツィヒ（ポーランド名はグダンスク）。ナチス=ドイツはポーランドに対してダンツィヒの返還を求めたが，ポーランドがこれを拒否したためドイツは 1939 年 9 月，ポーランドに侵攻し，第二次世界大戦が勃発した。ダンツィヒはウィスラ川河口のバルト海に面した港湾都市である。

h 3 番目の空欄から考えよう。ソ連が 1939 年に侵攻した先はポーランドとフィンランド。次に 2 番目の空欄へ戻ると，ナポレオン時代のポーランドにはザクセン王を大公とするワルシャワ大公国があったから，ポーランドではない。よって，解答はフィンランドと判断できる。

(11) ドイツ騎士団は第 3 回十字軍の際，アッコンで宗教騎士団として組織された。宗教騎士団の性格を想起し，「結成当初の活動目的」として巡礼者の保護を導き出せばよい。

(12) 「三十年戦争の性格の変化」として宗教戦争から政治的利害に基づいた国家間の戦争への変化を指摘したい。新教国スウェーデンと旧教国フランスが宗派の違いを超えて同盟を結んだことが，宗教戦争の性格喪失となった点を説明すればよい。

(13) 『純粋理性批判』の著者はドイツ観念論哲学の創始者カント。カントはこの他に『実践理性批判』『判断力批判』などを著している。

(14)(ア)　ヨーロッパで 1756 年に起こったのは七年戦争。オーストリア継承戦争でシュレジエンを奪われたオーストリアとこの地を奪ったプロイセンの間で起こり，ヨーロッパ各国も参戦した。

　(イ)　『海洋自由論』の著者は「国際法の祖」といわれるグロティウス。グロティウスはこの他に三十年戦争を背景に『戦争と平和の法』を著している。

(15)　武装中立同盟の結成はアメリカ独立戦争における独立軍への国際的支援となった。この点を意識し，「提唱」の目的を説明すればよい。1780 年にロシアのエカチェリーナ 2 世が提唱した武装中立同盟に参加した国は，提唱国のロシアに加えて，スウェーデン・デンマーク・プロイセン・ポルトガルの 5 カ国で，これによりイギリスの孤立化を図った。

(16)(ア)　アメリカ合衆国も中国（中華民国）も当初は中立を宣言したが，前者は 1917 年 4 月，後者は 1917 年 8 月参戦した。

　(イ)　スイスは，三十年戦争後のウェストファリア条約で独立が国際的に認められ，19 世紀初めに開催されたウィーン会議で調印されたウィーン議定書で永世中立国となった。

解　答

A　a．ケルト　b．フン　c．フランク

(1)線文字Ｂ　(2)イオニア人　(3)エトルリア人　(4)民会　(5)テオドシウス帝

(6)テオドリック大王

(7)ローマ帝国で正統とされたアタナシウス派に改宗した。

(8)全国を州に分け，地方の有力者を州の長官である伯に任命して統治させ，巡察使を派遣して伯を監督させた。

(9)アヴァール人　(10)ビザンツ帝国

B　d．ケーニヒスベルク　e．オスマン帝国　f．クリム＝ハン国

　　g．ダンツィヒ　h．フィンランド

(11)十字軍に伴う，聖地巡礼者の保護。

(12)新教国のスウェーデンと旧教国のフランスが同盟を結んだことで，三十年戦争は宗教戦争から政治的利害による国家間の戦争に変わった。

(13)カント　(14)(ア)七年戦争　(イ)グロティウス

(15)ロシアのエカチェリーナ 2 世がアメリカ独立戦争の際，独立軍を支援しようと，イギリスを国際的に孤立させる目的で提唱した。

(16)(ア)アメリカ合衆国（中国も可）　(イ)ウィーン会議

<table>
<tr><td rowspan="3">67</td><td>A</td><td>前近代における西洋史上の船の役割</td></tr>
<tr><td>B</td><td>近世・近代におけるディアスポラ</td></tr>
<tr><td>C</td><td>第二次世界大戦後の国際システムの変容</td></tr>
</table>

(2016 年度　第 4 問)

A 〔地域〕ヨーロッパ　〔時代〕前 9～15 世紀　〔分野〕政治

　船の役割の観点から前近代のヨーロッパが問われ，関連してカルタゴや後ウマイヤ朝も問われた。b．北海や(6)デンマーク王国は問われ方にやや戸惑うが，地理的知識が必要な設問であった。

B 〔地域〕ヨーロッパ，アメリカ大陸　〔時代〕15 世紀末～19 世紀　〔分野〕政治，経済

　ディアスポラ（離散）の観点から近世・近代のヨーロッパ史が問われ，アメリカ大陸からも 1 問出題されている。短文論述の(10)は「16 世紀半ば」のイギリス国王を想起することが解答への糸口となる。

C 〔地域〕世界　〔時代〕20 世紀後半　〔分野〕政治，経済

　第二次世界大戦後の国際システムにおける変容が問われた。短文論述の(23)は難問だが，2013 年度第 4 問でほぼ同様の出題があり，過去問研究が明暗を分けたと思われる。

A

a　ペルシア戦争中の前 480 年，サラミスの海戦が起こり，アテネのテミストクレス率いるギリシア艦隊はペルシア艦隊に勝利した。

b　フランドル（現在のベルギーを中心とする地域）が面し，かつバルト海につながる海だから，北海が正解。

c　ハンザ同盟は北ドイツのリューベックを盟主とする北ドイツ諸都市の都市同盟。

(1)　カルタゴはフェニキア人がアフリカ北岸（現在のチュニジア）に建設した植民市で，一時西地中海の覇権を握り，海上交易都市国家として繁栄した。しかしローマとの 3 回に渡るポエニ戦争に敗れ滅亡した（前 146 年）。

(2)　「ローマの建国伝説」を扱った叙事詩は『アエネイス』で，オクタウィアヌス（アウグストゥス）の時代に活躍した三大詩人の一人，ウェルギリウスが書いた。なお，リウィウスもアウグストゥスの知遇を得ているが，彼が書いたのは歴史書の『ローマ建国史』（『ローマ建国以来の歴史』）なのでこれは当てはまらない。

(3)　アンダルスとはイスラーム勢力が支配したイベリア半島の地域を指し，この地を756 年から支配した後ウマイヤ朝がコルドバに首都を置いた。

(4)　ノルマン人は 11 世紀頃から地中海へ進出し，12 世紀前半には占領したシチリアとナポリを統合し両シチリア王国を建設した。

(5)　宗教騎士団とは修道士と騎士の 2 つの性格をもった組織で，テンプル騎士団・ヨ

ハネ騎士団・ドイツ騎士団がその代表。

(6)　やや難。北海とバルト海を結ぶエーレスンド（ズント）海峡の両側とは，ユトラ
ンド半島とその対岸となる。ここは15世紀にはデンマーク王国の支配下にあった。
1397年にカルマル同盟によってデンマーク王国がノルウェー・スウェーデン両王
国を同君連合の形で支配するデンマーク連合王国が成立したことから推測したい。

B

(7)　ユダヤ人が「民族的郷土」とした場所はパレスチナ。ユダヤ人のパレスチナへの
帰還と民族国家建設をめざす運動をシオニズムという。ドレフュス事件を契機にヘ
ルツルらが提唱し，1897年には第1回シオニスト会議が開かれた。シオニズムの
語源となったシオンとはソロモンの神殿があった古代イェルサレムの丘を指し，イ
ェルサレムの雅名でもある。

(8)　コロンブスは1492年，スペイン女王イサベルの支援を受け，サンサルバドル島
に到達した。この年はイベリア半島最後のイスラーム王国であったナスル朝の首都
グラナダが陥落した年でもあり，同年スペインはカトリックへの改宗を拒否するユ
ダヤ人の追放令を発布している。

(9)　「スペイン王を悩ませる大規模な反乱」とはオランダ独立戦争（1568～1609年）。
これによりオランダは事実上独立し，17世紀前半には世界貿易を支配した。この
結果，首都アムステルダムは国際金融の中心となった。

(10)　イギリスではヘンリ8世の宗教改革により，イギリス国教会が成立し，次のエド
ワード6世が一般祈禱書を制定（1549年）した。しかし，次のメアリ1世はカト
リック教徒であり，イギリスにカトリックを復活させようと企てたことから一時的
にカトリック教徒が復権している。

(11)　17世紀初頭（1618年）にホーエンツォレルン家の支配するブランデンブルク選
帝侯国と，跡継ぎが断絶したプロイセン公国が同君連合の形で合邦している。その
後，スペイン継承戦争の際，神聖ローマ皇帝側についたことで，1701年に王号を
認められプロイセン王国となった。

(12)　18世紀初頭のイギリスではステュアート朝が断絶し，ハノーヴァー朝が成立す
るという「王朝交代」が起こった（1714年）。初代国王はドイツのハノーヴァー選
帝侯出身のジョージ1世。

(13)　フランス革命中の1792年，「革命政権」であるジロンド派内閣はオーストリアに
宣戦している。

(14)　南米やカリブ海諸島ではサトウキビ栽培の，北米の南部ではタバコ栽培や綿花栽
培の，黒人奴隷制プランテーションが発達した。

(15)　ロシアではナロードニキ運動（1870年代）挫折後，テロリズムが横行し，1881
年には皇帝アレクサンドル2世が暗殺された。

(16) エリトリアはエチオピア北部の地域で，列強によるアフリカ分割期，ソマリラン
ドの一部とともに，イタリア領となった（19 世紀末）。

C

(17) ヨーロッパ石炭鉄鋼共同体（ECSC）は，1950 年にフランス外相シューマンが発
表した，フランスとドイツの石炭・鉄鉱石を両国の共同管理下に置こうとする提案
（シューマン=プラン）をもとに，1952 年にフランス・西ドイツ・イタリア・ベネ
ルクス 3 国の 6 カ国で発足した。

(18) 「アメリカ軍の撤退を定めた和平協定」はベトナム和平協定。この協定は 1973 年
にパリで締結されたため，パリ和平協定ともいう。

(19) 1945 年に成立したブレトン=ウッズ体制では金との兌換を保証されたアメリカの
ドルを国際通貨とする固定相場制が採られた。ベトナム戦争長期化による財政赤字
などを背景としてドルの信用が低下すると，1971 年，アメリカ大統領ニクソンは
金とドルの交換停止を発表した。このため固定相場制は崩れ，1973 年までに主要
各国が変動相場制に移行し，ブレトン=ウッズ体制は崩壊した。

(20) 1956 年，ソ連共産党第 20 回大会が開催され，第一書記のフルシチョフはスター
リン批判と平和共存の提唱を行った。前者が国内政策の路線，後者が対外政策の路
線に関わるから，これらを説明すればよい。

(21) ソ連と中国は 1969 年，ウスリー江の中州にある珍宝島（ロシア名はダマンスキ
ー島）の領有権をめぐって軍事衝突した。

(22) 台湾では蔣介石のもと国民党の独裁政治が続いていたが，1975 年に蔣介石が死
去すると長男の蔣経国が総統となり，一党独裁を放棄し戒厳令を解除するなど民主
化を進めるとともに，経済も成長して新興工業経済地域（NIES）の一員となり，
1988 年には初の本省人（台湾生まれ）の李登輝が総統となって一気に民主化が進
展している。

(23) 難問。輸出指向型工業化政策と呼ばれる，先進国など国外市場を対象とした輸出
促進政策を説明すればよい。この政策は 1950 年代に発展途上国が採用した輸入代
替工業化政策に代わって，1960 年代から台湾・韓国・タイなどで採用され，この
結果，これらの国は新興工業経済地域（NIES）の主要国となっていった。この政
策は自国の低賃金を利用したため，この点への言及も必要となる。

解 答

A　a．サラミス　b．北海　c．リューベック
　　(1)カルタゴ　(2)ウェルギリウス　(3)後ウマイヤ朝　(4)両シチリア王国
　　(5)ヨハネ騎士団，テンプル騎士団，ドイツ騎士団から2つ
　　(6)デンマーク王国

B　(7)シオニズム　(8)イサベル　(9)アムステルダム
　　(10)メアリ1世がカトリックの復活をはかったから。
　　(11)ホーエンツォレルン家　(12)ハノーヴァー朝　(13)オーストリア
　　(14)サトウキビ，綿花，タバコから2つ　(15)アレクサンドル2世
　　(16)イタリア

C　(17)シューマン　(18)パリ
　　(19)ニクソン大統領が金とドルの交換停止を発表すると，これを機に固定相
　　場制が崩れ，変動相場制へと転換していった。
　　(20)国内ではスターリン体制下の個人崇拝などを批判し，対外的には西側資
　　本主義諸国との平和共存を打ち出した。
　　(21)珍宝島〔ダマンスキー島〕　(22)李登輝
　　(23)労賃の安さを武器に，外国企業の誘致をはかりつつ，労働集約的な工業
　　製品を生産・輸出する政策を採用した。

68

A 中世ヨーロッパにおける団体と活動
B 近世ヨーロッパのキリスト教会と国家権力
C 近現代の世界における人々の一体性

(2015 年度 第 4 問)

A 〔地域〕ヨーロッパ 〔時代〕11～15 世紀 〔分野〕政治, 経済

政治や社会における団体の形成と活動をテーマに, 中世ヨーロッパの政治・経済が問われた。語句記述はすべて基本事項が扱われ, また短文論述も頻出の出来事や事項に関わる状況や内容の説明であるため, 確実に解答しておきたい。

B 〔地域〕ヨーロッパ 〔時代〕14～19 世紀 〔分野〕政治, 文化

政治と宗教の関係をテーマに, 近世ヨーロッパを中心に政治, 宗教が問われ, 中国・アメリカからも出題された。ただ, 短文論述の(10)は事項の内容説明で, 一歩踏み込んだ学習が求められた。

C 〔地域〕世界 〔時代〕19～20 世紀 〔分野〕政治

「人々の一体性を強調する考え方」という視点から, 近現代の世界各地の動向が広く問われた。(18)ハイチ独立, (19)パナマ運河, (22)ウラービーの運動に関する短文論述は, いずれも現地に利害関係をもった国との関係史を踏まえた出題であった。

A

(1) イタリア諸都市が担った東方貿易(レヴァント貿易)を説明すればよい。背景として, ヨーロッパ内の遠隔地交易が発達していたことや十字軍を指摘したい。

(2) 中世のフランドル地方はイギリス最大の羊毛輸出先となり, ブリュージュなどフランドル地方の都市は毛織物業で発展した。

(3) 手工業者には親方・職人・徒弟の身分序列があり, 親方だけが手工業者の同職組合(同職ギルド, ツンフト)の正式構成員となれた。

(4) 西ヨーロッパでは 11 世紀頃から牛や馬に引かせる重量有輪犂が普及し, 重い土壌を一挙に深く耕せるようになり, 三圃農法成立に重要な役割を果たした。

(5) 1250 年代, 神聖ローマ帝国では事実上の皇帝不在の時代が現れ, 政治的混乱をもたらした。これを「大空位時代」(1256～73 年)と呼ぶ。

(6) 模範議会は 1295 年, エドワード 1 世(プランタジネット朝)により招集された。模範議会は身分制議会で, 大貴族・高位聖職者のほか, 各州 2 名の騎士と各都市 2 名の市民が代表として参加した。

(7) 「七選帝侯による皇帝選挙」は金印勅書の規定で, 14 世紀半ば(1356 年), 神聖ローマ皇帝カール 4 世により帝国法として発布された。

(8) フランスの最高司法機関は高等法院で, 王令に効力をもたせる法令登録権を保持

したため，王権に対抗する貴族の拠点となった。

B

(9) 14世紀初頭，フィリップ4世がローマの教皇庁を南仏のアヴィニョンに移して以後，教皇は約70年間フランス王の監視下に置かれた（「教皇のバビロン捕囚」：1309～77年）。その後，教皇がローマに戻るとアヴィニョンにも別の教皇がたち，教会大分裂（大シスマ：1378～1417年）となった。

(10) アウクスブルクの和議（1555年）では領邦君主（諸侯）にルター派とカトリック派のどちらかを選択する権利を与え，領邦内の住民や教会はその決定に従うことが決まった。このように，領邦教会制では，領邦君主が領邦内の教会や聖職者を支配下に置いていることを説明すればよい。

(11) 文化闘争は，プロイセン主導の中央集権化に不満を抱く南ドイツのカトリック教徒が組織した中央党とビスマルクの争い。その後，新たに台頭してきた社会主義勢力への対策のためビスマルクは次第に妥協し，文化闘争は1880年に終結している。

(12) オランダ独立戦争中，北部7州は1579年にユトレヒト同盟を結成し，次いで1581年にはネーデルラント連邦共和国として独立を宣言した。

(13) ユグノー戦争中の1572年，カトリーヌ=ド=メディシス（国王シャルル9世の母で摂政）の策謀によりサンバルテルミの虐殺が起こり，多数の新教派（ユグノー）が旧教派に殺害された。この事件を機にユグノー戦争は激化した。

(14) 典礼問題とは，キリスト教の布教上，典礼（孔子の崇祀，祖先の祭祀などの中国の伝統的儀礼）を容認するイエズス会と否認するフランチェスコ会・ドミニコ会などとの論争を指す。この論争を経て中国におけるキリスト教布教が禁止されることになった。

(15) イギリス国王ジェームズ1世の国教強制に対し，ピューリタンの一団が信仰の自由を求めてメイフラワー号で北米大陸に移住した（1620年）。この一団をピルグリム=ファーザーズ（巡礼始祖）と呼んだ。

(16) やや難。1689年は名誉革命期。前年の1688年にジェームズ2世が亡命し，1689年にメアリ2世とウィリアム3世がイギリス国王に即位した。そして翌年，ウィリアム3世は自ら軍を率いてアイルランドに上陸した前国王ジェームズ2世の軍を破った（ボイン川の戦い）。

(17) プロテスタントの多いアイルランドの北部はアルスターと呼ばれ，現在も北アイルランドとしてイギリスの一部を構成している。

C

⒅ カリブ海で 19 世紀初めに生まれた黒人共和国はフランスから独立したハイチ。ハイチはサン=ドマングの名で 17 世紀末にフランス領となり，黒人奴隷制によるプランテーションが発達した。やがてフランス革命の影響を受けて黒人奴隷が反乱を起こすと，トゥサン=ルヴェルチュールの指導の下に独立運動へと発展した。そこでナポレオンはフランス軍を派遣し，トゥサン=ルヴェルチュールを捕らえ本国に送った。しかし独立運動は続き，フランス軍を降伏させ，1804 年に最初の黒人共和国としてハイチの名で独立を達成した。

⒆ パナマ運河はアメリカのカリブ海政策と呼ばれる帝国主義政策の一環として 1904 年に建設が始まり，1914 年に開通した。以後，パナマ運河はアメリカが管理権を握り，カリブ海政策を支える役割を果たし，第二次世界大戦後には中南米に対するアメリカの影響力保持に貢献した。しかし，アメリカは 1977 年にパナマ政府と運河返還に関する条約を結び，1999 年末に返還を実現した。

⒇ アメリカは米西戦争（1898 年）中にハワイを併合した。ハワイは 1959 年，アメリカ 50 番目の州となった。

(21) アフガーニーは近代イスラームの改革思想家。イランのカージャール朝ではイギリス人にタバコの専売権を与えたことから，1891 年，ウラマー（宗教指導者）の指導の下，全国的な反対運動が起こった。これがタバコ=ボイコット運動で，政府は利権の供与を撤回した。

(22) やや難。エジプトはイギリスにスエズ運河会社株を売却して以後，イギリスやフランスの介入・干渉を受けたため，それに反発してウラービーの運動が起こった（1881～82 年）。その際，「エジプト人のためのエジプト」をスローガンとしたように，運動は外国の干渉に対する抵抗のほか，非エジプト人が牛耳るムハンマド=アリー朝の支配に対する抵抗の側面ももち，立憲制の確立，外国の干渉の排除，王朝権力の制限をめざした。

(23) ガーナは列強のアフリカ分割期（19 世紀後半～20 世紀初め）にイギリスの植民地となり，1957 年にイギリスからの独立を達成した。

(24) やや難。アフリカ統一機構（OAU）は 2002 年，アフリカ連合（AU）に改変された。これはヨーロッパ連合（EU）をモデルとした。

解 答

A (1)ヨーロッパの遠隔地商業の発達や十字軍を背景に東方貿易が活発化した。

(2)毛織物業 (3)親方 (4)重量有輪犂 (5)大空位時代

(6)各州を代表する騎士と各都市を代表する市民。

(7)金印勅書 (8)高等法院

B (9)アヴィニョン

(10)領邦君主が領邦内の教会の長として教会や聖職者を保護・管理・支配した。

(11)文化闘争 (12)ユトレヒト同盟 (13)サンバルテルミの虐殺 (14)典礼問題

(15)ピルグリム=ファーザーズ〔巡礼始祖〕 (16)ウィリアム3世

(17)アルスター

C (18)フランス領サン=ドマングでフランス革命の影響を受けた黒人奴隷の反乱が起こり，トゥサン=ルヴェルチュールによって独立運動へ発展し，黒人共和国ハイチが独立した。

(19)アメリカはコロンビアからパナマを独立させてパナマ運河を建設し，カリブ海政策や中南米への影響力保持に利用したが，1999年パナマ政府に返還した。

(20)ハワイ (21)タバコ=ボイコット運動

(22)ムハンマド=アリー朝の支配と外国の干渉を批判し，「エジプト人のためのエジプト」を掲げて立憲制の確立などをめざした。

(23)イギリス (24)ヨーロッパ連合〔EU〕

> **69**
> A　中世イベリア半島史
> B　人民の政治参加をめぐる欧米史
> C　19 世紀後半の世界各国の動向
>
> （2014 年度　第 4 問）
>
> ***
>
> **A　〔地域〕ヨーロッパ，アフリカ　〔時代〕11～14 世紀　〔分野〕政治，経済**
>
> 　中世のイベリア半島をテーマに，キリスト教国とイスラーム王朝の関連が問われ，アフリカからも 1 問出題されている。ただ，(4)アンジュー家，および「シチリアの晩鐘」は難度が高い。解説を利用し参考として覚えておこう。
>
> ***
>
> **B　〔地域〕欧米　〔時代〕前 6～20 世紀　〔分野〕政治**
>
> 　人民の政治参加をテーマに，古代から現代までの欧米史が問われた。テーマは特殊だが，すべて頻出の重要事項が扱われた。ミスをなくし，得点源にすることが大切となる。
>
> ***
>
> **C　〔地域〕世界　〔時代〕19 世紀後半　〔分野〕政治，経済**
>
> 　小説『80 日間世界一周』を題材に，近代の世界各国の動向が問われた。エジプトに関連する(16)(イ)綿花，日本と中国に関連する(20)茶・生糸は，世界史学習では見逃しやすい事項となっている。一方，短文論述の(21)は基本的内容で，確実に解答しておきたい。

A

a　マグリブ（北西アフリカ）では 11 世紀半ばにベルベル系のムラービト朝が成立し，ついで 12 世紀前半に同じベルベル系のムワッヒド朝が成立し，ムラービト朝を滅ぼした（12 世紀半ば）。

b　リード文中の「12～13 世紀」に注意。12 世紀半ばにカスティリャからポルトガル王国が独立し，カスティリャやアラゴンとともにレコンキスタを担い，イベリア半島において勢力を伸張させた。

c　やや難。「半島内のレコンキスタをほぼ完了させた」時点で残存した唯一のイスラーム国家となるから，イベリア半島最後のイスラーム王朝・ナスル朝とわかる。ナスル朝は都の名からグラナダ王国とも呼ばれた。

d　中世の地中海貿易において，エジプト（特にアイユーブ朝やマムルーク朝下のエジプト）ではアレクサンドリアやカイロが貿易の拠点として栄え，インド商人から入手した「アジア産の香料」をイタリア商人に売却した。この貿易で活躍したカーリミー商人も覚えておきたい。

(1)(ア)・(イ)　ムラービト朝下のムスリム商人はサハラ砂漠で得た塩（岩塩）をサハラ以南の地に持ち込み，金と交換した。このサハラ砂漠を越えたムスリム商人の交易相手は西アフリカのガーナ王国で，両者の間に金と塩を交換する交易が行われ（サハラ縦断交易），ガーナ王国は繁栄した。なお，ガーナ王国は 11 世紀，ムラ

ービト朝の攻撃を受けて衰退した。

(2)　イベリア半島は711年，トレドを都とした西ゴート王国がウマイヤ朝に滅ぼされて以来，ムスリムの支配下に置かれた。

(3)　「14世紀末の北欧」で成立した「同君連合」はカルマル同盟（1397年成立）で，デンマーク王女（実質は女王）マルグレーテが主導した。

(4)　難問。両シチリア王国は13世紀半ば，フランスとつながるアンジュー家の支配下に入った（アンジュー家のシチリア王はフランス王ルイ9世の弟）。このアンジュー家の支配に対して1282年，シチリアのパレルモから島民が反乱を起こした。この事件を「シチリアの晩鐘」と呼ぶ。

(5)　地中海における香料貿易は主に北イタリアの都市が担い，このうち，「アドリア海」に面したのは"アドリア海の女王"と呼ばれたヴェネツィア。

B

(6)　古代アテネでは前6世紀初め，貴族と平民の対立を調停するため，財産政治のほか，負債の帳消しや債務奴隷の禁止などを内容とするソロンの改革が実施された。

(7)　クレイステネスは10部族制，500人評議会，オストラシズム（陶片追放）を導入し，民主政の基礎を築いた。このうち，僭主の出現の阻止を目的としたのはオストラシズムである。

(8)　古代ローマでは貴族と平民の身分闘争が展開する中，前287年にホルテンシウス法が制定され，両者の法的平等が達成された。

(9)　『ゲルマニア』はゲルマン人の習俗や生活を知る貴重な史料で，古代ローマの歴史家タキトゥスによって著された。タキトゥスはこのほか，ローマの政治について『年代記』も残している。

(10)　三部会はフランスの身分制議会で，フランス王フィリップ4世（カペー朝）が1302年に初めて招集した。なお，フィリップ4世は教皇権の絶対性を主張する教皇ボニファティウス8世と対立した。

(11)　イギリス議会は1628年，権利の請願を可決し，国王チャールズ1世の専制（議会を無視した政治など）を批判した。チャールズ1世はこの権利の請願を無視して翌年議会を解散し，スコットランド反乱鎮圧のために1640年に議会を開くまで招集しなかった。

(12)　イギリス本国が1765年に印紙法を制定すると，植民地側は「代表なくして課税なし」の主張を掲げて反対し，翌年撤廃させた。

(13)　モンテスキューはフランスの啓蒙思想家で，権力の乱用を防ぐため，主著『法の精神』において三権分立を主張した。

(14)　「ある聖職者」とはシェイエス。シェイエスはフランス革命勃発直前の1789年『第三身分とは何か』を刊行し，特権身分を批判した。

⒂　アメリカ合衆国では 1964 年，ジョンソン大統領の下，黒人差別の撤廃をめざし公民権法が制定された。

C

⒃⑦　19 世紀のエジプトは事実上の独立国家（形式上はオスマン帝国の属国）で，ムハンマド=アリー朝と呼ばれた。この王朝は 19 世紀初頭にオスマン帝国からエジプト総督に任命されたムハンマド=アリーによって開かれた。

　⑦　やや難。「1870 年代当時」，南北戦争（1861〜65 年）の影響でアメリカ合衆国からの綿花輸出は減少した。そのためヨーロッパでは綿花の輸入先をほかに求め，エジプトでは綿花の生産・輸出に依存するモノカルチャー化が進んだ。

⒄　イギリスの圧倒的な優位の下に世界経済の構造が安定化した状況を，「ローマの平和（パクス=ロマーナ）」になぞらえ，「イギリスの平和」という意味で，パクス（パックス）=ブリタニカと呼んだ。

⒅　イギリスはマドラス・ボンベイ・カルカッタをインド 3 大拠点とした。このうち，「西海岸」に位置したのはボンベイ（現在のムンバイ）。

⒆　イギリスは 1824 年オランダからマラッカを獲得し，1826 年ペナン（1786 年獲得）やシンガポール（1824 年獲得）と併せて海峡植民地を形成し，ここを東南アジアと中国を結ぶ中継貿易の基地とした。

⒇　やや難。中国は 18 世紀末以降，茶・生糸・絹織物・陶磁器を主要輸出品とした。一方，日本では 19 世紀半ばの開国後，茶や生糸の輸出が激増した。「両国に共通する」輸出品は茶と生糸になる。

㉑　清は 1843 年イギリスと虎門寨追加条約，翌年アメリカと望厦条約，フランスと黄埔条約を結び，領事裁判権（治外法権）や片務的な最恵国待遇を認め，関税自主権を喪失した。

㉒　アメリカ合衆国では南北戦争中の 1862 年，リンカン大統領の下，ホームステッド法（自営農地法）が制定された。これは西部の開拓を促進したため，「先住民の生活空間をますます狭める原因になった」。

解　答

A　a. ムワッヒド　b. ポルトガル　c. グラナダ　d. アレクサンドリア
(1)㋐塩〔岩塩〕　㋑ガーナ王国　(2)西ゴート王国　(3)マルグレーテ
(4)アンジュー家　(5)ヴェネツィア

B　(6)ソロン　(7)オストラシズム〔陶片追放〕　(8)ホルテンシウス法
(9)タキトゥス　(10)フィリップ4世　(11)権利の請願
(12)代表なくして課税なし　(13)三権分立　(14)第三身分とは何か　(15)公民権法

C　(16)㋐ムハンマド=アリー　㋑綿花　(17)パクス〔パックス〕=ブリタニカ
(18)ボンベイ　(19)マラッカ　(20)茶・生糸
(21)領事裁判権〔治外法権〕や最恵国待遇を認め，関税自主権を喪失した。
(22)ホームステッド法〔自営農地法〕

70
A 古代ギリシア・ローマ世界
B ジブラルタル海峡関連史
C 第三世界関連史 （2013 年度 第 4 問）

A 〔地域〕ヨーロッパ 〔時代〕前 5 ～ 9 世紀 〔分野〕政治，文化

　歴史学をテーマに，主に古代ギリシア・ローマ世界の政治動向や文化人が問われ，カール大帝時代のヨーロッパからも 1 問出題されている。すべて基本的知識を問うているので，確実に解答したい。

B 〔地域〕ヨーロッパ 〔時代〕5 ～ 19 世紀 〔分野〕政治

　ジブラルタル海峡をテーマに，中世から近代までの地中海世界を中心に問われた。短文論述の(16)は設問に戸惑うかもしれないが，年代をヒントに，イギリスとスエズ運河の関係，およびジブラルタル海峡とスエズ運河の関係を推測して考えたい。

C 〔地域〕第三世界 〔時代〕20 世紀後半 〔分野〕政治，経済

　第三世界をテーマに現代史が問われ，難問が散見されることから得点差が出やすい出題であった。(20)進歩のための同盟は「1961 年」をヒントに当時のアメリカ大統領を想起し解答したい。(23)輸入代替工業化政策は経済史の専門用語で難度は高いが，発展学習として覚えておきたい。

A

(1) 「前 5 世紀の初め」にペルシア帝国に対して起こった反乱とはイオニア植民市の反乱で，ミレトスに主導された。なお，ミレトスはイオニア自然哲学の創始者タレスの出身地としても有名。

(2) 市民は，武器や武具を自前で調達しなければ重装歩兵にはなれなかったが，ペルシア戦争ではサラミスの海戦（前 480 年）などの海戦が行われ，無産市民も軍船（三段櫂船）の漕ぎ手として参加し活躍した。そのため，「戦後に無産市民が政治的発言権を強め」，アテネでは民主政が完成した。

(3) トゥキュディデス（トゥキディデス）は，アテネとスパルタの対立を原因としたギリシア世界を二分するペロポネソス戦争（前 431 ～ 前 404 年）を，厳密な史料批判に基づいて記述した。

(4) マケドニア王国は国王フィリッポス 2 世の下，軍制改革により強大化し，カイロネイアの戦い（前 338 年）でギリシア世界を征服した。

(5) カルタゴは，フェニキア人の都市国家ティルスがアフリカ北岸に建設した植民市。ローマとの 3 回にわたるポエニ戦争で前 146 年に滅亡した。なお，ポリュビオスはスキピオ家に厚遇されたギリシア人歴史家で，第 3 回ポエニ戦争に参加し，カルタゴの滅亡を目撃した。

(6)　プルタルコスは，ギリシア人の伝記作家で，ギリシアとローマの英雄的人物を比較した『対比列伝』を著している。「倫理論集」とは『道徳論集（エティカ）』のこと。

(7)　十二表法はローマ最古の成文法として，前5世紀半ばに制定された。旧来の慣習法を明文化したことで，貴族の法独占を破った。

(8)　キケロは雄弁で知られ，ラテン語散文の名手といわれる。政治家としてはカエサルと対立し，カエサル暗殺後にはアントニウスと対立し，前43年に暗殺されている。

(9)　「2名」からなる古代ローマの「最高公職」はコンスルで，執政官，統領と訳される。コンスルは共和政期ローマの最高政務官として，軍事・行政を担当した。

(10)　フランク王国のカール大帝時代には，アーヘンを中心にカロリング＝ルネサンスと呼ばれる古典文化復興運動が興り，イギリスのアルクインらが活躍した。

B

a　ウマイヤ朝は，732年トゥール・ポワティエ間の戦いで宮宰カール＝マルテル率いるフランク王国軍に敗退した。

b　1805年のトラファルガーの海戦では，フランスとスペインの連合艦隊が，ネルソン率いるイギリス艦隊に敗れている。

(11)　ティルスはシドン同様，フェニキア人（セム語族系）の都市国家。

(12)　ゲルマン人の大移動のなか，アフリカ大陸北岸にはヴァンダル人によってヴァンダル王国が建設されている（429年）。

(13)　ユダヤ人は中世ヨーロッパのキリスト教社会では差別された。そのため，都市ではゲットーと呼ばれる居住区が指定され，ユダヤ人はゲットーに強制隔離された。

(14)　スペインは，七年戦争後のパリ条約でイギリスにフロリダを割譲したが（1763年），アメリカ独立戦争に参戦しヴェルサイユ条約（イギリスとフランス・スペイン間の講和条約）でフロリダを奪回した（1783年）。

(15)　1806年，ナポレオンはベルリンにおいてイギリスに対する大陸封鎖令（ベルリン勅令）を発布した。これは大陸諸国とイギリスの通商を禁止し，フランス産業による大陸市場独占をめざした経済政策でもあった。

(16)　やや難。「1870年代以降」という年代に注目したい。スエズ運河について言及することがポイントとなる。ジブラルタル海峡を通過するイギリスの船舶が増大したということは，地中海を通過するイギリス船舶が増大したことを意味する。地中海はスエズ運河の開通（1869年）により，紅海を経由してインド洋と直接つながるようになった。1875年にはイギリスがスエズ運河会社株を買収し，その経営権を握ったことから，ジブラルタル海峡を通過するイギリス船が増加したのである。

(17)　モロッコ事件とはモロッコをめぐるフランスとドイツの衝突で，1905年と1911

年の 2 度発生し，どちらもイギリスがフランスを支持したため，ドイツは譲歩することになった。よって，イギリス以外の主要当事者はフランスとドイツとなる。

C

c　スカルノは，インドネシアで開かれた 1955 年の第 1 回アジア＝アフリカ会議（バンドン会議）を主催している。

d　"アフリカの年"といわれた 1960 年を中心に，アフリカでは多くの国が独立し，諸国連帯のための機構として 1963 年，アフリカ統一機構（OAU）が設立された。この組織は，2002 年にアフリカ連合（AU）に移行している。

e　1953 年，ソ連では独裁的指導者のスターリンが死去した。その後，1956 年のソ連共産党第 20 回大会でスターリン批判がフルシチョフによって行われ，また平和共存政策が発表されると，ソ連は第三世界への援助による影響力増大をめざすようになった。

⒅　平和五原則は，①領土保全と主権の尊重，②相互不侵略，③内政不干渉，④平等互恵，⑤平和的共存，の 5 つからなる。1954 年に行われたネルー（インド首相）と周恩来（中華人民共和国首相）の会談で発表された。

⒆　東南アジア条約機構（SEATO）は，冷戦時代に結成された反共軍事同盟。加盟国は，アメリカ・イギリス・フランス・オーストラリア・ニュージーランド・タイ・フィリピン・パキスタンの 8 カ国である。

⒇　難問。「1961 年」時のアメリカ大統領はケネディで，ラテンアメリカに対するキューバ革命の波及を防ぐため，「進歩のための同盟」を提案した。

(21)　難問。「1975 年にポルトガルから独立」したアフリカの国はアンゴラとモザンビーク。このうち，「長く内戦に苦しんだ」のはアンゴラである。アンゴラ内戦が終結したのは 2002 年。

(22)　やや難。「南北間の経済格差の是正」，すなわち南北問題の解決をめざし，1964 年，国連貿易開発会議（UNCTAD）が設立された。

(23)　「国内産業への補助」とは産業育成で，「保護主義的通商政策」とは外国製品の輸入抑制を意味する。これは輸入製品を自国の生産に切り替えるということで，輸入代替工業化政策と呼んだ。しかし輸入代替工業化政策はやがて行きづまり，1960 年代後半頃から第三世界の国は保護主義的規制を緩和し，輸出指向型工業化政策に転換した。そしてこの政策のため，政治体制としては開発独裁が成立した。

(24)　1980 年の韓国における民主化運動弾圧は光州事件と呼ばれる。全斗煥（任 1980～88 年）は，光州事件を経て大統領に就任した。

解　答

A (1)ミレトス　(2)三段櫂船の漕ぎ手として従軍。　(3)ペロポネソス戦争
(4)フィリッポス2世　(5)カルタゴ　(6)プルタルコス　(7)十二表法
(8)キケロ　(9)コンスル〔統領，執政官〕　(10)カロリング=ルネサンス

B　a．トゥール・ポワティエ　b．トラファルガー
(11)フェニキア人　(12)ヴァンダル人　(13)ゲットー　(14)フロリダ
(15)大陸封鎖令〔ベルリン勅令〕
(16)イギリスのスエズ運河会社株買収により，地中海・紅海経由でのインド
洋方面進出が容易となったから。
(17)ドイツ・フランス

C　c．スカルノ　d．アフリカ統一機構〔OAU〕　e．スターリン
(18)周恩来　(19)東南アジア条約機構〔SEATO〕　(20)進歩のための同盟
(21)アンゴラ　(22)国連貿易開発会議〔UNCTAD〕　(23)輸入代替工業化政策
(24)光州

```
         A   古代〜近世における反乱の歴史
 71      B   包摂と排除の歴史
         C   エネルギー問題関連史      (2012 年度　第 4 問)
```

A 〔地域〕ヨーロッパ 〔時代〕前 1 〜16 世紀 〔分野〕政治，文化

反乱をテーマに，古代から近世のヨーロッパ史が問われた。頻出のテーマであり，確実に解答することが求められる。

B 〔地域〕欧米 〔時代〕前 8 〜20 世紀 〔分野〕政治，文化

歴史における包摂と排除をテーマに，古代から現代の欧米が問われた。(13)の(ア)ホーソンや(16)黄禍論は難問であるが，参考として覚えておきたい。

C 〔地域〕世界 〔時代〕古代，19〜20 世紀 〔分野〕政治，経済

電気や原子力などのエネルギーをテーマに，主に近現代の世界各地が問われた。20 世紀からの出題も多く，現代史対策の度合いが出来の分かれ目となった。(24)サハロフは難問だが，現代自然科学史の情報として知っておきたい。

A

(1)　スパルタクスはトラキア出身の剣闘士（剣奴）。前 73〜前 71 年にかけて反乱を起こしたが，クラッススやポンペイウスらによって鎮圧された。

(2)　クラッススは，前 60 年カエサル・ポンペイウスとともに第 1 回三頭政治に参加したが，前 53 年パルティア遠征で戦死した。

(3)　ジャックリーの乱（1358 年）も，イギリスのワット＝タイラーの乱（1381 年）も，百年戦争（1339〜1453 年）中の出来事である。

(4)　ジョン＝ボールは，人間の平等を「アダムが耕しイヴが紡いだとき，だれが貴族であったか」という言葉で説き，農民を鼓舞した。

(5)　「15 世紀前半に神聖ローマ帝国東部で生じた宗教的反乱」とはフス戦争（1419〜36 年）。

(ア)　反乱が起きた地域は現在のチェコ中心部に当たるベーメン（ボヘミア）である。

(イ)　フスは，ウィクリフの影響を受けて教会改革を唱えたが，コンスタンツ公会議で異端とされ火刑に処せられた。彼の刑死後，フス派の人々が蜂起してフス戦争が起こっている。

(6)　ドイツ農民戦争に際して，ルターは当初これを支持したが，ミュンツァーらの指導の下に農民側が農奴制廃止など社会変革を要求し始めると，領主側に立って武力弾圧を呼びかけた。

(7)(ア)　ルターは，『新約聖書』を直接ドイツ語に訳した。このときルターの用いたドイツ語が，近代ドイツ語の基礎となった。

(イ)　ウィクリフは，聖書主義を唱えて聖書の英訳を行ったとされる。ウィクリフの
　　　主張は，彼の死後開かれたコンスタンツ公会議で異端の宣告を受けた。

(8)　商人ギルドに対し，ツンフト（同職ギルド）は手工業者の親方を中心に構成され
　　　た。ツンフトは市政を独占する商人ギルドに対してツンフト闘争を展開し市政参加
　　　を果たした。

B

(9)　古代ギリシア都市の市民（古代ギリシア人）は，自分たちを伝説上の英雄ヘレン
　　　の子孫とし，自らをヘレネスと呼んだ。

(10)　パリサイ派は，律法を重んじて日常生活の細部にわたるまでその実現をめざすユ
　　　ダヤ教の一派。イエスにその形式主義を批判されたため，イエスの迫害に主導的役
　　　割を演じた。

(11)　ナスル朝の首都グラナダが1492年に陥落したことにより，スペイン王国による
　　　レコンキスタ（国土回復運動）が完成した。

(12)　アルビジョワ派は，マニ教の影響を受けた異端カタリ派の南フランスでの呼称。
　　　アルビジョワ十字軍（1209～29年）によってルイ9世の時代に根絶された。

(13)(ア)　難問。ホーソンはアメリカのロマン派作家で，代表作『緋文字』は17世紀の
　　　　　　ニューイングランドのピューリタン社会を舞台とした作品。

　　　(イ)　マッカーシーは共和党右派の連邦上院議員で，1950年に国務省内に共産主義
　　　　　　者がいるという根拠のない演説で反共主義を主張，「赤狩り」運動（マッカーシ
　　　　　　ズム）を展開した。

(14)　ヴェルサイユ行進は，食料の高騰からパリの民衆（大部分は女性）がヴェルサイ
　　　ユに行進し，国王一家をパリに連行した事件。

(15)　ヴァイマル共和国（ドイツ共和国）初代大統領はエーベルト（1919年就任）。彼
　　　が1925年に急死した後，ヒンデンブルクが第2代大統領に就任している。

(16)　難問。黄禍論は，日清戦争における日本の勝利を背景に表面化した黄色人種警戒
　　　論。特に日露戦争の日本の勝利によって激しく主張されるようになった。

(17)　サン＝ジェルマン条約により，チェコスロヴァキア・ポーランド・ハンガリー・
　　　セルブ＝クロアート＝スロヴェーン（ユーゴスラヴィア）が，オーストリア＝ハンガ
　　　リー帝国からの非ドイツ系民族の独立国として承認された。

C

(18)　「万物の根源を水」と考えたのは前6世紀に活躍した自然哲学者タレス。イオニ
　　　ア学派の開祖で，「哲学の父」と呼ばれる。

(19)　マンチェスターは産業革命期から発展した綿工業の中心地。リヴァプールはマン
　　　チェスターの外港。

⒇ ロックフェラーは，1870年にスタンダード石油会社を設立し，1882年スタンダード石油トラストを組織した。なお，このスタンダード石油トラストはシャーマン反トラスト法（1890年制定）により解散を命じられた（1911年）。

(21) 1918年11月ドイツ革命が勃発し，ヴィルヘルム2世がオランダに亡命して臨時政府が成立した。このとき労働者や兵士はソヴィエトにあたるレーテと呼ばれる組織をつくったが，臨時政府は休戦を急ぐことで革命の進行を押さえ込んだため，革命の拠点とされず，ドイツ革命の終息とともに消滅していった。

(22) 「電力供給による大規模な地域開発」からテネシー川流域開発公社（TVA）と判断したい。テネシー川流域における多目的ダムの建設を行う一方，公社による電力供給によって電力価格の低下を実現しようとした。

(23)㋐・㋑ 第四次中東戦争（1973年）は，エジプト・シリアがイスラエルを攻撃して始まった。この際，アラブ石油輸出国機構（OAPEC）は親イスラエル国への石油禁輸，石油輸出国機構（OPEC）は石油価格の引き上げという石油戦略を発動し，第1次石油危機が発生した。

(24) 難問。サハロフは，ノーベル平和賞受賞後軟禁状態におかれたが，1986年ゴルバチョフ政権により自由を回復した。

(25) 1958年当時の西ドイツ首相は，キリスト教民主同盟出身のアデナウアー（任1949～63年）。パリ協定（1954年）で主権を回復，1955年にはNATO加盟を果たし，国内では「奇跡の経済復興」を成し遂げた。

(26) 「当時のソヴィエト連邦の最高指導者」とはゴルバチョフ。チェルノブイリ原子力発電所事故（1986年）の発生を機にグラスノスチ（情報公開）を推進した。

解　答

A ⑴スパルタクス ⑵クラッスス ⑶百年戦争 ⑷ジョン=ボール
⑸㋐ベーメン〔ボヘミア〕 ㋑フス ⑹ミュンツァー
⑺㋐新約聖書のドイツ語訳 ㋑ウィクリフ ⑻ツンフト〔同職ギルド〕

B ⑼ヘレネス ⑽パリサイ派 ⑾ナスル朝
⑿アルビジョワ派（カタリ派も可） ⒀㋐ホーソン ㋑マッカーシー
⒁ヴェルサイユ行進 ⒂エーベルト ⒃黄禍論 ⒄サン=ジェルマン条約

C ⒅タレス ⒆マンチェスター ⒇ロックフェラー (21)レーテ
(22)テネシー川流域開発公社〔TVA〕
(23)㋐イスラエル ㋑アラブ石油輸出国機構〔OAPEC〕
(24)サハロフ (25)アデナウアー (26)グラスノスチ

72
A　ライン川にみる古代・中世ヨーロッパ
B　絶対王政期のフランス
C　近世・近代のバルカン半島　（2011年度　第4問）

A　〔地域〕ヨーロッパ　〔時代〕前1〜9世紀　〔分野〕政治

　ライン川をテーマに，古代・中世のヨーロッパが問われた。京大では珍しく，年代関連の正文選択問題が1問含まれたが，基本的知識で判断できる。

B　〔地域〕欧米　〔時代〕17〜18世紀　〔分野〕政治，経済

　ルイ14世時代の近世フランスとそれに関連して三十年戦争などが問われた。(11)の短文論述はウェストファリア条約が「帝国の死亡証明書」と呼ばれることが，また，(16)はアシエントが「奴隷供給契約」と呼ばれることが想起できれば，いずれも容易に解答できる。

C　〔地域〕ヨーロッパ　〔時代〕17〜20世紀初め　〔分野〕政治

　国家の視点から，近世・近代のバルカン半島と関連する周辺諸国の動向が問われた。(19)(イ)の短文論述は教科書に記載がなくて戸惑うが，ギリシア独立戦争がナショナリズムとわかれば推測できる。

A

(1)　カエサルが「ポンペイウスとクラッススとともに盟約を結んで」とは第1回三頭政治を指す。彼らはこれによって元老院の政治的影響を排除したが，クラッススの死後，ポンペイウスがカエサルへの対抗から元老院と結んだため，この三頭政治は解消されている。

(2)　「1世紀終わり頃のローマ帝国」は，ローマ帝国の最盛期（ローマの平和）の時期で，インド方面との季節風貿易が盛行した。(a)ポリュビオスと(b)グラックス兄弟は前2世紀に活躍，(d)キリスト教の公認は313年で4世紀。

(3)　ローマ人の「娯楽」は戦車競争や剣闘士（剣奴）の試合の観戦で，それらが開催された公共建築物はローマのコロッセウムに代表される円形闘技場である。

(4)　ディオクレティアヌス帝が，巨大化し地方分権的になっていたローマ帝国の実情に合わせ，四分統治（テトラルキア）を導入した点について説明すればよい。

(5)　4世紀頃パンノニア（ハンガリー）に定住したヴァンダル人は，5世紀に入るとガリアを通ってイベリア半島に移り，さらにジブラルタル海峡をわたって，現在のチュニジア・アルジェリアを中心とする北アフリカに建国した。

(6)　アーヘンにはカール大帝の宮廷が置かれ，カロリング=ルネサンスの中心地となった。

(7)　ランゴバルド人は，他のゲルマン諸族に遅れて移動を開始し，東ゴート王国がビザンツ帝国のユスティニアヌスに滅ぼされた直後の北イタリアに侵入し，6世紀後

半（568 年）にランゴバルド王国を建国した。その後，カロリング朝を創始したピ
ピンによって討たれ，774 年にカール大帝によって滅ぼされている。

(8) カール大帝の子で皇帝位を継いだルートヴィヒ 1 世が死去した後，ロタール 1 世，
ルートヴィヒ 2 世，シャルル 2 世の 3 人の子が領土を分け合ったのがヴェルダン条
約（843 年）で，皇帝位と中部フランク・イタリアを長子のロタール 1 世が継承し
た。その後ロタール 1 世が死去し，ルートヴィヒ 2 世とシャルル 2 世が北イタリア
を除くロタール 1 世の領土を分け合ったのが 870 年のメルセン条約で，これにより，
後のドイツ・フランス・イタリアの原形がつくられた。

(9) ハンザ同盟は北海・バルト海沿岸の北ドイツ諸都市が結成した都市同盟で，リュ
ーベックを盟主とした。

B

a フロンドの乱は，宰相マザランの王権強化策に反抗した高等法院や貴族による反
乱。1653 年鎮圧され，王権はかえって強化された。

b ナントの王令（勅令）はアンリ 4 世（ブルボン朝初代王）によって 1598 年に発
布され，ユグノー（カルヴァン派）に信仰の自由が認められた。これによりユグノ
ー戦争は終結した。

(10) グスタフ＝アドルフ（グスタフ 2 世）は，リュッツェンの戦い（1632 年）で神聖
ローマ皇帝軍を破ったが，自らは戦死している。

(11) ヴェストファーレン（ウェストファリア）条約で，ドイツ・オーストリア地域の
領邦にほぼ完全な主権が認められたことによって神聖ローマ帝国が有名無実化した
点を簡潔に述べる。

(12) ボシュエはフランスの聖職者で王太子時代のルイ 14 世の教育係を務めた。王権
神授説の主唱者としてはイギリスのジェームズ 1 世も押さえておきたい。

(13) コルベールティズムとして知られる重商主義政策の具体例を述べればよい。フラ
ンスの東インド会社は 1604 年に設立されたが，経営不振であったため，1664 年に
コルベールが再興している。また，手工業ギルドの保護・統制なども正解として考
えられる。

(14) イギリスは 1664 年北米のオランダ植民地の中心都市ニューアムステルダムを占
領し，チャールズ 2 世がここを弟のヨーク公（のちのジェームズ 2 世）に与え，ニ
ューヨークと改称した。一方，これを機に第 2 次英蘭戦争が勃発した。

(15) 第 2 次英仏百年戦争は，ウィリアム王戦争（ファルツ継承戦争に連動して北米大
陸で起こった英仏の戦争）からナポレオン戦争までの英仏間の植民地獲得競争を指
す。英仏は北米大陸以外では，インドでカーナティック戦争（1744〜63 年）やプ
ラッシーの戦い（1757 年）を行い，ナポレオン戦争期にはエジプトでも戦ってい
る。「北米大陸以外の地域」とあるので，「大陸」を重視すれば，エジプトではなく

アフリカを正解と考えることも可能であろう。

(16)　アシエントはスペイン領アメリカに黒人奴隷を供給する契約を意味し，この契約をスペインと結ぶ権利（アシエント権）はそれまでフランスが得ていたが，ユトレヒト条約によってイギリスに与えられた。

C

c　ウィーン包囲は，第1次が1529年スレイマン1世によって行われ，第2次が1683年メフメト4世の時代に行われた。

d　キュチュク＝カイナルジャ（キュチュク＝カイナルジともいう）条約でロシアは黒海の北岸に領土を獲得し，黒海の自由航行権を獲得する一方，バルカン半島などオスマン帝国領内に居住するギリシア正教徒の保護権を獲得した。

e　バイロンは『チャイルド＝ハロルドの巡礼』などの作品で知られるイギリスのロマン派詩人。ギリシア独立戦争に義勇兵として参加したが，病死している。

f　1878年は露土戦争の講和条約としてサン＝ステファノ条約が結ばれ，これに対してベルリン会議が開催された年。ベルリン会議ではサン＝ステファノ条約が破棄されて新たにベルリン条約が結ばれ，セルビア・モンテネグロ・ルーマニアの独立，ブルガリアの領土縮小とオスマン帝国下での自治が認められた。

(17)　カルロヴィッツ条約でハプスブルク家領となったハンガリーは，1867年アウスグライヒによってオーストリアと別個の王国であることが認められ，オーストリアと同君連合であるオーストリア＝ハンガリー帝国が成立した。

(18)　ヨーゼフ2世による農奴解放令（1781年）は，フランス革命の際，封建的特権の廃止（1789年）で認められた農民（農奴）の人格的自由を先取りしたものとして評価できる。なお，宗教寛容令については，すでにナントの王令（勅令）などによってユグノーに信仰の自由が認められた事例があるため，「フランス革命を先取りした」ととらえるのは避けたほうがよいだろう。

(19)(ア)　ギリシアの独立は，ロシアとオスマン帝国のアドリアノープル条約（1829年）でオスマン帝国がギリシアの独立を承認し，翌年のロンドン会議で，ギリシア独立戦争を支援したロシア・イギリス・フランスなどがギリシア独立を承認したことによって国際的にも承認されている。

(イ)　ギリシア独立が当時のヨーロッパ国際秩序・ウィーン体制に対する挑戦であったことを意識し，正統主義（体制の原則）とナショナリズム（体制が抑えようとした運動）の点から3か国の当初の態度を説明したい。

(20)　ブルガリアの旧支配国はオスマン帝国。オスマン帝国では1908年サロニカで青年将校らによって青年トルコ革命が発生し，ブルガリアはこれを機に完全独立を宣言している。

解　答

A (1)元老院　(2)—(C)　(3)円形闘技場

(4)ローマ帝国を四分し，正帝と副帝各2名に統治を分担させる四分統治を
行った。

(5)ヴァンダル人　(6)アーヘン　(7)ランゴバルド王国　(8)メルセン条約

(9)ハンザ同盟

B　a．フロンド　b．ナントの王令〔ナントの勅令〕

(10)グスタフ=アドルフ〔グスタフ2世〕

(11)各領邦に主権が認められたことから，神聖ローマ帝国の政治的分裂が決
定的となった。

(12)ボシュエ　(13)王立マニュファクチュアの設立〔東インド会社の再建〕

(14)ニューアムステルダム　(15)インド・エジプト　(16)黒人奴隷

C　c．ウィーン　d．ギリシア正教徒　e．バイロン　f．ルーマニア

(17)ハンガリー　(18)農奴解放令の発布　(19)(ア)イギリス

(イ)ウィーン体制の原則・正統主義の崩壊と，ヨーロッパにおけるナショナ
リズム高揚を警戒したから。

(20)青年トルコ革命

73
A　スラヴ人のキリスト教受容
B　ヨーロッパの人口の増減・移動
C　東南アジアの植民地化　　(2010年度　第4問)

A　〔地域〕東欧，ロシア　〔時代〕中世，近世　〔分野〕政治

　スラヴ人のキリスト教受容をテーマに，8〜17世紀の東欧・ロシア史が問われた。(2)は設問文の「修道士」に戸惑うかもしれないが，リード文から「スラヴ人の使徒」を想起したい。

B　〔地域〕ヨーロッパ　〔時代〕中世末〜近代　〔分野〕政治，社会

　人口の動態という視点で，14〜19世紀のヨーロッパ史が問われた。(11)は設問文から『人口論』を想起すれば，容易に解答できる。(13)(イ)ジャガイモ飢饉は頻出事項であり，確実に解答したい。

C　〔地域〕東南アジア　〔時代〕19〜20世紀半ば　〔分野〕政治，経済

　東南アジアの植民地化と独立をめぐる動向が問われた。語句記述のうち，(16)錫（スズ）は東南アジアの鉱物資源として注意しておきたい。短文論述の(18)ジュネーヴ協定や(20)(イ)シンガポールの分離独立は，教科書を精読していれば十分対応できる内容であった。

A

a　ウラディミル1世は，ギリシア正教に改宗し，以後キエフ公国はビザンツ文化を積極的に摂取した。

b　イヴァン3世はロシアをほぼ統一し，1480年にモンゴルの支配から自立した。彼がツァーリを称したことで，モスクワ（ロシア）は「第3のローマ」となる。

(1)　ビザンツ皇帝レオン3世は，726年聖像禁止令を発布したが，843年にこの聖像禁止令は解除され，ビザンツ帝国ではイコンなどの聖画像が発展していく。

(2)　キュリロスは兄のメトディオスとともにスラヴ人へのキリスト教布教に貢献し，「スラヴ人の使徒」と呼ばれる。ギリシア正教圏に普及し，ロシア文字の母体ともなったキリル文字は彼の名に由来する。

(3)　オスマン帝国の君主メフメト2世はコンスタンティノープルを占領してビザンツ帝国を滅ぼし（1453年），首都をアドリアノープルからこの地に移した。それに伴い，メフメト2世はトプカプ宮殿を造営し，以後のスルタンの居城となった。

(4)　ツァーリは，ローマのカエサルのロシア語読み。

(5)　西スラヴ系のチェック人は，9世紀末にカトリック（ローマ=カトリック）を受け入れ，10世紀にはベーメン（ボヘミア）王国を建国，11世紀以降は神聖ローマ帝国の支配下に置かれた。また，チェック人と同じ起源といわれるスロヴァキア人もカトリックに改宗している。

(6) イエズス会はイグナティウス=ロヨラとその同志が 1534 年に設立，ヨーロッパ各地，アメリカ大陸，アジアでカトリック布教活動を展開した。イエズス会士フランシスコ=ザビエルは 1549 年に日本で，マテオ=リッチは 1583 年に中国で活動を開始している。

(7)(ア) コサックは領主の圧迫を逃れて南ロシアの辺境地帯に移住した農民をさし，自衛のため武装し戦士集団を形成した。ロシア帝国の圧政に抵抗する一方，ロシア帝国により国境の防衛にも利用された。

(イ) ステンカ=ラージンはドン=コサックの首領。ヴォルガ川流域からカスピ海沿岸にかけて反乱を起こしたが，捕らえられ刑死した。

B

(8)(ア) 黒死病（ペスト）は 1346～50 年に全ヨーロッパに広がり，人口の約 3 分の 1 が死亡したといわれる。

(イ) ボッカチオの『デカメロン』は，10 日間で 10 人の男女が順に語るという形式から『十日物語』ともいわれ，近代小説の原型とされる。

(9) イタリア戦争は 1494 年，フランス王シャルル 8 世（ヴァロワ家）のイタリア侵入によって始まった。これに対抗する勢力の中心となったのがハプスブルク家（神聖ローマ皇帝）で，イタリア戦争はヴァロワ家とハプスブルク家の対立を基調に，周囲のヴェネツィア・ローマ教皇・イギリス・スペインといった諸勢力を巻き込みながら 16 世紀半ば（1559 年）まで続き，1559 年のカトー=カンブレジ条約で講和した。これによりフランスはイタリア進出を断念した。

(10) フロンドの乱（1648～53 年）は，王権の強化に反発した高等法院・貴族などが起こした反乱で，ルイ 14 世が幼少で即位してまもなく発生したが，宰相マザランにより鎮圧されている。

(11) マルサスはイギリス古典学派経済学者。その著書『人口論』（1798 年）において，貧困の原因として食糧増産が人口増加に及ばない必然を指摘した。

(12)(ア) 世界最初の万国博覧会は 1851 年ロンドンで開催され，イギリスの展示館「水晶宮」などがイギリスの工業力・技術を世界に誇示した。

(イ) マンチェスターはランカシャー地方の商工業都市。産業革命期に綿工業の中心として急速に発展した。コブデンやブライトらによる穀物法廃止など自由貿易を求める運動，労働運動の中心ともなった。

(ウ) ヴィルヘルム 2 世（位 1888～1918 年）はビスマルク引退後，「ドイツの将来は海上にあり」として海軍を増強し，西アジアやアフリカなどへの世界進出をめざす帝国主義対外政策（「世界政策」）を展開，英露仏との対立，ドイツの孤立化を招いた。

(13)(ア) 19 世紀半ばにはドイツから三月革命を背景に政治亡命者が，また食糧価格の

高騰を背景に農民や都市の職人が，ついで1880年代にはロシアからユダヤ人排斥（ポグロム）を背景にユダヤ系ロシア人が，さらに1880年代以降には東欧・南欧から工業発展の遅れを背景に農民が，それぞれ移民としてアメリカ合衆国に渡った。

(イ)　1840年代半ばに，アイルランドでジャガイモに病気が発生したことで極端な不作となり，ジャガイモ飢饉といわれる大飢饉が発生した。当時アイルランドでは，小麦はイギリス本国に送られたため，アイルランド人小作農には小麦が行き渡らず，ジャガイモが主食とされていたのである。この飢饉を背景に大量の移民がアメリカ合衆国へ向かった。

C

(14)　東ティモールは小スンダ列島の東端，ティモール島の東半部。1975年にポルトガルから独立したが，翌年インドネシアが武力併合し，独立派を武力弾圧した。国際的な批判を受け，1999年に独立が容認され，住民投票で2002年に独立が達成された。

(15)　強制栽培制度は，東インド総督ファン＝デン＝ボスのもとでオランダ領東インドに導入された制度。特にジャワではサトウキビ・コーヒー・藍など特定の商品作物を住民に強制的に栽培させ，定められた量を低価格で買い上げた。

(16)　イギリス植民地時代のマラヤでは錫，ゴムが最大の輸出商品であった。

(17)　サレカット＝イスラーム（イスラーム同盟）は，1911年中部ジャワに設立された大衆的民族主義団体。商人層の相互扶助を目的に設立されたため，当初は小規模な互助組織であったが，支持を広げるなか，次第にオランダに自治を要求し，政治団体として活動するようになった。

(18)　1954年のジュネーヴ協定は，インドシナ戦争停戦の3協定と最終宣言をさす。ベトナム・カンボジア・ラオスの独立尊重と敵対行動停止に関する3協定が結ばれた。ベトナムに関する協定では北緯17度線を暫定軍事境界線とし，北をベトナム民主共和国，南をフランスが支援するベトナム国（バオダイ政権）とした。最終宣言は2年後の南北統一選挙の実施をうたっていたが，選挙は実施されず，後のベトナム戦争を導いた。

(19)　スハルト（任1968～98年）は，1965年の九・三〇事件を収拾して実権を握り，共産党勢力の一掃とスカルノの失脚をはかり1968年インドネシア第2代大統領となり，強権的支配で長期政権を維持した。この間経済は発展したが，人権抑圧，社会的不平等も拡大した。

(20)(ア)　マレーシア連邦は，マラヤ連邦を中心にシンガポール・サバ・サワラクが参加して成立した。このうちシンガポールが1965年に分離独立した。

(イ)　シンガポールのマレーシア連邦脱退の背景には，マレー系住民を優遇するマレ

ーシア連邦の政策に中国系住民が多いシンガポールが反発したことがあげられる。
なお，分離・独立したシンガポール共和国の初代首相は中国系のリー=クアンユ
ーである。

解　答

A　a．ウラディミル 1 世　b．イヴァン 3 世
　　(1)レオン 3 世　(2)キュリロス（メトディオスも可）　(3)メフメト 2 世
　　(4)カエサル　(5)チェック人（スロヴァキア人も可）　(6)イエズス会
　　(7)(ア)コサック　(イ)ステンカ=ラージン
B　(8)(ア)黒死病〔ペスト〕　(イ)ボッカチオ　(9)ハプスブルク家・ヴァロワ家
　　(10)フロンドの乱　(11)マルサス
　　(12)(ア)（第 1 回）万国博覧会　(イ)マンチェスター　(ウ)ヴィルヘルム 2 世
　　(13)(ア)アメリカ合衆国　(イ)ジャガイモ飢饉
C　(14)東ティモール　(15)強制栽培制度　(16)錫〔スズ〕
　　(17)サレカット=イスラーム〔イスラーム同盟〕
　　(18)北緯17度線を北のベトナム民主共和国と南のベトナム国の暫定軍事境界
　　線とし，2 年後に南北統一選挙を行う。
　　(19)スハルト　(20)(ア)シンガポール
　　(イ)マレーシア連邦のマレー系住民優遇策に中国系住民が反発した。

74
A　古代ギリシア・ローマ史
B　ヨーロッパにおける民族・集団の移動
C　18〜20世紀のロシア・ドイツ関連史

（2009年度　第4問）

A　〔地域〕ヨーロッパ　〔時代〕古代　〔分野〕政治，文化

　比較という視点から，古代ギリシアとローマの歴史が問われた。正文選択法の(5)(イ)と語句記述の大半は基本的知識で解答できる。ただ，(7)トイトブルクの戦いは難問。(8)は問題文に「ラ・テーヌ文化」という見慣れない歴史用語があるが，解答に支障はない。

B　〔地域〕ヨーロッパ　〔時代〕中世，近世　〔分野〕政治

　民族や集団の移動をテーマに，7〜16世紀のヨーロッパ史が問われた。語句記述はすべて基本事項に関わるが，(12)はプロイセン王国史の理解が求められた。短文論述の(13)はレコンキスタを，(14)はドイツ宗教改革を想起して考えたい。

C　〔地域〕ロシア，ドイツ　〔時代〕近世〜現代　〔分野〕政治

　ロシアとドイツの関連をテーマに，18〜20世紀の両国の歴史が問われた。語句記述のうち，(15)は北方戦争を，(19)はドイツで迫害の対象となった「人種」を想起すれば容易に解答できる。短文論述の(18)(ア)は第一次世界大戦勃発という最重要事件の説明なので書きやすい。

A

(1)　リュクルゴスはスパルタの伝説的立法者。スパルタの独特な軍国的・鎖国的な国家制度は確立者の名をとってリュクルゴスの制と呼ばれる。

(2)　「前5世紀中ごろ」の「アテネ民主政の黄金期を築いた政治指導者」はペリクレス。リード文にある「アテネ市民の両親から生まれた子でない限り市民権は与えられなくなった」は，前451年に制定された市民権法の内容。

(3)　護民官は，伝承によれば，パトリキ（貴族）と平民（プレブス）の抗争の中で起こった聖山事件（前494年）を契機に，平民保護のための官職として設置されたといわれ，平民会（前5世紀に設置）を主宰した。

(4)　イタリア半島内のローマの同盟市がローマ市民権を要求して起こした同盟市戦争（前91〜前88年）は，スラが鎮圧したが，ローマ市民権はイタリア半島内の全自由民に与えられることになった。

(5)(ア)　やや難。「ローマ帝国東部への伝道に活躍し」「ローマ市民権を有した」のはユダヤ人のパウロである。彼は"異邦人の使徒"と呼ばれ，イエスの福音は万人に及ぶと説き，キリスト教が世界宗教となる基礎を築いた。

　(イ)　(d)　「紀元3世紀の初め」すなわち，212年のカラカラ帝の勅令（アントニヌス勅令）により，ローマ帝国全土の自由民にローマ市民権が与えられた。こうし

てローマは文字通り世界帝国となったが，一方で「3世紀の危機」という戦乱と
異民族の侵入による混乱の時代を迎える。

(6)　カルタゴはフェニキア人の都市国家ティルスが，アフリカ北岸の現チュニジアの
土地に建設した植民市。一時，西地中海の覇権をにぎったが，ポエニ戦争でローマ
に敗れ，破壊された。

(7)　難問。9年，現ドイツのウェストファリア地方の山地トイトブルクで，ゲルマン
人の首長アルミニウスがローマの3軍団を全滅させたのがトイトブルク（森）の戦
いである。この戦い以降，ローマ帝国はライン川以東への進出をあきらめ，ライン
川・ドナウ川がゲルマン人とローマ帝国の境界となった。

(8)(ｱ)　ラ・テーヌ文化は，スイスのヌーシャテル湖東岸で発見されたケルト文化の
遺跡にちなんで名づけられた。ケルト人はローマ人進出以前，現在のフランス，
スペイン，イギリスなど西ヨーロッパの広い範囲に住んでいた民族。ローマ人は
今のフランスの地をガリア，ここに住むケルト人をガリア人と呼んだ。

(ｲ)　カエサルは前58〜前51年ガリアに遠征，その地に住むケルト人を征服した。
この遠征について彼が著したのが『ガリア戦記』で，その簡潔な名文はラテン文
学の古典でもある。

B

a　トルコ系遊牧民のブルガール人は，バルカン半島東部に定着し，7世紀末（681
年）第1次ブルガリア帝国を建てた。

b　クルド人出身のサラディン（サラーフ゠アッディーン）は，ファーティマ朝の宰
相となって実権を握り，アイユーブ朝を建てた。第3回十字軍でイギリス国王リチ
ャード1世と戦ったことでも知られる。

(9)　アルフレッド大王はウェセックス王家のイングランド王（位871〜899年）。イン
グランドに侵入したデーン人を破り，彼らの勢力範囲をイングランド東北部のデー
ンロー地方にとどめることに成功した。

(10)　11世紀にイスラーム勢力の支配下にあった南イタリアに進出したノルマン人は，
ルッジェーロ2世（位1130〜54年）の時代，シチリア島とナポリにまたがる両シ
チリア王国を建設した。シチリア王国とナポリ王国を統合したということで両シチ
リア王国と呼ばれる。

(11)　「騎士団国家」すなわちドイツ騎士団の圧力に対抗するため，1386年，リトアニ
ア大公ヤゲウォ（ヤゲロー）とポーランド女王ヤドヴィガが結婚し，リトアニア゠
ポーランド王国（ヤゲウォ朝）が建国された。このリトアニア゠ポーランド王国は，
1410年のタンネンベルクの戦いでドイツ騎士団を破っている。

(12)　「その一部は宗教改革を経て世俗国家となり」とあるのは，1525年，ドイツ騎士
団長（ホーエンツォレルン家出身）が新教（ルター派）に改宗し（ドイツ騎士団は，

十字軍期に創設されたカトリックの宗教騎士団の一つ），これによりドイツ騎士団
領が世俗国家としてのプロイセン公国になったことを指している。

⒀　レコンキスタを担ったカスティリャとアラゴンが前者の王女イサベルと後者の王
　子フェルナンドの結婚を機に統合されてスペイン王国となり（1479年），レコンキ
　スタを完了させ（1492年），イベリア半島の政治的統一を前進させた。

⒁　当時，神聖ローマ皇帝カール5世は国内では宗教改革に直面し，対外的には仏王
　フランソワ1世とイタリア戦争を行っていた。そのためオスマン帝国がウィーンに
　迫ると，苦境に立った。そこでカール5世はイタリア戦争遂行上，またオスマン帝
　国への対抗上，ルター派諸侯の協力を得るためにルター派を認めた。その後，オス
　マン帝国がウィーン包囲に失敗し撤退すると，再びルター派を禁止したものの，結
　局はアウクスブルクの和議（1555年）でルター派を認めた。つまり，オスマン帝
　国の脅威はルター派を支援する役割を果たしたといえる。

C

⒂　サンクト＝ペテルブルクの建設は，ロシアがスウェーデンを相手に始めた北方戦
　争（1700〜21年）の間に進められた。そのためスウェーデン軍が都市の建設工事
　を妨害した。

⒃　エカチェリーナ2世は啓蒙専制君主の一人で，フランス啓蒙思想家のヴォルテー
　ルやディドロらと文通した。なお，ディドロは文通だけでなく，実際にロシアへ招
　かれている。

⒄　ロシアはペルシア，アフガニスタン，チベットについてイギリスとの利害調整を
　図り，1907年に英露協商を結んでいる。

⒅(ア)　サライェヴォ事件は1914年6月28日，ボスニアの州都サライェヴォでオー
　　ストリア皇位継承者夫妻がセルビア人青年に暗殺された事件。この結果，オース
　　トリアが7月にセルビアに宣戦して第一次世界大戦が開始した。

　(イ)　ボスニア・ヘルツェゴヴィナは第二次世界大戦後，ユーゴスラヴィア（ユーゴ
　　スラヴィア社会主義連邦共和国，旧ユーゴスラヴィア）を構成する6つの共和国
　　の一つであった。しかし1990年代に入ると，構成国の独立をめぐって内戦が勃
　　発し，ユーゴスラヴィアは解体した。

⒆　ユダヤ人は19世紀後半からヨーロッパで「人種」とみなされた。そのため，た
　とえユダヤ人がキリスト教に改宗してもユダヤ人は異質な「人種」であり，彼らを
　差別・排斥する反ユダヤ主義が存在し続けた。政治的・社会的不満のはけ口をユダ
　ヤ人に転化する主張も生まれ，ドイツでは第一次世界大戦の敗北をユダヤ人と結び
　つける理論が流行した。

⒇　スペインで人民戦線政府側とフランコら右派勢力の間に内戦が起こる（1936年）
　と，ドイツはイタリアとともにフランコ側を，ソ連は国際義勇軍とともに政府側を

支持した。なお，イギリス・フランスは不干渉政策をとった。

(21)(ア) 「ベルリンの壁」は 1961 年に建設が開始された。翌 1962 年キューバ危機が起こり，米ソは全面核戦争直前の状況となった。しかし危機はアメリカ大統領ケネディとソ連のフルシチョフの交渉で回避された。

(イ) 「ベルリンの壁」は，東欧革命（1989 年に東欧諸国で起こった体制転換の総称）の一環として，1989 年 11 月，市民の手によって崩壊した。

解　答

A (1)リュクルゴスの制　(2)ペリクレス　(3)護民官　(4)同盟市戦争
(5)(ア)パウロ　(イ)―(d)　(6)フェニキア人
(7)トイトブルクの戦い〔トイトブルク森の戦い〕
(8)(ア)ケルト人　(イ)ガリア戦記

B a．ブルガール　b．サラディン〔サラーフ=アッディーン〕
(9)アルフレッド大王　(10)両シチリア王国　(11)リトアニア=ポーランド王国
(12)プロイセン公国
(13)アラゴンとカスティリャが両国王の婚姻関係で合併し，1479年にスペイン王国が成立した。
(14)神聖ローマ皇帝カール5世は新教勢力との妥協を迫られ，ルター派はドイツに根をおろすことになった。

C (15)スウェーデン　(16)ヴォルテール（ディドロも可）　(17)イギリス
(18)(ア)サライェヴォでオーストリア皇位継承者夫妻がセルビア人青年に暗殺された。(イ)ユーゴスラヴィア
(19)ユダヤ人　(20)スペイン　(21)(ア)キューバ危機　(イ)1989年

75

A	近世・近代ヨーロッパにおける信仰の自由
B	西アフリカにおけるイスラーム国家
C	現代における世界の一体化 （2008 年度 第4問）

A 〔地域〕ヨーロッパ 〔時代〕17～19 世紀 〔分野〕政治

　信仰の自由の観点から，近世・近代のヨーロッパ史が問われた。史料を利用した出題であるが，語句記述はすべて基本事項が扱われ，また短文論述の(3)(ア)のアウクスブルクの宗教和議も入試定番の事項説明であった。

B 〔地域〕西アフリカ 〔時代〕7～20 世紀初め 〔分野〕政治，経済

　西アフリカの歴史をテーマに，イスラーム諸国の展開と植民地化が問われた。基本事項が大半を占めたが，学習をおろそかにしがちなアフリカからの出題であるため得点差が出やすいと思われる。(13)ベニン王国は地域名から判断しなければならないため難度が高く，注意深い学習が求められた。

C 〔地域〕世界 〔時代〕20 世紀 〔分野〕経済，文化

　経済・文化における世界の一体化をテーマに，第二次世界大戦後の世界の動向が問われた。全体的に難度が高く，(19)世界貿易機関，(22)持続可能な発展，京都議定書，(23)ルワンダはごく最近の現代史に関する知識・理解が求められた。(20)のワトソン，クリックは難問。

A

(1)(ア)・(イ)　ウェストファリア条約は三十年戦争の講和条約として 1648 年に結ばれた。ウェストファリア条約では，すでに事実上独立していたオランダとスイスの独立が正式に承認された。

(2)　三十年戦争は 1618 年ベーメン（ボヘミア）の新教徒貴族のハプスブルク家の支配に対する反乱で始まった。

(3)(ア)　「1555 年の宗教和議」とはアウクスブルクの宗教和議のこと。神聖ローマ帝国内の諸侯に，その領域内でカトリックかルター派かのいずれかの宗派を選ぶ権利を認めた。これにより領邦では「領主の宗教がその地の宗教」という原則が成立した。

　(イ)　ウェストファリア条約では，アウクスブルクの宗教和議を確認したうえ，カルヴァン派にもルター派と同等の権利を認めた。

(4)(ア)　ヨーゼフ 2 世はプロイセンのフリードリヒ 2 世と並ぶ啓蒙専制君主で，②の宗教寛容令を発布するなど改革に乗り出し，国力の強化をめざした。

　(イ)　ポーランドは 1772 年に第 1 回分割が行われ，ついで 1793 年と 1795 年にも分割が行われ，王国は消滅した。

(5)　審査法は，王政復古後のチャールズ 2 世のカトリック化政策に反対して議会が

1673 年に制定したもの。1828 年に廃止された。

(6) アイルランドは 17 世紀にクロムウェルが征服して以来, イギリス (イングランド) の支配下にあった。1801 年イギリスはアイルランドを併合し, 大ブリテン=アイルランド連合王国を成立させた。

B

(7) サハラ縦断交易では西アフリカのガーナ王国, それに続くマリ王国, 次のソンガイ王国で産出される金が, サハラ砂漠の北から来訪するムスリム商人の岩塩と取引され, サハラ砂漠以北へ送られた。

(8) 「11 世紀にベルベル人が興したイスラム王朝」はムラービト朝 (1056～1147 年)。ムラービト朝は, 南下してガーナ王国を攻撃し, 西スーダンのイスラーム化への道を開いた。

(9) 「14 世紀に最盛期を迎えた」「サハラ南西縁」の王国はマリ王国。最盛期のマンサ=ムーサ (カンカン=ムーサ) 王は有名。

(10) トンブクトゥはマリ王国からソンガイ王国の時代, 岩塩, 金, 奴隷などの交易都市として栄えた。

(11) ナスル朝 (1232～1492 年) の首都グラナダは, レコンキスタに対するイベリア半島イスラーム勢力の最後の拠点であったが, 1492 年スペインの攻撃で陥落した。

(12)(ア) イングランド北西部の海港都市リヴァプールは, 17 世紀後半からアフリカ・西インド諸島・ヨーロッパを結ぶ三角貿易 (その軸の奴隷貿易) の拠点として, 産業革命期にはマンチェスターの外港として栄えた。

(イ) サトウキビは西インド諸島のプランテーションにおいて栽培された「主たる商品作物」で, 砂糖などに加工されてヨーロッパ諸国へ送られた。

(13) 難問。ベニン王国はナイジェリアの海岸部にあった国。ポルトガル人などヨーロッパ人との取引で銃などを購入, 周辺でとらえた黒人を売る奴隷貿易で栄えた。17 世紀以降は現在のベナンにあったダホメ王国やガーナの地にあったアシャンティ王国が奴隷貿易の主役となった。

(14)(ア) タンジール事件 (1905 年) およびアガディール事件 (1911 年) はいわゆる第 1 次・第 2 次モロッコ事件といわれる。フランスが優越権を主張するモロッコに対し, モロッコの領土保全, 門戸開放を唱えるドイツが干渉を加えた事件。

(イ) アフリカ分割期, アフリカで独立を維持していたのは西アフリカのリベリア共和国と東アフリカのエチオピア帝国の 2 国のみ。

C

(15) グローバル化 (グローバリゼーション) は世界各国・各地がそれぞれの枠組みを越えて, 一つの世界として緊密に結びついていく現象 (傾向) をさす。

⒃　1944年，連合国44カ国代表がアメリカのブレトン=ウッズで世界経済立て直しのための会議を開催し，発展途上国の開発援助を行う国際復興開発銀行（世界銀行，IBRD）と為替の自由と安定化を目的とする国際通貨基金（IMF）の設立を決定した。この2つは国連の専門機関となり，戦後の国際経済体制を支えた。戦後の国際経済体制をブレトン=ウッズ体制と呼んだ。

⒄　共産党第11期中央委員会第3回全体会議は「脱文革路線」を決定的にした会議であった。以後，中国は文化大革命を否定し，人民公社解体，外国資本導入など「社会主義市場経済」を掲げ，いわゆる改革・開放政策を進めた。

⒅　アメリカ合衆国とソ連邦は，1987年に核兵器搭載可能な中距離ミサイルを廃棄し，その後も製造しないという中距離核戦力（INF）全廃条約を締結し，冷戦終結に道を開いた。

⒆　世界貿易機関（WTO）は1995年，関税と貿易に関する一般協定（GATT）に代わって設立された組織で，GATTの役割を発展的に継承しつつ，自由貿易体制の構築をめざした。この組織には，改革・開放政策を進めている中国も2001年に加盟した。

⒇　難問。DNA二重らせん構造の解明は，アメリカ人生物学者ジェームズ=ワトソンとイギリス人生物学者フランシス=クリックにより行われた。1962年ワトソンとクリックはノーベル生理学・医学賞を受賞している。

(21)　ラジオはアメリカで1920年に放送が開始されて以後，一般大衆の家庭へ急速に普及していった。このラジオを通じてアメリカ南部発祥の音楽，ジャズは全米に広まり，1920年代は「ジャズ=エイジ（ジャズの時代）」ともいわれる。

(22)(ア)　難問。「持続可能な発展（sustainable development）」は，1992年ブラジルのリオデジャネイロで開かれた国連地球サミットにおけるスローガンとなるなど，今日の地球環境問題に関する世界的な取り組みに大きな影響を与える理念となった。

(イ)　京都議定書は，1997年に京都市の国立京都国際会館で開かれた第3回気候変動枠組条約締約国会議で採択され，温室効果ガスの削減などをめざした。各国がこの条約を締結・批准するなか，アメリカは2001年にブッシュ（子）政権が京都議定書から離脱している。

(23)　ベルギーの植民地であったルワンダは1962年に独立したが，政権を握った多数派フツ人とこれに対する少数派ツチ人の対立が続き，1990年内戦となった。

解 答

A (1)(ア)ウェストファリア条約 (イ)オランダ（スイスも可） (2)1618年
(3)(ア)諸侯がカトリック・ルター派いずれかの宗派をそれぞれの地域で選
択する権利を認めた。
(イ)カルヴァン派 (4)(ア)ヨーゼフ2世 (イ)ポーランド (5)審査法
(6)アイルランド

B (7)金 (8)ムラービト朝 (9)マリ王国 (10)トンブクトゥ (11)ナスル朝
(12)(ア)リヴァプール (イ)サトウキビ (13)ベニン王国
(14)(ア)モロッコ (イ)リベリア〔リベリア共和国〕

C (15)グローバル化〔グローバリゼーション〕 (16)ブレトン=ウッズ体制
(17)改革・開放政策 (18)中距離核戦力〔INF〕全廃条約
(19)世界貿易機関〔WTO〕 (20)ワトソン，クリック (21)ラジオ
(22)(ア)持続可能な発展 (イ)京都議定書 (23)ルワンダ

A 西洋史上の軍事指導者と権力
76 B 太平洋地域の探検
C アメリカ合衆国の独立と発展

（2007年度　第4問）

A 〔地域〕ヨーロッパ 〔時代〕前1〜20世紀 〔分野〕政治，経済

軍事指導者と君主権力の関係をテーマに，ヨーロッパが通史的に問われた。テーマはやや特殊だが，語句記述はすべて基本事項が扱われた。また(3)の短文論述も古代ローマ史における頻出の状況説明であるため，容易に対応できる。

B 〔地域〕太平洋 〔時代〕16〜18世紀 〔分野〕政治，文化

ヨーロッパ人の航海・探検をテーマに，太平洋地域をめぐる歴史が問われた。重要事項が問われているが，学習の手薄な地域のため得点差が出やすいと思われる。(9)マオリ人，(12)白豪主義などは一般的知識として知っておきたい。

C 〔地域〕北アメリカ 〔時代〕18世紀後半〜19世紀 〔分野〕政治

国家という視点から，近代アメリカ合衆国史が問われた。語句記述のうち，(17)(ア)ジャクソニアン=デモクラシーは「1830年代」を，(20)カーネギーは「鉄鋼業」をヒントに考えたい。短文論述の(16)は合衆国憲法の特徴のうち，「統治機構」に関わる原則を説明すればよい。

A

(1) レピドゥスはカエサルの部下の部将で，第2回三頭政治に参加し属州アフリカを得たが，シチリアをも要求してオクタヴィアヌスと対立して失脚した。

(2) コンスル（統領・執政官）は行政・軍事を担当する最高政務官で，任期は1年で無給だった。2名が選出され，当初は貴族がその地位を独占していたが，前367年のリキニウス=セクスティウス法でコンスルのうち1名は平民から選出されることになった。

(3) ローマでは前2世紀頃から戦争捕虜などを奴隷として使役する大土地所有制のラティフンディアが発達した。しかし，3世紀頃にはゆきづまり，代わって解放奴隷や没落した市民を小作人（コロヌス）として土地を貸与するコロナートゥスが普及した。このコロヌスはしだいに移動の自由を失って隷属性を強め，中世の農奴の先駆となったとされている。

(4)(ア) リューリクはルーシ（スラヴ人地域へ進出したノルマン人の呼称）を率いて，ロシアの地にノヴゴロド国を建設した（862年）。

(イ) ロロは西フランク国王から北フランスのセーヌ川下流域を封土として与えられ，ノルマンディー公国を建設した（911年）。

(5) クローヴィスがローマ帝国で正統とされたアタナシウス派（カトリック）に改宗したことでフランク人とローマ人との関係が円滑になり，またローマ教会との提携も強まり，その後のフランク王国の発展の一因となった。

(6) マジャール人はウラル語系に属する民族で，6世紀頃から西進して中部ヨーロッパに進出したが，レヒフェルトの戦い敗北後はパンノニアに定住し，現在のハンガリーの主要構成民族となった。

(7) ヒンデンブルクはドイツ帝国の将軍として第一次世界大戦初期のタンネンベルクの戦いでロシア軍に大勝し国民的英雄となった。大戦後はヴァイマル共和国第2代の大統領となった（任1925〜34年）。

B

a バルボアはスペインの探検家で，パナマ地峡を横断して太平洋に到達した。

b タスマンはオランダの探検家・航海者で，1640年代に現在もその名が残るタスマニア島・ニュージーランド・フィジー諸島に到達した。

(8)(ア) トルデシリャス条約は1494年にポルトガルとスペインが結んだ海外領土分割条約で，前年にローマ教皇アレクサンドル6世が設定した植民地分界線（教皇子午線）を若干西方に移動させた。この結果，1500年にカブラルが到達したブラジルはポルトガルが領有することになった。

(イ) 17世紀前半，東洋貿易に進出したオランダは，インドネシア東部モルッカ諸島のアンボイナ（アンボン）島でイギリス商館員などを虐殺し，イギリス勢力を駆逐した（1623年）。これをアンボイナ事件と呼んだ。

(9) マオリ人はニュージーランドの先住民をなすポリネシア系の民族。問題文中の1840年の条約はワイタンギ条約。なお，オーストラリアの先住民はアボリジニーと呼ばれる。

(10) 1763年のパリ条約は七年戦争（1756〜63年）に連動した英仏植民地戦争（北米のフレンチ=インディアン戦争，北インドのプラッシーの戦い）の講和条約で，フランスはカナダ，ミシシッピ川以東のルイジアナ，セネガルをイギリスに割譲した。

(11) ディドロとダランベールはフランスの啓蒙思想家で，『百科全書』を編纂し，啓蒙思想を集大成した。そのため彼らは百科全書派と呼ばれた。

(12) 白豪主義はオーストラリアで実施された白人優先政策で，中国人など有色人種の移民を制限した。しかし1972年に移民制限法は撤廃され，白豪主義は消滅した。

(13) グアム島は，米西戦争（アメリカ=スペイン戦争）の結果結ばれたパリ条約で，フィリピン・プエルトリコとともに，アメリカがスペインから獲得した。なお，グアム島は現在もアメリカ領である。

(14) 『種の起源』でダーウィンが主張した進化論は，生物学界だけでなく，社会・宗教などの面で大きな反響と批判を呼び起こすことになった。

C

⑮　ロックは社会契約説に基づき，圧政に対する革命権（抵抗権）を主張した。この
　ロックの思想的影響を受けたアメリカ独立宣言でも，基本的人権とともに革命権が
　主張された。

⑯　合衆国憲法の特徴は人民主権，三権分立，連邦主義。このうち，「統治機構」に
　関わる原則は三権分立と連邦主義であるため，これらを一括して説明すればよい。
　三権分立は権力の乱用防止を，連邦主義は中央政府の権限強化をめざした。

⑰(ア)　1830年代のアメリカ大統領はジャクソン（任1829〜37年）で，この時代の民
　主主義の進展をジャクソニアン＝デモクラシーと呼び，白人男性普通選挙制の採
　用，官職交代制による政党政治の基盤形成，二大政党制の確立などが達成された。

　(イ)　1845年，アメリカ合衆国がテキサスを併合すると，ニューヨークのジャーナ
　リストのジョン＝オサリバンはこれを神がアメリカ合衆国に与えた「マニフェス
　ト＝ディスティニー（明白な天命）」であると賛美した。以後，この言葉は西部へ
　の領土拡大を正当化するスローガンとなった。

⑱　アメリカ合衆国のテキサス併合に対し，メキシコは反発し，1846年に戦争が起
　こった（アメリカ＝メキシコ戦争）。この戦争の結果，勝利したアメリカ合衆国はメ
　キシコからカリフォルニアなどを割譲された（1848年）。

⑲　共和党はアメリカ合衆国の二大政党の一つで，1854年に奴隷制反対を掲げて成
　立し，北部を支持基盤とした。

⑳　カーネギーはスコットランド系の移民で，彼が設立した鉄鋼会社はやがて他企業
　の合併・吸収によってアメリカの鉄鋼の4分の1を生産する独占資本へと成長した。
　そのためカーネギーは「鉄鋼王」と呼ばれた。

㉑　1869年，アメリカ合衆国では最初の大陸横断鉄道が完成した。これを機に西部
　の開拓が促進され，1890年代にはフロンティアが消滅した（国勢調査局は1890年
　にフロンティアの消滅を発表している）。

解 答

A (1)レピドゥス (2)コンスル〔統領・執政官〕
(3)奴隷制に基づくラティフンディアが小作人を用いるコロナートゥスへと変化した。(30〜40字程度)
(4)(ア)リューリク (イ)ロロ (5)アタナシウス派（カトリック）への改宗
(6)マジャール人 (7)ヒンデンブルク

B a.バルボア b.タスマン
(8)(ア)トルデシリャス条約 (イ)アンボイナ事件 (9)マオリ人
(10)カナダ（ミシシッピ川以東のルイジアナ，セネガルも可） (11)百科全書
(12)白豪主義 (13)グアム島 (14)種の起源

C (15)ロック
(16)中央政府の権限を強化しつつ，三権分立の原則で権力濫用を防いだ。（30字程度）
(17)(ア)ジャクソニアン=デモクラシー
(イ)マニフェスト=ディスティニー〔明白な天命〕
(18)アメリカ=メキシコ戦争 (19)共和党 (20)カーネギー (21)大陸横断鉄道

> **77**
> A　イギリス農業の変化
> B　19世紀の英・仏・米
> C　戦間期のソ連邦
> （2006年度　第4問）
>
> **A　〔地域〕イギリス　〔時代〕14〜19世紀　〔分野〕政治，経済**
>
> 　イギリスの農業をテーマに，農奴解放から第2次囲い込みに至る歴史的展開が問われた。
> 語句記述のうち，b．飼料は農業革命の，(3)開放耕地制は中世農業における土地利用の踏
> み込んだ理解が求められた。短文論述の(6)は年号をヒントに考えたい。
>
> **B　〔地域〕欧米　〔時代〕19世紀　〔分野〕政治，経済**
>
> 　経済の発展に伴う，近代の英・仏・米の政治動向が問われた。語句記述も短文論述も，
> 扱われている事項・内容は基本レベルで，対応しやすい。(11)南北戦争の一因となる通商政
> 策の相違は論述の定番であるため，確実に解答したい。
>
> **C　〔地域〕ソ連　〔時代〕20世紀前半　〔分野〕政治，経済**
>
> 　経済政策や対外関係を中心に，戦間期のソ連邦の動向が問われた。(16)クロンシュタット
> 反乱は難問。(15)戦時共産主義，(19)仏ソ相互援助条約は内容への理解が求められた。

A

a　ギルドは中世都市において結成された商工業者の同業組合で，製品の品質・数
　量・価格などに関して細かい取り決めを行い，市場の独占をはかった。

b　飼料作物としてカブを導入したことで，休耕地をなくした農法，すなわち四輪作
　法（大麦→クローバー→小麦→カブの順で輪作する農法で，ノーフォーク農法とも
　いう）が行われるようになり，家畜と穀物の生産を飛躍的に向上させた。

(1)　フランス北部でジャックリーの乱が1358年に，イングランド南部でワット＝タイ
　ラーの乱が1381年に起こった。

(2)　グーツヘルシャフト（農場領主制）は16世紀以降のエルベ川以東において発達
　した農場経営で，ユンカーが農奴を使って西欧向けの輸出用穀物を生産した。

(3)　やや難。開放耕地制は中世ヨーロッパの農業における土地利用で，この方式では
　個々の農民の耕地を柵や垣などで区切らなかった。これは農民による農具（重量有
　輪犂）や牛馬の共同利用が必要であった当時の農業事情に起因した。この開放耕地
　制下，三圃制という耕地利用法（農法）が一体として行われたため，三圃制も正解。

(4)　イギリス国王ヘンリ8世は，1534年に首長法（国王至上法）を発してカトリッ
　クから離脱し，イギリス国教会を創設した。大法官（最高位の裁判官）だったトマ
　ス＝モアはこの政策に反対したため，王の怒りを買い処刑された。

(5)　第2次囲い込みの特徴は穀物増産を目的とし，政府・議会が合法化した点にある。
　一方，第1次囲い込みの特徴は牧羊を目的とし，政府・王権が禁止の措置をとった

点にある。目的は本文に述べられているので，ここは政治との関係，すなわち政府・議会の対応を記せばよい。

(6)　「1815 年」は，ナポレオンがワーテルローの戦いで最終的に没落し，ナポレオン戦争が終結した年である。ナポレオンは 1806 年に大陸封鎖令（ベルリン勅令）を発し，大陸諸国とイギリスの通商を禁止したが，ナポレオンの没落によって大陸封鎖は解除され，ヨーロッパ大陸から穀物がイギリスに流入することが予測された。そこでイギリスでは地主の利益を守るため，輸入穀物に高関税を課す穀物法が制定された。

B

(7)　チャーティスト運動は 6 カ条の人民憲章（ピープルズ=チャーター）を掲げて男性普通選挙の実現などを求めた。

(8)⑦　南京条約はアヘン戦争の講和条約として，1842 年に結ばれた。

(イ)　香港島が南京条約により，イギリスへ割譲された。なお，1860 年の北京条約で九竜半島の南端がイギリスへ割譲され，さらに残りの九竜半島も 1898 年にイギリスが 99 年間租借することになった。香港島と九竜半島を併せて香港と呼び，1997 年に中国へ返還された。

(9)⑦　国王ルイ=フィリップの七月王政に対して，1848 年，二月革命が起こり，国王はイギリスへ亡命した。

(イ)　『共産党宣言』は 1848 年，マルクスとエンゲルスによって発表され，社会主義の実現をめざして労働者（プロレタリアート）の国際的な団結を訴えた。

(10)　ルイ=ナポレオンは 1848 年 12 月第二共和政の大統領となり，1851 年のクーデタを経て，翌 1852 年国民投票で皇帝に即位し，ナポレオン 3 世と称した（第二帝政）。

(11)　「イギリスとの関係」に注目したい。北部はアメリカ=イギリス戦争（1812〜14年）以後工業を発展させたため，イギリスの工業製品の流入を阻止する必要から輸入品に高関税を課す保護貿易を主張し，綿花プランテーションを発展させた南部は綿花を原料としてイギリスへ輸出するため自由貿易を主張した。

(12)　シェアクロッパー制は南北戦争後の南部に普及した小作制度で，土地を与えられなかった解放黒人が白人の地主から土地を借りて耕作した。収穫の半分程度を小作料として納めたため，シェアクロッパー（分益小作人）と呼ばれた。

C

(13)　社会革命党は 1901 年に結成されたナロードニキの流れをくむ政党で，十一月革命（1917 年）直後の憲法制定議会選挙で第一党となった。レーニンは 1918 年 1 月19 日に武力でこの議会を解散し，3 月にボリシェヴィキは共産党となり，ドイツとの講和に反対する社会革命党などを排除し，一党体制を固めた。

(14)　コミンテルン（共産主義インターナショナル，第3インターナショナル）は世界
革命をめざした国際的な共産主義組織で，1919年にレーニンの指導のもとモスク
ワで結成された。

(15)　戦時共産主義はソヴィエト政権が内戦と干渉戦争に対処するため採用した経済政
策で（1918〜21年），工業面では私企業の一切禁止，中小工場（企業）の国有化，
賃金の現物支給など，農業面では穀物の強制徴発などを行った。

(16)　難問。クロンシュタット反乱は海軍基地クロンシュタットで起きた水兵や労働者
の反乱で，言論・集会などの自由を求めた。反乱は鎮圧されたが，戦時共産主義か
ら新経済政策への転換を早めることになった。

(17)　第1次五カ年計画は社会主義の建設をめざしたソ連の経済政策で，ネップ（1921
年から実施された新経済政策）に代わって採用され（1928年），重工業の育成に重
点を置きつつ，またコルホーズ・ソフホーズを建設し農業の集団化も進めた。

(18)　人民戦線戦術は，ファシズムに対抗するため，共産党が自由主義者や社会民主主
義者など左翼勢力と連合する戦闘方法で，コミンテルン第7回大会（1935年）に
おいて正式に採択された。

(19)　1935年3月ドイツが再軍備を宣言すると，これに脅威を感じたフランスとソ連
は同年5月に仏ソ相互援助条約を結び，ドイツの侵略に備えた。

(20)　ドイツは仏ソ相互援助条約が結ばれると，この条約がロカルノ条約（ラインラン
トの非武装などを約した1925年の条約）に違反すると主張し，翌36年ロカルノ条
約を破棄してラインラントへ進駐し，ヴェルサイユ体制の破壊を進めた。

解　答

A　a．ギルド　b．飼料

(1)フランス：ジャックリーの乱　イギリス：ワット＝タイラーの乱

(2)グーツヘルシャフト〔農場領主制〕　(3)開放耕地制（三圃制も可）

(4)イギリス国教会の創設（首長法〔国王至上法〕の発布，カトリック教会からの離脱も可）

(5)議会立法によって合法的に行われた。

(6)ナポレオン戦争が終結したことによる大陸封鎖の解除。

B　(7)チャーティスト運動　(8)㋐南京条約　㋑香港島

(9)㋐ルイ＝フィリップ　㋑共産党宣言　(10)ルイ＝ナポレオン

(11)北部はイギリス製品流入阻止のため保護貿易を，南部はイギリスへの綿花輸出拡大のため自由貿易を主張した。

(12)シェアクロッパー制

C　(13)社会革命党

(14)コミンテルン〔共産主義インターナショナル，第 3 インターナショナル〕

(15)工業：私企業の一切禁止（中小企業の国有化，賃金の現物支給も可）

農業：穀物の強制徴発

(16)クロンシュタット反乱　(17)第 1 次五カ年計画　(18)人民戦線戦術

(19)条約名：仏ソ相互援助条約

狙い：ナチス＝ドイツの再軍備宣言へ対抗するため。

(20)ラインラント進駐

78
A　「帝国」としてのヨーロッパ統合
B　ゾラと近代ヨーロッパ
C　冷戦と統合のヨーロッパ現代史

(2005年度　第4問)

A　〔地域〕ヨーロッパ　〔時代〕2～9世紀　〔分野〕政治

「ヨーロッパ統合」という観点から，古代のローマ帝国と中世初期のカールの帝国が問われた。テーマはやや専門的だが，語句記述・語句選択は基本的知識で対応できる。(5)の短文論述はやや難だが，カールの戴冠がもつ意義の理解が手がかりとなる。

B　〔地域〕ヨーロッパ　〔時代〕19世紀後半　〔分野〕政治，文化

ゾラの著作の一部と風刺マンガを利用し，近代ヨーロッパが問われた。2003年度から続く形式で，設問も基本事項である。短文論述は(7)(イ)が文化史のため注意が必要。

C　〔地域〕ヨーロッパ　〔時代〕20世紀後半　〔分野〕政治，経済

冷戦と統合という観点から，第二次世界大戦後のヨーロッパ史が問われた。頻出のテーマで，設問はすべて重要事項に関わるため対応しやすい。ただ短文論述の(13)は「なぜ，そうなったのか」を考える学習が求められ，難問といえる。

A

(1)　トラヤヌス帝（位98～117年）は五賢帝の2番目の皇帝で，ドナウ川を越えてダキア（現在のルーマニア）を属州とするなど最大領土を現出した。

(2)　カラカラ帝は212年帝国内の全自由民にアントニヌス勅令で市民権を認めた。これによりローマ帝国は文字どおり世界帝国となった。

(3)　「帝国の四分統治」を行ったのはディオクレティアヌス帝（位284～305年）で，当時東部でローマ帝国と抗争したのはササン朝ペルシア（224～651年）。

(4)(ア)・(イ)　スペインのあるイベリア半島は，西ゴート王国が711年にウマイヤ朝に滅ぼされて以降イスラーム勢力の勢力下にあり，カール大帝時代には後ウマイヤ朝（756～1031年）が支配していた。

(5)　やや難。「西ヨーロッパに偏った見方」から，ビザンツ帝国を中心とする東ヨーロッパのギリシア正教文明圏を無視していることを指摘したい。「ヨーロッパ文明」を西ヨーロッパでしか説明していないことが偏っているといえる。

(6)　アヴァール人はアルタイ語族に属するモンゴル系の遊牧民族で，フランク王国への侵入をくり返したが，カール大帝に敗れ衰退した。

B

(7)(ア)・(イ)　「フランス人の文学者」「えん罪事件」「私は告発する」から，ドレフュス

事件で活躍したゾラとわかる。ゾラは自然主義を代表する文学者なので，自然主義の特徴を説明すればよい。その際，自然主義が写実主義を継承する形で現れた点に注意したい。

(ウ) ミレーは「落穂拾い」などを代表作とするフランスの自然主義画家で，農民の日常生活を描いた。

(8) ホロコーストとは第二次世界大戦中にナチスがポーランド南部の都市アウシュヴィッツ収容所などでおこなったユダヤ人の大量虐殺をさす。

(9) 社会進化論はスペンサーらが提唱した思想で，ダーウィンの自然淘汰説を人間社会に適用し社会も生存競争および自然選択によって発展してきたと考えた。

(10) ドレフュス事件では，ゾラが新聞紙上に「私は告発する」と題する文章を発表した。よって，ドレフュス事件を説明すればよい。その際，この事件が①ユダヤ人の軍人に対する冤罪事件であったこと，②ゾラの告発により無罪と有罪をめぐって世論を二分する大事件になったこと（図 1 では，食卓を囲んでの一族の晩餐が「ドレフュス事件を話題にした」ことで暴力沙汰になっている）を踏まえて説明することが重要となろう。

(11)(ア) ファショダ事件は，イギリスのアフリカ縦断政策とフランスのアフリカ横断政策が現在のスーダンのファショダで衝突した事件。当時ドレフュス事件によって国内が混乱していたフランスが譲歩し，事件は解決した。

(イ) 広州湾は中国本土最南端の地で，1899 年フランスの租借地となった。

C

(12) マーシャル=プランはトルーマン米大統領の国務長官マーシャルが発表したヨーロッパ経済復興援助計画（1947 年）で，封じ込め政策の一環となった。

(13) 難問。イギリスは他のヨーロッパ諸国とは違い，アメリカと歴史的・政治的・経済的に強いつながりをもっていた。また，1931 年に成立したイギリス連邦内の国々と特恵関税（低い関税）制度で強く結びつけられており，それらの国々との関係を優先・重視したため，ECSC・EEC には参加しなかった。なお，ECSC・EEC がフランス中心の組織であったことや，その超国家的性格によって国家主権が脅かされることを恐れた側面もあった。こちらの面を強調して書いてもよい。

(14) ティトーはユーゴスラヴィアの指導者。ティトーの下，ユーゴスラヴィアの共産党はソ連の指導に従わず，独自の路線をとったため，1947 年に成立したコミンフォルム（共産党情報局）から翌年除名され，その後成立した COMECON（経済相互援助会議）やワルシャワ条約機構にも参加しなかった。

(15) ハンガリーは，1956 年，ソ連におけるスターリン批判の影響を受けて反ソ暴動が起こり，新首相ナジ=イムレが独自路線を表明すると，ソ連の軍事介入を受けた。チェコスロヴァキアは，1968 年に第一書記ドプチェクが「プラハの春」と呼ばれ

る自由化・民主化政策を打ち出したが，これもソ連などの軍事介入を受けた。

⒃　連帯は 1980 年に設立され，経済的危機克服と自由化を求める運動の中心となったが，翌年首相ヤルゼルスキによって非合法化された。しかし，1989 年合法化され，総選挙によって連帯は政権を握った。

⒄　ペレストロイカはソ連のゴルバチョフが進めた改革で，経済的には市場経済を導入して経済の活性化を図ろうとした。政治的には 1990 年に共産党独裁体制を放棄して複数政党制と大統領制を導入した。

⒅　コールはキリスト教民主同盟党首で，西ドイツ最後の首相としてドイツ統一を実現した（1990 年）。

⒆　マーストリヒトはオランダの都市で，1992 年にマーストリヒト条約が調印され，翌 93 年の条約発効によりヨーロッパ連合（EU）が発足した。

解　答

A　⑴トラヤヌス帝　⑵カラカラ帝　⑶ササン朝ペルシア

⑷㋐—c　㋑後ウマイヤ朝

⑸当時のヨーロッパにはカールの戴冠によって成立したローマ=カトリック世界の他，ビザンツ帝国のギリシア正教世界も存在していた。

⑹アヴァール人

B　⑺㋐ゾラ

㋑思潮名：自然主義

特徴：写実主義をさらに徹底し，現実を実験科学的にとらえて表現することで，社会の矛盾や人間の真実を追求しようとした。

㋒ミレー　⑻ホロコースト　⑼社会進化論

⑽事件名：ドレフュス事件

概要：ユダヤ系軍人ドレフュスがドイツのスパイ容疑で有罪とされた冤罪事件で，ゾラらが軍部や政府を批判し，世論が二分される事件に発展した。

⑾㋐ファショダ事件　㋑広州湾

C　⑿マーシャル=プラン

⒀イギリスはアメリカとの経済的つながりや，イギリス連邦内の特恵関税制度を維持したいために参加しなかった。

⒁ティトー　⒂ハンガリー，チェコスロヴァキア　⒃連帯

⒄ペレストロイカ　⒅コール　⒆マーストリヒト

79
A ロシアのシベリア進出
B アメリカ独立革命関連史
C 現代史上の文芸・哲学思想と紛争

（2004 年度 第 4 問）

A 〔地域〕極東 〔時代〕16～20 世紀初め 〔分野〕政治

ロシアのシベリア進出をテーマに，近世・近代のロシアと極東との関係史が問われた。短文論述の(7)はナロードニキの思想の説明が求められており，注意深い学習が求められた。

B 〔地域〕北アメリカ 〔時代〕17～18 世紀 〔分野〕政治

アメリカ独立革命をテーマに，革命に至る過程，革命の展開，革命直後の状況が問われた。頻出テーマから重要事項が多く出題されており，(10)パリ条約の短文論述も標準的であるため確実に解答したい。

C 〔地域〕ヨーロッパ 〔時代〕20 世紀 〔分野〕文化，政治

20 世紀半ばに発表された小説を利用し，主に現代の文化史と紛争が問われた。ヒントの少ないリード文から作家のカミュ，作品の『ペスト』と文芸思潮を導くのは容易ではない。また(17)(ア)の短文論述もスエズ戦争の確定が前提となるため，全体的に難度が高い。

A

a　ペテルブルクは北方戦争中に建設され，ロマノフ朝の都となった（1712 年）。現在のサンクト＝ペテルブルク。

b　東清鉄道の敷設権は三国干渉（ロシアがドイツ・フランスを誘って，日本に対し遼東半島の返還を迫った事件）の代償として，ロシアが清から獲得した（1896 年）。

(1)　イェルマークはドン＝コサックの族長。モスクワ大公イヴァン 4 世の許可を得た豪商ストロガノフ家の援助で東方遠征隊を組織し，ウラル山脈を越えて 1582 年にシビル＝ハン国の首都を占領した。これを機にロシアのシベリア進出が本格化する。シベリアの呼称はシビル＝ハン国に由来する。

(2)　ベーリングはピョートル 1 世に仕えてカムチャッカの探検を行い，1728 年には海峡を発見，1741 年にアラスカに到達している。

(3)　ラクスマンはロシアの軍人。エカチェリーナ 2 世の命で，1792 年に根室，1793 年に箱館に来航して通商を求めたが拒否された。

(4)　アロー戦争（第 2 次アヘン戦争，1856～60 年）はイギリスがアロー号事件（イギリスの国旗が中国人によって侮辱された事件）を契機に，宣教師殺害事件で清と対立していたフランスを誘って起こした戦争で，これに乗じてロシアは清と 1858 年アイグン条約を結び，アムール川（中国名黒竜江）以北を獲得している。

(5)　ウラジヴォストークは沿海州南端の都市で，ロシアが沿海州を獲得したのを機に

建設が始まり，ロシアの極東政策の拠点となった。1903年にはシベリア鉄道が到達し，その終着点となった。

(6) 「アナトリアからペルシャ湾に至る鉄道」とはバグダード鉄道で，ドイツがオスマン帝国からバグダード鉄道の敷設権を獲得した（1902年）。以後，ドイツは3B政策の中心事業としてバグダード鉄道の建設を進めた。

(7) ナロードニキは「ヴ＝ナロード（人民のなかへ）」をスローガンとして，1870年代に農村に入り，農民の啓蒙とその決起に期待した人々。彼らはロシアの農村に存在したミールと呼ばれる共同体を基礎に，資本主義の段階を経過しないで社会主義に到達できると考えた。よって，ミールを指摘し，これを土台に西欧とは違う方法で社会主義を目指した点を説明すればよい。

B

c　タバコは17〜18世紀，北米南部の植民地ヴァージニアやメリーランドにおいて，奴隷制プランテーションの形態で栽培された。

d　フィラデルフィアはペンシルヴェニア植民地の中心都市で，独立革命期には大陸会議が，独立直後には憲法制定会議が開かれた。

(8) ニューイングランドはイギリス13植民地のうち，マサチューセッツ植民地などピューリタンによって建設された北部の4つの植民地の所在地方をさし，この4つの植民地を一括してニューイングランド植民地という。

(9) 七年戦争後，財政難に陥ったイギリスは北米の13植民地への重商主義政策として，印紙法（1765年）や茶法（1773年）を制定し，課税や規制を強化した。この他，砂糖法（1764年）やタウンゼンド諸法（1767年）などもこうした規制・課税立法として制定されている。

(10) 七年戦争（北米ではフレンチ＝インディアン戦争）の結果，勝利したイギリスは1763年のパリ条約でフランスからカナダ・ミシシッピ川以東のルイジアナを獲得した。これによりフランスは北米における領土をすべて失ったため，「北米大陸にあったフランスの脅威が取り除かれ」た。

(11) ボストン茶会事件（1773年）は茶法に反発した急進派が，ボストン港に入港していた東インド会社の船を襲い，積み荷の茶箱を海中に投げ捨てた事件。これを機に本国と植民地との対立が激化した。

(12) 『コモン＝センス（常識）』は1776年1月に出版されて大きな反響を呼び，独立への気運を高めた。

(13) 連邦派（フェデラリスト）は中央政府の権限強化を主張した人々（中心人物はハミルトン）で，憲法制定にあたっては中央集権に反対する反連邦派（中心人物はジェファソン）と対立した。

C

(14)(ア)・(イ) やや難。「黒死病」から『ペスト』の作者である作家カミュを想起したい。カミュの作品としては『異邦人』も有名。

(15)(ア) 難問。カミュは実存主義文学の代表的作家。実存主義の名称を記した上で、その特徴を説明すればよい。その際、実存主義の最大の特徴は人間を非合理的な存在ととらえることにあるから、この点への指摘が欠かせない。

(イ) 難問。ハイデッガーはドイツの実存主義哲学者で、『存在と時間』を著し（1927年）、学界の絶賛を浴びた。しかしナチスを支持したため、第二次世界大戦後にはナチスの協力者として批判された。

(16) コッホは1882年に結核菌、1883年にはコレラ菌を発見し、1890年にはツベルクリンも創製し、細菌学の祖と呼ばれる。なお、このコッホに師事した日本の北里柴三郎がペスト菌を香港で発見した（1894年）。

(17)(ア) 1956年に起きた軍事介入はスエズ戦争（第2次中東戦争）。エジプト大統領ナセルのスエズ運河国有化宣言をきっかけに、まずイスラエルが、続いて英・仏がエジプトに侵攻した。「イスラエルの関わり方」については、イスラエルが最初にエジプトに侵攻したことを示したい。また、「紛争の終結にいたる過程」については、対外的な圧力（国連の停戦決議、ソ連のエジプト支援、アメリカの3国への非難）があったことを指摘したい。

(イ) ド＝ゴールは1959年、フランス第五共和政の初代大統領となった。以後、「フランスの栄光」を掲げ、1960年核実験成功、1962年アルジェリアの独立承認、1964年中華人民共和国承認、1966年NATO軍事機構脱退など独自外交を展開し、フランスの国際的地位を向上させた。

解　答

A　a．ペテルブルク　b．東清鉄道
(1)イェルマーク　(2)ベーリング　(3)ラクスマン
(4)アロー戦争〔第2次アヘン戦争〕　(5)ウラジヴォストーク　(6)ドイツ
(7)ロシアはミールを基礎として，農民を啓蒙することにより，西欧とは異なる独自の過程で社会主義に到達できると考えた。

B　c．タバコ　d．フィラデルフィア
(8)ニューイングランド
(9)印紙法（茶法，タウンゼンド諸法，砂糖法も可）
(10)パリ条約でカナダやミシシッピ川以東のルイジアナがイギリス領となった。
(11)ボストン茶会事件　(12)コモン＝センス〔常識〕
(13)連邦派〔フェデラリスト〕

C　(14)(ア)カミュ　(イ)ペスト
(15)(ア)実存主義〔実存哲学〕
説明：人間を非合理的存在と考え，不条理の中で動揺する人間の在り方を追求する思潮。
(イ)ハイデッガー　(16)コッホ
(17)(ア)スエズ戦争〔第2次中東戦争〕
説明：エジプトのナセルによるスエズ運河国有化宣言に対して，イスラエルがエジプトに侵入，続いて英仏も出兵したが，国連の停戦決議，ソ連のエジプト支持声明，アメリカの3国への非難によって侵入軍は撤退した。
(イ)ド＝ゴール

80

A　古代・中世のヨーロッパ都市
B　宗教改革とその影響
C　19 世紀のヨーロッパ

（2003 年度　第 4 問）

A　〔地域〕ヨーロッパ　〔時代〕古代, 中世　〔分野〕政治, 社会

　都市をテーマに, 前 15 世紀から 14 世紀のヨーロッパが通史的に問われた。語句選択の(5)と語句記述はすべて基本事項に関わる。短文論述の(4)自作農没落の原因は定番。(8)はやや難。イタリアとドイツにおける中央権力と都市の関係を想起し考えたい。

B　〔地域〕ヨーロッパ　〔時代〕16～19 世紀　〔分野〕政治

　宗教改革をテーマに, 近世・近代のヨーロッパ史が問われた。短文論述の(10)はアウクスブルクの和議の説明で定番。(15)は審査法の内容と審査法が廃止された時期のイギリスの状況を糸口にしたい。

C　〔地域〕ヨーロッパ　〔時代〕19 世紀　〔分野〕文化, 政治

　歴史小説の一部を利用し, 主に近代ヨーロッパ史が問われた。史料から(16)の書名『レ＝ミゼラブル』や作者名のユゴー, さらには(17)(ア)でその文芸思潮を確定するのは難度が高いが, (17)(ア)の設問文をヒントに推測したい。(18)は公安委員会の性格が解答に至る糸口となる。

A

(1)(ア)　線文字Bはエーゲ文明後半のミケーネ文明で使用された音節文字で, エーゲ文明前半のクレタ文明で使用された線文字A（未解読）を基に作られた。

　(イ)　ヴェントリスは 1952 年に線文字Bの解読に成功し, その言語が古代ギリシア語であることを証明した。

(2)　イオニアは小アジア西岸中央部あたりをさす地方名で, 古代ギリシア時代, 多くのギリシア人植民都市が建設された。その中心がミレトスで, このミレトスを中心とするイオニア植民都市の, ペルシアに対する反乱がペルシア戦争の発端となった。

(3)　ホルテンシウス法は, 平民会の決議は元老院の承認がなくても国法になると規定した法で, この法律により貴族と平民の政治的権利は平等となった。

(4)　自作農没落の最も大きな要因は, 彼らを主な担い手とする重装歩兵の活躍で拡大した海外領土（属州）, 特にシチリアやイスパニアから安価な穀物が流入し, イタリア半島で穀物を作っていた自作農が対抗できなかったことが大きい。なお, ラティフンディア（奴隷を使った大農業経営）との競争も原因として指摘できる。

(5)　ケルンはライン川中流域の都市で, ローマ帝国時代に建設された都市を起源とした。ローマ帝国の支配はライン川とドナウ川を結ぶ線の東には及んでおらず, そこに位置するニュルンベルク, ベルリン, プラハはローマ都市に起源をもたない。

(6)　リューベックは東方植民によって建設されたエルベ川以東のバルト海南岸に位置する都市で，ドイツの帝国都市（皇帝に直属する自治都市）となり，ハンザ同盟（北ドイツ諸都市を中心とする都市同盟）の盟主となった。

(7)　ミラノは12世紀，神聖ローマ皇帝フリードリヒ1世の南下に対抗するため，他の北イタリア都市とロンバルディア同盟を結成し，その中心となった。14世紀にはヴィスコンティ家の支配の下，ミラノ公国となった。

(8)　やや難。ドイツには神聖ローマ帝国が存在したが，実際は有力な諸侯が自立して政治的には分裂状態だった。イタリアの場合はそのような名目的な政権すらなく，完全な分裂状態だった。そのため諸都市を束ねる中央権力（上級権力）がなく，両地域の都市は自立性を維持できた。

B

a　ユグノー戦争が激化するなか，時の国王アンリ3世が暗殺され，ヴァロワ朝は断絶した（1589年）。代わってアンリ4世が即位し，ブルボン朝となる。

b　イギリス革命（ピューリタン革命）で共和政を樹立したクロムウェルは，カトリック教徒が多く，かつ王党派の拠点とされたアイルランドを征服した（1649年）。

(9)　ミュンツァーは幼児期の洗礼を無効とし，宗教的に目覚めてから改めて洗礼を受けるべきであるとする再洗礼派の人物で，ドイツ農民戦争の指導者の一人となり，信仰の問題を社会改革につなげようとした。そのためルターと対立した。

(10)　諸侯はルター派かカトリックかを選択する権利を与えられたが，諸侯が支配する地に居住する住民は諸侯が選んだ宗派を信仰しなくてはならず，個人の信仰の自由が認められたわけではなかった。

(11)　難問。中央党は南ドイツのカトリック勢力が結成した政党で，ドイツ帝国宰相ビスマルクの中央集権化政策と対立し，文化闘争を招いた。

(12)　デンマーク（国王はクリスチャン4世），スウェーデン（国王はグスタフ＝アドルフ）はルター派の国で，新教徒援助と自国の勢力拡大のため三十年戦争に参戦した。

(13)　サンバルテルミの虐殺はユグノー戦争（1562～98年）中の1572年，パリで多数のユグノーがカトリック教徒により虐殺された事件（首謀者は国王シャルル9世の母后カトリーヌ）。この事件を機に戦争は激化した。

(14)　プレスビテリアン（長老派）はスコットランドのカルヴァン派の呼称。長老派の名は，カルヴァンがカトリックの教会組織を批判し，教会を牧師とこれを補佐する信者代表の長老とで運営すべきとしたことから生まれた。

(15)　やや難。審査法廃止とアイルランドの関係に言及することが求められている。1801年，イギリスはアイルランドを併合し，大ブリテン＝アイルランド連合王国が成立したが，アイルランド人はカトリックが多く，審査法（公職就任者を国教徒に限定した法）で宗教的に差別されていた。一方，19世紀前半のイギリスでは産業

革命による資本主義の確立に伴い，政府による自由主義改革も始まり，トーリ党の
ウェリントン政権はカトリック教徒解放運動を受け，宗教面での自由主義改革とし
て，1828 年に審査法を廃止した。ただ，この審査法廃止では「カトリックは除く」
とされ，直後の選挙で当選したオコンネルは議員になることができなかった。その
ためアイルランドのカトリック教徒は反発し内乱寸前となった。そこで事態収拾の
ため，翌 1829 年，カトリック教徒解放法が制定された。

C

(16)(ア)・(イ)　難問。「元徒刑囚を主人公」から，小説名はジャン＝バルジャンを主人公
　　とする『レ＝ミゼラブル』，作者はユゴー（ユーゴー）と判断できる。また，(17)
　　(ア)の設問文でロマン主義がわかれば，フランスのロマン主義文学を代表する作家
　　ユゴーと推測できる。ユゴーは，ルイ＝ナポレオンのクーデタ（1851 年）に反対
　　して亡命生活を送った。この亡命中に書かれた作品が『レ＝ミゼラブル』。

(17)(ア)・(イ)　難問。ロマン主義の特徴を，古典主義と啓蒙主義の特徴と対比させた上
　　で，「引用文を参考にしながら」説明することが求められている。古典主義は調
　　和と形式美を重視し，啓蒙主義は理性を絶対的なものとした。引用文には，登場
　　人物マリユスの，フランスとフランスの偉人たち，ローマ時代の偉人たちへの感
　　情が多く書かれている。ロマン主義は，形式よりも個性，理性よりも感情を重視
　　し，歴史や民族文化の伝統重視を主張している点を指摘したい。

(18)　公安委員会はフランス革命展開中の 1793 年，国民公会によって組織された。同
　　年，下層市民や農民を支持基盤としたジャコバン派（山岳派）が独裁権を握ると，
　　公安委員会はジャコバン派独裁（恐怖政治）の拠点となり，農民のための土地改革
　　として封建地代を無償で廃止した。この結果，農民は念願の土地を獲得し，そのた
　　めに保守化していった。

(19)　アミアンの和約は，統領政府期のナポレオン（ボナパルト）とイギリスの間で結
　　ばれ（1802 年），第 2 回対仏大同盟を崩壊させた。

(20)　ティルジット条約は 1807 年，フランス（第一帝政）とロシア・プロイセンの間
　　で結ばれた。この条約により，旧ポーランド領にワルシャワ大公国，エルベ川左岸
　　にウェストファリア王国が建国され，これらはフランスの従属国家として，皇帝ナ
　　ポレオン 1 世の大陸支配（ナポレオン帝国）を支えた。

(21)　デカブリスト（十二月党員）はロシアの青年貴族将校たちで，1825 年，アレク
　　サンドル 1 世の急死の混乱に乗じ，専制の打倒，立憲君主制の確立，農奴制の解体
　　を掲げて蜂起したが，新帝ニコライ 1 世により鎮圧された。

(22)(ア)・(イ)　アダム＝スミスはイギリスの経済学者・哲学者で，自由主義経済学（古典
　　派経済学）を創始した（18 世紀後半）。主著『諸国民の富（国富論）』では富の
　　源泉を労働に求め（労働価値説），市場経済の理論から重商主義を批判し，自由

　放任主義（個人や企業の自由な経済活動を重視する考え方や政策）を主張した。

解　答

A　(1)(ア)線文字B　(イ)ヴェントリス　(2)ミレトス　(3)ホルテンシウス法
　　(4)属州からの安価な穀物の流入（ラティフンディアの発展も可）
　　(5)－a　(6)リューベック　(7)ミラノ
　　(8)強力な中央政権が成立せず，政治的分裂が続いたから。
B　a．ヴァロワ　b．アイルランド
　　(9)ミュンツァー
　　(10)諸侯にルター派とカトリックを選択する自由を与えた。
　　(11)中央党
　　(12)国名：スウェーデン　国王名：グスタフ=アドルフ（国名：デンマーク，
　　国王名：クリスチャン4世も可）
　　(13)サンバルテルミの虐殺　(14)プレスビテリアン〔長老派〕
　　(15)1801年のアイルランド併合後，オコンネルらの旧教徒解放運動を受け，
　　政府の自由主義改革の一環として1828年に廃止された。
C　(16)(ア)レ=ミゼラブル　(イ)ユゴー〔ユーゴー〕　(17)(ア)ロマン主義
　　(イ)調和や形式を重んじる古典主義，理性重視の啓蒙主義を批判し，個性や
　　感情を重視し伝統を尊重した。
　　(18)封建地代の無償廃止（10字程度）
　　(19)アミアンの和約　(20)ワルシャワ大公国（ウェストファリア王国も可）
　　(21)デカブリスト〔十二月党員〕
　　(22)(ア)アダム=スミス　(イ)諸国民の富〔国富論〕

第4章　欧米地域／記述・短文論述

第1章 アジア地域／長文論述

1

　マレー半島南西部に成立したマラッカ王国は15世紀に入ると国際交易の中心地として成長し，東南アジアにおける最大の貿易拠点となった。15世紀から16世紀初頭までのこの王国の歴史について，外部勢力との政治的・経済的関係および周辺地域のイスラーム化に与えた影響に言及しつつ，300字以内で説明せよ。解答は所定の解答欄に記入せよ。句読点も字数に含めよ。

2

　16世紀，ヨーロッパ人宣教師による中国へのキリスト教布教が活発化した。この時期にヨーロッパ人宣教師が中国に来るに至った背景，および16世紀から18世紀における彼らの中国での活動とその影響について，300字以内で説明せよ。解答は所定の解答欄に記入せよ。句読点も字数に含めよ。

3

　　6世紀から7世紀にかけて，ユーラシア大陸東部ではあいついで大帝国が生ま
れ，ユーラシアの東西を結ぶ交通や交易が盛んになった。この大帝国の時代の
ユーラシア大陸中央部から東部に及んだイラン系民族の活動と，それが同時代の
中国の文化に与えた影響について，300字以内で説明せよ。解答は所定の解答欄
に記入せよ。句読点も字数に含めよ。

4

　　マンチュリア（今日の中国東北地方およびロシア極東の一部）の諸民族は国家を
樹立し，さらに周辺諸地域に進出することもあれば，逆に周辺諸地域の国家によ
る支配を被る場合もあった。4世紀から17世紀前半におけるマンチュリアの歴
史について，諸民族・諸国家の興亡を中心に300字以内で説明せよ。解答は所定
の解答欄に記入せよ。句読点も字数に含めよ。

5

　内外の圧力で崩壊の危機に瀕していた，近代のオスマン帝国や成立初期のトルコ共和国では，どのような人々を結集して統合を維持するかという問題が重要であった。歴代の指導者たちは，それぞれ異なる理念にもとづいて特定の人々を糾合することで，国家の解体を食い止めようとした。オスマン帝国の大宰相ミドハト＝パシャ，皇帝アブデュルハミト 2 世，統一と進歩委員会(もしくは，統一と進歩団)，そしてトルコ共和国初代大統領ムスタファ＝ケマルが，いかにして国家の統合を図ったかを，時系列に沿って 300 字以内で説明せよ。解答は所定の解答欄に記入せよ。句読点も字数に含めよ。

6

　中央ユーラシアの草原地帯では古来多くの遊牧国家が興亡し，周辺に大きな影響を及ぼしてきた。中国の北方に出現した遊牧国家，匈奴について，中国との関係を中心にしつつ，その前 3 世紀から後 4 世紀初頭にいたるまでの歴史を 300 字以内で説明せよ。解答は所定の解答欄に記入せよ。句読点も字数に含めよ。

7

　西暦8世紀半ば，非アラブ人ムスリムを主要な支持者としてアッバース朝が成立したことを契機に，イスラーム社会の担い手はますます多様化していった。なかでも9世紀以降，イスラーム教・イスラーム文化を受容した中央アジアのトルコ系の人々は，そののち近代に至るまでイスラーム世界において大きな役割を果たすようになる。この「トルコ系の人々のイスラーム化」の過程について，とくに9世紀から12世紀に至る時期の様相を，以下の二つのキーワードを両方とも用いて300字以内で説明せよ。解答は所定の解答欄に記入せよ。句読点も字数に含めよ。

マムルーク　　　　　　　　カラハン朝

8

　東アジアの「帝国」清は，アヘン戦争敗戦の結果，最初の不平等条約である南京条約を結び，以後の60年間にあっても，対外戦争を4回戦い，そのすべてに敗れた。清はこの4回の戦争の講和条約で，領土割譲や賠償金支払いのほか，諸外国への経済的権益の承認や，隣接国家との関係改変を強いられたのである。この4回の戦争の講和条約に規定された諸外国への経済的権益の承認と，清と隣接国家との関係改変，および，その結果，清がどのような状況に陥ったのかを，300字以内で説明せよ。解答は所定の解答欄に記入せよ。句読点も字数に含めよ。

9

　中国の科挙制度について，その歴史的な変遷を，政治的・社会的・文化的な側面にも留意しつつ，300 字以内で説明せよ。解答は所定の解答欄に記入せよ。句読点も字数に含めよ。

10

　19 世紀以来，イスラーム世界の改革を目指した様々な運動，なかでも「イスラーム復興主義」と呼ばれる立場において，しばしばムスリムが立ち戻るべき理想的な社会とみなされたのが，預言者ムハンマドの時代およびそれに続く「正統カリフ時代」のウンマ(イスラーム共同体)であった。しかし実際には 661 年にウマイヤ朝が成立するまでの間，様々な出来事を経てウンマのあり方は大きく変化した。ウンマ成立の経緯および「正統カリフ時代」にウンマに生じた主要な政治的事件とその結果について，以下のキーワードをすべて用いて 300 字以内で説明せよ。解答は所定の解答欄に記入せよ。句読点も字数に含めよ。

　ヒジュラ　　　カリフ　　　シーア派

11

(2012年度　第1問)

　　中国の「三教」，すなわち儒教・仏教・道教のうち，仏教・道教は大衆にも広く浸透し，中国社会を変容させてきた。仏教・道教が中国に普及し始めた魏晋南北朝時代における仏教・道教の発展，および両者が当時の中国の政治・社会・文化に与えた影響について，300字以内で説明せよ。解答は所定の解答欄に記入せよ。句読点も字数に含めよ。

12

(2011年度　第1問)

　　4世紀から12世紀にかけて，長江下流地域（江南地方）における開発が進み，中国経済の中心は華北地方からこの地域に移動した。この過程を，300字以内で説明せよ。解答は所定の解答欄に記入せよ。句読点も字数に含めよ。

13

中国共産党について，その結成から中華人民共和国建国にいたる歴史を，中国国民党との関係を含めて，300字以内で説明せよ。解答は所定の解答欄に記入せよ。句読点も字数に含めよ。

14

19世紀末からのインド亜大陸における民族運動は，ヒンドゥー教徒とイスラム教徒の対立，およびこれを煽るイギリスの政策によって，しばしば困難な局面を迎えた。インド亜大陸の民族運動におけるヒンドゥー教徒とイスラム教徒の関係や立場の違い，およびこれをめぐるイギリスの政策について，1947年の分離・独立までの変遷を300字以内で説明せよ。解答は所定の解答欄に記入せよ。句読点も字数に含めよ。

15

(2008年度　第1問)

　宋代以降の中国において，様々な分野で指導的な役割を果たすようになるのは士大夫と呼ばれる社会層である。彼らはいかなる点で新しい存在であったのか。これについて，彼らを生み出すにいたった新しい土地制度と，彼らが担うことになる新しい学術にも必ず言及し，これらをそれ以前のものと対比しつつ300字以内で述べよ。解答は所定の解答欄に記入せよ。句読点も字数に含めよ。

16

(2007年度　第1問)

　中国の歴代王朝は北方民族の勢力に悩まされ続けてきた。自らの軍事力のみでは北方民族に対抗できなかったので，さまざまな懐柔策や外交政策を用いて関係の安定を図ってきた。歴代の王朝が用いた懐柔策や外交政策について，紀元前2世紀から16世紀に至るまで，できるだけ多くの事例を挙げて300字以内で説明せよ。解答は所定の解答欄に記入せよ。句読点も字数に含めよ。

17

（2006 年度 第 1 問）

　16 世紀以来オスマン帝国領であった中東アラブ地域のうち，エジプトやクウェートは 19 世紀末までに英国の保護下に置かれ，第一次世界大戦後，残りの地域も英仏両国により委任統治領として分割された。やがて諸国家が旧宗主国の勢力下に独立し，ついにはその勢力圏から完全に離脱するに至った。1910 年代から 1950 年代までの，この分割・独立・離脱の主要な経緯について 300 字以内で述べよ。解答は所定の解答欄に記入せよ。句読点も字数に含めよ。

18

（2005 年度 第 1 問）

　中国近代史において日中関係は大きな比重を占めるようになる。1911 年の辛亥革命から 1937 年の日中戦争開始までの時期における，日本と中国の関係について，300 字以内で述べよ。解答は所定の解答欄に記入せよ。句読点も字数に含めよ。

19

(2004 年度　第1問)

　セルジュク朝，モンゴル帝国，オスマン朝は，ともにトルコ系ないしモンゴル系の軍事集団が中核となって形成された国家であり，かつ事情と程度は異なるものの，いずれも西アジアおよびイスラームと深くかかわった。この3つの政権それぞれのイスラームに対する姿勢や対応のあり方について，相互の違いに注意しつつ 300 字以内で述べよ。解答は所定の解答欄に記入せよ。句読点も字数に含めよ。

20

(2003 年度　第1問)

　中国の皇帝独裁制(君主独裁制)は，宋代，明代，清代と時代を経るにしたがって強化された。皇帝独裁制の強化をもたらした政治制度の改変について，各王朝名を明示しつつ 300 字以内で述べよ。解答は所定の解答欄に記入せよ。句読点も字数に含めよ。

第 2 章　アジア地域／記述・短文論述

21

(2022 年度　第 2 問)

次の文章（A，B）を読み，　　　　　の中に最も適切な語句を入れ，下線部
⑴～⒃について後の問に答えよ。解答はすべて所定の解答欄に記入せよ。

A　歴史的「シリア」とは，現在のシリアのほか，レバノン，ヨルダン，イスラエ
ル，パレスティナの領域を含む，地中海の東海岸およびその内陸部一帯を指す
地域名称である。地中海との間を 2 つの山脈で遮られたダマスクスはシリアの
内陸部に位置する古都であり，有史以来じつに様々な勢力がこの町の支配を巡
り争った。

　前 8 世紀の後半，ダマスクスはアッシリア王国の支配下に入るが，以後，前
　　　　　　　　　　　　　　⑴
7 世紀に新バビロニア，前 6 世紀にアケメネス朝がこの町を征服し，続いて前
　　　　⑵
4 世紀後半，町はアレクサンドロスの勢力下に入った。以後，ダマスクスは約
千年の長きにわたりギリシア，ローマの支配下に置かれることになった。

　7 世紀はこの町の歴史にとって一大転換期であった。この世紀の初め，シリ
アには一時ササン朝が進出するが，間もなくビザンツ帝国がこの地の支配を回
　　　　⑶
復する。しかし，636 年に新興のイスラーム勢力がビザンツ軍を撃破し，シリ
アの支配を確立すると，この町はイスラーム世界の主要都市の一つとして歩み
始めるのである。656 年にアリーが指導者の地位に就くと，建設後間もないム
　　　　　　　　　　⑷
スリムの国家は内乱の時代を迎える。この動乱の中でアリーは暗殺され，彼に
敵対したシリア総督の　　a　　は，ダマスクスを首都としてウマイヤ朝を創
建した。けれども，750 年にアッバース朝が成立すると帝国の中心はシリアか
らイラクへと移り，同朝のマンスールはイラクに新首都バグダードを建設す
　　　　　　　　　　　　　　　　　　　　　　　　　　⑸
る。

　9 世紀になると早くもアッバース朝の求心力には衰えが見え始め，以後，帝

国内の各地に独立王朝が次々に成立するようになる。こうした状況の中，
(6)
10世紀後半からはファーティマ朝が，さらに，11世紀後半にはセルジューク
(7)
朝がシリアに進出し，ダマスクスを含むシリアは動乱の時代を迎えるが，
12世紀後半，アイユーブ朝の創建者 ┃ b ┃ がエジプトとシリアの統一を
果たすと，この地には再び政治的安定がもたらされた。1260年，モンゴル軍
はダマスクスを征服するが，同年，新興のマムルーク朝がこれを撃退してこの
町の新たな支配者となる。1401年には，西方に遠征したティムールもこの町
(8)
を一時占領しているが，1516年，オスマン帝国のセリム1世がこの町を征服
(9)
すると，以後，ダマスクスはほぼ四世紀に及ぶオスマン帝国の支配を経験する
ことになった。

　19世紀に入ると，シリアは再び動乱の時代を迎える。オスマン帝国から自
立したエジプトのムハンマド＝アリー朝はシリアの領有権を要求してオスマン
(10)
帝国と戦い，1833年にはこの町を含むシリアを支配下に収めた。しかし，
1840年にイギリス主導で行われた会議の結果，ムハンマド＝アリー朝はシリ
(11)
ア領有を断念せざるを得なくなった。また，第一次世界大戦中の1916年には
メッカの太守，フセインがアラブの反乱を開始し，1918年10月に反乱軍はダ
マスクスに入城する。戦後の1920年，シリアはフセインの子ファイサルを国
(12)
王として独立を宣言するが，フランスはこれを認めず同年7月にはダマスクス
(13)
を占領し，1922年には国際連盟でフランスのシリア委任統治が承認された。
歴史的シリアの一部を領土としこの町を首都とするシリアという国家が独立を
果たすのは，第二次世界大戦後の1946年を待たねばならなかった。

問

(1)　紀元前7世紀にこの王国の最大版図を達成した王の名を答えよ。

(2)　この国の最盛期の王であるネブカドネザル2世に滅ぼされ，住民の多くが
　　バビロンに連れ去られたヘブライ人の国の名を答えよ。

(3)　これに先立つ6世紀に，ササン朝のホスロー1世が突厥と結んで滅亡させ
　　た中央アジアの遊牧民勢力の名称を答えよ。

(4)　この人物および彼の11人の男系子孫をムスリム共同体の指導者と認める
　　シーア派最大の宗派の名称を答えよ。

(5)　この町は大河川の河畔に位置している。この河川の名を答えよ。

(6)　9世紀後半から10世紀初頭にかけてエジプトに存在し，シリアにも領土を広げた独立王朝の名を答えよ。

(7)　アッバース朝に対抗するため，この王朝の君主が建国当初から使用した称号を答えよ。

(8)　この時，ティムールはダマスクス郊外で当時の著名な知識人と面会している。『世界史序説』の作者として名高いその人物の名を答えよ。

(9)　この直前の1514年，セリム1世は以後オスマン帝国のライヴァルとなるイランの新興勢力との戦闘に勝利している。この勢力の名を答えよ。

(10)　1820年代，オスマン帝国は領内のある地域の独立運動を鎮圧するためムハンマド＝アリー朝の軍事支援を得ており，これが同朝によるシリア領有権要求の一因となった。この独立運動の結果，独立を達成した国の名を答えよ。

(11)　ムハンマド＝アリー朝にシリア領有を断念させたこの会議の名を答えよ。

(12)　この人物は後の1921年，当時イギリスの委任統治領であったある国の国王に迎えられている。1932年に独立を達成したこの国の名を答えよ。

(13)　大戦中の1916年，イギリス，フランス，ロシアが戦後のオスマン帝国領の処理を定めた秘密協定の名を答えよ。

B　中国の歴代王朝の人口は，のこぎりの歯状に増減を繰り返し，多くても8,000万人ほどであった。王朝の安定期には人口が増加したが，戦争や反乱，王朝交替，伝染病の流行などが起こると，人口は大きく減少したからである。そして明代後期に至ると，ようやく1億人を超えて，1.5～2億人ほどにまで
(14)
到達した。長江下流域は，南宋の時には「蘇湖(江浙)熟すれば天下足る」と呼ば
(15)
れる穀倉地帯であったが，明代後期には人口の増加とともに，新たな農地(低
(16)
地)開発のフロンティアが消滅し，次第に家内制手工業へとシフトしていっ
た。また，南の福建省は海岸線まで山が迫り，平野が少ないという地形的な特
徴から，海外へと乗り出し，東南アジアに移住する者も出現した。その後，
(17)
17世紀半ばに至って，2つの民衆反乱をきっかけとして明朝が倒れると，四
(18)
川省では飢饉や虐殺のために大幅に人口が減少したとされ，のちに湖北省や湖
(きき ん)

南省からの多くの移民が流入することになった。

　清朝が成立した後，康熙・₍₁₉₎　　c　　・乾隆の3皇帝の時に全盛期を迎えると，人口は順調に回復し，18世紀前半には1.5億人，18世紀後半には2.8億人，18世紀末には3億人と，まさに「人口爆発」と呼びうるような状態を呈した。その要因としては，支配が安定し確実に人口が掌握できるようになったこと，大規模な戦争や反乱のない「清朝の平和」が続いたこと，稲作技術が改良されたこと，アメリカ大陸伝来の畑地作物が導入されたこと，漢民族の農耕空間が台湾・モンゴル・新疆・東北などへ拡大したことなどがあげられる。清朝後期に入っても，人口は着実に増加したと考えられ，19世紀前半には4億人に到達した。19世紀後半から20世紀前半には，国内は政治的な混乱に見まわれたが，人口はゆっくりと増加し，中華人民共和国が成立した1949年には約6億人を抱えるようになった。

　戦後中国はいわゆる「第1次ベビーブーム」の到来によって，人口がさらに大きく増加したが，毛沢東が1958年，　　d　　の号令を発すると，政策の失敗や自然災害などが重なり，少なからぬ人びとが餓死したと推定されている。その後は再び増加に転じて「第2次ベビーブーム」を迎え，人口が9億人に迫るが，1980年以降には，いわゆる「1人っ子政策」が開始され，国家による厳しい人口統制が実施されていくことになった。少子高齢化が極端に進み，中国が高齢化社会へと突入するようになると，2014年に1人っ子政策は廃止され，2人目まで子供をもうけてよいとされ，現在では3人目まで認められている。ただし現代の若者はこうした政策に，中国政府が期待したような反応を示しておらず，出生率は高まっていないようである。今後，中国の人口がどのように推移するかは，世界の未来を見据えるうえでも無視できない問題である。

問

⒁　この頃，各種の税と徭役（義務労働）を一本化し銀納させる新しい税制が設けられた。その名称を答えよ。

⒂　この頃，長江下流域では，湖沼や河道など低湿地を堤防でかこい込み新たな農地を開拓した。その名称を答えよ。

⒃　徐光啓は明代後期に中国の農業技術や綿などの商品作物を解説し，ヨーロッパの農業に関する知識・技術を導入した農書を編纂した。その書物の名

を答えよ。

⒄ このように明代後期から清代にかけて，東南アジアの各地に移住した人々は何と呼ばれるか。その名称を答えよ。

⒅ 2つの民衆反乱のうち，明朝最後の皇帝を自殺に追い込んだ農民反乱軍の指導者は誰か。その名を答えよ。

⒆ この皇帝の時，人頭税を廃止し，土地税に一本化する税制が始まった。その名称を答えよ。

⒇ この時代に治安維持や戸籍管理のために行われていた制度は，名称の上では，北宋の王安石が行った新法の一つで兵農一致の強兵策を引き継いだといわれている。その名称を答えよ。

⒇ サツマイモとともにアメリカ大陸から伝来し，山地開発にも重要な役割を果たした備蓄可能な食物をカタカナで答えよ。

⒇ 福建や広東から台湾へと移住した人々の中には，客家と呼ばれる集団があった。この客家出身で 1851 年に太平天国をたてた人物は誰か。その名を答えよ。

⒇ 1644 年，清は中国本土に入ると北京に遷都した。その直前まで，清が都を置いていた東北地方の都市はどこか。その当時の名称を答えよ。

⒇ 19 世紀末には，華北の山東省において武術を修練し，キリスト教排斥をめざす宗教的武術集団が勢力を伸ばし，宣教師を殺害したり鉄道を破壊したりした。この集団が掲げた排外主義のスローガンを何というか。

⒇ この時，集団的な生産活動と行政・教育活動との一体化を推進するために農村に作られた組織を何というか。その名称を答えよ。

⒇ 同じ頃，鄧小平の指導のもとで行われた外国資本・技術の導入などの経済政策を何と呼ぶか。その名称を答えよ。

22

　　次の文章(A，B)を読み，[　　　　]の中に最も適切な語句を入れ，下線部
(1)～(26)について後の問に答えよ。解答はすべて所定の解答欄に記入せよ。

A　関中盆地は，中原から見れば西に偏しているが，遊牧世界と農耕世界が接す
　るユニークな位置にあった。紀元前4世紀半ばに盆地の中央部，渭水北岸の
　[　a　]に都を置いた秦は，<u>他国出身者を積極的に登用して富国強兵政策を</u>
　<u>断行</u>し，中央集権的な国家体制を指向して，急速に国力を高めていった。また
　　　(1)
　秦は，早くから騎乗戦術を導入したが，これは<u>騎馬遊牧民</u>との接触・交戦を通
　　　　　　　　　　　　　　　　　　　　　　　　(2)
　じて獲得したものとされる。<u>始皇帝</u>による天下統一は，こうした基礎の上に成
　　　　　　　　　　　　　　(3)
　し遂げられた。

　　<u>始皇帝の没後，各地で反乱が起こった</u>が，この混乱を収めてふたたび天下を
　　(4)
　統一した漢は，新たに長安に都を定めた。武帝の時，漢は匈奴を撃退し，その
　勢力を<u>西域</u>にまで拡げ，長安は東西交易でも栄えた。[　a　]とは渭水をは
　　　　(5)
　さんだ対岸に位置するこの都は，王莽の時代には「常安」と名を改めた。王莽
　は，<u>儒教</u>の理念に基づいた国制の実現を試みたが，急激な改革は大きな混乱を
　　　(6)
　招いた。紀元後18年に起こった[　b　]の乱を契機に，各地で農民や豪族
　の反乱が起こり，王莽は敗死，常安も戦乱により荒廃した。

　　後漢が[　c　]に都を置いて以後，長安が政治の中心となることはほとん
　どなかった。この都市がふたたび政治史の舞台となるのは，4世紀半ばのこと
　である。氐族がたてた前秦が長安を都とし，華北統一を達成したのである。し
　かし，苻堅がいだいた中華統一のもくろみは，<u>淝水の戦い</u>に敗れたことにより
　　　　　　　　　　　　　　　　　　　　　　(7)
　敢えなく潰えた。前秦の滅亡後，長安には，羌族のたてた<u>後秦</u>も都を置いた。
　　　　　　　　　　　　　　　　　　　　　　　　　　(8)
　　その後，華北は北魏によって統一されたが，6世紀前半，[　c　]から逃
　れてきた孝武帝を武将の宇文泰が長安に迎えたことが契機となって，北魏は東
　西に分裂した。宇文泰は西魏の皇帝を奉じつつ，事実上の統治者として<u>国力の</u>
　<u>充実</u>に努めた。彼の死後，禅譲によって成立した北周も長安を都とした。<u>北周</u>
　　(9)　　　　　　　　　　　　　　　　　　　　　　　　　　　　　　　(10)
　<u>の武帝</u>は，対立していた北斉を滅ぼして華北を統一したが，その直後に急死

し，程なく皇帝の位は外戚の楊堅へと移る。
(11)

　　北周を滅ぼした楊堅は，前漢以来の長安城の一隅で即位するが，その直後に新都造営を命じた。　 d 　と命名されたこの都城は，旧都の南東に位置する台地上に建設された。この都こそ，平城京・平安京の範となったものである。

問

(1)　前 4 世紀，他国から秦に移り，孝公の信任を得て法家思想に基づく政治改革を行った人物の名を答えよ。

(2)　古代ギリシアの歴史家ヘロドトスは，黒海北岸を中心とする地域に遊牧国家を形成した騎馬遊牧民のことを記録に残している。特有の動物文様をもつ金属工芸品や馬具・武具などの出土遺物で知られるこの騎馬遊牧民は，何と呼ばれているか。その呼称を答えよ。

(3)　始皇帝は天下を統一すると，秦の貨幣を全国に普及させるよう命じた。この貨幣の名称を答えよ。

(4)　これらの反乱勢力のリーダーのうち，漢をたてた劉邦と覇を競った，楚国出身の人物の名を答えよ。

(5)　中央アジアの大月氏との連携を求め，武帝が使者として西域に派遣した人物の名を答えよ。

(6)　後漢時代，儒教経典の字句解釈についての学問が発達した。この学問は何と呼ばれているか。その呼称を答えよ。

(7)　383 年，この戦いで前秦を破った王朝は何と呼ばれているか。その呼称を答えよ。

(8)　後秦のとき「国師」として長安に迎えられ多くの仏典を漢訳した，中央アジア出身の人物の名を，漢字で答えよ。

(9)　宇文泰が創始した兵制で，のち隋唐王朝でも採用された制度は何か。その名称を答えよ。

(10)　北周の武帝は，北斉を滅ぼしたのち，北方の遊牧勢力への遠征を企図していた。6 世紀半ばに柔然を滅ぼしてモンゴル高原の覇者となり，北周・北斉にも強い影響力をもったこの遊牧勢力は，中国史書には何と記されている

　　か。その名称を漢字で答えよ。

(11)　「外戚」とは何か。簡潔に説明せよ。

B　西アジアとその隣接地域は歴史上様々な人間集団が活動した空間であり、そ
　　こでは外来の文化と現地のそれが融合し、新たな文化が形成されることもあっ
　　た。

　　　紀元前4世紀後半、アレクサンドロス大王は東方遠征を行って、ギリシア、
　　　　　　　　　　　　　　　　　　　　　(12)
　　および、エジプトからインド西北部に至る大帝国を建設した。彼の死後、その
　　領土は3つの国へと分裂したが、これらの地域ではギリシア的要素とオリエン
　　(13)　　　　　　　　　　　　　　　　　　　　　　　(14)
　　ト的要素の融合した文化が成立した。

　　　のち、7世紀初頭には、アラビア半島のメッカでイスラーム教が誕生した。
　　アラブ人ムスリムは、預言者ムハンマドの死後まもなくカリフの指導のもと大
　　　　　　　　　　　　(15)
　　規模な征服活動を開始し、1世紀余りの間に西はイベリア半島、北アフリカか
　　　　　　　　　　　　　　　　　　　　　　　(16)
　　ら、東は中央アジアに至る空間をその支配下に置いた。征服者の言語であり、
　　　　　　(17)
　　聖典『コーラン』の言語でもあるアラビア語は、やがて広大なイスラーム世界の
　　　　　　　　　　　　　　(18)
　　共通語としての役割を担うようになる。

　　　初期のムスリムは軍事活動にのみ熱心だったわけではない。ウマイヤ朝期に
　　始まったギリシア学術の導入は、続くアッバース朝期に本格化し、9世紀には
　　バグダードに設立された研究機関を中心に、ギリシア語の哲学・科学文献が
　　(19)　　　　　　　　　　　　　　　　　　　　　(20)
　　次々にアラビア語に翻訳された。これらギリシア語文献の翻訳に最も功績の
　　あった人物の一人、フナイン＝イブン＝イスハークがネストリウス派キリスト
　　　　　　　　　　　　　　　　　　　　　　　　(21)
　　教徒であったことは、イスラーム文化の担い手が多様であったことを象徴する
　　事実といえるだろう。また、アッバース朝期にはイスラーム世界固有の学問も
　　発展した。これには法学、神学、コーラン解釈学や歴史学などが含まれる。こ
　　　　　　　　　　　　　　　　　　　　　　　(22)
　　うして、外来の学術の成果も吸収しながらイスラーム世界の伝統的な学問の体
　　系が形成されていった。

　　　11世紀後半以降イスラーム世界各地で盛んに建設された学院(マドラサ)で
　　　　　　　　　　　　　　　　　　　　　　　　　　　(23)
　　は、とくに法学や神学の教育が重視されたが、その「教科書」にあたる文献の多
　　くはアラビア語で著されていた。イスラーム世界の東部では9世紀半ばまでに
　　は近世ペルシア語が、そして、15世紀末までにはチャガタイ語やオスマン語
　　　(24)　　　　　　　　　　　　　　　　　　　　　(25)

といった各地のトルコ語も文語として成立していたが，それ以降の時期にあっ
てもアラビア語は変わらず学術上の共通語であり続けた。19世紀後半以降，
イスラーム世界各地にイスラーム改革思想が広まるが，その伝播にあたっては
アラビア語の雑誌も大きく貢献したのである。
(26)

問

(12)　紀元前333年に，アレクサンドロスがペルシア軍を破った戦いの名を答え
　　よ。

(13)　この時期，エジプトのアレクサンドリアには自然科学や人文科学を研究す
　　る王立の研究所が設立された。この施設の呼び名をカタカナで答えよ。

(14)　この文化は何と呼ばれているか。

(15)　622年，ムハンマドは信者とともにメッカからメディナへと移動した。こ
　　の事件をアラビア語で何と呼ぶか。

(16)　この地に進出したムスリム軍が711年に滅ぼしたゲルマン人の王国の名称
　　を答えよ。

(17)　この地に進出したムスリム軍は751年，唐の軍と交戦して勝利した。製紙
　　法の伝播をもたらしたともされる，この戦いの名称を答えよ。

(18)　この言語と同じ語族・語派に属し，紀元前1200年頃からダマスクスを中
　　心に内陸交易で活躍した人々が使用した言語の名称を答えよ。

(19)　アッバース朝のカリフ，マームーンが創設したこの翻訳・研究機関の名称
　　を答えよ。

(20)　アラビア語に翻訳された古代ギリシアの文献は，のち12世紀以降，ラテ
　　ン語に翻訳されてヨーロッパに逆輸入された。このとき，アラビア語からラ
　　テン語への翻訳作業の中心地となったスペインの都市の名を答えよ。

(21)　ネストリウス派は唐にも伝わった。唐でのネストリウス派の呼称を答え
　　よ。

(22)　アッバース朝期に活躍し，天地創造以来の人類史である『預言者たちと諸
　　王の歴史』を著した歴史家の名を答えよ。

(23)　マドラサやモスクの運営を経済的に支援した，イスラーム世界に特徴的な
　　寄進制度をアラビア語で何と呼ぶか。

⑵⁴　アラビア文字を採用し，アラビア語の語彙を大量に取り入れることで成立
した近世ペルシア語の最初期の文芸活動の舞台は，9世紀から10世紀にか
けて中央アジアを支配した王朝の宮廷であった。この王朝の名称を答えよ。

⑵⁵　ティムール朝王族で，ムガル帝国の初代皇帝となった人物はチャガタイ＝
トルコ語で回想録を著している。歴史資料としても名高い，この回想録のタ
イトルを答えよ。

⑵⁶　イスラーム世界各地のみならずヨーロッパでも活動し，パン＝イスラーム
主義を提唱して，1884年にパリでムハンマド＝アブドゥフとアラビア語雑
誌『固き絆』を刊行した思想家の名を答えよ。

23

次の文章（A，B）を読み，□□□□□□ の中に最も適切な語句を入れ，下線部
(1)～(28)について後の問に答えよ。解答はすべて所定の解答欄に記入せよ。

A　ムスリムと非ムスリムとは，史上，様々に関わり合ってきた。

　　ムスリムと非ムスリムとのあいだには，様々な形態の，数多（あまた）の戦争があっ
た。ムスリム共同体（ウンマ）は，預言者ムハンマドの指揮のもと，彼の出身部
族である　　a　　族の多神教徒たちと戦った。正統カリフ時代には，アラビ
ア半島からシリアへ進出したのち，東は<u>イラク</u>，イラン高原，西は<u>エジプト</u>，
　　　　　　　　　　　　　　　　　　　(1)　　　　　　　　　　　　　(2)
北アフリカへ侵攻し，各地で非ムスリムの率いる軍と干戈（かんか）を交えた。その後
も，イスラーム世界のフロンティアで，ムスリムと非ムスリムの政権・勢力間
の戦いが度々起こった。たとえば，現在のモロッコを中心に成立した
　　b　　朝は，11 世紀後半に<u>西アフリカのサハラ砂漠南縁にあった王国を</u>
　　　　　　　　　　　　　　(3)
襲撃，衰退させたうえ，イベリア半島でキリスト教徒の軍をも破った。19 世
紀，<u>中央アジアのあるムスリム国家</u>は，清朝への「聖戦」を敢行した。また，非
　　(4)
ムスリムの率いる軍が<u>ムスリムの政権・勢力を攻撃した例</u>も数多い。
　　　　　　　　　　　(5)

　　ただし，ムスリムの政権・勢力は，常に非ムスリムを敵視・排除してきたわ
けではない。たとえば，初期のオスマン家スルタンたちは，キリスト教徒の君
主と姻戚関係を結んだり，キリスト教徒諸侯の軍と連合したりしながら，<u>バル</u>
<u>カン半島</u>の経略を進めた。その際の敵対の構図は，ムスリム対キリスト教徒と
(6)
いう単純なものではなかった。また，16 世紀以前のオスマン朝では，君主が
ムスリムでありながら，重臣や軍人の中に，<u>キリスト教信仰を保持する者</u>が大
　　　　　　　　　　　　　　　　　　　　　(7)
勢いた。

　　ムガル朝では，第 3 代皇帝アクバル以来，ムスリム君主のもと，非ムスリム
に宥和的な政策が採られ，<u>ムスリムのみならず非ムスリムの一部の有力者も，</u>
　　　　　　　　　　　　(8)
<u>支配者層のうちに組み込まれた</u>。彼らは，位階に応じて，俸給の額と，維持す
べき騎兵・騎馬の数とを定められた。しかし，第 6 代皇帝アウラングゼーブ

は，非ムスリムにたいして抑圧的になり，ヒンドゥー教寺院の破壊さえ命じたと言われる。ただし，一方で彼は，仏教・ヒンドゥー教・ジャイナ教の寺院群であるエローラ石窟を，神による創造の驚異のひとつと称賛した。のち，イギリス統治下のインドでは，ムスリムと非ムスリムとが協力して反英民族運動を展開することもあった。

　ムスリムと非ムスリムとが盛んに交易を行ってきたことも，両者の交流を語る上で見逃せない。ムスリム海商は，8世紀後半には南シナ海域で活動していたといわれる。9世紀半ばに書かれたアラビア語史料によると，ムスリム海商たちのあいだで，現在のベトナムは当時，良質の沈香を産することで知られていた。ムスリム海商の活動は，やがて東南アジアにおけるイスラーム化を促した。

　ムスリムと非ムスリムとのあいだには，イスラーム化以外にも，多様な文化的影響があった。イスラーム教とヒンドゥー教との融合によってスィク（シク）教が創始されたことは，その一例である。ムスリムと非ムスリムとは，宗教を異にするが，いつも相互に排他的であったわけではない。その交渉の歴史は，今日の異文化共生を考えるためのヒントに満ちている。

問

(1)　当時この地に都を置いていた王朝は，642年（異説もある）に起きたある戦いでの敗北によって，ムスリム軍への組織的抵抗を終え，事実上崩壊した。その戦いの名称を答えよ。

(2)　この地には，ファーティマ朝時代に創設され，現在はスンナ派教学の最高学府と目されている学院が存在する。この学院が併設されているモスクを何というか。

(3)　この王国は，ニジェール川流域産の黄金を目当てにやって来た，地中海沿岸のムスリム商人との，サハラ縦断交易で栄えた。この王国の名称を答えよ。

(4)　この国家は，後にロシアによって保護国化ないし併合されてロシア領トルキスタンを形成することになるウズベク人諸国家のうち，最も東に位置した。この国家の名称を答えよ。

⑸　2001 年，アメリカ合衆国は，当時アフガニスタンの大半を支配していた
ムスリム政権が，同時多発テロ事件の首謀者を匿（かくま）っていたとして，同政権を
攻撃した。この首謀者とされた人物の名前を答えよ。

⑹　19 世紀，オスマン朝は，バルカンの領土を次々に失っていった。1878 年
にはセルビアが独立した。この独立は，オーストリア＝ハンガリー帝国やイ
ギリスなどの利害に配慮して締結された，ある条約によって承認された。こ
の条約の名称を答えよ。

⑺　オスマン帝国内に居住するキリスト教徒は，自らの宗教共同体を形成し，
納税を条件に一定の自治を認められた。このような非ムスリムの宗教共同体
のことを何と呼ぶか。

⑻　この支配者層を何と呼ぶか。

⑼　この石窟の北東にある，アジャンター石窟には，特徴的な美術様式で描か
れた仏教壁画が残る。その美術様式は，4 世紀から 6 世紀半ばに北インドを
支配した王朝のもとで完成された。この美術様式のことを何と呼ぶか。

⑽　この運動の一方を担った全インド＝ムスリム連盟の指導者で，後にパキス
タン初代総督を務めた人物は誰か。

⑾　9 世紀にベトナム中部を支配していたのは，何という国か。

⑿　東南アジアをはじめ，ムスリム世界の辺境各地で，イスラーム化の進展に
寄与した者としては，ムスリム商人のほか，「羊毛の粗衣をまとった者」とい
う意味の，アラビア語の名称で呼ばれた人々を挙げることができる。彼ら
は，修行を通じて，神との近接ないし合一の境地に達することを重んじた。
このような思想・実践を何と呼ぶか。

⒀　この宗教の創始者は誰か。

B　現在，中国の海洋への軍事的進出はめざましい。中国における近代的な海軍
の構想は林則徐や魏源らに始まる。林則徐は「内地の船砲は外夷の敵にあらず」
　　　　⒁
と考え，敵の長所を知るために西洋事情を研究した。彼の委嘱により『海国図
志』を編集した魏源は，西洋式の造船所の設立と海軍の練成を建議している。
　彼らの構想がただちに実を結ぶことはなかったが，太平天国軍と戦うために
　　　　　　　　　　　　　　　　　　　　　　　　　　⒂
郷勇を率いた曾国藩，左宗棠，李鴻章は，新式の艦船の必要性を認識してい
⒃

た。左宗棠の発案により福州に船政局が設立され軍艦の建造に乗り出す一方，
(17)
船政学堂が開設され人材の育成に努めた。西洋思想の翻訳者として後進に大き
な影響を及ぼした厳復もこの学校の出身者である。
(18)

　しかし，日本の台湾出兵後にも，内陸部と沿海部のいずれを優先するかとい
(19)
う論争が政府内に起きたように，海防重視は政府の共通認識にはなっていな
かった。

　そうしたなかで，李鴻章は海軍の重要性を主張し，福州で海軍が惨敗した
清仏戦争を経て，1888年に威海衛の地に北洋海軍を成立させた。北洋海軍は
(20)　　　　　　　　　　　　(21)
外国製の巨艦の購入によって総トン数ではアジア随一となり，日本，朝鮮，
(22)
ロシアなどに巡航してその威容を示した。
(23)

　しかし，その一方で軍事費の一部がアロー戦争で廃墟となった庭園の再建に
(24)
流用され，また政府内には北洋海軍の創建者である李鴻章の力の増大を恐れる
者もあって，軍艦購入は中止された。

　そして，日清戦争により，北洋海軍は潰滅した。海軍はやがて再建されて，
(25)
民国期へと受け継がれ，その存在は国内政局に影響を与えたが，かつての栄光
(26)
を取り戻すことはなかった。

　1949年に誕生した中国人民解放軍海軍は，1950～60年代に中華民国と台湾
海峡で戦い，1974年には西沙諸島(パラセル諸島)でベトナム共和国と戦っ
(27)
た。さらに，1980年には大陸間弾道ミサイルの実験にともなって南太平洋ま
で航海し，2008年にはソマリア海域の航行安全を確保するために艦船を派遣
(28)
するなど，アジアの海域や遠洋においてその存在感を高めている。

　現在の人民解放軍海軍にとって，北洋海軍の歴史は日清戦争に帰結する悲劇
として反省材料であると同時に，自らのルーツに位置づけられている。20世
紀末に就役した練習艦が，福州船政学堂の出身で，日清戦争で戦死した鄧世昌
を記念して，「世昌」と名付けられているのもその表れであろう。

問

　(14)　林則徐が1839年に派遣され，アヘン問題の処理にあたった都市の名を答
　　　えよ。

　(15)　太平天国の諸政策のうち，土地政策の名を答えよ。

(16) 郷勇が登場したのは，従来の軍隊が無力だったためである。漢人による治安維持軍の名称を答えよ。

(17) 当時，定期的に福州に上陸して，北京に朝貢していた国の名を答えよ。

(18) 厳復の訳著の一つに『法意』がある。原著の作者である 18 世紀フランスの思想家の名を答えよ。

(19) 1871 年にロシアに奪われ，1881 年に一部を回復した地方の名を答えよ。

(20) フランスのベトナムへの軍事介入に抗して，劉永福が率いた軍の名を答えよ。

(21) 19 世紀末に威海衛を租借した国の名を答えよ。

(22) ドイツ製の戦艦「定遠」などが中国に向けて出航した港は，のちにドイツ革命の発火点となった。その港の名を答えよ。

(23) 北洋艦隊が立ち寄った極東の軍港都市の名を答えよ。

(24) この時，この庭園とともに円明園も焼かれた。その設計に加わったイタリア人宣教師の名を答えよ。

(25) 下関条約で，日本に割譲された領土のうち，遼東半島はすぐに返還されたが，そのまま日本の手に残ったのは，台湾とどこか。

(26) 奉天軍閥の首領で，1927 年に中華民国陸海軍大元帥に就任したのは誰か。

(27) この国の首都の名を答えよ。

(28) この海域にこれより約 600 年前に進出した中国船団の司令官の名を答えよ。

24

次の文章(A，B)を読み，[　　　]の中に最も適切な語句を入れ，下線部
(1)～(25)について後の問に答えよ。解答はすべて所定の解答欄に記入せよ。

A　西アジアで最初の文字記録は，メソポタミア(現在のイラク南部)でシュメー
ル語の楔形文字によって残された。シュメール人の国家が滅亡した後も，
シュメール語は文化言語としてこの地域を支配したセム語系の民族(アムル人)
によって継承・学習された。シュメールの文化や言語を受け継いだ古代メソポ
タミアの社会構造を知る手がかりとなるハンムラビ法典碑は，アムル人が建て
(1)
たバビロン第 1 王朝時代のものである。この王朝は，前 2 千年紀前半アナトリ
アに興ったインド＝ヨーロッパ語系の言語を使用していたヒッタイト人の勢力
(2)
によって滅ぼされた。

　前 2 千年紀後半になると，アラム人，ヘブライ人，フェニキア人などのセム
(3)　　　　(4)　　　　(5)
語系民族の間で表音文字アルファベットの使用が始まり，前 1 千年紀に入る
と，この文字体系が西アジア，ヨーロッパ地域に広まっていった。ギリシア文
字の使用は前 9 ～ 8 世紀に始まり，やがてイタリア半島でもラテン文字が使用
されるようになった。前 6 世紀ペルシアに勃興して西アジアとエジプトにまた
(6)
がる大帝国を建てた[　a　]朝では，王の功業などを記録する楔形文字と並
んで，行政や商業にはアラム文字が使用されていた。マケドニアのアレクサン
ドロス大王の東方遠征の結果，前 330 年この大帝国は滅亡し，西アジアやエジ
プトでも一部ではギリシア文字が使用された。古代エジプトで使用されていた
ヒエログリフが記されたロゼッタ＝ストーンは，エジプトを支配していたプト
(7)　　　　　　　　　　　　　　　　　　　　　　　　　　(8)
レマイオス朝時代に作成された石碑で，ギリシア語の文章が併記されていたこ
とがヒエログリフ解読の契機となった。

　アラム文字は西アジアや中央アジア地域でその後使用された多くの文字の原
型となったが，紀元後 7 世紀にアラビア半島に興り，その後 1 世紀余のうちに
イベリア半島から中央アジアにまで拡大したイスラーム勢力の支配領域におい
(9)
て使用されたアラビア文字は，その最も繁栄した後裔と呼ぶことが出来よう。

アラビア文字は，イスラーム教徒(ムスリム)にとっての聖典『クルアーン(コーラン)』を記す文化的な核心を成す文字とされ，その使用はムスリムの活動範囲と重なって拡大した。イスラームに改宗した<u>イラン系</u>，<u>トルコ系</u>の人々も，ア
(10)　(11)
ラビア文字の表記をそれぞれの言語に合わせて少しずつ改変して使用した。
　　　 b 　　　帝国を廃して成立した<u>トルコ共和国</u>では，1928 年からラテン文字
(12)
に基づくトルコ文字の使用を法律的に義務付けた。中央アジアや<u>アゼルバイ
ジャン</u>で独立したトルコ系民族を主要な構成要素とする諸国の多くも，現代で
(13)
はラテン文字やキリル文字を基礎とする各国文字を使用している。

問

(1)　この法典碑は 1901〜02 年にイラン南西部の遺跡スーサで発掘されたものである。当時イラン(国名はペルシア)を支配していた王朝は何か。その名を記せ。

(2)　ヒッタイト人の国家は前 2 千年紀の後半エジプトと外交関係を持ち，それは 1887 年エジプトで発見された楔形文字によるアマルナ文書にも記録されている。この文書が作成された時代に，従来のアモン神からアトン神へと信仰対象の大変革を行ったとされるエジプトの王は誰か。その名を記せ。

(3)　アラム人は大きな国家を形成することなく，シリアの内陸部ダマスクスなどの都市を拠点に交易に従事していたとされる。前 1 千年紀前半，これらのアラム人を支配下に置き，西アジアで大きな勢力を持つようになった国家は何か。その名を記せ。

(4)　前 6 世紀，新バビロニア(カルデア)王国の攻撃でヘブライ人の王国(ユダ王国)の首都イェルサレムが陥落，王族や主要な人物はバビロンへ連行され，捕囚となった。これを行った新バビロニアの王は誰か。その名を記せ。

(5)　フェニキア人は海洋民族として活躍した。彼らの活動の根拠地となった現在レバノン領の港市の名を一つ挙げよ。

(6)　前 7 世紀にカルデアやリュディアと並んで強力となったイラン西部に本拠を置いた国は何か。その名を記せ。

(7)　ロゼッタ゠ストーンは，ナポレオンのエジプト遠征の際，イギリス軍の襲来に備えてロゼッタ(ラシード)の城塞を修復中に偶然発見されたものであ

る。1822年にこの石に刻まれた銘文を参照してヒエログリフの解読に成功
したフランス人学者は誰か。その名を記せ。

(8)　この王朝は前30年ローマによって滅ぼされた。ヘレニズム時代，この王
朝に対抗してシリアを中心とした西アジアを支配し，前1世紀前半に滅亡し
た王朝は何か。その名を記せ。

(9)　この宗教は南アジアを経て東南アジアへと伝播し，この地域で多数の信者
を獲得するまでになった。1910年代の初め，現在のインドネシアで結成さ
れた，この宗教を基盤とする民族運動組織は何か。その名を記せ。

(10)　11世紀の初め，アラビア文字を用いたペルシア語で，神話・伝説・歴史
に題材を採った長大な叙事詩『王の書(シャー＝ナーメ)』を書いたイラン東部
出身の詩人は誰か。その名を記せ。

(11)　この民族の一部は，中央アジアを中心に国際的な交易に従事するイラン系
民族と密接な関係を持ち，その民族が用いていたアラム系文字を使用するよ
うになった。そのイラン系民族は何か。その名を記せ。

(12)　この国の成立に当たって，アンカラに本拠を置く政府が1923年に第一次
世界大戦の連合国と締結し，国境を画定した国際条約は何か。その名を記
せ。

(13)　16世紀初頭，現在のイラン領アゼルバイジャン地域で建国し，その後，
現在のアゼルバイジャン共和国領まで支配領域を拡大し，十二イマーム派を
奉じた王朝が，16世紀末から首都を置いた都市はどこか。その名を記せ。

B　16世紀半ばをすぎると，明朝は周辺の諸勢力との抗争によって軍事費が増
　　　　　　　　　　　　　(14)
大したため，重税を課すようになり，天災や飢饉なども相俟って，各地で反乱
　　　　　　　　　　　　　　　　　　　あいま
が頻発し，次第に支配力を失っていった。1644年，　　c　　の率いる軍が
北京を陥落させると，最後の皇帝であった崇禎帝は自殺し，270年あまり続い
た明朝の命運はここに尽きることになった。
　　　　　　　　(15)

　その後，中国本土を支配したのは清朝であった。1661年に即位した康熙帝
は，呉三桂らによる三藩の乱を鎮圧した。また，オランダを破り台湾に拠って
　　　　　　　　　　　　　　　　　　　　　　　　(16)　　　　　　　　(17)
清に抵抗していた鄭氏政権を滅ぼした。これによって雍正帝・乾隆帝と三代つ
づく最盛期の基礎が築き上げられた。対外的には，ジュンガルを駆逐してチ

ベットに勢力を伸ばすとともに，東方に進出してきたロシアとのあいだにネル
(18)
チンスク条約を結んで国境を取り決めた。また国内では，キリスト教(カト
リック)宣教師の一部の布教を禁止したほか，字書や類書(事項別に分類編集し
(19)　　　　　　　　　　　　　　　　　　　　　(20)
た百科事典)の編纂など文化事業を展開した。

　雍正帝のときになると，用兵の迅速と機密の保持を目的に，政務の最高機関
である　　d　　が設置された。1727年にはロシアとキャフタ条約を結び，
清とロシアの国境を画定した。

　乾隆帝の時代には，「十全武功」と呼ばれる大遠征が行われた。西北ではジュ
(21)
ンガルを滅ぼし，天山以北の草原地帯と以南のタリム盆地を征服した。一方，
南方では台湾・ビルマ(現ミャンマー)・ベトナム・大小両金川(今日の四川省
(22)　　　　　　　　(23)
西北部)にも出兵した。これらの遠征は必ずしもすべてに勝利を収めたわけで
はなく，ビルマ・ベトナムではむしろほとんど敗北に近かったのであるが，そ
れでも清朝はユーラシア東部の大半をおおうような巨大な版図を形成すること
になった。

　この頃のユーラシア東方世界を考えるとき，注目すべきなのは，チベット仏
教が急速に浸透していったことであろう。たとえば1780年，乾隆帝とチベッ
トの活仏パンチェン＝ラマ4世の会見が実現すると，元朝の帝師　　e　　と
世祖クビライの関係を再演してみせようとして，パンチェン＝ラマはみずから
(24)
を　　e　　の転生者と称し，乾隆帝を転輪聖王と称揚した。つまりモンゴ
ル・チベット・東トルキスタン・漢地などをふくむ「大元ウルス」の大領域を
「大清グルン」の名のもとにほぼ完全に「復活」させた乾隆帝は，クビライの再来
として転輪聖王と認識されたと考えられる。チベット仏教に基づく権威によっ
て王権の正統化が図られたといえよう。

　しかし嘉慶帝・道光帝・咸豊帝の頃になると，清朝の勢力は次第に衰え，19
世紀半ば，アヘン戦争とアロー戦争(第二次アヘン戦争)が相次いで発生する
(25)
と，ヨーロッパ列強との間に南京条約など不平等条約の締結を強いられた。

問

(14)　このような諸勢力のうち，明の北方辺境を侵したモンゴルの君主は誰か。
　　その名を記せ。

⒂ この皇帝の祖父の時代，各種の税と労役を一括して銀で納入する方法が広まっていった。この税制は何か。その名を記せ。

⒃ 当時オランダがヨーロッパにもたらした中国の陶磁器は世界商品であった。その陶磁器の生産で名高い中国江西省の都市はどこか。その名を記せ。

⒄ 台湾は日清戦争の結果，1895年に日本に割譲され，第二次世界大戦後には中国国民党の率いる中華民国政府が移転してきた。2000年には総統選挙によって初の政権交代が行われた。この国民党に代わって政権を担った政党は何か。その名を記せ。

⒅ この条約を結んだときのロシア帝国の皇帝は誰か。その名を記せ。

⒆ フランス出身でイエズス会に所属し，ルイ14世の命令でこの時期に訪中した宣教師らが測量・作製した中国全土の地図は何か。その名を記せ。

⒇ 康熙帝のときに編纂が開始され，雍正帝のときに完成した類書の名を記せ。

㉑ 1884年，これらの地に設置された省は何か。その名を記せ。

㉒ 18世紀半ばに内陸のビルマ人勢力が建国し，ほぼ現在のミャンマーの国土と等しい領域を支配し，さらにタイのアユタヤ朝を滅ぼした王朝は何か。その名を記せ。

㉓ 当時ベトナムでは，北部の鄭氏と中部の阮氏が対立していたが，18世紀後半に起こった反乱によって両者はともに滅亡した。この反乱は何か。その名を記せ。

㉔ クビライは日本遠征を行い，その軍には高麗軍も参加していた。現在は朝鮮民主主義人民共和国の南部に位置する高麗の首都はどこか。その名を記せ。

㉕ これらの戦争に敗れた清は列強に対して大幅な譲歩を余儀なくされ，国内体制の「改革」をせまられることになった。これを洋務運動という。この運動に見られた，儒教などの精神を温存しつつ西洋の技術を導入するという考えは何か。その名を記せ。

25

次の文章(A, B)を読み, ▢ の中に最も適切な語句を入れ, 下線部
(1)〜(24)について後の問に答えよ。解答はすべて所定の解答欄に記入せよ。

A 秦王嬴政は, 前 221 年に斉を滅ぼし「天下一統」を成し遂げると,「王」に代わ
る新たな称号を臣下に議論させた。丞相らは「泰皇」なる称号を答申したが, <u>秦
王はこれを退け「皇帝」と号すること</u>を自ら定めた。以来二千年以上の長きにわ
たって,「皇帝」が中国における君主の称号として用いられることとなった。

「皇帝」は, 唯一無二の存在と観念されるのが通例であるが, 歴史上, 複数の
皇帝が並び立ったことも珍しくない。たとえば「三国時代」である。220 年, <u>後
漢の献帝から帝位を禅譲された曹丕</u>が魏王朝を開き洛陽を都としたのに対し,
<u>漢室の末裔を標榜する</u> ▢ a ▢ は成都で皇帝に即位し(蜀), 次いで孫権が江
南で帝位に即いた(呉)。蜀は 263 年に魏軍の侵攻により滅亡, 呉も 280 年に滅
び, 中国は再び単独の皇帝により統治されるに至るが, 魏も 265 年, 司馬炎が
建てた晋に取って代わられていた。

晋による統一は八王の乱に始まる動乱の前に潰え去り, 江南に難を避けた華
北出身の貴族らが晋の皇族を皇帝と仰ぐ政権を建康に樹立, その後, <u>門閥貴族
が軍人出身の皇帝を奉戴する</u>王朝の時代が百数十年の長きにわたって継続し
た。華北では,「五胡十六国」の時代を経て, <u>鮮卑による王朝が 5 世紀半ばに華
北統一を果たした</u>。

隋末の大混乱を収拾し中国を統一した唐王朝は, <u>第 2 代皇帝太宗の時</u>, 北ア
ジア遊牧世界の覇者であった東突厥を服属させ, 太宗は鉄勒諸部から「天可汗」
の称号を奉られた。<u>統一を果たしたチベット</u>に対しては, 皇女を嫁がせて関係
の安定を図った。

唐の第 3 代皇帝高宗の皇后となった<u>武照(則天武后)</u>は, 690 年, 皇帝に即位
し国号を「周」と改めた。<u>中国史上初の女性皇帝</u>の誕生である。後継者に指名さ
れたのは彼女が高宗との間にもうけた男子であったが, 彼の即位直後, 国号は
「唐」に復された。

　10世紀後半に中華を再統合した宋王朝は，失地回復を目指して契丹(遼)と
対立したが，1004年，両国の間に講和が成立した。「澶淵の盟」と呼ばれるこ
の和約では，国境の現状維持，宋から契丹に歳幣をおくることなどが取り決め
られた。両国皇帝は互いに相手を「皇帝」と認め，名分の上では対等の関係と
なった。

　12世紀前半，女真の建てた金に都を奪われ，上皇と皇帝を北方に拉致され
た宋では，高宗が河南で即位したものの，金軍の攻撃を受けて各地を転々とし
た。やがて杭州を行在と定めると，高宗は，主戦派と講和派が対立する中，金
との和睦を決断する。この結果，淮水を両国の国境とすることが定められたほ
か，宋は金に対して臣下の礼をとり，毎年貢納品をおくることとなった。

問

(1)　戦国時代，斉の都には多くの学者が招かれ，斉王は彼らに支援の手を差し
　　伸べたとされる。「稷下の学士」と称されたこれら学者のうち，「性悪説」を
　　説いたことで知られる人物は誰か。

(2)　このとき彼は，自らの死後の呼び名についても定めている。その呼び名を
　　答えよ。

(3)　この時代，ある宦官によって製紙法が改良された。その宦官の名前を答え
　　よ。

(4)　彼が皇帝に即位した年に創始された官吏登用制度は何か。

(5)　この時代，対句を用いた華麗典雅な文体が流行する。その名称を答えよ。

(6)　華北を統一してから約半世紀後，この王朝は洛陽への遷都を行う。この遷
　　都を断行した皇帝は誰か。

(7)　彼の治世に陸路インドに赴き，帰国後は『大般若波羅蜜多経』などの仏典を
　　漢訳した僧侶は誰か。

(8)　7世紀前半，チベットを統一した人物は誰か。

(9)　仏教を信奉した彼女は，5世紀末から洛陽南郊に造営が始められた石窟
　　に，壮大な仏像を造らせた。その仏教石窟の名称を答えよ。

(10)　皇帝とはならなかったものの，朝廷で絶大な権力を振るった女性は少なく
　　ない。このうち，清の同治帝・光緒帝の時代に朝廷の実権を掌握した人物は

誰か。

⑾ ここで言う「失地」とは，契丹が後晋王朝の成立を援助した代償として譲渡された地域を指す。その地域は歴史上何と呼ばれているか。

⑿ 歳幣として宋から契丹におくられた品は絹と何か。その品名を答えよ。

⒀ 文化・芸術を愛好し，自らも絵筆をとったことで知られるこの人物が得意とした画風は何と呼ばれているか。

⒁ 高宗を金との和平に導いた講和派の代表的人物とは誰か。

B　現在，中華人民共和国には4つの直轄市が存在する。北京市を除く3つの直轄市にはかつて租界が存在した。

最も早くに租界が置かれたのは1842年の南京条約によって開港された上海であった。1845年にイギリス租界，1848年にアメリカ租界，1849年にフランス租界が設置され，1854年にはイギリス租界とアメリカ租界が合併して共同租界となった。租界はもともと外国人の居住地であったが，太平天国の乱によって大量の中国人難民が流入したことを契機として，中国人の居住も認められることになった。共同租界には工部局，フランス租界には公董局と呼ばれる行政機関が置かれ，独自の警察組織や司法制度を有していた。租界は中国の主権が及ばず，比較的自由な言論活動が可能であったことから，革命活動の拠点の一つとなった。
⒂
⒃

上海は中国経済の中心でもあった。1910年代から1930年代にかけて，上海港の貿易額は全中国の4割から5割を占めた。また，上海には紡績業を中心に数多くの工場が建てられた。上海の文化的繁栄はこうした経済発展に下支えされていた。1937年，日中戦争が勃発すると，戦火は上海にも及び，租界は日本軍占領地域のなかの「孤島」となる。1941年12月，日本軍が上海の共同租界に進駐した。1943年に日本が共同租界を返還すると，フランスもフランス租界を返還し，上海の租界の歴史は幕を閉じた。
⒄
⒅

直轄市のうち最も人口が少ない　　b　　市は，1860年の北京条約によって開港され，イギリス，フランス，アメリカが租界を設置した。次いで，日清戦争後の数年間にドイツ，日本，ロシア，ベルギーなどが次々と租界を開設した。この前後の時期，直隷総督・北洋大臣の李鴻章や袁世凱が　　b
⒆
⒇
(21)

を拠点に近代化政策を相次いで実施した。　b　は政治の中心地である北
京に近いこともあって，数多くの政治家，軍人，官僚，財界人，文人が居を構
えていた。　b　には最も多い時には8か国の租界があったが，1917年
にはドイツとオーストリア＝ハンガリーの租界が接収され，1924年にはソ
連，1931年にはベルギーの租界が返還された。さらに，1943年には日本租界
を含むすべての租界が中国側に返還された。

　直轄市のうち人口も面積も最大の　c　市に租界があったことはあまり
知られていない。というのも，　c　の租界は，上記の2都市とは違っ
て，政治的，経済的影響力をほとんど持たなかったからである。　c　で
唯一の租界である日本租界は1901年に設置されたが，1926年になっても
　c　に居留する日本人は100名余りで，このうち租界に居住していたの
は20名余りにすぎなかった。　c　の日本人居留民は中国人による租界
回収運動により，たびたび引き揚げを余儀なくされた。1937年の3度目の引
き揚げ後，国民政府は日本租界を回収した。翌年，国民政府は　c　に遷
都し，抗戦を続けた。

問

(15)　(ア)　太平天国軍を平定するために曾国藩が組織した軍隊は何か。

　　(イ)　太平天国軍との戦いでウォードの戦死後に常勝軍を指揮し，のちスー
　　　　ダンで戦死したイギリスの軍人は誰か。

(16)　1921年に上海で組織された政党の創設者の一人で，『青年雑誌』(のちの
　　『新青年』)を刊行したことでも知られる人物は誰か。

(17)　日本人が経営する紡績工場での労働争議を契機として1925年に起こった
　　反帝国主義運動を何と呼ぶか。

(18)　日本の圧力を受けてフランス租界を返還した対ドイツ協力政権を何と呼ぶ
　　か。

(19)　日清戦争の契機となった甲午農民戦争は，東学の乱とも呼ばれる。東学の
　　創始者は誰か。

(20)　フランドル(現在のベルギーの一部)出身のイエズス会士で，17世紀半ば
　　に中国に至り，アダム＝シャールを補佐して暦法の改定をおこなった人物は

誰か。

(21)　(ア)　李鴻章と伊藤博文は朝鮮の開化派が起こしたある政治的事件の処理を巡って 1885 年に条約を締結した。この政治的事件は何か。

　　(イ)　(ア)の政治的事件は，対外戦争での清の劣勢を好機と見た開化派が起こしたものである。この対外戦争とは何か。

(22)　この都市の日本租界で暮らしていた溥儀は，満洲事変勃発後に日本軍に連れ出され，1932 年に満洲国執政に就任した。それ以前に中国東北地方を支配し，のち西安事件を起こした人物は誰か。

(23)　中国が連合国側に立って第一次世界大戦に参戦したことがこの背景にある。同年，アメリカも連合国側に立って第一次世界大戦に参戦した。アメリカ参戦の最大の契機となったドイツ軍の軍事作戦は何か。

(24)　(ア)　1938 年 12 月にこの都市を脱出，1940 年に南京国民政府を樹立して，その主席に就任した人物は誰か。

　　(イ)　1919 年に上海で樹立された大韓民国臨時政府は，1940 年にこの都市に移転する。大韓民国臨時政府初代大統領で，1948 年に大韓民国初代大統領となった人物は誰か。

26

次の文章（A，B）を読み，□□□の中に最も適切な語句を入れ，下線部
(1)～(19)について後の問に答えよ。解答はすべて所定の解答欄に記入せよ。

A　梁啓超は，近代中国において多方面で活躍した人物で，史学の分野において
は「新史学」を提唱した。大学での講演をもとにして1922年に刊行された『中国
歴史研究法』に，彼のいう史学の革新を見て取ることができる。

　彼は，中国の史学は二百年前までは世界で最も発達していたとするが，伝統
(1)
的な史学を評価していたわけではなく，歴史家□a□が始めた，王朝史
（断代史）のスタイルを厳しく批判した。また，唐朝の『晋書』編さんによってそ
(2)
れ以前の「旧著十八家」がすたれたとして，正史の弊害を指摘する。旧来の史書
の中でほめたのは，通史である「両司馬」の作品などわずかだった。
(3)
　彼が目指したのは，死者への評価を主としてきた旧来の史学を，現に生きて
いる国民の為の新しい史学に改造することだった。具体的には，時代精神の推
(4)
移の把握や，史学以外の学問の導入などを主張するとともに，とくに史料の収
(5)
集・鑑別に注意を払った。文献だけではなく，遺跡・遺物の重要性を説き，5
(6)
世紀に開削された雲崗石窟や，元代の天文観測器などを例に挙げる。そして，
(7)
史料保存の必要性を説き，三十年前に外務省にあたる□b□から借覧し
た，康熙帝の時代にロシアと交わした往復文書の存否に思いを馳せている。ま
(8)
た，外国文献のユニークさに注目して，彼が近時の外国人排斥運動にちなんで
「千年前の□c□」と呼んだ黄巣軍の外国人殺害がアラビア語の記録に残さ
(9)
れている例を挙げる。

　梁啓超の「新史学」は，日本を介して西洋史学の影響を受けており，本書でも
西洋の中国研究の進展に注意しているが，日本の研究に対する評価は低い。だ
が，同時代には国外の中国研究の中心としてパリとともに京都を挙げる中国人
(10)
もいたし，梁自身かつては日本の研究成果を高く評価していたのである。

　当時の代表的な東洋史家の一人である桑原隲蔵は本書に対する書評におい
て，日本の研究に対する評価の変化に触れつつ，史料論における欠陥を痛烈に

批判した。外国の史料に目を向けるのはよいが，なぜ日本や朝鮮の史料に注目
しないのかという指摘は，彼一流の皮肉と言えよう。
(11)

　本書さらには梁啓超の学問全体について，中国でもその欠点が指摘されてき
たが，彼が個別の学問を越えて近代中国に与えた影響は否定すべくもない。

問

　(1)　梁啓超は清代を学術復興の時代と評する一方，史料の欠乏は清代ほど甚だ
　　しいものはないとしている。そうなった理由を簡潔に述べよ。

　(2)　唐の太宗は『晋書』において，愛好した書の名人の伝記の賛（末尾のコメン
　　ト）を自ら著している。その名人の名を答えよ。

　(3)　「両司馬」の作品のうち，一つは司馬遷の『史記』である。もう一つの作品名
　　を答えよ。

　(4)　梁啓超は，対立するかに見える儒教と仏教の発展に共通項があることを指
　　摘し，六朝隋唐時代にはともに経典注釈が流行したが，宋代に入ると儒教で
　　は内省的な「新哲学」がおこり，仏教においてもある宗派が他を圧したとす
　　る。その宗派の名を答えよ。

　(5)　梁啓超が重視した学問の一つが心理学である。たとえば，ヴェルサイユ条
　　約締結の過ちには戦勝国の首脳の心理が作用したとしている。中国がこの条
　　約に調印できなかった国内事情について簡潔に述べよ。

　(6)　この石窟はインドの仏教美術の影響も受けている。当時，インド北部を支
　　配していた王朝の名を答えよ。

　(7)　元代にイスラーム圏の天文学を取り入れて暦を作ったのは誰か。

　(8)　康熙帝の時代にロシアとの間で締結された条約名を答えよ。

　(9)　外国人殺害がおきた，南海交易の中心都市の名を答えよ。

　(10)　フランスで中国研究が盛んになったのは18世紀以降である。盛んになっ
　　た理由を簡潔に述べよ。

　(11)　桑原は実例を挙げていないが，康熙帝の時代に南方で起きた出来事に際し
　　ての清と朝鮮の関係が，朝鮮史料に豊富に残されているということがある。
　　その出来事とは何か。

B　現在エジプト国民の約1割がキリスト教徒とされ，その起源は非常に古い。
キリスト教は3世紀頃までにローマ帝国全土に広まり，エジプトにおいても4
世紀末の国教化以前から優勢となっていた。ところが，451年の　　d　　公
会議で単性論やネストリウス派の主張が退けられると，エジプト・シリアなど
で反発がおこった。離脱した者たちは独自に教会を組織し，エジプトにはコプ
ト教会(コプト正教会)が生まれた。コプトとはエジプトのキリスト教徒を指す
言葉である。その後コプト教会はときに東ローマ帝国から弾圧された。

　7世紀前半アラビア半島におこったイスラーム国家は，政治力・軍事力を強
めて領土を拡大し，第2代正統カリフ　　e　　の指揮下にエジプト・シリ
ア・イラクを征服して軍営都市を建設した。このときエジプトやシリアのキリ
スト教徒からは激しい抵抗はなかったという。迫害を受けていたコプト教会の
信徒たちはイスラーム教徒の支配下で「啓典の民」として安定した法的地位を得
ることになった。その後エジプトはウマイヤ朝，アッバース朝，アッバース朝
から事実上独立した諸王朝に支配されてイスラーム化が進行し，10世紀後半
にはシーア派を奉じるファーティマ朝の支配を受けることになった。ファー
ティマ朝はキリスト教徒やユダヤ教徒に対しておおむね寛容であった。

　12世紀後半にファーティマ朝を滅ぼした　　f　　朝はスンナ派を復興す
るとともに十字軍に反撃し，1187年イェルサレムを奪還した。この時期を含
む，十字軍とイスラーム勢力との長期的な戦いは，イスラーム王朝の下でとき
に弾圧されてきたコプト教会の立場をさらに苦しいものとした。13世紀半ば
エジプトに侵入した十字軍は，　　f　　朝にかわったマムルーク朝によって
撃退された。このとき頭角を現わした　　g　　は，1260年モンゴル軍をや
ぶった後に即位し，マムルーク朝繁栄の礎を築いた。

　16世紀前半にマムルーク朝を滅ぼしたオスマン帝国の支配下では，納税を
条件にキリスト教徒やユダヤ教徒に慣習と自治が認められた。しかし，この頃
すでにコプト教会信徒の人口は，現在と同じくエジプトの総人口の1割程度と
なっていたようだ。オスマン帝国では強力な中央集権体制がとられたが，18
世紀までには　　h　　制(軍事封土制)が徐々にくずれ，またエジプトほかの
属州に中央権力が及びづらくなった。18世紀のアラビア半島では預言者ムハ
ンマドの教えに立ちかえる運動や神秘主義教団の改革運動がおこり，19世紀

後半にはイスラーム圏全域に広まった。

　1805年エジプトではムハンマド＝アリーがオスマン帝国から総督に任命された。彼は対外的な軍事行動でオスマン帝国の要請に応える一方，国内では近代化政策をおしすすめた。エジプトは近代的な世俗国家への道を歩み始め，コプト教会の信徒たちはその後アラブ民族運動に積極的に貢献した。

問

⑿　㋐　これに先立つ431年の公会議では，ネストリウスが異端とされた。この公会議はどこで開かれたか。都市名を記せ。

　　㋑　その後ネストリウス派はある王朝の下で活動し，メソポタミアで勢力を拡大した。この王朝の名を記せ。

⒀　このような教会は，エジプト・シリア以外でも組織された。かつてソ連に属し，現在，教会の総本山の建造物・遺跡で有名な地域はどこか。現在の国名で記せ。

⒁　この頃の征服活動にともなう軍営都市を意味したアラビア語の単語を記せ。カタカナ表記でよい。

⒂　アッバース朝のトルコ系軍人がエジプトでトゥールーン朝をおこした頃，中央アジアにはイラン系の王朝が成立した。この王朝の名を記せ。

⒃　ファーティマ朝はシーア派の中のイスマーイール派に属したが，現在シーア派最大の宗派は何か。その名を記せ。

⒄　このときイル＝ハン国君主フラグはモンゴル帝国皇帝の死去にともない前線を離れていた。死去したモンゴル帝国皇帝は誰か。その名を記せ。

⒅　19世紀前半にメッカで創設され，のちにリビアに進出して植民地支配への抵抗の核となった神秘主義教団は何か。その名を記せ。

⒆　㋐　ムハンマド＝アリーはオスマン帝国の要請に応じてアラビア半島に出兵し，1818年ある王国を一度は滅ぼした。その王国の名を記せ。

　　㋑　1839年オスマン帝国でも近代化改革の指針となるギュルハネ勅令が出された。このときのオスマン帝国皇帝の名を記せ。

27

次の文章（A，B）を読み，☐☐☐☐の中に最も適切な語句を入れ，下線部
(1)～(18)について後の問に答えよ。解答はすべて所定の解答欄に記入せよ。

A　中国歴代王朝は自らの正統化を図ってさまざまな瑞祥を演出した。3～6世
紀における粛慎（しゅくしん）の朝貢はそうした瑞祥の一つである。

戦国時代の文献には，周王朝開国の際に，粛慎が「楛矢石砮（こしせきど）」（ハナズオウの
矢柄（やがら）と石の鏃（やじり））を貢納したという伝説が見える。粛慎は「海内（かいだい）」の中国と大海で
(1)
隔てられた「海外（かいがい）」に住む神話的な存在ともされ，したがって，その朝貢は，天
子の徳が世界の果てにまで及んだことの証として，第一級の瑞祥となる。

後漢末の群雄割拠に際し，遼東郡では公孫氏が自立した。曹丕が後漢の禅譲
(2)　　　　　　　　　　　　　　(3)
を受けて魏を建国すると，劉備・孫権も蜀・呉を建国した。呉が遼東公孫氏・
高句麗と結んだため，魏は遼東公孫氏を滅ぼし，高句麗に出兵した。魏の進出
にともなって，東北アジアに関する豊富な知見が獲得された。このことを反映
して，『三国志』の烏丸鮮卑東夷伝（うがん）には，東北アジア諸民族に関する現存最古の
まとまった記述が見える。これら諸民族の一つが挹婁（ゆうろう）である。『三国志』の本紀
(4)
には，粛慎の朝貢が見えるが，これは伝説上の粛慎と同じく「楛矢」と石鏃を用
いていた挹婁を「古（いにしえ）の粛慎氏の国」として朝貢させ，粛慎朝貢の瑞祥を演出し
たものである。前漢・後漢あわせて400年にも及ぶ漢帝国が崩壊したのちの分
(5)
裂に際して，魏は自らの正統性を喧（けん）伝するための瑞祥を切実に必要としたので
ある。

その後，　a　（西晋の武帝）が魏の禅譲を受けて晋を建国した際や，西
晋滅亡後，江南において東晋が成立した際にも，粛慎が朝貢している。一方，
華北でも後趙の石勒（せきろく）・石虎，前秦の苻堅（ふけん）のもとに粛慎が朝貢している。これら
(6)　　　　　　　　　　　(7)
も挹婁を粛慎と称したものである。

『三国志』についで東北アジア諸民族のまとまった記述が見えるのは，鮮卑
　b　部が建国した王朝を扱った『魏書』である。『魏書』によれば，勿吉（もっきつ）が
北魏・　c　に29回朝貢し，うち7回「楛矢」を貢納している。勿吉を「旧（もと）

の粛慎国」として瑞祥を演出したものだが，頻繁な朝貢が瑞祥の希少価値を減じたためか，「楛矢」の貢納は517年が最後である。高洋が　c　の禅譲を受けて北斉を建国すると，粛慎が朝貢しているが，勿吉に代わって『北斉書』に登場する靺鞨をとくに粛慎と称し，建国の瑞祥としたものであろう。
(8)

問

(1)　戦国時代の鄒衍はこうした地理認識を発展させた「大九州説」を唱えた。鄒衍は諸子百家のうち，何家に属するか。

(2)　この時期，黄巾の乱を起こした張角が創唱した宗教結社の名を記せ。

(3)　戦国時代，中国北辺の諸国は長城を築き，郡を設置して遊牧民の侵攻に備えた。遼東郡を設置した国の名を記せ。

(4)　(ア)　本紀と列伝を中心とする歴史書の形式である紀伝体を創始した人物の名を記せ。

　　(イ)　『三国志』の本紀において「大月氏」と称された，1～3世紀に中央アジアから北インドを支配した王朝の名を記せ。

(5)　前漢の禅譲を受けて新しい王朝を開いた人物の名を記せ。

(6)　(ア)　石勒は五胡のうち「匈奴の別部」とされる民族の出身である。この民族の名を記せ。

　　(イ)　亀茲に生まれ，4世紀前半，石勒の帰依を受けた仏僧の名を漢字で記せ。

(7)　苻堅は淝水の戦いで東晋に敗れた。この時の東晋軍の主力である北府軍の下級軍人から立身した劉裕が，東晋の禅譲を受けて開いた王朝の名を記せ。

(8)　(ア)　靺鞨の一部は高句麗遺民とともに渤海を建国した。今日の黒龍江省寧安市の東京城遺跡にあった渤海の国都は，当時何と呼ばれたか。

　　(イ)　靺鞨の一部である黒水靺鞨の後身が女真である。12世紀，女真は金を建国した。金が女真人に対して採用した行政・軍事制度の名を記せ。

　　(ウ)　17世紀，女真は後金を建国した。この建国者の名を記せ。

B　20世紀初頭までの中国では，「党」とは，官僚やその予備軍である知識人が，個人的な交友や一定の政治理念を基に結んだグループのことを指した。だが，こうしたグループの形成は王朝の禁じるところであり，史書では非難や弾圧の文脈で登場している。

例えば，後漢の時代には二度にわたる「党人」に対する弾圧が行われたし，唐王朝では，二つの官僚グループが数十年にわたって「党争」を繰り広げている。10世紀に　　d　　（太祖）が打ち立てた王朝は，官吏登用試験に皇帝が試験官となる出題を加えたが，これはそれまでにあったような，試験官と合格者が私的な関係を取り結ぶことを防ぐためであった。しかし，この王朝でも，ある政治家が提起した諸政策の是非をめぐり，「党争」が何十年も続いた。このほか後年の王朝で，17世紀初め設立の　　e　　書院を基礎に形成された政治グループが，やはり「党人」として弾圧されたし，弾圧した側の宦官にくみした官僚たちは，史書で「閹党」（宦官党）と呼ばれている。

したがって，中国では「党」とは決して良いイメージの言葉ではなかった。20世紀初め，知識人や留学生たちが共和国樹立を目指し，国外で近代的な政治結社を結成した時にも，彼らはその名称に「党」を用いることはなかった。やや後の，彼らと違って立憲君主制を主張して組織された政治団体にあっても，そのことは同様である。

こうした状況が一変するのは，共和国が成立したのち，中国史上初の国会議員選挙が行われる過程においてである。中国の政治家たちはこの時，以前から近代政治結社を「党」と称していた近隣国家の例にならい，共和・統一・民主などの語と「党」を結びつけたのだった。そして，共和国樹立を目指した前述の結社は　　f　　と改名してこの選挙に勝利し，国会で多数を占めたのだが，時の共和国臨時大総統の暴力の前に，政権掌握を阻まれた。同党の政治勢力はその後，党名と組織形態の変更を繰り返したのち，国際的な共産主義組織の働きかけで，別の政党との協力関係樹立に踏み切る。以後，この二つの政党の協力と対立が，中華人民共和国成立までの中国政治の一つの軸を構成することになる。

問

⑼　この弾圧は，中国の歴史上どのように称されているか。

⑽　この皇帝が試験官となる試験は，何と呼ばれるか。

⑾　この「諸政策」のねらいを，農民・中小商人の保護のほかに二つ挙げよ。

⑿　中国からその近隣国家に赴いた留学生の数は，20世紀初めに急増した
　　が，このことは1905年に行われた中国政府の政策決定と関係している。こ
　　の決定とは何か。

⒀　この「近代的な政治結社」は，政治主張を三つにまとめたことで知られる。
　　この三つの主張のうち，漢民族の独立（少数民族による支配の打破）以外の二
　　つの主張を記せ。

⒁　19世紀末に中国が対外戦争に敗れた際，知識人によって立憲君主制導入
　　を中心とする制度改革が主張された。この改革は当時何と呼ばれたか。

⒂　「共和国が成立した」ことの背景の一つに，政府がある事業を国有化しよう
　　とした結果，中国のさまざまな階層が広く反発したことが挙げられる。この
　　事業とは何か。

⒃　この「共和国臨時大総統」は，対内的には政党を解散させて独裁権力を握る
　　一方，対外的には近隣国家による大規模な権益拡大の諸要求を承認したこと
　　でも知られる。この諸要求は何と呼ばれるか。

⒄　この「二つの政党の協力」のうち二回目のものは，1930年代半ば，中国の
　　内陸のある都市で起こった事件を契機に成立している。この都市の名を記
　　せ。

⒅　この国家では1960年代，党の最高指導者が自らの党組織に対する攻撃を
　　呼びかけ，大規模な政治運動が始まった。この運動は何と呼ばれるか。

28

次の文章（A，B）を読み，□□□□□□の中に適切な語句を入れ，下線部(1)～(19)について後の問に答えよ。解答はすべて所定の解答欄に記入せよ。

A　黄河流域では紀元前 6000 年ころまでには雑穀の栽培がはじまっており，現在のところ存在を確認しうる中国最古の王朝，<u>殷</u>は黄河中流域に形成された。この殷を滅ぼした周王朝が，やがて都を東に遷してその影響力を弱めると，各地の諸侯が互いに覇を競うようになる。その中心にあったのも黄河流域の諸勢力であった。降水量の少ない地帯を流れる黄河は，流域の農業生産を支える重要な水資源である一方で，<u>しばしば氾濫を起こし，流域に甚大な被害をもたらした。</u>

　一方，長江流域にも農耕文明が形成されたが，総合的な経済力・政治力においては黄河流域の勢力に従属するものであった。だが長江流域の人口が増加するにつれて，農業開発が進められる。まず，その画期となったのが三国時代における<u>呉の建国</u>である。次いで晋が<u>南遷して都を</u>　a　に定めると，より多くの移民が首都やその周辺に流入し，貴族・豪族による主導の下，荘園経営が広い範囲で展開された。

　南北の分裂状態から，ふたたび中国を統一した<u>隋王朝が大運河を開鑿（かいさく）し</u>，南方の経済力を自己の下に取り込もうとしたのは，いわば当然の趨勢であった。だが南方からの物資は洛陽までは水路で運ばれたが，洛陽以西への水運は黄河の難所，三門峡が大きな障害となって，滞ることもあった。そこで五代の　b　王朝は，都を大運河に直結する開封に遷し，宋も引き続きこの地に都を置いた。

　宋の時代，中国南北の人口比はすでに南が北を上回るようになっており，さらに<u>金の侵攻</u>が人口の南への移動に拍車をかけ，経済力における南方の優位は決定的なものとなった。だが，明王朝の初期を除けば，その後中国全土を支配した王朝の首都はいずれも北中国に置かれ，それらの統一王朝にとって，南の物資を北に運搬する漕運（そううん）制度の維持が重要な課題となった。

　都を大都に置き，南宋を滅ぼした元は，会通河などを新たに開鑿し，大運河
による漕運を試みた。だが，水深不足のために会通河はしばしば利用できなく
なったので，主に用いられたのは海上運送であった。当時，モンゴル諸政権の
もとでユーラシア全体を結ぶ陸上・海上交易が活性化しており，南中国と大都
とを結ぶ海運の利用は，こうした交易ネットワークのなかに南中国を連結する
<u>　　　　　　　　　　　(7)</u>
ものでもあった。

　続く明王朝は　　ｃ　　帝の時に都を北京に遷し，この地を拠点にして当初
は北方のモンゴル勢力に対し積極的に攻撃をしかけた。だが，その後オイラト
　　　　　　　　　　　　　　　　　　　　　　　　　　　　　　　　(8)
部に大敗を喫すると，守勢に立たされる。これらの軍事活動を支えるべく，南
方の物資が北へと運ばれた。明は　　ｄ　　政策をとったため，大運河が再び
その主要な輸送ルートとなり，会通河が改修され，漕運制度も整えられた。清
も継続して大運河を利用するが，19世紀以降には海運も発達し，さらに鉄道
　　　　　　　　　　　　　　　　　　　　　　　　　　　　　　　　(9)
の敷設も始まった。かくして運河による漕運に代わり，鉄道による運送が新た
に南北の物流を支えることとなった。

問

⑴　この王朝よりも前に存在し，殷によって滅ぼされたとされる伝説上の王朝
　　の名を記せ。

⑵　紀元前132年に起こった黄河の決壊は，その後23年間にわたって修復さ
　　れず，当時の王朝の政治・経済に大きな影響を与えた。

　　㋐　このときの皇帝は誰か。

　　㋑　洪水の被害や度重なる外征によって財政難に陥った王朝は，かずかずの
　　　　財政再建策を打ち出した。その1つとして，物資を貯蔵して価格が高騰す
　　　　ると売り出し，下がると購入するという新政策があげられる。その名を記
　　　　せ。

⑶　この王朝の建国者であり，初代皇帝となった人物の名を記せ。

⑷　晋では帝位をめぐって一族の争いが起こり，それが王朝南遷のきっかけと
　　なった。この内乱の名を記せ。

⑸　このとき開鑿された運河のうち，黄河と涿郡を結ぶ永済渠は，当時朝鮮半

島の北部に都を置いていた国への遠征に用いられた。この国の名を記せ。

(6)　金は北宋の都を占領すると，皇帝とその父である前皇帝を捕らえ北方に連れ去った。

　(ア)　この事件を何というか。

　(イ)　金のさらなる南下を防ぐべく，宋は黄河を決壊させ，これがきっかけとなってそれまで渤海湾に注いでいた黄河は南流し，のちに金と南宋の国境とされた川に流れ込むこととなった。この河川の名を記せ。

(7)　モンゴル統治下で繁栄し，『世界の記述』(『東方見聞録』)のなかでは「ザイトン」の名で紹介された福建省の港湾都市はどこか。その名を記せ。

(8)　1449年，土木堡で明軍は敗れ，皇帝が捕虜になった。この時にオイラト部を率いていた指導者の名を記せ。

(9)　中国における鉄道建設は洋務運動期に始まる。湘軍を率いて太平天国の平定にあたり，この運動の中心ともなった人物の名を記せ。

B　アラビア半島西部，　　e　　の町で生まれたアラブ人，クライシュ族に属するムハンマドは，610年ころ，自らを唯一神アッラーの啓示を受けた「神の預言者」と意識するようになった。ムハンマドはその後の生涯を，自らが開祖となった一神教イスラーム(10)の教えを説き，信徒に伝えることに捧げ，アラビア半島にイスラームを広めることにほぼ成功していたが，後継者を定めることなく，632年に病死した(11)。そのため，ムハンマドが基礎を置いたイスラームの共同体(ウンマ)は，その後の指導者を誰とするかで，たびたび政治的・宗派的な問題を抱えることになった。

　ムハンマドの死後，共同体の多数の人々は，「神の使徒の後継者」(カリフ)として，彼の宗教的・政治的な活動を献身的に支援してきた共同体の長老を4代にわたり，正統カリフ(12)に選出した。その後も共同体の多数を占めるスンナ派の人々は，ウマイヤ朝とアッバース朝のカリフたち(13)を共同体の政治的指導者として認めてきた。

　これに対して，本来，第4代正統カリフの　　f　　(預言者ムハンマドの従弟であり，ムハンマドの娘ファーティマの夫)とその子孫たちが，共同体の

指導者(イマーム)になるべきだとの考えを持つ信者たちが「[f]の党派
(シーア)」として活動を始め，政治権力を掌握していたウマイヤ朝やアッバー
ス朝にしばしば反抗し，その権力や体制に挑戦した。

ウマイヤ朝第 2 代ヤズィードの即位に反対して，[f]家による共同体
指導の権利を主張する人々は，[f]の次男フサインを指導者として招
き，ウマイヤ朝体制への反抗に立ち上がったが，武力で鎮圧され，フサインと
その家族も殺害された。<u>イラク南部のカルバラー</u>で起こったこの事件は，シー
(14)
ア派を支持する人々の間で，現代まで長らく記憶され，フサインとその家族一
行の「殉教」を追悼する行事が行われている。

シーア派の王朝としてイスラーム史上に最初に登場したのは，8 世紀後半に
現在のモロッコを中心に建国されたイドリース朝である。この王朝は
[f]の子孫の一人がアラビア半島からモロッコへと逃れ，<u>現地の遊牧民</u>
(15)
の支持を得て建てられた。次にシーア派の王朝として建てられたのが，現在の
[g]に興った，シーア派の中でもイスマーイール派を奉じるファーティ
マ朝である。ファーティマ朝は 969 年にエジプトを征服して，本拠を遷し，東
方を支配するアッバース朝やそれを支持する勢力と激しく対立した。

イラン方面でもシーア派の影響力は大きく，北部の山岳地帯を本拠としてい
たダイラム系のブワイフ朝はイラン南部からイラクに進出し，946 年にはアッ
バース朝の首都バグダードに入城して，スンナ派のカリフを軍事的庇護下に置
いた。ブワイフ朝は 11 世紀後半，<u>ファーティマ朝は 12 世紀の後半に滅亡する</u>
(16)
が，その後もシーア派の勢力はイスラーム世界の各地で存続し，スンナ派が優
勢な支配体制に抵抗した。

16 世紀初めにイラン西北部を中心として勃興したサファヴィー朝は，十二
イマーム派を奉じる王朝で，強力にシーア派化政策を推進し，周辺諸国との緊
張が高まった。サファヴィー朝は<u>中央アジアのウズベク族王朝</u>と鋭く対立した
(17)
が，<u>インドを支配するムガル朝</u>と宗派的な対立が先鋭化することはなかった。
(18)
18 世紀前半にサファヴィー朝が弱体化し，やがて滅亡してからも，イラン で
はシーア派が圧倒的な支持を得て政権を掌握し続ける状況は変わらず，<u>1979</u>
<u>年のイスラーム革命</u>を経て現在もシーア派イスラームが国家統治の基盤とされ
(19)
ている。

問

⑽　イスラーム教の教義実践は，「五行」にまとめられている。信仰告白，礼
　拝，断飲食，喜捨に次いで実行が望ましいとされている行為は何か。

⑾　622年以来ムハンマドが居を定めてその活動の中心地とし，イスラーム教
　徒が参詣に訪れる彼の墓廟がある町の名を記せ。

⑿　第2代正統カリフとなり，イスラーム勢力による大征服を指導した人物は
　誰か，その名を記せ。

⒀　1258年にバグダードを攻略し，アッバース朝を滅亡させたモンゴル軍を
　指揮していた，チンギス＝ハーンの孫に当たる人物は誰か，その名を記せ。

⒁　1802年，この町はアラビア半島中部に興った復古主義的スンナ派に属す
　る人々の襲撃を受け，フサインの墓廟を中心とするシーア派の聖地であった
　場所が略奪などの被害に遭った。

　㋐　この事件を引き起こした復古主義的スンナ派に属する人々は何派と呼ば
　　れるか，その名を記せ。

　㋑　上記の復古主義的スンナ派思想を基に，1932年アラビア半島に建国さ
　　れた国家は何か，その名を記せ。

⒂　北アフリカの代表的な遊牧民で，イドリース朝やファーティマ朝建国の支
　持基盤となった民族は何か，その名を記せ。

⒃　ファーティマ朝を滅亡させ，エジプトを中心に新たなスンナ派王朝を創建
　した人物は誰か，その名を記せ。

⒄　このウズベク族王朝は16世紀初頭までに，かつて中央アジアから西アジ
　アにかけての地域を広く支配していた王朝を滅ぼした。

　㋐　滅ぼされた王朝の名を記せ。

　㋑　ウズベク族によって中央アジアを逐われ，1526年北インドでムガル朝
　　を建てることになった人物は誰か，その名を記せ。

⒅　この王朝の第6代君主で，厳格なスンナ派政策を採り，デカン地方に領土
　を拡大した人物は誰か，その名を記せ。

⒆　この革命の結果，打倒された王朝の名を記せ。

29

次の文章(A，B)を読み，□□□□の中に最も適切な語句を入れ，下線部
(1)～(15)について後の問に答えよ。解答はすべて所定の解答欄に記入せよ。

A　渭水流域に興った周王朝は，紀元前11世紀に殷王朝を滅ぼすと，東方地域
に対する統治拠点を現在の河南省洛陽市に建設した(洛邑，成周)。西方の黄土
高原と東方の華北平原の中間に位置するこの都市は，地理的にも「土中」(天下
の中心)と呼ぶにふさわしい位置にあり，以後，いくつもの王朝がこの地に都
を置くこととなる。

　　梁の　a　によって編纂された詞華集『文選』には，『漢書』の撰者として
名高い　b　が作った「両都賦」なる作品が収められている。作中，「天下
の中心に位置し，平らかに四方に開け，万国が集い来る」とうたわれた「東都」
とは，後漢の都洛陽に他ならない。南北9里・東西6里の城郭を有したことか
ら「九六城」とも呼ばれるこの都城の規模は，周囲60里とされる「西都」長安に
くらべればかなり小さなものであった。

　　2世紀末に黄巾の乱が起こると各地で群雄が割拠し，洛陽も戦乱の渦中に巻
(1)
き込まれたが，後漢の献帝に代わって皇帝の位に即いた　c　は，やはり
洛陽に都を定めた。魏に続く西晋もこの地を都としたが，その後起こった八王
の乱をきっかけに国内は混乱し，五胡のうち山西で挙兵した　d　によっ
て西晋は滅亡，江南に難を逃れた皇族が王朝を再興する。
(2)
　　4世紀末，鮮卑の拓跋珪は，華北に勢力を伸張すると皇帝を名乗り
　e　を都としたが，5世紀末，漢化政策を進める孝文帝が洛陽遷都を敢
(3)
行した。6世紀初頭，東西20里・南北15里の城郭が従来の城郭の外側に新築
され，洛陽城は面目を一新する。城内には宮殿や官庁，貴族の邸宅のほか，王
朝の保護を受けた仏教の寺院が1000以上も並び立っていたという。しかしそ
(4)
の繁栄も，王朝末期に起こった内乱によってわずか40年ほどで終焉を迎え
る。

　洛陽が王城の地として復活を遂げたのは，隋の煬帝の時である。父の文帝が前漢長安城の南に造営した大興城とは別に，煬帝がこの地に新都を造営したことは，<u>江南と華北を結ぶ大運河</u>の建設と密接に関連している。
(5)

　唐王朝は長安と洛陽の両方に都の機能を置き，「西京」・「東都」と称されたが，7世紀末に帝位に即いた　　f　　は洛陽を「神都」と改称し，自ら建てた王朝の首都と位置づけた。唐代の長安・洛陽については，清代の考証学者<u>徐松</u>の手になる『唐両京城坊攷』が詳細な情報を提供してくれる。
(6)
こう

　9世紀末，　　g　　の密売人黄巣が起こした反乱を契機として，唐王朝は統治能力を失い滅亡した。10世紀半ばに成立した宋王朝は洛陽を「西京」としたものの，その実態は，規模においても繁栄ぶりにおいても「東京」<u>開封</u>には遠く及ばぬ地方都市にすぎなかった。「新法」と呼ばれる王安石の改革に反対した
(7)
　　h　　が，閑職につきながら『資治通鑑』の編纂に没頭したのも，この時代の洛陽であった。

問

(1)　この反乱を起こした宗教結社の指導者の名を記せ。

(2)　江南で再興した晋王朝に仕え，「女史箴図」の作者として知られる人物の名を記せ。

(3)　孝文帝は内政の充実につとめる一方で，南朝に対する親征を行っている。その時の南朝の王朝名を記せ。

(4)　インドのグプタ朝でも仏教は保護され，教義研究のための施設が王により設置された。玄奘や義浄も学んだというこの施設の名を記せ。

(5)　隋の煬帝が建設を命じた大運河のうち，黄河と淮河を結ぶ運河の名を記せ。

(6)　徐松が参画した国家的文化事業の一つに『全唐文』の編纂がある。唐から五代にかけて作られたあらゆる文章の集成を目指したこの事業では，15世紀初めに勅命を受けて編纂された中国最大級の「類書」が大いに活用された。この書物の名を記せ。

(7)　唐王朝を滅ぼし，開封を都として王朝を開いた人物の名を記せ。

B　イラン（ペルシア）の歴史や文化は，決してイラン系民族のみが築いたもので
　はない。また，イラン系民族の活動や広義のイラン文化の繁栄は，現在のイラ
　ンの領域をはるかに越えている。

　　前6世紀中頃イラン高原におこったアケメネス朝はオリエントを統一し，東
　は　　 i 　　川流域に達する大帝国を築いた。このアケメネス朝期にイランの
　民族的宗教ゾロアスター教が栄え，また楔形文字を用いてペルシア語を記すよ
　うになった。前330年アケメネス朝がアレクサンドロス大王に滅ぼされると，
　イランとその周辺においてヘレニズム文化の影響が顕著となったが，3世紀前
　(8)
　半におこったサササン朝では，ペルシア語が活発に用いられ，ゾロアスター教が
　　　　　　　　　　　　　　　　　　　　　　　　　　　(9)
　国教とされた。

　　651年サササン朝が滅びると，イランのイスラーム化が進行する。750年アッ
　　　　　　　　　　　　　　　　　　　　　　　　　　　　　(10)
　バース朝成立の原動力となったのはホラーサーン駐屯軍であった。ホラーサー
　ンは，現在のイラン東北部・アフガニスタン西北部・トルクメニスタン東南部
　をあわせた地域で，歴史的なイランの東北部にあたる。9世紀前半このホラー
　サーンにターヒル朝，9世紀後半には，ホラーサーンの南接地域にサッファー
　ル朝，中央アジアにサーマーン朝と，次々にイラン的なイスラーム王朝がお
　こった。サーマーン朝は，10世紀にはホラーサーンをも支配し，領内でイス
　　　　　　(11)
　ラーム化されたイラン文化を発展させた。また，946年バグダードを占領した
　イラン系の　　 j 　　朝はシーア派を信奉し，サササン朝の末裔と称した。サー
　マーン朝のトルコ系マムルーク出身の武将が建てた　　 k 　　朝や，11世紀
　半ばに　　 k 　　朝を破り12世紀半ばまでイランを支配したセルジューク朝
　のもとでは，イラン＝イスラーム文化，特にペルシア文学が盛んになった。
　　　　　　(12)
　　13世紀前半モンゴルの侵攻が始まり，イランを含む西アジアでは，1258年
　アゼルバイジャンを拠点とするイル＝ハン国が成立した。イル＝ハン国のモン
　　　　　　　　　　　　　　　　　　　　　　　　　　(13)
　ゴル支配階級はイスラーム化し，領内ではイラン＝イスラーム文化が復興し
　た。イル＝ハン国滅亡後の1370年トルコ系のティムール朝がおこり，旧イ
　ル＝ハン国領と旧　　 l 　　＝ハン国領を広く支配した。ティムール朝期中央
　　　　　　　　　　　　　　　　　　　　　　　　　　(14)
　アジアのサマルカンドやホラーサーンのヘラートでは学芸・都市文化が著しく
　発展した。16世紀初頭アゼルバイジャンにおこったサファヴィー朝は当初ト
　　　　(15)

ルコ系諸部族に支えられていたが，君主はイラン的なシャーの称号を採用し，シーア派を国教として周辺のスンナ派諸国と対立した。後にホラーサーンにおこったアフシャール朝や　　　m　　　を首都としたカージャール朝の王族は，かつてサファヴィー朝を支えたトルコ系部族の出身であった。

問

(8)　ヘレニズム時代当初，アレクサンドロス大王没後にイランとその周辺を支配した王朝の名を記せ。

(9)　ササン朝期にゾロアスター教の聖典が編纂された。その名を記せ。

(10)　アッバース朝の成立とともに広大な領土を誇ったイスラーム王朝が滅んだ。

　(ア)　このイスラーム王朝の名を記せ。

　(イ)　この王朝の首都はどこか。その名を記せ。

(11)　この頃のサーマーン朝の首都はどこか。その名を記せ。

(12)　セルジューク朝に仕えたある人物は，ペルシア詩人・天文学者・数学者であり，ペルシア詩だけでなく，精密な暦の共同作成でも知られている。

　(ア)　この人物は誰か。その名を記せ。

　(イ)　19世紀に英訳された，この人物のペルシア詩集の名を記せ。

(13)　13世紀末にイスラーム教徒となり，イスラームを国教化したイル゠ハン国君主は誰か。その名を記せ。

(14)　サマルカンド郊外に天文台を建設し，その観測結果にもとづいた『天文表』作成に自ら参加したティムール朝王族(後に君主)は誰か。その名を記せ。

(15)　現イラン東アゼルバイジャン州の州都であり，イル゠ハン国の首都にもなった，サファヴィー朝初期の首都はどこか。その名を記せ。

30

　次の文章（A，B）を読み，□□□□□の中に最も適切な語句を入れ，下線部
⑴〜⑭について後の問に答えよ。解答はすべて所定の解答欄に記入せよ。

A　「中国」ということばは，周代の初期にはじめて見える。周は渭水流域にあっ
　た が，武王は殷王朝を滅ぼし，黄河中下流域を支配下に収めた。2 代目の成王
　　　　　⑴
　の 5 年の紀年をもつ青銅器の銘文に「中国」が見える。この「中国」は，今日の河
　南省洛陽附近のごく狭小な地域を指したものである。ついで，中国最古の詩集
　である『　　a　　』には，「中国」と「四方」とを対比する記述が見え，こちらの
　「中国」は，渭水流域にあった周王朝の首都附近を指したものとされる。
　　　　　　⑵
　　周王朝が洛陽に遷都し，春秋時代が始まる。この時代には　　b　　とよば
　れる有力諸侯が，周王朝の権威のもと，黄河中下流域の諸侯と会盟を行った。
　会盟などの儀礼に参加した黄河中下流域の諸侯は，文化的一体感をもつように
　なった。かれらは「諸夏」と称された。夏は　　c　　が開いたとされる伝説的
　王朝の名である。かれらは　　c　　の治水によって大地が創造されたという
　神話を共有し，夏王朝以来の文化的伝統を誇示したのである。一方，当時の黄
　河中下流域には，なお国家を形成しえない諸集団があり，「諸夏」と雑居してい
　た。かれらは会盟に参加しえず，蛮夷戎狄などと蔑称され，「諸夏」から異民族
　として扱われた。
　　黄河中下流域の蛮夷戎狄は，国家を形成して「諸夏」に参入し，あるいは「諸
　夏」に征服・駆逐されることによって消滅した。戦国時代には，ふたたび「中
　国」ということばが見えるようになるが，これは，蛮夷戎狄の消滅によって「諸
　夏」に占有されるようになった広大な地域を指す。「中国」には辺境化された四
　方の異民族を指す「四夷」が対比されるようになった。一方，『孟子』には，「中
　　　　　　　　　　　　　　　　　　　　　　　　　　　　　　⑶
　国」や「四夷」と秦・楚とを区別する記述が見える。黄河中下流域の人々にとっ
　て，渭水流域の秦や長江流域の楚は，「四夷」ではないにしても「中国」とは異質
　　　　　　⑷　　　　　　　　⑸
　な存在と感じられており，「中国」と「四夷」との間に位置づけられていたのであ
　ろう。

秦は天下統一ののち，今日の広東・広西・ベトナム北部を征服した。₍₆₎秦が滅亡した際に，秦から派遣されていた地方官が自立して南越を建国した。₍₇₎「中国人」ということばは，ある歴史書のこの国の推移を記した部分にはじめて見₍₉₎え，原住民である「越人」に対比して用いられている。ここでいう「中国」とは，統一を達成した時点における秦帝国の領土を指すものであり，いわゆる中国本土にほぼ一致する。

問

(1)　殷王朝の代表的な遺跡の名を記せ。

(2)　この首都の名を記せ。

(3)　(ア)　孟子の主張した倫理・道徳学説の名を記せ。

　　　(イ)　孟子と同じころ活躍し，陰陽五行説を唱えた学者の名を記せ。

(4)　前4世紀の半ばに秦が遷都した首都の名を記せ。

(5)　(ア)　孔子が編纂したとされる前8〜前5世紀を扱った歴史書では，楚は異民族として記述されている。この歴史書の名を記せ。

　　　(イ)　前4〜前3世紀に活躍した楚の詩人の名を記せ。

(6)　統一後の秦で用いられた貨幣の名を記せ。

(7)　秦の滅亡のきっかけとなった農民反乱の名を記せ。

(8)　(ア)　南越は今日の広東省広州市に首都を置いた。秦がこの地に設置した郡の名を記せ。

　　　(イ)　前2世紀末に南越を滅ぼした皇帝の名を記せ。

(9)　前2世紀末〜前1世紀初めごろに完成した，その歴史書の名を記せ。

B　カスピ海と小アジアの間の地を故郷とするアルメニア人は，かつてヨーロッ₍₁₀₎パとアジアにまたがる広大な交易のネットワークをつくりあげていた。かれらの活動の中心はサファヴィー朝の当時の首都　　d　　の近郊の新ジュルファにあり，このまちは17世紀初頭にシャーの　　e　　がアルメニア人をその故地ジュルファから移住させて造られた。アルメニア人はそれまでにもユーラシア各地で活動していたが，新ジュルファの建設が契機となってかれらのネットワークはさらに広がった。かれらはとくにイランとインドの間の交易に活躍

したので，インドにやってきたヨーロッパの商人たちもその存在を意識せざる
を得なかった。フランスの財務総監　　f　　が東インド会社を再建した時も
アルメニア人の力を借りようとしたし，イギリス東インド会社もアルメニア人
と交易に関する提携協定を結んでいる。アルメニア人の足跡はさらにチベット
(11)
の中心都市　　g　　や中国の広州にも及んでいた。また，フィリピンの
(12)
　　h　　から太平洋を越えてアカプルコに渡った者もあったことが，当時の
異端審問の記録から知られる。

　アルメニア人がこれだけ広く活動できた原因の一つは，かれらがキリスト教
徒だったことにある。後からインド洋世界にやってきたヨーロッパ人にとっ
て，アルメニア人は宗派を異にするとはいえ，ムスリムに比べればより近しい
存在だった。また，アルメニア人はムスリムとの交渉に慣れていたし，シーア
派とスンナ派の抗争に巻き込まれることもなかったので，両派の文化圏に比較
的自由に出入りできた。カトリックの宣教師はこうしたアルメニア人の特性を
利用して，イスラーム圏を安全に旅行するためにアルメニア人に変装すること
もあった。17世紀初頭にムガル帝国の首都　　i　　を出発して中央アジア
(13)
を旅して中国を目指したイエズス会士は，その一例である。アフリカのキリス
(14)
ト教国　　j　　の使節としてアウラングゼーブ帝のもとを訪れたアルメニア
人のように，交易だけでなく外交にも活躍する者が多かったのも，異文化間の
仲介者としてのかれらの性格を表している。

　新ジュルファは18世紀前半にイランの政治変動のなかで破壊され，当地の
アルメニア人は各地へ離散していった。また，かれらの故地は大国の勢力争い
の渦中にまきこまれ，1828年にイランとロシアの間で締結された　　k　　
条約によって東アルメニアの地はロシアの支配下に組み込まれた。かれらは移
住先の地で迫害をこうむることもしばしばだったが，そのアイデンティティを
守ろうとする営為も続けられた。1979年におきたイラン革命により最高指導
者となった　　l　　を支持して宗教的少数派の地位を守ろうと努めたのは，
その一例である。また，アメリカやフランスに移住したアルメニア人が，ロ
ビー活動によって政治に影響を及ぼしたこともある。

問

(10) カスピ海北岸の都市アストラハンは，アルメニア人の商業拠点の一つであった。16世紀にこの都市を支配下においたロシアの君主は誰か。その名を記せ。

(11) アルメニア人は，ベンガル地方におけるイギリスの拠点となった都市の発展にも寄与している。その都市の名を記せ。

(12) アルメニア人は，広州で交易の独占権を与えられた特許商人と取引する一方で，密貿易でも活躍した。

　(ア) 特許商人の組合を何と呼ぶか。

　(イ) 密貿易の商品のうち，中国社会に大きな影響を与えたインド産品は何か。

(13) このイエズス会士の旅行記録は，当時北京にいた同会の宣教師の著作によってヨーロッパで広く知られるようになった。北京にいたイエズス会士とは誰か。その名を記せ。

(14) この使節はインド北西岸のスーラトに上陸した時，ムガル帝国に抵抗していた勢力によって掠奪をこうむった。その勢力の指導者の名を記せ。

31

次の文章(A, B)を読み, 　　　　　 の中に最も適切な語句を入れ, 下線部 (1)〜(15)について後の問に答えよ。解答はすべて所定の解答欄に記入せよ。

A　7 世紀前半アラビア半島にイスラーム教がおこり, イスラーム教徒たちは 8 世紀前半までに中央アジア・インド西部からイベリア半島に達する大帝国を築いた。(1) その版図には先進文明が栄えた諸地域が含まれ, これらの文化遺産とイスラーム教・アラビア語が融合したイスラーム文明がおこった。

9 世紀前半 a 朝のバグダードでは, 主に哲学・科学に関する (2) b 語文献が組織的にアラビア語に翻訳され, またインドの天文学・数学などもとり入れられ, イスラーム教徒の学問が飛躍的に発達した。この a 朝期には非アラブ人イスラーム教徒も活躍するようになり, 古代以来のイラン地域の帝国統治・官僚制の伝統が取り入れられただけでなく, イラン系改宗者が要職についた。非アラブ人は学者としても活躍し, 代数学で有名な数学者・天文学者 c や後の偉大な哲学者・医学者イブン・シーナーは中央アジアの出身であった。

イスラーム教に関わる学問では, アラビア語学・コーラン解釈学に基づいて (3) 神学・法学が発達し, 10 世紀までに今日につながるスンナ派の主要な法学派が成立した。10 世紀末シーア派のファーティマ朝は新都カイロに d 学院を建設して教学の中心とするが, これに対抗する e 朝は, 11 世紀後半, 領内の主要都市に学院を建設して, スンナ派の神学と法学を奨励した。 (4)

また広大なイスラーム世界では, 地域・民族の特色を加えた文化が形成されるようになり, 各地で個性ある宮廷文化・都市文化が栄えた。10 世紀中央アジアの (5) f 朝の宮廷ではペルシア文学が盛んとなり, これが西方にも広まって隆盛を極め, 15 世紀末までにはオスマン朝や g 朝で本格的なトルコ文学がおこった。いずれもアラビア文字を使用し, アラビア語から大量の語句を借用した言語によるものである。(6) インド亜大陸ではイスラーム教とヒンドゥー教両方の要素が融合された文化が生まれ, 16 世紀初頭には h がイスラーム教の影響のもとにヒンドゥー教を改革し, シク教をお

こした。

問

(1)　このときのイスラーム王朝の首都はどこか。都市名を記せ。

(2)　その後イベリア半島のトレドを中心に，逆にアラビア語文献がヨーロッパのある言語に翻訳され，後世に大きな影響を及ぼした。その言語は何か。

(3)　イスラーム教に関わる各分野の学識を十分に持ち，信仰を指導する人々を総称して何と呼ぶか。

(4)　これらの学院は，この建設活動を指導した宰相にちなんだ名称で呼ばれた。その名称を記せ。

(5)　11世紀後半，現在のモロッコに建設され，13世紀後半までベルベル系王朝の首都として繁栄したのはどこか。都市名を記せ。

(6)　ほかにも同じ特徴を持つ言語がイスラーム世界に成立した。

　　(ア)　10世紀以降のイスラーム教徒の商業活動の影響で東アフリカの海岸部に成立した言語は何か。

　　(イ)　ペルシア語の影響下にムガル朝期のインド亜大陸で成立し，現在パキスタンの国語となっている言語は何か。

B　1844年，清とアメリカ合衆国の間で　　i　　条約が締結された。中国とアメリカの関係はこの条約によって本格的に始まったといってよい。軍事力を背景に中国に進出したイギリスやフランスなどとはちがい，中国とアメリカの
　　　　　　　　　　　　　　(7)
関係はおおむね友好的であった。1872年，清政府は初めて海外留学生を派遣したが，留学先はアメリカであった。また，1848年のゴールド・ラッシュや，1869年に完成した　　j　　建設のため，数万人におよぶ中国人がアメリカに渡った。

　　アメリカが本格的に中国進出を図るのは1898年の　　k　　戦争によりフィリピンを領有して後のことである。ヘイ国務長官は1899年に門戸開放と
(8)
機会均等を列国に対して提唱した。翌年，義和団事件が起こると，アメリカは
　　　　　　　　　　　　　　　　　(9)
フィリピンに派遣していた軍の一部を割いて，義和団鎮圧に参加した。1901年，清は11か国との間に北京議定書（辛丑和約）を調印，多額の賠償金を負わ

された。同年，林紓と魏易は ［ 1 ］ の著作『アンクル・トムの小屋』を翻訳
し，中国人の運命をアメリカの黒人と重ね合わせ，同胞の奮起を促した。

　1905年に中国各地で反米ボイコット運動が起こったのは，当時のアメリカ
が帝国主義列強の一員として中国の利益に対立する存在となっていたからであ
る。また，1904年にいわゆる排華移民法（1882年制定）の二度目の期間延長が
決まったことも，大きな要因であった。一方でアメリカは義和団賠償金の一部
を中国に返還し，中国人学生のアメリカ留学事業に充てた。留学生たちは帰国
後，社会の様々な方面で指導的役割を果たし，アメリカの影響力が増大した。
たとえば，1922年に制定された<u>新しい教育制度</u>はアメリカをモデルしてい
た。
(10)

　1927年に蔣介石が南京に国民政府を樹立，翌年北京を占領して北伐を完成
させると，アメリカはいち早く新政府とその関税自主権を承認した。しかし，
アメリカが極東で重視したのは日本との関係であった。1931年に<u>満洲事変</u>が
(11)
起きた際にも，アメリカは日本を非難しただけで，事実上日本の行動を容認し
た。日中戦争が始まり，蔣介石は政権を南京から武漢，ついで ［ m ］ に移
し，日本に徹底抗戦した。アメリカはようやく中国との関係を重視し，
［ m ］ の政権を積極的に支援するに至った。<u>日本の降伏後</u>，中国では内戦
(12)
が勃発，1949年に中国共産党は中華人民共和国を樹立し，蔣介石率いる中国
国民党は台湾に逃れた。まもなくして<u>朝鮮戦争</u>が始まると，中華人民共和国は
(13)
朝鮮民主主義人民共和国を，アメリカは大韓民国をそれぞれ支援した。中華人
民共和国とアメリカは<u>ベトナム戦争</u>でも対立を深めた。1972年，アメリカ大
(14)
統領 ［ n ］ が中華人民共和国を訪問し，国交正常化への道が開かれた。そ
の後，フォード大統領，カーター大統領の中華人民共和国訪問を経て，<u>1979</u>
<u>年に両国は国交を結び</u>，30年におよぶ対立関係に終止符を打った。
(15)

問

　(7)　清との間で結ばれ，天津の開港を定めた条約の名称を記せ。

　(8)　このとき，フィリピン共和国の大統領となり，アメリカと戦った人物の名
　　　を記せ。

　(9)　アメリカなど8か国は共同出兵して義和団と清軍に対抗した。以下の国の

うち，8か国連合軍に参加しなかった国はどれか。

　　（ドイツ，スペイン，イタリア，オーストリア）

⑽　プラグマティズムを大成したアメリカの哲学者・教育学者で，1919年から1921年にかけて中国に滞在し，中国の新しい教育制度に大きな影響を与えた人物の名を記せ。

⑾　清の最後の皇帝で，満洲国執政に就任した人物の名を記せ。

⑿　日本が降伏にあたって受諾した，米英中3国による対日共同宣言の名称を記せ。

⒀　大韓民国を支援した国連軍の最高司令官で，日本占領時の連合国軍最高司令官であった人物の名を記せ。

⒁　1960年12月に結成され，南ベトナム政府軍，および同政府を支援したアメリカ軍と戦った組織の名称を記せ。

⒂　このときの中国共産党主席の名を記せ。

32

次の文章（A，B，C）を読み，　　　　　　　　の中に最も適切な語句を入れ，下線部(1)～(14)について後の問に答えよ。解答はすべて所定の解答欄に記入せよ。

A　インド亜大陸の文明は，インダス川流域の遺跡モエンジョ＝ダーロやハラッパーを代表とするインダス文明の時代に始まる。この文明の衰退後，紀元前1500年頃からインド＝ヨーロッパ語系のアーリア人が，パンジャーブ地方に進入し始めた。アーリア人の社会組織や宗教文化は『リグ＝ヴェーダ』をはじめとするヴェーダ文献の中に記録されている。インドに入ったアーリア人の宗教はバラモン教であり，この教えが基盤となって，その後様々な要素が加わり，(1)歴史的な変遷を経ながら，現代の　　a　　教へとつながっている。

　　前6世紀には，ブッダと尊称される　　b　　の説いた仏教と，マハーヴィーラの尊称を持つヴァルダマーナを始祖とする　　c　　教が興った。このふたつの宗教はバラモン教の祭式やヴェーダ聖典の権威を否定した。

　　前4世紀にアレクサンドロス大王の東方遠征がインダス川流域にも及び，周(2)辺に混乱が起こった後，ガンジス川流域に首都をおいた　　d　　朝が成立(3)し，アショーカ王の時代に最盛期を迎え，南端部を除くインド亜大陸の全域を(4)支配した。アショーカ王は仏教に帰依し，法（ダルマ）に基づく統治を宣言する詔勅文を石柱や岩壁に刻ませた。アショーカ王の死後，　　d　　朝は衰退し，紀元後1世紀に中央アジアのイラン系民族とされる　　e　　族の勢力がインダス川流域にも及び，　　e　　朝を建てた。この王朝は2世紀半ばの　　f　　王の時代が最盛期で中央アジアからガンジス川中流域までを支配し，仏教を庇護し，首都プルシャプラを中心とする　　g　　地方でも，仏像(5)が製作され始めた。4世紀には　　d　　朝と同じ都市に首都をおいたグプタ朝が勃興し，チャンドラグプタ2世の時代に最盛期を迎え，北インド全域を支(6)配した。グプタ朝の時代には仏教や　　c　　教のほかに　　a　　教が社会に浸透，定着し始め，バラモンの使用する言語であるサンスクリット語の文学作品や，バラモンの特権的な地位を強調した法典である　　h　　が，現在伝

えられるような形にまとめられた。

　グプタ朝の滅亡後，7世紀前半にはヴァルダナ朝のハルシャ王が北インドを支配したが，その死後北インドには強力な統一政権の存在しない状況が長く続いた。
(7)

問

(1)　バラモンは祭儀を司る祭司階級のことであるが，バラモンを最高位とし，クシャトリヤ(王侯，戦士)，ヴァイシャ(農民，牧畜民，商人)，シュードラ(隷属民)などによって構成される古代インドの身分制度を何というか。

(2)　アレクサンドロスが前334年東方遠征に出発した目的は，東方のある国を討つためであった。当時その国を支配していた王朝の名を記せ。

(3)　　 d 　　朝が首都をおいた都市の名を記せ。

(4)　この王の時代にスリランカ(セイロン島)へ仏教の布教が行われたという伝説がある。スリランカからさらに東南アジアへ伝えられ，現代でもタイやミャンマー(ビルマ)などの国々に多くの信者を有している部派仏教は何と呼ばれるか。

(5)　インド中部において，より古い時期から仏像が製作された，ヤムナー河畔にある都市の名を記せ。

(6)　この王の時代に，中国の東晋からインドを訪れて旅行記を著した仏僧の名を記せ。

(7)　8世紀の初め，西方からイスラーム教徒の軍隊がインダス川下流域のシンド(スィンド)地方に侵攻した。当時，西アジアと北アフリカを支配していたアラブ人を中心とするイスラーム教徒の王朝の名を記せ。

B　　 i 　　王朝の殿前都点検として軍を掌握した趙匡胤は　　 i 　　の恭帝から禅譲を受けて帝位につき，宋を建国した。唐末以来，地方に軍閥が割拠して中央の政権を弱体化させる状況がつづいていたので，彼は節度使の権限を縮小するほか，軍政を司る枢密院を強化して中央集権化をすすめた。10世紀末から11世紀初頭にかけて，契丹は燕雲十六州を足場として南進をはかり，東にむかっては高麗に攻勢をかけた。　　 j 　　を都とした西夏も宋にとって脅
(8)

威の一つであった。こうした情勢のもと，宋の政府は歳入の不足に苦しんだ。王安石は「万言書」として知られる改革案を提起して頭角をあらわし，神宗に登用されると制置三司条例司を設置して「新法」とよばれる一連の政策を実施した。
(9)

　宋代には海上交易が盛んであり，政府は沿岸の港市に　k　司を置いて貿易を管理し，収入の増大をはかった。インド洋方面からイスラームを信奉する商人が多く来航し，東南沿岸部に定住するものもいた。インド文化が優勢で
(10)
あった東南アジアでは港市を中心としてイスラームが浸透し，スマトラ島，
(11)
ジャワ島，マレー半島にとどまらず，今日までスルタンの政権がつづいているブルネイが位置する　l　島やフィリピン諸島の沿岸部にムスリムの活動がひろがった。

問

　(8)　高麗の建国者は誰か。

　(9)　「新法」のうち，差役(徭役)を銭納化するものの名を記せ。

　(10)　14世紀前半の北アフリカから中国におよぶ広大な地域の情報を記した旅行記の作者として知られる人物は誰か。

　(11)　この島の北端近くの港市は，15世紀にその支配者がイスラームに改宗して中国とも交易した。この港市を中心とした国家の名を記せ。

C　1894年，日本と清とは朝鮮半島への影響力を争って戦端を開いた。翌年，
(12)
清政府が日本との講和をすすめるという消息が伝わると，中国国内ではこれに
(13)
反対して戦争継続を求める声があがった。この時，北京に滞在していた
　m　は同調者を糾合して「公車上書」と呼ばれる建白書を上呈する運動を推進した。1898年，光緒帝に登用された　m　は立憲君主制への移行をめざす政治改革に着手したが，慈禧太后(西太后)ら保守派のクーデタによって失脚し，日本に亡命した。

　1905年，清王朝の打倒をめざす人びとが東京で　n　会を結成し，革命をめざす運動の高揚をはかった。1911年，武昌蜂起が起こると，朝廷の支配から離脱する動きが各省にひろがり，翌年1月には　o　を首都とする

臨時政府が成立した。清の朝廷は革命に対処するため ［ p ］ を起用した。臨時政府側との交渉において ［ p ］ は自分が大総統に就任することを条件として，清の朝廷に統治権を放棄させることを約束し，これを実現した。しかし，その後も政治的な混乱がつづき， ［ p ］ の急死後には，軍閥が中央の政権掌握と地方の支配とをめぐって相互に争う状況となった。この時期には，中国の伝統や習俗に自省の眼をむけ，新たな精神文化を求めようとする人びとがあらわれた。

問

(12) 朝鮮では日本を牽制するためにロシアに接近する外交政策が模索された。親露政策を推進したことで知られ，この戦争の終結後に宮廷内で暗殺された王妃の姓を記せ。

(13) ロシアはこの講和条約によって日本に割譲された地域の一部を清に返還するよう圧力をかけた。清はロシアに鉄道敷設権を与えて関係を深めた。清から得た利権にもとづき，ロシアがチタとウラジオストクとを結ぶ路線として建設した鉄道の名称を記せ。

(14) 文化運動の担い手の一人として，『阿 Q 正伝』，『狂人日記』などの作品を著した文学者は誰か。

33

次の文章(A，B)の　　　　　の中に最も適切な語句を入れ，下線部(1)〜(12)について後の問に答えよ。解答はすべて所定の解答欄に記入せよ。

A　古代オリエントでは，大河の流域で，はやくから灌漑農業が行われ，定住が進み，都市を中心とした文明が生まれた。メソポタミアでは，前3000年頃からシュメール人が，　a　川下流域のウル・ウルクなど様々な都市国家を築いた。前24世紀頃これらの都市国家を征服してメソポタミアを統一したのがセム語族の　b　人である。その後，同じセム語族のアムル人が強力な国家を建設し，前18世紀前半ハンムラビ王のとき全メソポタミアを支配下に置いた。この王国は，小アジアに建国したヒッタイトに滅ぼされた。一方，エジプトでは前3000年頃までに最初の統一王国が生まれ，古王国はメンフィス，中王国はテーベを中心に栄えた。新王国では，前14世紀半ばアメンホテプ4世が改革に着手して遷都すると，新都を中心に写実的な　c　美術が生まれた。

　エジプト王国とヒッタイト王国が弱体化すると，シリア・パレスティナでは，セム語族の3民族，　d　人・フェニキア人・ヘブライ人が活動を開始した。　d　人は前1200年頃からダマスクスを中心に内陸交易で活躍し，フェニキア人は沿岸部にシドン・ティルスなどの都市国家をつくり，地中海交易を独占した。前7世紀前半に古代オリエントはアッシリア王国により統一され，その崩壊後はイラン人が大帝国　e　朝ペルシアを建設したが，前4世紀後半アレクサンドロス大王がこれを滅ぼした。

　アレクサンドロス大王没後，そのアジアの領土はセレウコス朝に受け継がれたが，前3世紀半ばにはバクトリアが独立し，またイラン系のパルティアが建国された。パルティアが　f　川河畔に築いたクテシフォンは，パルティアおよびこれを倒した王朝の首都となった。ヘレニズム時代に最も繁栄したのがプトレマイオス朝で，首都　g　には研究所・図書館が建設され，学問の中心となった。プトレマイオス朝が滅びローマ帝国が拡大すると，アラビア

半島やシリア砂漠のオアシス諸都市は隊商都市として繁栄した。

　7世紀初めアラビア半島西部の交易路上の都市にイスラームが興った。預言者ムハンマドと第3代までの正統カリフは〔　h　〕を活動の拠点としたが，その後成立したウマイヤ朝はダマスクスを首都とした。8世紀後半にアッバース朝が新都バグダードを築くと，この都市は，13世紀後半カイロにとって代わられるまで，イスラーム世界の政治・経済・文化の中心として繁栄した。東方では10世紀にサーマーン朝の首都〔　i　〕，11〜12世紀にはセルジューク朝下の主要なイラン都市においてイラン゠イスラーム文化が栄えた。

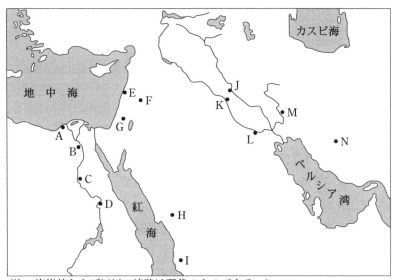

（注：海岸線および河川の流路は現代のものである。）

問

　(1)　(ア)　この王国(王朝)の首都の名を記せ。

　　　(イ)　この首都の位置を，地図上のA〜Nの中から選べ。

　(2)　この新都の位置を，地図上のA〜Nの中から選べ。

　(3)　ダマスクスの位置を，地図上のA〜Nの中から選べ。

　(4)　シリア砂漠にあり，3世紀後半には女王ゼノビアの統治下に繁栄し，現在その遺跡がユネスコ世界遺産として有名な隊商都市の名を記せ。

　(5)　バグダードの位置を，地図上のA〜Nの中から選べ。

B　16〜17世紀，ユーラシアの東西にふたつの帝国が形成され始める。やがて，ともに巨大化したのち，いずれも政体は変化したが，国としての大きなかたまりは現在まで続いている。すなわち，ロシア連邦と中華人民共和国である。

それぞれの源流・発端は，ある意味でモンゴル帝国と無縁ではない。ルーシと呼ばれた地域は，ゆっくりとモンゴルからの自立姿勢を強め，やがて16世紀半ば，王となった　　j　　はカザンとアストラハンのふたつのモンゴル国家を接収してヴォルガ流域を制圧し，そこから東方にむけて少数の兵を派遣した。かくて，17世紀前半には太平洋岸にまで到達する。こののち，ロシアはアジアとヨーロッパにまたがる広大な勢力圏を保持することになる。なお，黒海に臨む一帯には，1783年まで　　k　　というモンゴル国家が存在し続けた。

一方，アジア東方では，かつてモンゴル治下にあった大興安嶺（だいこうあんれい）以東の　　l　　族のなかからヌルハチが台頭し，1616年にはハンを称した。ついで，その子の　　m　　は1636年に，本来は"主人筋"であった内モンゴル諸王侯に推戴（すいたい）されて，大元国（ダイオン＝ウルス）をひきつぐ帝王として即位し，国号を大清国（ダイチン＝グルン）とした。これ以後，清朝は満蒙連合政権の性格を色濃くおびた。そして1644年に明朝が滅ぶと，清は入関して北京に入り，否応なく中華本土も包み込む多元帝国となっていった。

康熙帝・　　n　　から乾隆帝にいたる三人の皇帝の治世は，外モンゴルおよび　　o　　仏教文化圏をめぐって，やはりモンゴル帝国以来の由緒をもつ　　p　　と激しく争いあう時代でもあった。清朝は1755年から59年にかけて，ついにパミール以東を制圧し，現在に続く巨大な版図を樹立したが，1793年に乾隆帝のもとを訪れた　　q　　が率いる使節団の目には，"虚飾の老大国"に見えていたのも一方の事実であった。

問

(6)　ルーシを含むユーラシアの西北部を支配したこのモンゴル国家は何というか。

(7)　1582年にシビル＝ハン国の首都を占領したのは誰か。

(8)　ロシアは，ある山脈を境に，そこから東方の大地をながらく属領視することになった。何という山脈か。

(9)　このときの首都はどこか。

(10)　このときの清朝の皇帝は誰か。

(11)　康熙帝時代に国境画定をめぐってロシアとの間で結ばれた条約を何というか。

(12)　このとき清軍の一部はパミールをこえて西南方にも進出し，アフマド＝シャーによって建国されてからまもない国家に接近した。何という王国か。

34

次の文章(A，B)の □ の中に最も適切な語句を入れ，下線部(1)～(10)について後の問に答えよ。解答はすべて所定の解答欄に記入せよ。

A　中国で古くから精度のかなり高い地図が作られていたことは，1973 年に湖南省長沙の馬王堆で発掘された紀元前 2 世紀の墓中にあった絹製の地図によって明らかになった。文献には地図に関する記述はけっして多くはない。春秋五覇の筆頭である □ a □ に仕えた政治家管仲の著作と伝えられる『管子』には「地図」篇があって地図の軍事的重要性が強調され，また『戦国策』には蘇秦が合従策を趙王に向かって説いた際，趙国の地勢について論じてから，「天下の地図」をよりどころにして諸侯の領地が秦の 5 倍であることを力説したことが記されているが，これらの記述は例外的なものである。とりわけ群雄割拠の時代においては地図の軍事的効用が重視されたであろうが，地図が具体的にどのように描かれ，用いられてきたかは明らかでなかった。

　天下を統一した秦が有していた地図は，首都 □ b □ を劉邦の軍が占領した時に接収されたという。 □ c □ が『漢書』の地理志を編纂した時点ではそれを参照できた。しかし，晋の裴秀が五経の一つである □ d □ の「禹貢」の記述と晋代の地名を対照させた地図を作成した時には，秦の地図は見られなくなっていた。漢代の地図についても，文献からは具体的な姿を描くことが難しい。たとえば，「東京賦」の著者である張衡が作った「地形図」が裴秀の地図とともに，9 世紀の書物『歴代名画記』の「古の秘画・珍図を述ぶ」の項目に挙がっているが，どんな地図なのかを知ることはできない。その点で，漢代の地図の具体的様相を示す馬王堆の地図の発見は画期的だったのである。

　裴秀の作品が「禹貢」に関連していることからも明らかなように，夏の禹王に献ぜられた各地の貢品と山川について記した「禹貢」は周代の制度を理想的に描いた『周礼』の地理関連の記述とともに中国人の地理観に大きな影響を与え，後世においてもさかんに研究された。12 世紀後半に著された程大昌の『禹貢論』『禹貢山川地理図』や，1705 年に江南に巡幸してきた □ e □ 帝に胡渭が献

上した『禹貢錐指』がその代表的なものである。また，『周礼』の中で「天下の図を掌る」任を担うとされた「職方氏」は，後世には地図を管掌する部局の名前へと受け継がれた。中国で活動したイエズス会士ジュリオ・アレーニが著した世界地理書『職方外紀』(1623 年に完成)は，職方の管掌外にある地域を扱うものであることを書名によって示している。これら「禹貢」や「職方氏」の記述と，南北朝時代に酈道元が著わした地理書　　f　　によって，中国知識人の伝統的地理観は形作られてきたと言えるだろう。

問

(1)　地図のうちの1枚は漢王朝の南方に当時存在したある国を意識して作られた軍事地図であった。その国の名を記せ。

(2)　蘇秦は，秦があえて趙を攻めないのは秦と趙の間にある2つの国のためである，と論じた。秦の東方，趙の南方にあったこの2つの国の名を記せ。

(3)　「東京賦」の「東京」とはどこを指しているか。その都市の名を記せ。

(4)　この項目には，王玄策の「中天竺国図」も挙がっている。王玄策は7世紀に数回インドに使いした人物であるが，2度目の時にインドの内乱に巻きこまれ，結局ヒマラヤ山脈の北にあった新興国の力を借りてインドの王を捕虜にしている。この新興国の名を漢字で記せ。

(5)　漢にかわって王朝を立て，『周礼』を利用して復古的政治をおこなおうとしたのは誰か。その名を記せ。

(6)　程大昌は「禹貢」に見える「弱水」を，漢代の西域関係記事を参考にして，大夏・大月氏・安息を経て西の海に注ぐものであるとした。大月氏に使いして，西域情報を中国に伝えたのは誰か。その名を記せ。

(7)　(ア)　この本の「百爾西亜(ペルシア)」の項では，ペルシアの沖合にあって，アジア・ヨーロッパ・アフリカの富裕な商人が集まってくる島の繁栄が強調されている。この島の名を記せ。

　　　(イ)　また，仏教に由来する「五天竺」という区分をうけて「印度は五つある」とし，そのうちの「四印度」は「莫臥爾」国に併合されたと述べる。この併合を16世紀後半に実現したのは誰か。その名を記せ。

B　次の図は，朝鮮半島に展開した諸王朝——X王朝，Y王朝，Z王朝——について，それぞれの首都の所在を示したものである。

　　このうちX王朝は，中国の g 王朝から冊封を受け，これと軍事同盟を結んで，長く敵対していた隣国の h と i を滅亡させた。ところが， g 王朝は i の故地に安東都護府を設置し，朝鮮半島全域を支配しようとした。このため，これに反発したX王朝は， i 遺民の反乱を利用して g 王朝の勢力を駆逐し，朝鮮半島を統一した。しかし，その後の北東アジアにおける国際環境の変化によって，X王朝と (9) g 王朝との関係は再び親密なものとなった。

　　次に，Y王朝が成立したころ，中国は j と呼ばれる分裂の時代にあったが，その後， k 王朝が中国を統一した。Y王朝は k 王朝と通交し，その冊封を受けたが，10世紀末から11世紀前半にかけて数次にわたって北方王朝の侵攻を受け，これに服属したため， k 王朝との国交は断絶した。しかし，中国の商人たちは国禁を犯して朝鮮半島に渡航し，Y王朝としきりに通商していた。このため，11世紀後半に入って中国で l 党と呼ばれる勢力が権力を掌握すると，対外政策に積極的であった l 党の政権はY王朝と国交を再開し，Y王朝を利用して北方王朝の勢力を牽制しようとした。

　　最後に，Z王朝は14世紀末に成立して中国の m 王朝から冊封を受けたが，1636年に n 王朝の侵攻を受け，翌年，これに服属した。その後， o の乱で m 王朝が滅亡すると， n 王朝はこの混乱に乗じて中国本土に進出し，やがて中国全土を統一した。Z王朝は n 王朝に服属したものの，滅亡した m 王朝に対しては特別の (10) 恩義を感じていたため，自らの王朝が m 王朝の正統を受け継ぐのだという独特の世界観を構築し，暗に n 王朝に対して復讐の機会をうかがっていた。

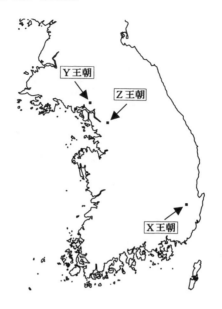

問

(8)　下線部の「冊封」について，当時の国際関係を規定する外交上の概念とし
　て簡潔に説明せよ。

(9)　下線部の「北東アジアにおける国際環境の変化」とは何か，歴史的事実を
　簡潔に説明せよ。

(10)　下線部の「特別の恩義」とは何か，歴史的事実を簡潔に説明せよ。

35

次の文章(A, B)の □ の中に最も適切な語句を入れ，下線部(1)〜(13)について後の問に答えよ。解答はすべて所定の解答欄に記入せよ。

A 前 3 世紀の末，匈奴では □ a □ が出てモンゴル高原を制覇した。匈奴の東にあって強盛を誇った東胡は，□ a □ の親征で壊滅したが，その残存勢力のうち，今日の内蒙古自治区東部のシラ＝ムレン河流域に逃れたものが烏桓および鮮卑であるとされる。

鮮卑では，後 2 世紀の半ば，檀石槐が出てモンゴル高原を統一した。檀石槐の死後，統一は破れたが，このころから部族首長の地位が世襲されるようになった。(1)4 世紀のはじめ，内乱で衰退した西晋は，さらに匈奴の攻撃で滅亡し，五胡十六国時代が始まる。このころ，今日の内蒙古自治区東部から河北省北部・遼寧省にかけて，鮮卑系の慕容部・段部・宇文部があった。慕容皝は燕王を称し，段部・宇文部を破って華北平原に進出し，(2)高句麗を攻撃して，その都城を破壊した。一方，今日の内蒙古自治区中部にあった □ b □ 部は，西晋を援助して匈奴と戦い，その首長猗盧は 315 年に代王に封ぜられた。

351 年，氐族の苻健が長安で自立して皇帝を称した（前秦）。三代目の苻堅は，前燕・代および(3)河西回廊にあった前涼を征服して華北を統一し，(4)東晋併合を図って南下したが，383 年，淝水の戦いで大敗し統一は瓦解した。□ b □ 部では珪（道武帝）が代国を再建し，ついで □ c □ （今日の山西省大同市）に遷都して国号を魏と改めた（北魏）。三代目の太武帝は，(5)439 年に華北統一を達成した。

契丹の出現はこの北魏の時代である。慕容皝に敗れた宇文部の残存勢力が，さらに道武帝の攻撃で分解し，庫莫奚・契丹が成立したとされる。シラ＝ムレン・ラオハ河流域にあった契丹は，北魏から東魏，ついで東魏に代わった □ d □ に朝貢した。6 世紀後半には西魏や突厥の攻撃を受け，高句麗や突厥に帰順することもあったが，やがて隋ついで唐に朝貢するようになった。(6)648 年，契丹の大賀氏は松漠都督に任ぜられたが，当時の契丹はなお諸氏族の

ゆるやかな集団であるに過ぎず，唐との関係も不安定であった。8世紀に大賀氏が断絶すると，遙輦氏を首長とする部族連合が形成された。この時期の契丹は，唐に朝貢する一方で，9世紀半ばまでモンゴル高原を支配していた　　e　　にも服属し，官印を授けられていた。907年，迭剌部の　　f　　は，遙輦氏に代わって可汗の位につき，916年には皇帝を称し，神冊の年号を立てた。　　f　　は渤海に親征して926年にこれを滅ぼし，長子の倍を東丹国王に封じて旧渤海領の統治にあたらせたが，凱旋の帰途に死んだ。帝位を継承した次子の徳光は倍と対立してこれを　　g　　に亡命させ，936年には石敬瑭を援助して　　g　　を滅ぼし，その代償に長城以南の燕雲十六州を獲得した。

問

(1)　この内乱の名を記せ。

(2)　前漢時代に設置され，高句麗によって313年に征服された，西晋の朝鮮半島支配の拠点はどこか。その名を記せ。

(3)　前秦はさらに西域の亀茲国(今日のクチャ)に遠征した。この時，前秦軍の捕虜となり，のちに長安で大乗仏典の漢訳に尽力した人物の名を漢字で記せ。

(4)　東晋に仕えたがのちに辞職し，六朝第一の自然詩人・隠逸詩人と称された人物の名を記せ。

(5)　(ア)　太武帝に仕え，廃仏を勧めた道士の名を記せ。

　　　(イ)　このころモンゴル高原を制圧し，北魏としばしば交戦した民族の名を記せ。

(6)　唐は周辺民族の首長に都督・刺史などの官職を与え，間接支配を行った。これらの都督・刺史を統轄するため，唐が設置した機関の名を記せ。

(7)　渤海国の建国者の名を記せ。

B　モンゴル帝国時代，有名無名の西方の人々が東方へ旅をし，そのうちの幾人かは旅行記をのこした。「アッシジの聖者」と称された　　h　　が創設した托鉢修道会の会士であった　　i　　の旅行記には，その旅程が極めて入念に記録されている。

フランス国王 ┃ j ┃ の命令を受けた ┃ i ┃ は，1253 年 5 月 7 日コ
(8)
ンスタンティノープルから乗船し，長途の旅に出立した。彼はクリミア半島に
(9)
上陸後，北方に向かいヴォルガ川を渡河し，8 月の初めにこの方面の支配者で
あった ┃ k ┃ の幕営地に到着して，5 週間滞在した。9 月 15 日ここを発っ
(10)
て東に向かい，12 月 27 日大草原の幕営地にあった大ハーン ┃ l ┃ の宮廷
に到着，翌 1254 年 1 月 4 日ハーンへの謁見を許された。4 月 5 日，彼は首都
┃ m ┃ に入り，5 月 30 日にはハーンの命令でイスラム教徒，仏教徒を相
(11)
手に宗教論争を行った。7 月 8 日，首都近くの草原に宮廷を移していたハーン
から最後の贈り物を受けたのち，二日後の 10 日に首都を発って帰還の途に就
いた。9 月 15 日には ┃ k ┃ の幕営地に到着，その後 ┃ k ┃ がヴォル
ガの下流に建設した町サライを経て，カスピ海の西岸を南下し，アラス川をさ
かのぼって 1242 年以来この方面のモンゴル軍を指揮していたバイジュに迎え
られたのは，11 月の下旬のことであった。ついで， ┃ i ┃ はアナトリア
(小アジア)へと進み，マンズィケルトの古戦場の近くを過ぎて，1255 年 4 月
(12)
末にコンヤに到着した。コンヤのスルタンとの面会ののち，地中海に出て船に
(13)
のり，キプロス島を経由して，アンティオキアに到着した。 ┃ i ┃ を派遣
したフランス国王は既に帰国していたが，同年 8 月 15 日， ┃ i ┃ は第一
回十字軍が建国した ┃ n ┃ の最後の拠点となったアッコンの町の説教師に
任命された。彼の旅行記はこの時点で終わっている。

問

(8) このフランス国王のエジプトへの侵攻に際し，当時の支配者が死亡した
ことを契機として，エジプトでは王朝が交代した。新たに樹立された王朝
の名を記せ。

(9) (ア) 当時コンスタンティノープルを支配していた国家の名を記せ。

(イ) ┃ i ┃ はこの都市の最も重要な聖堂でミサを行ったと述べてい
る。その聖堂の名を記せ。

(10) ┃ i ┃ が長距離を順調に旅行できたのは，モンゴルの駅伝制度のお
陰であった。この制度のモンゴル語の名称を記せ。

(11) この論争において ┃ i ┃ は，西方では異端とされていたキリスト教
の一派の神父たちと不本意ながら協力しなければならなかった。

　　(ア)　この一派は中国では何と呼ばれたか。その名を記せ。

　　(イ)　この派を異端とした公会議の名を記せ。

　(12)　1071 年のこの戦いは，東方の遊牧民族が大挙してアナトリアに流入す
　　る契機となった。この遊牧民族の名を記せ。

　(13)　コンヤを首都としていた王朝の名を記せ。

36

次の文章（A，B）の ▢▢▢ の中に適切な語句を入れ，下線部(1)～(14)について後の問に答えよ。解答はすべて所定の解答欄に記入せよ。

A トルコ民族は，北アジアの騎馬遊牧民として台頭して以来，ユーラシアの草
　(1)
原地帯やオアシス地帯で広範に活動し，特に言語面で，その地の住民をトルコ
化した。古くはインド＝ヨーロッパ語族が居住した中央アジアは，やがてトル
キスタン，すなわち「トルコ人の居住地」と呼ばれるようになる。

　トルコ民族はモンゴル高原北部に興り，その一集団，突厥が 6 世紀中ごろ北
アジアと中央アジアをあわせた大遊牧国家を建設し，8 世紀半ばにはウイグル
がモンゴル高原に王国を建設した。ウイグルは都城を築き，文化面でも繁栄し
た が，9 世紀に同じトルコ系の ▢a▢ に圧迫され，その一部は中央アジア
　(2)
東部（東トルキスタン）へと移動した。一方，中央アジア西部（西トルキスタン）
では，9 世紀末にイラン系イスラム王朝のサーマーン朝が成立した。10 世紀
末にトルコ系イスラム王朝の ▢b▢ 朝がサーマーン朝を滅ぼすと，この王
朝のもとで，中央アジアのトルコ人たちのイスラム化が進展した。

　11 世紀前半に西トルキスタンからイランに進出したトルコ系の ▢c▢
朝は，さらに西進して 1055 年バグダードに入城し，その君主はアッバース朝
　　　　　　　　　　　　　　　　　　　　　　　　(3)
カリフからスルタンの称号を授けられ，イスラム世界に大きな影響力をもつよ
うになった。これに加えて，9 世紀にアッバース朝のもとで始まったマム
ルーク（奴隷軍人）の制度が，トルコ民族のイスラム世界への進出を促進した。
この制度は，異教の世界から奴隷を購入して軍事力の中心とするというもの
で，トルコ人マムルークはときに有力となり，王朝を創始することもあった。
例えば，サーマーン朝のマムルークがガズナ朝を興し，▢d▢ 朝のマ
ルーク軍がマムルーク朝を興した。

　13 世紀半ばユーラシアの広大な地域がモンゴル帝国に組み込まれるが，モ
ンゴル軍には多くのトルコ人が含まれ，中央アジアや南ロシアにおいて，おお
むねモンゴル支配階級はトルコ化した。西トルキスタンでトルコ化したモンゴ
ル貴族の子孫ティムールは，1370 年 ▢e▢ を都としてティムール朝を興

した。<u>ティムールが西アジアに遠征してイランを併合すると</u>，やがて領土内に
₍₄₎
イラン＝イスラム文化が繁栄したが，同時にトルコ文化も発展し，中央アジア
の古典トルコ語が確立された。16世紀はじめティムール朝は，　　f　　＝
ハン国領に興ったトルコ系のウズベクに滅ぼされた。

　一方，13世紀末小アジア西部のトルコ系イスラム辺境戦士（ガーズィー）集
団から興ったオスマン朝は，14世紀半ばバルカン半島に進出し，1453年には
<u>ビザンツ帝国を滅ぼした</u>。16世紀はじめにはマムルーク朝を滅ぼしてイスラ
₍₅₎
ム世界の中心的存在となり，第10代君主　　g　　のときに最盛期を迎え，
<u>イスラム法に基づく司法・行政制度が発達した</u>。隆盛を極めたオスマン朝では
(6)
あるが，1699年の　　h　　条約で東ヨーロッパの領土の一部を失い，勢力
を弱めることになった。

問

　(1)　北アジアの騎馬遊牧民に先んじて，前6世紀ごろイラン系の騎馬遊牧民
　　　が南ロシア草原を支配するようになり，その影響が北アジアにも及んだ。
　　　この騎馬遊牧民の名称を記せ。

　(2)　ウイグルの繁栄には中央アジア出身のイラン系の商人たちが貢献した。
　　　広範な商業活動で知られる，このイラン系の人々は何人（なにじん）と呼ばれるか。

　(3)　この王朝のもとで，西アジアの主要都市に学院が建設され，スンナ派の
　　　学問が奨励された。これはシーア派のある王朝に対抗するためであった。
　　　このシーア派の王朝の名称を記せ。

　(4)　ティムール朝に併合される前，イランでは，モンゴル帝国を構成するあ
　　　る国家（ハン国）の支配階級がイスラム化し，イラン＝イスラム文化を発達
　　　させていた。この国家の名称を記せ。

　(5)　(ア)　オスマン朝がバルカン半島に進出してから，ビザンツ帝国を滅ぼす
　　　　　まで首都とした，バルカン半島東部の都市の名称を記せ。

　　　(イ)　オスマン朝はバルカン半島進出後，最初は捕虜，後には徴用したキ
　　　　　リスト教徒の子弟を，改宗させ訓練して常備歩兵軍を組織した。オス
　　　　　マン朝軍の精鋭とされる，この軍団は，何と呼ばれるか。

　(6)　一方でオスマン朝は，国内のキリスト教徒やユダヤ教徒の共同体に大幅
　　　な自治を認めた。この公認された宗教共同体は何と呼ばれるか。

B　イギリスの外交官であったある人物が，「ランカシャーの全工場といえど
　も，この国の１省に十分なほども靴下の材料を製造することができない」と述
　べたのは，中国に対する戦争の勝利の後のことであり，この言葉は，広大な中
　　　　　　(7)
　国市場への，イギリス人の期待の大きさを物語っていた。しかし，現実にはイ
　ギリス工業の主力であった　　 i 　　製品の対中国輸出は，期待されたほど伸
　びなかった。その原因としては，中国農村の家内工業との競合や，開港地が限
　られ，それ以外での外国人の　　 j 　　の自由が認められていなかったことな
　どが考えられ，そこでイギリスはさらなる市場開放に向けて交渉を行った。し
　かし，当時イギリスはヨーロッパで戦争を行っており，このため大規模な艦隊
　　　　　　　　　　　　　　　　(8)
　を送って恫喝外交をする訳にはいかなかった。交渉は不調に終わった。
　　　　どうかつ

　　事態が動いたのは，ヨーロッパの戦火がやんだ年のことだった。広州の官憲
　　　　　　　　　　　(9)
　がイギリス人を船長とする中国船を臨検，船員を逮捕したところ，イギリスは
　これを口実に再度の戦争を挑んだのである。イギリス派遣軍全軍の中国到着は
　　　　　　　　　　　　　　　　　　　　　(10)
　かなり遅れたが，フランス軍とともに広州を占領，　　 k 　　にまで進み，こ
　の地で条約を結んだ。しかし，中国軍が批准書の交換を武力で阻んだため，再
　び戦端が開かれた。英仏軍は首都を占領し，２年前の条約とともに，いっそ
　うの権益を認めさせる新条約を中国に強いた。

　　この二つの条約は，中国のその後の政治・経済，そして国際関係に大きな影
　響を与えた。開港地が華北や長江流域の主要都市にまで拡大され，長江の航行
　　　　　　　　　　　　　　　　(11)
　が開放されたことは，外国の経済進出を格段に容易なものとした。また，首都
　における外国公使の常駐や，外交を専門に担当する政府機構の設立は，中国と
　　　　　　　　　　　　　　　(12)
　　　 l 　　使節と呼ばれる外交団を中国に送る周辺国家とが形成していたアジ
　アの国際秩序，すなわち「華夷秩序」の崩壊の開始を告げる出来事だった。

　　事実，その後三十数年の間に，列強はこうした周辺国家を次々に支配下に収
　めていった。東南アジアでは，イギリスが三度の戦争の末に　　 m 　　を植民
　地としたほか，フランスはフランス領インドシナ連邦を成立させ，さらに
　　　 n 　　をこれに編入した。中央アジアにあっても，二つのハン国を保護国
　としたロシアが，　　 o 　　＝ハン国を併合したのである。また東アジアで
　は，日本が琉球を領土に組み込んだのち，最後まで「華夷秩序」内にとどまって
　　　　　　　　　　　　　　　　　　　　　　(13)
　いた国も，そこからの離脱を強制されることになった。ここに「華夷秩序」は完
　全に崩壊した。

　そして民衆の排外運動がもたらした対外戦争の結果，20世紀はじめには，中国は首都とその外港を結ぶ地域で外国軍の駐兵権を認め，巨額の賠償金支払いのため関税収入を外国に差し押さえられた。中国は，完全に「不平等条約体制」のもとに置かれるのである。

⁽¹⁴⁾

問

　(7)　この戦争の名称を記せ。

　(8)　この戦争の名称を記せ。

　(9)　この年は何年か。

　(10)　イギリス派遣軍の全軍到着が遅れたのは，イギリスから中国への途上に位置する地域で，イギリスの支配に抵抗する反乱が起こったためである。この反乱の名称を記せ。

　(11)　この主要都市の一つは，当時太平天国軍によって占領され，その首都とされていた。この都市の現在の名称を記せ。

　(12)　この外交を専門に担当する政府機構の名称を記せ。

　(13)　この国は，「華夷秩序」からの離脱の数年後，国号を改めている。この新たな国号を記せ。

　(14)　この駐兵権や賠償金の支払いを認めた条約の名称を記せ。

37

次の文章（A，B）を読み，　□□□　内に最も適当な語句を入れ，かつ下線部
(1)〜(15)について後の問に答えよ。解答はすべて所定の解答欄に記入せよ。

A　およそ 300 年間続いた唐は　□ a □　の乱によって実質的に崩壊し，節度使
と呼ばれる軍閥が各地に割拠するようになった。907 年の唐滅亡後，五代十国
(1)
の分裂時代を経て，960 年に宋が樹立された。宋は約 20 年をかけて
□ b □　を除く中国内地の統一を完成し，徹底した　□ c □　によって唐末
以来の軍閥勢力を抑圧することに成功するが，かえって軍事力の低下を招くこ
とになった。また宋は北方のステップに興った契丹族の遼の軍事圧力によって
11 世紀初めには屈辱的な　□ d □　を締結することを余儀なくされた。さら
に東北地方に興った女真族の金によって都城開封府を攻陥され，華北全域を占
(2)　　　　　　　　　　　　　(3)
領された。これ以後を南宋という。南宋の初期には和親派の秦檜が主戦派の
(4)
□ e □　らを排して金と和議を成立させ，国境線の画定などにより，その後
(5)
およそ 150 年間続く南宋の基礎を固めた。次いで南宋はモンゴル族に滅ぼさ
れ，全中国がその支配下に置かれることになった。モンゴル族による元朝の統
治下では西方出身の　□ f □　が重用され，かれらは特に財政面で大きな役割
を果たした。元代の財政や経済を支えた通貨は，古くからの伝統ある銅銭に替
(6)
えて紙幣を主要通貨とした。膨大な紙幣の発行を可能にした背景には，宋代以
(7)
来の製紙業の発達と　□ g □　技術の普及があった。しかし元代半ば以降にな
ると，放漫な財政運営に加えて，紙幣の発行が銅銭鋳造に比べてはるかに容易
であることなどによって濫発されるようになり，元末には天文学的なインフ
レーションが生じて，元朝滅亡の一因となった。
(8)

問
(1)　五代最後の王朝の名を記せ。
(2)　金では自国民の女真族を独自の軍事・行政制度に編成した。この制度の
名を記せ。

(3)　この事件の名を記せ。

(4)　南宋は臨安府を仮の都とした。この都市の現代名を記せ。

(5)　国境線とされた河川の名を記せ。

(6)　中国での銅銭の形態上でのモデルとなった秦の始皇帝の時に用いられた円形方孔の統一貨幣の名を記せ。

(7)　元の紙幣の名称を記せ。

(8)　元朝滅亡の大きな原因となった反乱を何と呼ぶか。

B　清朝は，一方では満州族(女真族)，および早期に帰順した　h　族と漢族の一部を，社会組織兼軍事組織たる八旗に編成し国軍の中核に置いた。他方では旧明朝の漢人部隊を再編成した　i　を各地に配し治安維持等の任務に当たらせた。その軍事力を背景に，康熙帝は自ら大軍を率いて当時急速に勢力を伸ばしていた　j　軍を破り外モンゴルなどを領土に収め，また乾隆帝は更に大規模な遠征軍を派遣し東トルキスタン地方をもその支配下に入れた。

　しかし，清代後期になると，八旗の部隊は商品経済の進展に伴う一般満州族の生活困窮化により，また漢人部隊は兵の質の劣化により，いずれも次第に弱体化してゆく。18世紀後半以降，農民反乱が頻発し，これら正規軍の無力が露呈すると，在郷知識人や地方官たちは，郷村自衛の必要に迫られて，農民・遊民を集めた義勇軍たる　k　を各地で独自に組織するようになる。その方式はやがて清朝国家自身によって広く承認・推奨されるに至り，19世紀半ばに全国を揺るがした太平天国の動乱の時期には，　l　が郷里の湖南省で組織した湘軍などが，かえって清朝側軍事力の中核として働いた。

　清末には，清朝自らが　m　と総称される西洋式軍隊を創建する。しかし，清朝にとっては不本意なことに，これらの将兵の中にも革命思想は浸透し，1911年10月に　n　省の軍内の一部将兵が武昌で起こした武装蜂起が革命の幕を開いた。そして最後に北洋軍を率いる袁世凱が革命派と手を結ぶことによって清朝は終わりを告げる。

　清朝崩壊後も，それら各地の軍隊の多くは，指揮官であった旧清朝高官の私兵として生き残り，今度は軍閥として新生中華民国の統一を妨げることにな

る。そこで初期には軍閥の一部と手を組んで革命を目指した孫文たちも，1924年の中国国民党一全大会で，中国共産党との提携（第1次国共合作）を決定し，これを背景にして　　　o　　　軍が成立する。この軍隊は1926年に蒋介石を総司令として北方諸軍閥打倒のための進軍（北伐）を開始する。しかし翌1927年にはその蒋介石が起こした反共クーデタにより国共の合作は早くも崩れ，中国共産党も労働者農民を基盤とする新しい革命軍の組織に着手し，これが後に紅軍となる。その後の中国近代史は，この二つの党の協同と対抗を基軸にして進(15)むことになる。

問

(9)　清朝は，初期に投降し中国平定に積極的に協力した一部の明の武将に，藩王という高い位を与え南方各地の支配を任せた。雲南の藩王に封じられた人物の名前を記せ。

(10)　明朝では兵役は世襲の軍戸によって担われた。それら軍戸が配属された各地の軍営を何と呼ぶか。その名称を記せ。

(11)　清朝は征服後にこの地を何と呼んだか。その呼称を記せ。

(12)　後に太平天国の指導者となる洪秀全が，それに先だって組織したキリスト教的色彩を持つ宗教結社の名前を記せ。

(13)　太平天国軍の鎮圧には，西洋人を指揮官とする「常勝軍」も加わった。「常勝軍」の創設者であるアメリカ人の名前を記せ。

(14)　袁世凱の後継者の一人で，安徽派と呼ばれる軍閥の首領となった人物の名前を記せ。

(15)　紅軍は，1937年に第2次国共合作が成った後，蒋介石の統一指揮下に入り抗日戦の一翼を担う。その中で華北に配置された部隊の名前を記せ。

38

次の文章（A，B）を読み，［　　　］内に最も適当な語句を入れ，かつ下線部
(1)〜(13)について後の問に答えよ。解答はすべて所定の解答欄に記入せよ。

A　秦の始皇帝死後の混乱を勝ち抜き，天下を再統一した前漢の高祖は，今日の
　西安市の北郊，［　a　］水の南岸に長安の建設を開始した。この地域には古
　くから人々が居住し，西安市の東郊では仰韶文化の集落である半坡遺跡が発見
　(1)
　されている。また，西安市の西郊には西周王朝の都城の一つである鎬京があ
　り，［　a　］水の北岸には秦の都である咸陽があった。
　　　　　　　　　　(2)
　　前漢の帝位を奪った［　b　］は長安を常安と改名し，引き続き都とした
　が，内政外交ともその政策はことごとく失敗し，豪族・農民の反乱を招いた。
　　　　　　　　　　　　　　　　　　　　　　　　(3)
　長安は豪族出身の劉玄の攻撃で陥落し，［　b　］も敗死した。劉玄は，更始
　の年号を立てて漢帝国の復興を唱え，長安を都としたが，ほどなく農民軍の攻
　撃で敗死した。
　　　後漢・魏・西晋の諸王朝は洛陽を都としたが，西晋が内乱のために弱体化す
　ると，匈奴の族長であった劉淵が今日の山西省で自立して漢王と称した。劉淵
　　　　　　　　　　　　　　　　　　　　　　　　　　　　　　　　　　(4)
　の子劉聡は，一族の劉曜を派遣して洛陽を攻略し，西晋の懐帝を捕虜とした。
　懐帝の甥の愍帝が長安で即位したが，ほどなく劉曜の攻撃で長安は陥落し，西
　晋は滅亡した。劉曜はそのまま長安を本拠地とし，前趙を建国した。前趙つい
　で後趙が衰えたあと，氐族の苻健が［　c　］を建国して長安を都とした。3
　代皇帝苻堅は，天下統一を図って東晋に親征したが，淝水の戦いで大敗し，王
　朝は崩壊した。
　　　華北の再統一を達成した鮮卑族の北魏は，孝文帝の時，洛陽に遷都して漢化
　(5)
　政策を進めたが，このことは，北辺の防衛に当たる鎮民の不満を招き，六鎮の
　　　　　　　　　　　　　　　　　　　　　　　　　　　　　　　りくちん
　乱が勃発した。六鎮の乱ののち，北魏は東西に分裂したが，長安を都とした西
　魏は，［　d　］制を開始して軍備の充実を図った。西魏の帝位を奪った北周
　は，武帝の時，華北を再統一したが，武帝の死後ほどなく，外戚の［　e　］
　が北周の帝位を奪って即位した。隋の文帝である。文帝は，旧長安城の東南に

　　　f 　　城を築いた。唐代の長安城はこれに修築を加えたものである。天下を再統一した隋は，大運河を開削して江南の物資を輸送したが，この事実に明(6)らかなように，経済の中心はすでに江南に移りつつあった。唐の滅亡後，五代(7)の諸王朝は，大運河と黄河の交差点である 　　g 　　州（今日の開封）に都を置くようになり，長安は地方都市に転落した。明代には西安府が設置されて今日(8)に残る城壁が築かれた。

問

　(1)　仰韶文化に特徴的な土器の名を記せ。

　(2)　秦は孝公の時に咸陽に遷都した。孝公に登用され富国強兵策を実施したとされる人物の名を記せ。

　(3)　最も代表的な農民反乱の名を記せ。

　(4)　この事件の名を記せ。

　(5)　439年に華北の再統一を達成した北魏の皇帝の名を記せ。

　(6)　大運河のうち，黄河と長安を結ぶ運河の名を記せ。

　(7)　五代の諸王朝のうち，唯一洛陽を都とした王朝の名を記せ。

　(8)　17世紀半ば，西安を都に大順国の建国を宣言した農民反乱の指導者の名を記せ。

B　インド亜大陸は，北側を高い山脈でさえぎられ，外部との陸路の交通は困難である。それにもかかわらず，史上数多くの民族や軍事集団が，西アジア・中央アジア方面からアフガニスタンを通り 　　h 　　山脈を越えて西北インドに侵入した。これら諸集団は，ときとして北インドの歴史の流れを方向づけた。

　　古くはアーリア人が中央アジア方面から侵入し，前1500年頃までにインダ(9)ス川流域のパンジャーブ地方に定着した。やがてアーリア人がガンジス川流域に進出し，鉄器を使用して農業生産を増大させると，社会の発展によって生じ(10)た階級が固定化され，のちのカースト制度の基礎となった。その後はイラン系やギリシア系の諸集団が侵入し，ときには西北インドを支配下においた。後1世紀半ばに侵入したクシャーナ朝は， 　　i 　　王のときに最盛期を迎え，中央アジアからガンジス川流域までを支配し，西北インドを中心に仏教文化を繁(11)

栄させた。クシャーナ朝は3世紀に西方からの攻撃を受けて衰退し，その後北インドを支配したグプタ朝は，エフタルの侵入を受けて6世紀半ばに滅んだ。

　西アジア・中央アジアのイスラム化が進むと，イスラム王朝のガズナ朝やゴール朝がしばしば西北インドに侵入し，13世紀初めゴール朝の将軍　j　がデリーを都としてインド最初のイスラム王朝，奴隷王朝をひらいた。その後3世紀にわたって，奴隷王朝にはじまる5つのイスラム王朝が北インドを支配した。16世紀初め中央アジア出身のバーブルがアフガニスタンから北インドに進出し，アフガン系の　k　朝を倒してムガル朝をおこした。ムガル朝は第3代君主アクバルのときに最盛期を迎え，行政や徴税の制度が整えられ，またイスラム教徒とヒンドゥー教徒の融和がはかられた。17世紀後半第6代君主　l　のときには領土が最大となったが，非イスラム教徒勢力の反乱や財政の悪化にみまわれ，この君主の死後急速に衰退した。

　一方，南インドでは，北インドとかなり様相の異なる歴史が展開された。西側をアラビア海，東側を　m　湾に囲まれ，南方に外洋の広がる南インドは，海上貿易の重要な拠点であった。前1〜後3世紀にデカン地方を支配したサータヴァーハナ朝や，さらに南方のドラヴィダ系諸王朝は，海上貿易によって繁栄した。南インドを拠点とする海上交通路を通じて，物産だけでなく文化や宗教も各地に伝わった。また南インドでは，北インドの文化の影響を受けながらも，独自のヒンドゥー文化が築かれた。イスラム政権が北インドを支配した時期には，　n　王国が，17世紀半ばまでの約300年間，独自のヒンドゥー文化を守り，その後も，デカン地方の　o　王国(のちに政治的連合体)など，ヒンドゥー教徒の有力な政権が存在した。

問

　(9)　前2300年頃から前1800年頃までインダス川流域にはインダス文明が栄えた。パンジャーブ地方にあるインダス文明の代表的な遺跡の名称を記せ。

　(10)　階級にしたがって，4つの基本的な身分に区分された。この基本的な身分(または階級)を指し，本来は「色」を意味する語は何か。

　(11)　クシャーナ朝期には旧来の仏教のほかに，大乗仏教も流行した。2〜3世紀に大乗仏教の教理を確立したのは誰か。

(12) バーブルは，14 世紀後半から中央アジアと西アジアを広く支配した王
朝の王子であった。(ア)この王朝名を記せ。(イ)16 世紀初めにこの王朝を滅
ぼした中央アジアのトルコ系民族の名称を記せ。

(13) 宗教では，仏教をはじめヒンドゥー教やイスラム教も東南アジアに伝
わっており，ジャワ島ではこの 3 つの宗教すべてが繁栄した。(ア)8 〜 9 世
紀にシャイレーンドラ朝が残したとされる，ジャワ島中部の巨大な仏教遺
跡の名称を記せ。(イ)16 世紀初めイスラム勢力に滅ぼされた，ジャワ島最
後のヒンドゥー王国(王朝)とされる王国名(王朝名)を記せ。

39

次の文章(A，B)を読み，　　　　内に最も適当な語句を入れ，かつ下線部
(1)〜(14)についての後の問に答えよ。解答はすべて所定の解答欄に記入せよ。

A　碑文を石に刻んで立てるという行為は世界各地で行われてきた。中華世界も
その例外ではなく，碑刻には様々な意味が付与されてきた。

まず，始皇帝が天下統一後行った巡幸の先々で石碑を立てたように，時の支
(1)
配者の権威の誇示ということがある。始皇帝と同じく泰山で封禅の儀式を行っ
た唐の　　a　　の皇后武氏は，のちに革命に備えて則天文字を作った。この
文字を刻んだ碑が盛んに作られたのにも，政治的な意味がある。

軍功を記念して石碑が作られることもしばしばであった。匈奴遠征を行った
竇憲の功業をたたえて班固が作った碑文は，范曄が著した史書　　b　　に載
とうけん　　　　　　　　　　　　　　　　　　　　　　　はんよう
せられている。また，唐朝の政府軍が節度使の反乱を平定した時，これを記念
して韓愈が作った碑文は後世まで名作とうたわれた。
(2)
周辺諸国にも，立碑の象徴的意義は理解されていた。730年代にオルホン河
畔に立てられた碑文は突厥の復興を称揚したものであり，823年に　　c
(3)
と唐の講和を記念してラサに石碑が立てられたのは，国内に向けて平和外交を
強調したものとも考えられる。

宗教関係の碑文も数多い。その中には，政府の保護下にあることを誇示する
ために作られたものがある。西域取経の旅から戻った玄奘の求めに応じて皇帝
(4)
が作った「大唐三蔵聖教序」は碑に刻まれて，仏典翻訳事業への支持を示すもの
(5)
となった。781年に立てられた「大秦　　d　　流行中国碑」もキリスト教ネス
トリウス派の中国伝来以後の歴史を述べた後，立碑時点における政府の保護を
強調している。

石碑は儒教の経典のテクストを確定するためにも使われた。2世紀後半に帝
都　　e　　に「熹平石経」が作られ，その近くに241年　　f　　王朝のもと
(6)　　　きへい
で石経碑が立てられた。これは儒教に限られない。唐代には，『老子』に対して
皇帝自らが付けた注釈が石に刻まれて，天下に公表された。仏教の石経の代表
(7)
例としては，現在の北京郊外の房山で隋代以来長期にわたって刻まれたものが
(8)

ある。

　石碑は多くの人の目に触れるので，碑文が称賛する対象や立碑にかかわった人々の権威を顕示することになる。また，書物が希少で失われやすく，書写を重ねるうちに誤りが多く生じた時代には，石碑の恒久性と安定性に大きな価値が認められていた。

　実際には，政治情勢の変化や戦乱により碑が倒されて，権威の誇示という立碑の意図が必ずしも生かされないこともある。しかし，いったん埋もれたネストリウス派の碑文が数百年の時を経て17世紀前半に再発見されたケースのように，当事者のおもわくを超えた反響を呼ぶこともある。記録性という点で，石碑がすぐれた媒体であることは否めないのである。

問(1)　始皇帝の丞相で，この碑文の字を書いたとされるのは誰か。

　(2)　彼と同時代の人で，古文復興の担い手として並び称されたのは誰か。

　(3)　この碑文の一面に刻まれた漢文を書き送った，当時の皇帝は誰か。

　(4)　玄奘が5年間学んだ，当時のインドの仏教教学の中心僧院の名称を答えよ。

　(5)　この文章は，のちに東晋時代の名筆が書き残した字を寄せ集めて，改めて碑に刻まれた。その名筆とは誰か。

　(6)　この石経の文字を書いた大学者蔡邕は，元代末期に江南で書かれた長編戯曲の中で妻を裏切る出世主義者として登場する。その戯曲の題名を答えよ。

　(7)　1973年に漢代の諸侯家の墓から，『老子』の古いテクストが出土した。この時同じく出土した文献の中に，戦国時代に合従策を説いたとされる人物の活躍を記したものがある。その人物とは誰か。

　(8)　なかでも，11世紀には盛んに石経が作られた。当時，この一帯を支配していた王朝名を答えよ。

　(9)　この時，碑文の拓本を広めるのに尽力したキリスト教徒で，『農政全書』などの著述があるのは誰か。

B　中国明朝の外交政策は，伝統的な朝貢政策をベースにしつつ，中国人の海外渡航を禁止したうえで朝貢に伴う貿易だけを認め，これをもって周辺諸国・諸民族をコントロールしようとしたところに特徴がある。この政策は，自らの文化を周辺の「野蛮人」のそれに比べて格段に高いものとする華　g　思想（中華思想）に裏打ちされたものであったが，現実には格段に強力な軍事力を背景としてはじめて有効であった。永楽帝が　h　を南海に派遣して朝貢を促すことができたのも，またヴェトナムが反抗的であるとして大軍を派遣しこの地を国内に組み入れることができたのも，当時なお強大な軍事力があったからにほかならない。ところが 1449 年になると，皇帝自らがモンゴル討伐に出て，逆に捕虜にされるという大事件が起こっている。この事件の発端は，モンゴルが明朝の朝貢規定に従わないのみか朝貢の道筋で殺戮（さつりく）を行い，さらに幾度も侵略を繰り返していたところにある。また，東南アジアの一朝貢国であり，かつ明朝に忠誠を誓って何度も　i　を受けた国でもある　j　が　k　によって 1511 年に占拠された時には，明朝は保護義務があったにもかかわらず，見殺しにするしかなかった。このような外交政策は，16 世紀中頃に東シナ海沿岸で　l　が猛威をふるった後に一部変更を余儀なくされ，中国人の海外渡航は許可されるにいたったが，外国人が中国に入る時には，少なくとも表面的には進貢を目的としてやって来たとしてはじめて可能であった。ヨーロッパからキリスト教の布教のためにやってきた　m　会士も，その例外ではない。

　　清朝の外交政策は，いくつかの点で明朝のそれとは異なっている。最も大きな違いの一つは，モンゴルやチベットを服属させて　n　とし，朝貢国とは違う管理をした点である。しかし，朝貢政策を外交のベースとした点では変わりがなく，また厳重な貿易統制を行った。これが可能であったのは，強大な軍事力がその背景にあったからである。イギリスは 19 世紀のはじめに　o　使節団を送り，より自由な貿易を求めようとしたが，清朝はこれを朝貢使節と見なしただけでなく，皇帝に対して無礼であるとして北京から退去させた。最終的に朝貢が廃棄されるのは，朝鮮の支配権をめぐって日清戦争が勃発（ぼっぱつ）するまで待たねばならなかったのである。

問(10)　その後，明朝の占領軍を撃退して成立した王朝名を答えよ。

　(11)　(ア)この事件を何と呼ぶか。(イ)また，この時にモンゴル側の事実上の指導
　　　者であったのは誰か。

　(12)　海外へ渡り，そこに住み着いた中国人を何と呼ぶか。

　(13)　宣教師が中国で作った世界地図の名称を答えよ。

　(14)　朝鮮のこの時の国王は誰か。

40

次の文章(A，B)を読み，□□□内に最も適当な語句を入れ，かつ下線部
(1)～(16)についての後の問に答えよ。解答はすべて所定の解答欄に記入せよ。

A　陳独秀は1879年に安徽省安慶で生まれた。陳は幼少の頃より科挙の勉強に
　　　　　　　　　　　　　　　　　　　　　　　　　　　　(1)
励んだが合格することができず，康有為や梁啓超を信奉するようになった。
　　　　　　　　　　　　　　(2)
　1901年日本に渡り，東京専門学校(のちの早稲田大学)に入学した。陳は日
　　　　　(3)
本で反清革命に傾き，帰国後は安慶で革命運動に従事した。1911年湖北省の
□ a □で軍隊が蜂起すると，1か月足らずの間に多くの省が相次いで独立
を宣言した。陳は安徽省軍政府の秘書長として招かれたが，1913年に袁世凱
の専制と国民党弾圧に反対した□ b □が失敗すると，陳は重要犯人として
指名手配され，上海に逃れた。
　　　　　　(4)
　1915年9月，陳は『青年雑誌』を創刊した。この雑誌はのちに『新青年』と名
を改め，西洋の近代的合理主義にもとづき，中国の旧い思想・道徳・社会制度
　　　　　　　　　　　　　　　　　　　　　(5)
を徹底的に攻撃した。一躍，新文化運動の旗手となった陳は，1917年に蔡元
培の招きで北京大学文科長に就任した。
　1919年1月，第一次世界大戦の戦後処理を話し合う□ c □が開催され
た。山東省の旧ドイツ利権が中国に返還されず日本に与えられようとしたこと
　(6)
から，北京で学生らによるデモが行われ，運動は全国に波及した。結局中国は
　　　　　　　　　　　　　　　　　　(7)
ヴェルサイユ条約調印拒否を声明するに至った。□ c □に対する期待が失
望に変わっていく中で，『新青年』の紙面も創刊当初の西洋賛美の論調が次第に
変化してきた。陳独秀はマルクス主義に傾斜していき，1921年7月李大釗ら
と中国共産党を結成した。
　(8)
　1924年中国国民党第1回大会が開かれ，孫文の掲げた「連ソ・容共・扶助工
農」の三大政策が採択され，共産党との協力体制が実現した。1926年7月
　　　　　　　　　　　　　(9)
□ d □を総司令とする国民革命軍は北伐を開始した。その途上，1927年
　　　　　　　　　　　　　　　　(10)
4月□ e □が起こり，共産党は大きな打撃を受けた。陳はその責任を負わ
されて総書記を解任された。以後，歴史の表舞台に立つこともなく，1942年
四川省でその生涯を閉じた。

問(1)　科挙が廃止された年はいつか。

(2)　彼らを登用して戊戌の変法を断行した皇帝は誰か。

(3)　ヴェトナムでもファン＝ボイ＝チャウらが維新会を組織して日本留学運動を推進した。この運動を何というか。

(4)　上海など5港の開港を定めた条約の名を記せ。

(5)　「文学改良芻議」を発表して白話運動を提唱したのは誰か。

(6)　1898年ドイツが宣教師殺害を口実に清朝から租借したのはどこか。

(7)　同じ時期，ソウルで大規模な民族独立運動が起こった。この運動を何というか。

(8)　このあと，ヴェトナムでも共産党が結成された。その指導者で，のちにヴェトナム民主共和国の初代大統領となったのは誰か。

(9)　1937年にもう一度両党は協力して抗日民族統一戦線を成立させた（第二次国共合作）。そのきっかけとなった，前年に起こった事件は何か。

(10)　国民革命軍は1928年6月に北京を占領した。それまで北京を支配し，奉天に帰還する途中で日本軍に爆殺された軍閥の首領の名を挙げよ。

B　古代の西アジアでは，さまざまな民族の興亡が繰り広げられたが，やがて政治的統合が進み，史上いく度か西アジアを広くおおう大帝国が成立した。

　西アジアの主要部に最初の政治的統一をもたらしたのが，セム系のアッシリア人である。アッシリア人は前2000年紀のはじめ頃から　　f　　川流域のアッシュールを拠点に交易活動に従事し，前9世紀から活発な征服活動を行った。その軍隊は，鉄製の武器，戦車および騎馬隊をそなえ，広く西アジアを征(11)服し，前7世紀前半にはエジプトをも版図に加えた。アッシリア帝国は征服地の各州に総督を派遣して直接的に統治したが，被征服民に対する強圧的な政策がわざわいし，前7世紀末に滅んだ。アッシリア帝国滅亡後，西アジアとエジプトには4つの王国が並立した。(12)

　西アジアの政治的統一を回復したのは，イラン人が建国したアケメネス朝ペ(13)ルシアであった。前550年キュロス2世が同じイラン系の　　g　　王国を滅ぼして建国し，第3代の王　　h　　のときには，東は中央アジア・インダス川流域から西はエーゲ海岸・エジプトにおよぶ大帝国となった。領土の各州にサトラップ（知事）をおいて統治させたほか，監察官の派遣，税制の整備，被征

服民への寛容な政策など，アッシリアの帝国統治法をさらに高度なものへと発展させた。アケメネス朝はアレクサンドロス大王の東方遠征によって前330年に滅んだ。アレクサンドロス没後は，シリアを拠点とするセレウコス朝をはじめ，各地にギリシア系の国家が誕生してヘレニズム文化が栄えた。
(14)

　ヘレニズム時代を経て，ふたたび西アジアを政治的に統一したのがササン朝ペルシアである。ササン朝は226年アルデシール1世が　　i　　王国を倒して建国した。第2代の王シャープール1世のとき，東方ではインダス川流域にまで進出して　　j　　朝から領土の大半を奪い，西方ではシリアに進出してローマ帝国と対抗した。5世紀から6世紀にかけては，中央アジアの騎馬遊牧民　　k　　の侵入を受けて苦しんだが，6世紀半ば，ホスロー1世のときに最盛期を迎え，　　k　　を滅ぼした。しかし，7世紀半ばのアラブ軍の侵攻には対抗できず，ササン朝は651年に滅んだ。
(15)

　アラブ軍の征服活動は　　l　　朝成立後も活発に進められ，8世紀はじめ，その領土は，東は中央アジア・西北インドから西はイベリア半島にまで達した。イスラム教の浸透とアラビア語の共通語化によって，広大な領域における共通の文化の基盤が形成され，やがてアラビア語以外のさまざまな言語もアラビア文字で記されるようになった。
(16)

問(11)　最初に鉄器を使用し，製鉄技術を独占していたとされる，アナトリアの古代王国の名を記せ。

(12)　この4つの王国のうち，ある王国は，いわゆる「肥沃な三日月地帯」を支配し，首都の繁栄でよく知られている。(ア)その王国の名を記せ。(イ)その王国の首都はどこか。都市名を記せ。

(13)　イラン人は言語的には何語族に属すか。語族名を記せ。

(14)　セレウコス朝から独立した，あるギリシア系の王国は，現在のアフガニスタンを主な領土とし，西北インドにヘレニズム文化を伝えた。その王国の名を記せ。

(15)　対ペルシア遠征に失敗し，260年エデッサでシャープール1世に捕らえられた，ローマ帝国の軍人皇帝は誰か。

(16)　アラビア文字が普及する前の西アジアの文字の多くは，あるセム系言語の表音文字を母体としていた。(ア)前1000年紀に楔形文字に代って西アジ

アに広まった，この表音文字は何か。(ｲ)この文字を母体として中央アジア
で生まれた文字には何があるか。 1 つ記せ。

第 3 章　欧米地域／長文論述

41

　民主政アテネと共和政ローマでは，成人男性市民が一定の政治参加を果たしたとされるが，両者には大きな違いが存在した。両者の違いに留意しつつ，アテネについてはペルシア戦争以降，ローマについては前 4 世紀と前 3 世紀を対象に，国政の中心を担った機関とその構成員の実態を，300 字以内で説明せよ。解答は所定の解答欄に記入せよ。句読点も字数に含めよ。

42

　1871 年のドイツ統一に至る過程を，プロイセンとオーストリアに着目し，1815 年を起点として 300 字以内で説明せよ。解答は所定の解答欄に記入せよ。句読点も字数に含めよ。

43

(2020 年度　第 3 問)

　　第二次世界大戦末期に実用化された核兵器は，戦後の国際関係に大きな影響を与えてきた。1962 年から 1987 年までの国際関係を，核兵器の製造・保有・配備，および核兵器をめぐる国際的な合意に言及しつつ，300 字以内で説明せよ。解答は所定の解答欄に記入せよ。句読点も字数に含めよ。

44

(2019 年度　第 3 問)

　　15 世紀末以降，ヨーロッパの一部の諸国は，インド亜大陸に進出し，各地に拠点を築いた。16 世紀から 18 世紀におけるヨーロッパ諸国のこの地域への進出の過程について，交易品目に言及し，また，これらのヨーロッパ諸国の勢力争いとも関連づけながら，300 字以内で説明せよ。解答は所定の解答欄に記入せよ。句読点も字数に含めよ。

45

中世ヨーロッパの十字軍運動は 200 年近くにわたって続けられた。その間，その性格はどのように変化したのか，また，十字軍運動は中世ヨーロッパの政治・宗教・経済にどのような影響を及ぼしたのか，300 字以内で説明せよ。解答は所定の解答欄に記入せよ。句読点も字数に含めよ。

46

社会主義世界は，1980 年代に経済面および政治面で大きな変革をせまられた。ソ連，東欧諸国，中国，ベトナムにおける当時の経済体制および政治体制の動向を，それらの国・地域の類似点と相違点に着目しつつ，300 字以内で説明せよ。解答は所定の解答欄に記入せよ。句読点も字数に含めよ。

47

18世紀のヨーロッパでは，理性を重視し，古い権威や偏見を批判する啓蒙思想が有力となった。イギリスとプロイセンの場合を比較しながら，啓蒙思想がどのような人々によって受容され，また，そのことがどのような影響を政治や社会に及ぼしたか，300字以内で説明せよ。解答は所定の解答欄に記入せよ。句読点も字数に含めよ。

48

ローマは，イタリア半島の小さな都市国家からその国の歴史を始めたが，次第に領土を拡大して，前1世紀後半にはついに地中海周辺地域のほとんどを領有する大国家となった。この過程で，ローマ国家は都市国家の体制から大きく変化した。前3世紀から前1世紀にかけて生じたローマ国家の軍隊と政治体制の最も重要な変化を，300字以内で説明せよ。解答にあたっては，下記の2つの語句を適切な箇所で必ず用い，用いた箇所には下線を施せ。解答は所定の解答欄に記入せよ。また，句読点も字数に含めよ。

私兵　　元老院

49

(2014 年度 第 3 問)

第二次世界大戦終結から冷戦の終わりまでの時期におけるドイツの歴史を，ヨーロッパでの冷戦の展開との関連に焦点をあてて，300 字以内で説明せよ。解答は所定の解答欄に記入せよ。句読点も字数に含めよ。

50

(2013 年度 第 3 問)

フランス革命以降，フランスとロシアはしばしば敵対関係におちいったが，第一次世界大戦では両国は連合国の主力として，ドイツを中核とする同盟国と戦うことになる。ウィーン会議から露仏同盟成立に至るまでのフランスとロシアの関係の変遷について，300 字以内で説明せよ。解答は所定の解答欄に記入せよ。句読点も字数に含めよ。

51

（2012年度　第3問）

　16世紀から17世紀にかけて，南北アメリカ大陸には，スペイン，ポルトガル，オランダ，フランス，イギリスがそれぞれ植民地を建設したが，18世紀後半以降，これらの諸国とアメリカ大陸の植民地との関係は大きく変化しはじめる。18世紀後半から19世紀前半にかけて，北米のイギリス領13植民地と南米のスペイン領植民地で生じた変化，および，その結果成立した支配体制の特徴について，300字以内で説明せよ。解答は所定の解答欄に記入せよ。句読点も字数に含めよ。

52

（2011年度　第3問）

　アメリカ合衆国は，第一次世界大戦後のパリ講和会議で主導的な役割を演じながら，国際連盟に参加せず，再び政治的孤立主義に回帰したともいわれる。しかし実際には，アメリカは1920年代の政治的・経済的な国際秩序の形成に重要な役割を果たした。アメリカが関与することによって，どのような政治的・経済的な国際秩序が形成されたのか。1921年から1930年までの時期を対象に，具体的な国際的取り決めに触れながら，300字以内で説明せよ。解答は所定の解答欄に記入せよ。句読点も字数に含めよ。

53

　古代ギリシア・ローマと西洋中世における軍事制度について，政治的・社会的な背景や影響を含めて，それぞれの特徴と変化を 300 字以内で説明せよ。解答は所定の解答欄に記入せよ。句読点も字数に含めよ。

54

　コロンブスおよびそれ以降の航海者の探検によって，大西洋の西，アジアとヨーロッパとの間にある陸地は大陸であることが証明された。この「新大陸」の発見の結果，新・旧両世界にひきおこされた直接の変化について 300 字以内で説明せよ。解答は所定の解答欄に記入せよ。句読点も字数に含めよ。なお解答には，下記の語をかならず使用し，用いた語句には下線をほどこせ。

先住民　　　　　産物

55

(2008 年度　第 3 問)

　　古代ギリシアの代表的なポリスであるアテネ(アテナイ)は，紀元前 6 世紀末か
らの約 1 世紀間に独自の民主政を築き，発展させ，さらにその混乱をも経験し
た。このアテネ民主政の歴史的展開について，その要点を 300 字以内で説明せ
よ。句読点も字数に含めよ。説明に当たっては，下記の 2 つの語句を適切な箇所
で必ず一度は用い，用いた語句には下線を付せ。

　　　　　　　　　民会　　　　　　　衆愚政治

56

(2007 年度　第 3 問)

　　第二次世界大戦後の世界は，アメリカ合衆国とソヴィエト社会主義共和国連邦
(ソ連)がそれぞれ資本主義圏と社会主義圏の盟主として激しく対立する，いわゆ
る二極時代で幕が開いた。だが 1950 年代半ばになると二極構造に変化がきざ
し，1960 年代以降，その変化は本格的なものになった。1960 年代に世界各地で
起きた多極化の諸相を，300 字以内で具体的に説明せよ。解答は所定の解答欄に
記入せよ。句読点も字数に含めよ。

57

　ベルギーの中世史家アンリ・ピレンヌは，古代の統一的な地中海世界が商業交易に支えられて，8 世紀まで存続したと考えた。しかしこの地中海をとりまく地域の政治状況は，8 世紀以前，古代末期から中世初期にかけて大きく変化した。紀元 4 世紀から 8 世紀に至る地中海地域の政治的変化について，その統一と分裂に重点を置き，300 字以内で説明せよ。解答は所定の解答欄に記入せよ。句読点も字数に含めよ。

58

　18 世紀後半から 19 世紀前半にかけて，大西洋をはさんでアメリカ大陸とヨーロッパの双方で戦争と革命があいついで勃発し，この間にヨーロッパ諸国間の関係は大きく変化した。七年戦争からナポレオン帝国の崩壊にいたる時期にイギリスとフランスの関係はどのように変化したか，300 字以内で説明せよ。解答は所定の解答欄に記入せよ。句読点も字数に含めよ。

59

(2004年度　第3問)

　4世紀のローマ帝国には，ヨーロッパの中世世界の形成にとって重要な意義を有したと考えられる事象が見られる。そうした事象を，とくに政治と宗教に焦点を当てて，300字以内で説明せよ。解答は所定の解答欄に記入せよ。句読点も字数に含めよ。

60

(2003年度　第3問)

　第一次世界大戦は予想をはるかに越えて長期化し，これにかかわったヨーロッパのおもな国々は本国の大衆を動員しただけではなく，さらには，植民地や保護国を抑えつけながらも，同時にその力を借りて戦わねばならなかった。このことに関して，イギリスを例にとり，インドおよびエジプトに対して大戦中にどのような政策がとられたかを，そのことが戦後に生み出した結果にも触れつつ，300字以内で説明せよ。解答は所定の解答欄に記入せよ。句読点も字数に含めよ。

第４章　欧米地域／記述・短文論述

61

次の文章（A，B）を読み，下線部(1)～㉔について後の問に答えよ。解答はすべて所定の解答欄に記入せよ。

A　ヨーロッパで今日の「大学」の原型が誕生したのは，12 世紀から 13 世紀にか
(1)
けてのことである。当時，ヨーロッパの各地には，カトリック教会の司教座や
修道院に付属する学校や，法律や医学を教える私塾が存在した。イタリアのボ
ローニャでは，法律を学ぶ学生たちが出身地ごとに「ナチオ」（同郷会）と呼ばれ
る自律的な団体を組織し，やがてこれらの「ナチオ」が結集して「ウニウェルシ
タス」（大学）が形成された。他方，ヨーロッパ北部のパリやオックスフォード
では，教師たちが自治組織を結成し，これが大学の起源となった。中世ヨー
ロッパの大学では，自由七学科（文法，修辞学，論理学，算術，幾何学，音
楽，天文学）を基礎的な教養として身につけたうえで，神学，法学，医学など
(2)　(3)
を学んだ。

　14 世紀以降もヨーロッパ各地で新たな大学の創設が進んだが，ルネサンス
(4)
期の人文主義者のなかには，大学で教えられる伝統的な学問に批判を唱える者
もあらわれた。古典古代の原典に立ち返って新しい解釈をおこなう営みは，し
(5)
ばしば大学の外で展開された。16 世紀以降になると，大学は，政治権力の影
響をより強く受けるようになり，学生や教師たちがもっていた自治的な権限は
弱められていった。宗教改革以降の宗派間の対立も，高等教育のあり方に影響
(6)
をおよぼした。既存の大学はプロテスタント，カトリックいずれかの立場に分
かれ，新しい大学もそれぞれの宗派の布教方針にしたがって設置された。他方
(7)
で，ヨーロッパ諸国の一部では，大学の外で新しい学術団体が組織された。フ
ランスでは，1635 年にフランス語の統一などを目的としてアカデミー・フラ
ンセーズが，1666 年にはパリに王立科学アカデミーが創設された。イギリス
では，1660 年にロンドンで民間の学術団体が設立された。この団体は 2 年後
(8)

に国王の勅許をえて「ロイヤル・ソサエティ」(王立協会)と呼ばれるようにな
る。

　18世紀にヨーロッパの高等教育はさらなる変革の時代を迎えた。ドイツで
は，1730年代にハノーファー選帝侯領にゲッティンゲン大学が創設された。
　　　　　　　　　(9)
領邦国家の意向に沿って新設されたこの大学では，歴史学，応用数学，官房学
などの新しい科目が開講され，ゼミナール形式の授業が導入された。国家が主
導するこのような大学教育のモデルは，1810年にプロイセン王国で創設され
たベルリン大学でさらなる発展をとげ，19世紀から20世紀にかけて日本を含
　　　　(10)
む世界各国の大学で採用されていった。このように，大学という制度には，歴
史的にみて，学生・教師の自治的団体としての起源に由来する自由・自律と，
国家権力や宗教的権威による管理・統制という2つの側面が存在する。ヨー
ロッパで生まれた大学制度は近現代にグローバルに普及していくが，この制度
を受け入れた多くの地域で，大学は，この2つの側面のあいだに生じる緊張関
係のもとで揺れ動く歴史を歩むことになるのである。

問

(1)　「大学」の成立の背景のひとつとして，この時期，ヨーロッパの各地で商工
　業の拠点として都市が発展したことがあげられる。

　　(ア)　イタリアでは，神聖ローマ皇帝の介入に抵抗してミラノを中心に都市同
　　　盟が形成された。この都市同盟の名称を記せ。

　　(イ)　カトリック教会では，13世紀から，フランチェスコ修道会やドミニコ
　　　修道会のように，都市の民衆のなかに入って説教することを重視する修道
　　　会が活動を始める。これらの新しいタイプの修道会を総称して何と呼ぶ
　　　か。その名称を記せ。

(2)　中世ヨーロッパの法律学において重視されたのは，6世紀に東ローマ帝国
　の皇帝が編纂させた文献であった。今日，この文献は総称して何と呼ばれて
　　　　　　へんさん
　いるか。その名称を記せ。

(3)　(ア)　中世ヨーロッパの医学は，イスラームの医学から大きな影響を受けて
　　　いる。ラテン語に翻訳されてヨーロッパの医学教育で教科書として用い
　　　られた『医学典範』を著したムスリムの医学者の名を記せ。

　　(イ)　イスラーム世界を介して古典古代から中世ヨーロッパに伝えられた医
　　　学理論に対して，17世紀にはいると，解剖や実験をふまえた新しい学

　　説が唱えられるようになった。イギリスの医学者ハーヴェーが古代ギリ
　　シア以来の生理学説に反論して発表した学説の名を記せ。

⑷　ヨーロッパ東部では，1348 年にプラハに大学が創設された。この大学の
　　創設を命じた神聖ローマ皇帝の名を記せ。

⑸　15 世紀のフィレンツェでは，フィチーノらの人文主義者を中心とする学
　　芸サークルが活動し，前 5 世紀から前 4 世紀に活躍した古代ギリシアの哲学
　　者の著作のラテン語訳をおこなった。『ソクラテスの弁明』や『国家』などの著
　　作で知られるこの哲学者の名を記せ。

⑹　九十五カ条の論題によってカトリック教会の悪弊を批判したルターは，ド
　　イツ中部にある大学で神学教授を務めていた。この大学が所在した都市の名
　　を記せ。

⑺　16 世紀以降，アメリカ大陸の植民地にも大学が創設されている。

　㋐　アメリカ大陸で最初の大学は，インカ帝国征服後の 1551 年にリマに建
　　　設された。インカ帝国を征服した人物の名を記せ。

　㋑　ハーヴァード大学の起源は，イギリス領北米植民地で最初の高等教育機
　　　関として 1636 年にマサチューセッツ州に創設された「ハーヴァード・カ
　　　レッジ」である。17 世紀にマサチューセッツ州を含むニューイングランド
　　　植民地に入植したのは，ピューリタンと呼ばれる人びとであった。彼らは
　　　宗教的には総じてどのような立場にたっていたか，簡潔に説明せよ。

⑻　㋐　この団体に勅許を与えた国王は，父王が処刑されたために大陸に逃れ
　　　　ていたが，1660 年に帰国してイギリス国王に即位した。この国王の名
　　　　を記せ。

　　㋑　『プリンキピア』を著して力学の諸法則を体系化した科学者が，この団
　　　　体の会長を務めている。近代物理学の創始者とされるこの科学者の名を
　　　　記せ。

⑼　1714 年からハノーファー選帝侯がイギリス国王を兼ねたため，イギリス
　　史ではこの時期の王朝はハノーヴァー朝と呼ばれる。この王朝の最初の 2 代
　　の国王の時代に，実質的な首相として，内閣が議会に責任を負う体制の確立
　　に貢献した人物の名を記せ。

⑽　ベルリン大学の初代学長となった哲学者フィヒテは，1807 年から翌年に
　　かけて，ナポレオン軍占領下のベルリンで，教育による精神的覚醒を訴える
　　連続講演をおこなったことで知られる。この講演の題目を記せ。

B　石炭は近代ヨーロッパの歴史に大きな影響を与えてきた。

　　燃料としては薪や木炭が古くから用いられているが，経済発展に森林の再生が追い付かず，その枯渇を招くことも歴史上少なくなかった。ヨーロッパでは商業が拡大する16世紀ごろから木材が大量に消費されるようになり，石炭も本格的に利用されはじめる。18世紀前半に石炭を乾留したコークスによって高純度の鉄を精錬する技術が開発されると，石炭の重要性が増大した。18世紀末には石炭をガス化する技術も登場し，19世紀になると大都市では石炭ガスが街灯や暖房にも使われるようになった。
(11)

　　蒸気機関の普及によって石炭の需要はさらに高まった。18世紀イギリスの
(12)
綿工業においては，紡績機や織布機の開発による作業の効率化が進んでいた。
それらの機械の動力として蒸気機関が採用されると，綿織物の生産量はさらに
(13)
拡大した。19世紀になると，イギリスは綿織物の輸入国から輸出国へと変貌
する。他の産業分野でも蒸気機関の利用が一般化し，蒸気機関車や蒸気船は人
(14)
や物の流れを加速させた。

　　石炭はヨーロッパ各地で採掘が可能である。特にイギリスには豊富な石炭資源が存在していた。イギリスの毛織物工業や綿織物工業の中心地帯で石炭が容
易に採掘できたことは，蒸気機関の普及に寄与した。他国の工業化が進むと，
(15)
イギリスの炭鉱業は輸出産業としても発展した。例えばフランスは，国内産の
(16)
石炭だけでは工業化で増大する需要を満たせず，イギリスなどの石炭を輸入している。中欧には多数の炭鉱があり，ドイツの工業化を支えた。

　　木炭の製造は，周縁的な産業として，衰退しつつも存続した。19世紀初頭の南イタリアでは，ある秘密結社の成員が「炭焼き人」を名乗っている。当時の
(17)
炭焼き人は山林地帯で独自の共同体を維持しており，その結束力ある組織が模倣されたのである。立憲主義と自由主義を掲げるこの結社の運動はイタリア半島各地に，そしてフランスにも広がった。だが炭鉱に乏しいイタリアも19世紀後半には燃料をイギリスからの石炭輸入に依存するようになっていく。

　　19世紀後半，内燃機関の実用化などによって石油が石炭に替わるエネルギー源として台頭した。1859年からのオイルラッシュを引き起こしたペンシルヴェニアなどがあるアメリカ合衆国と，バクーやグロズヌイなどで石油を産
(18)　　　　　　　　　　　　　　　　　　　　　　　　　　(19)
出するロシアは，20世紀に世界を二分する超大国となった。だが石炭も重要な資源でありつづけた。現在でも製鉄にはコークスを用いるのが主流である。電気エネルギーの利用も20世紀に急速に拡大するが，石炭も火力発電の燃料として利用されつづけている。

　　石炭や鉄の産出を背景に発展した鉱工業地帯が国家間の係争の対象となるこ

ともあった。フランスが普仏戦争で喪失した地域もそのひとつであった。第一
次世界大戦後には，ドイツの鉱工業地帯のひとつが国際連盟の管理下に置か
れ，15 年後の住民投票で再びドイツに編入されている。ヴェルサイユ条約で
課せられた義務の不履行を口実に，フランスとベルギーによって鉱工業地帯を
抱えるドイツの一地域が占領されたこともある。

　　第二次世界大戦後，フランスやイギリスは石炭産業を国有化した。また
1952 年には，西ヨーロッパの石炭等の資源を管理するために 6 か国からなる
組織が発足している。発足の背景には西ヨーロッパにおける戦争の再発を防止
する意図もあり，この組織はその後のヨーロッパ地域統合の基礎のひとつと
なった。一方，イギリスでは，その後石炭産業の民営化が提唱され，20 世紀
末までに民営化と一部炭鉱の閉鎖が進められた。

問

(11)　この技術を開発した父子の姓を記せ。

(12)　炭鉱の排水などに使われていた蒸気機関を効率的で汎用性の高いものに改
　　　良した技術者の名を記せ。

(13)　蒸気機関が導入される前の，これらの機械の主要な動力は何か。

(14)　18 世紀のイギリスが輸入した綿織物の主要な生産国はどこか。

(15)　この地域の中心的な工業都市の名を記せ。

(16)　鉄道会社の整理統合や金融機関の育成によってフランスの工業化を上から
　　　推進した統治者の名を記せ。

(17)　この秘密結社の名を記せ。

(18)　ペンシルヴェニア州の一都市は独立革命期に政治的中心となっており，ワ
　　　シントンに連邦議会が設置されるまで合衆国の首都として機能していた。こ
　　　の都市の名を記せ。

(19)　この油田のある地域では 19 世紀中ごろロシア支配に対する反乱が起こ
　　　り，ソ連崩壊後にも紛争が 2 度発生している。この地域の名を記せ。

(20)　この地域の名を記せ。

(21)　この地域の名を記せ。

(22)　この地域の名を記せ。

(23)　㋐　この機関の名を記せ。

　　　㋑　6 か国のうち 2 国はフランスと西ドイツである。その他の国を 1 つ挙
　　　　　げよ。

(24)　民営化を主導した首相の名を記せ。

62

　　次の文章（A，B）を読み，□□□□の中に最も適切な語句を入れ，下線部
⑴～⒁について後の問に答えよ。解答はすべて所定の解答欄に記入せよ。

A　古代ギリシア人は，独自の都市国家であるポリスを形成し発展させた。ギリ
シア本土やエーゲ海周辺に数多く誕生したポリスは，同盟（連邦）を形成するこ
とはあっても，<u>ひとつの領域国家に統一されることはなかった</u>。<u>前5世紀中頃</u>
<u>　　⑴</u>
<u>のアテネのペリクレスの市民権法のように</u>，市民団の閉鎖性を強めたことも
<u>　　　　　　⑵</u>
あった。一方で，古代ギリシア人は自らをヘレネスと呼び，<u>出自や言語，宗</u>
<u>教，生活習慣を共有する者としての一体感を有していた</u>。そして，異民族を
<u>　　⑶</u>
「聞き苦しい言葉を話す者」という意味でバルバロイと呼んで区別した。やがて
このバルバロイには，<u>アテネの帝国的発展</u>と<u>ペロポネソス戦争の苦難の経験</u>を
<u>　　　　　　　⑷　　　　　　　　⑸</u>
通じて，他者への蔑視など否定的な意味がまとわりつくようになる。

　古代ギリシア人とともに高度な文明を築いたことで知られるローマ人は，集
団の定義や自己理解の点ではギリシア人と異なっていた。ローマ人の歴史は，
イタリア半島に南下した古代イタリア人の一派が半島中部に建てた都市国家
ローマに始まる。しかし，<u>ローマ人は国家の拡張の過程で，都市ローマの正式</u>
<u>構成員の権利であるローマ市民権</u>を他の都市の住民などにも授与し，<u>市民団を</u>
<u>　　　　　⑹</u>
<u>拡大していった</u>。前1世紀の初めにはイタリアの自由人にローマ市民権が与え
られ，<u>イタリアの外の直接支配領である属州</u>でも，<u>先住者へローマ市民権が付</u>
<u>　　⑺</u>　　　　　　　　　　　　　　<u>　　⑻</u>
<u>与された</u>ので，市民権保持者の数は急速に増加した。こうして，ローマ市民権
を保持する者としての「ローマ人」は，故地である都市ローマやイタリアを離れ
て普遍化していったのである。

　また，故地ローマ市を抽象化し，「ローマ」という名称に普遍的な意義を見出
そうとする思想は，その後長く影響力を有し，とくにローマの支配の正統性や
その賞賛をともなう帝国理念となって展開した。そうした考え方は初代皇帝ア
<u>ウグストゥスを内乱からの秩序の回復者としてたたえることから始まってい</u>
<u>　　　　　　　　　　⑼</u>
<u>る</u>。ローマ市そのものは，3世紀の□ a □時代と呼ばれる帝国の危機の時

代を経て首都としての役割が低下し，人口も減少していったが，帝国東部の拠
点都市コンスタンティノープルが4世紀の終わり頃から首都的機能を果たすよ
うになると，これが「新しいローマ」とみなされるようになった。(10)

　コンスタンティノープルは，ローマ帝国を帝国領東部で継承したビザンツ帝
国の首都として存続した。ビザンツ帝国では，共通語がギリシア語になってか
らも皇帝は「ローマ人の皇帝」を称していた。コンスタンティノープルはオスマ
ン帝国の攻撃によって陥落したが，この頃台頭してきたロシアのモスクワ大公(11)(12)
国において，ビザンツ帝国最後の皇帝の姪と結婚していた大公イヴァン3世が
ラテン語の「カエサル」に起源を持つ　　b　　の称号を初めて用いた。この
後，モスクワを「第三のローマ」とみなす思想が形成されていったのである。(13)

問

⑴　数あるポリスの中でもスパルタは，近隣地域を征服してその住民を隷属農
　民として支配した。この隷属状態に置かれた先住民は何と呼ばれたか。その
　名称を記せ。

⑵　この法律の内容を簡潔に説明せよ。

⑶　古代ギリシア人が最高神ゼウスの聖域で4年ごとに開催した民族的な行事
　の名を記せ。

⑷　アテネはペルシア戦争後に結成した，諸ポリスをとりまとめた組織によっ
　て他のポリスを支配した。その組織の名を記せ。

⑸　ペロポネソス戦争の経過を描いた歴史家の名を記せ。

⑹　ローマと条約を結び，兵力供出の義務を負いながらもローマ市民権を与え
　られない地位に置かれた都市は何と呼ばれたか。その呼称を記せ。

⑺　ローマがイタリアの外に初めて直接的な管轄地域（属州）としてシチリア島
　を得ることになった出来事の名を記せ。

⑻　小アジアのユダヤ人の家庭の出身で，ローマ市民権を持ち，伝道旅行を重
　ねてキリスト教が普遍的な宗教となることに大きな貢献をした人物の名を記
　せ。

⑼　内乱を収束させたアウグストゥスは共和政の復興を宣言したが，実際には
　新しい政治体制を創始したのであった。彼の始めた政治体制は何と呼ばれる

か。その名称を記せ。

⑽　コンスタンティノープルがローマ帝国の首都的機能を備えるようになった
のは，4世紀末のテオドシウス1世（大帝）の時からである。この皇帝が行っ
た宗教政策で，その後の欧州に強い影響を与えたものを簡潔に記せ。

⑾　5世紀から6世紀にかけて戦場に赴くことが少なかったビザンツ皇帝が，
6世紀後半になると親征することが多くなったのは，東で接する国家と抗争
することになったからである。ビザンツ帝国と争ったこの国家の名を記せ。

⑿　コンスタンティノープルが陥落してビザンツ帝国が滅亡したのとほぼ同じ
頃に西ヨーロッパで生じた出来事を，次の(a)～(d)からひとつ選んで，その記
号を記せ。

(a)　ドイツ王ハインリヒ4世が教皇グレゴリウス7世に赦免をこうた。

(b)　ウルバヌス2世がクレルモンの公会議で十字軍を提唱した。

(c)　イングランド軍がカレーを除いて全面撤退し，英仏間の百年戦争が終結
した。

(d)　ローマとアヴィニョンに教皇がたつ教会大分裂の状態に陥った。

⒀　ローマ皇帝とその帝国の理念は，西ヨーロッパでも継承され，キリスト教
世界の統治と教会の保護が任務とされたが，962年に神聖ローマ皇帝として
その役割を担うことになった国王の名を記せ。

B　人類史上，動物が果たした役割，そして動物が被った影響は，非常に大き
い。

　西洋では，中世の支配層は，馬を大規模に飼育していた。海や船と結びつけ
　　　　　　⒁
られがちなヴァイキングも，馬を戦争や運搬に利用した。また，イベリア半島
　　　　　⒂
などでは，牛や羊が土地を疲弊させるほどに過放牧された。牧畜の隆盛は耕地
面積を圧迫し，そのために中世ヨーロッパでは慢性的に食糧が不足していたと
　　　　　　　　　　　　⒃
いう見方もある。15世紀末以降，新世界では，ヨーロッパ人は船に載せて持
　　　　　　　　　　　　　　　　　　　　　⒄
ち込んだ馬を駆って征服を進め，獲得した土地で，ヨーロッパから輸入した牛
や羊や豚を大規模に飼育した。これに伴い，先住民はヨーロッパ人や動物がも
たらした病気に罹患したり，暴力や経済的な搾取を受けて，大幅に人口を減ら
　　　　　　　（りかん）　　　　　　　　⒅
すことになった。

　北米大陸の大平原に広範囲に生息していたバイソンは，白人，そして馬と銃を使いこなすようになった先住民によって，19世紀末までに，ほとんど狩りつくされていく。そして，先住民が ［　c　］ に強制的に移住させられる一方
(19)
で，白人の牧畜業者は畜牛の放牧地を経営することになる。南米大陸でも放牧地は拡大し，生産された畜牛は，たとえば，世界の工場として経済的繁栄を享受していたイギリスなどに，生きたまま，船に載せられて輸出され，到着後に
(20)
業者の手に引き渡された。これは，その100年前に隆盛を極めていた，アフリ
カの黒人を新大陸に運ぶ奴隷貿易と同様に，苦痛を与えるとして非難された。
(21)
　西洋人は動物の毛皮も欲した。北米大陸に生息するビーバーの毛皮は，近世から紳士用帽子の材料として人気を集めた。ビーバーを追って内陸への進出が果たされた側面もある。他方で，ロシアからもたらされる，シベリア産のクロテンなどの毛皮のほか，太平洋沿岸に生息するラッコの毛皮も，人気の商品で
(22)
あった。19世紀にはダチョウの羽根が西洋の婦人用帽子の装飾として珍重された。太平洋の島々に生息するアホウドリの羽根も同じ用途で高い需要があり，これに目を付けた日本の業者によって乱獲された。

　19世紀には，象もインドやアフリカで大規模な狩猟の対象となった。トランスヴァール共和国では，金やダイヤモンドが発見されるまでは，象牙が最大
(23)
の輸出品であった。象牙はナイフの柄やビリヤードのボールやピアノの鍵盤などに加工されるのであった。1900年の一年間だけでヨーロッパは380トンの象牙を輸入したが，これは約4万頭の象の殺戮を意味した。捕鯨も19世紀に
(24)
「黄金時代」を迎えた。それを牽引したアメリカ合衆国は，19世紀半ばの最盛期に，世界の捕鯨船約900隻のうち735隻を擁したとされる。1853年，同国の捕鯨船団は8000頭以上の鯨をとった。主たる目的は鯨油とヒゲで，肉は廃棄された。

問

⑭　1000年頃からしばらく続く西ヨーロッパの内外に向けての拡大運動においても馬は活躍した。

　㋐　この頃の修道院を中心とした経済的かつ領域的な拡大の運動を何と呼ぶか。

(イ)　この運動の先頭に立った主な修道会の名をひとつ答えよ。

(15)　フランス北部のバイユーで制作された刺繡画には船と並んで馬が頻出する。この刺繡画の主題である1066年のヘイスティングズの戦いでクライマックスを迎える出来事を何というか。

(16)　とりわけ中世後期は疫病や飢饉などが頻発し，社会的な不安が高まったのだが，黒死病の大流行以降，人口減少により農奴に対する束縛は緩められる傾向が顕著であった。このとき社会的上昇を果たした独立自営農民のことをイギリスでは何と呼ぶか。

(17)　(ア)　16世紀前半に騎馬の兵を率いるコルテスによって滅ぼされた帝国の首都の名は何か。

　　(イ)　また，ここはその後何という都市になったか。

(18)　ラテンアメリカが産出した銀は，ヨーロッパだけでなくアジアにも輸出された。

　　(ア)　その積出地と，(イ)　銀を運んだ船の種類を答えよ。

(19)　19世紀前半に，先住民の移住政策を推進したことや民主党の結成を促したことで知られるアメリカ合衆国大統領は誰か。

(20)　19世紀末にこの輸送法は用いられなくなる。しかし，南米からイギリスなどへの牛肉の輸出は増加した。それが可能となった技術的理由を述べよ。

(21)　この奴隷貿易とは別に，アフリカ東海岸では長らく，インド洋貿易の一環としてムスリム商人が奴隷貿易を行っていた。アラビア語の影響を受けて成立し，17世紀以降この海岸地帯で共通語となった言語は何か。

(22)　この動物の毛皮は，アジアとアメリカ大陸の間に派遣された探検隊によって持ち帰られ，ロシアによる北太平洋の毛皮貿易が発展するきっかけとなった。シベリアとアラスカを隔てる海峡の名にもなっている探検隊のリーダーの名を記せ。

(23)　これらの産品への注目が南アフリカ戦争へつながった。この戦争に踏み切った当時のイギリス植民地相の名を答えよ。

(24)　これを題材にした小説『白鯨（モビーディック）』の作者は誰か。

63

次の文章(A，B)を読み，　□□□□□　の中に最も適切な人名を入れ，下線部
(1)～(21)について後の問に答えよ。解答はすべて所定の解答欄に記入せよ。

A　戦争には正しい戦争と不正な戦争があるとし，正しい戦争とみなされる理由
や条件を考察する理論を正戦論という。西洋における正戦論の起源は古代ギリ
シア・ローマに遡る。アリストテレスは戦争が正当化される場合として，自己
防衛・同盟者の保護の二つに加えて，「自然奴隷」としての<u>バルバロイ</u>の隷属化
(1)
をあげた。共和政末期のローマで執政官であった<u>キケロ</u>は，敵の撃退・権利の
(2)
回復・同盟者の保護のいずれかに加えて宣戦布告を正戦の条件として掲げた
が，アリストテレスの自然奴隷説は省いた。

　キケロの世俗的正戦論に宗教的な正当性の議論を付け加えたのが，北アフリ
カのヒッポ司教であった　□ a □　である。元来，キリスト教では隣人愛が説
かれ平和が志向されたが，<u>ローマ帝国で公認され</u>，ついで国教となったことで
(3)
状況は変化した。　□ a □　は「神によって命じられた戦争も正しい」と述べ，
皇帝の戦争とキリスト教徒の戦争参加を条件付きで容認した。その背景にあっ
たのは，北アフリカで問題となっていた<u>異端ドナトゥス派</u>を弾圧しようという
(4)
意図である。

　古代の正戦論は，12 世紀の『グラティアヌス教令集』等を経て，　□ b □
によって引き継がれ体系化された。　□ b □　は『神学大全』において，戦争を
正当化する条件として君主の権威・正当な事由・正しい意図の三つをあげ，
<u>私的な武力行使</u>を否定した。
(5)
　中世の正戦論は聖戦の理念と結びついていた。ホスティエンシスらは異教徒
の権利を強く否認したが，<u>ローマ教皇インノケンティウス 4 世</u>らは慎重な立場
(6)
をとり，対異教徒戦をめぐる議論では後者が優位とされていた。<u>コンスタンツ</u>
<u>公会議</u>(1414～18 年)では，ポーランド代表が武力によって異教徒を征服し改
(7)
宗させようとするドイツ騎士修道会の方法を厳しく批判した。

　だが，西アフリカ沿岸部において探検が進むと，ローマ教皇はキリスト教世
界の拡大を念頭に，異教徒に対する戦争を正当化する立場を鮮明にした。

1452〜56年の教皇勅書で，西アフリカからインドまでの征服権がポルトガル王および　　c　　王子に与えられ，コロンブスの航海後は西方における征服権がスペインに与えられた。

　新大陸の征服が進行し，エンコミエンダ制が導入されると，アメリカ先住民
(8)
の権利や征服戦争が議論の的となった。サラマンカ学派の始祖とされる神学者ビトリアは征服戦争の正当性に疑問を呈したが，神学者セプルベダは自然奴隷
(9)　　　　　　　　　　　　　　　　　　　　　　　　　　　　(10)
説を援用して征服正当化論を再構築した。さらに17世紀のグロティウスはサラマンカ学派の理論を継承しながらも，自然法を神学から自立させ世俗的自然法のもとで正戦論を展開した。

問

(1)　バルバロイに対置される古代ギリシア人の自称は何か。その名を記せ。

(2)　この人物の代表的著作を一つあげよ。

(3)　キリスト教はミラノ勅令によって公認された。この勅令を発した皇帝の名を記せ。

(4)　ネストリウス派を異端として追放した公会議はどこで開催されたか。その地名を記せ。

(5)　1495年，マクシミリアン1世が招集した帝国議会において永久ラント平和令が布告され，フェーデ(私戦)の権利が廃絶された。マクシミリアン1世は何家の出身か。その名を記せ。

(6)　この教皇によってモンゴル帝国へ派遣されたフランシスコ(フランチェスコ)会修道士の名を記せ。

(7)　この会議の結果について簡潔に説明せよ。

(8)　この制度について簡潔に説明せよ。

(9)　ビトリアは1533年のインカ皇帝処刑等の報に接してアメリカ征服の正当性に疑義を表明した。インカ皇帝の処刑を命じたスペイン人の名を記せ。

(10)　セプルベダの論敵で，『インディアスの破壊についての簡潔な報告』を著したのは誰か。その名を記せ。

B　およそ5000年前のこと，人類は経済活動を記録するために文字を創案した
(11)

と考えられている。それだけでなく，為政者の命令を民衆に知らしめるために
も，そして知識を蓄積し後世に伝えるうえでも，文字は革新的な発明品であっ
た。地球上には無文字文明の例も多くあるが，文字の発明は，いくつかの文明
　(12)
の成立と関わっている。

　文字は，さまざまな材質の媒体に記されてきた。古代メソポタミアでは粘土
　　　　　　　　　　　　　　　　　　　　　　　　(13)
板が，古代エジプトではパピルスが，それぞれ記録媒体として用いられたの
　　(14)
だった。

　文字の成り立ちはさまざまである。漢字やラテン文字（ローマ文字）など，国
家・民族を越えて文明圏共通の文字となったものや，旧来の文字から新しい文
字が考案されることも多々あった。仮名文字やキリル文字などである。
　　　　　　　　　　　　　　　　　　　　　(15)
　文字情報の伝達技術は時とともに発展し，それが人類史上のさまざまな変動
の呼び水となることがあった。16世紀のドイツにおいて，宗教改革が諸侯だ
　　　　　　　　　　　　　　(16)
けでなく民衆のあいだにも支持を広げた背景には，こうした技術発展が関わっ
ていた。

　18世紀以降，文字情報の伝達媒体として新聞が重きをなすようになった。
そして19世紀，技術革新にともない大部数化が進み，新聞社間で販売競争も
激化し，民衆の関心をひくために，画像を組み合わせた扇情的な記事で紙面が
埋められていくことになる。19世紀末のアメリカ合衆国で，ある国に対する
　　　　　　　　　　　　　　(17)
好戦的世論が形成されるが，その要因の一つには，こうした新聞メディアの動
向があった。

　19世紀末から20世紀前半の時代に入ると，これまでの文字とならんで，新
しい情報伝達手段が重要な地位を占めるようになる。とりわけ第一次世界大戦
後，アメリカ合衆国を中心にして映画などの大衆文化が広がっていくが，これ
　　　　　　　　　　　　　　　　　　　　　　　　　　　　　　　(18)
を促進したものの一つが情報伝達手段の革新であった。

　20世紀後半になると，情報伝達手段にいっそう劇的な変革が生じ，人びと
は家にいながらにして世界中の出来事を，大きな時間差なく，あるいは同時に
さえ視聴できるようになった。そして，こうした変革が世界政治に影響をおよ
ぼすようにもなる。1960年代から1970年代にかけて，ある戦争の実相が，こ
　　　　　　　　　　　　　　　　　　　　　　　(19)
の新しい情報伝達手段を通じて世界中で知られるようになり，それが国際的な
反戦運動をうながす一因になったのである。また一方で，この情報伝達手段に
　　　　　　　　　　　　　　　　　　　　　　　　　　(20)

よって事実の一部が歪曲されて広がり，戦争容認世論が強まることもあった。

　1980年代以降に生じたIT（情報技術）革命は進化のスピードを速め，今日の人びとは軽量でコンパクトな端末機器を操作することで，家庭内ではもちろんのこと街頭においても，多様な情報を即座に入手し，さらには自身が不特定多数の人びとにむけて情報を簡単に発信できる時代に入った。そして，こうした端末機器が，「アラブの春」と呼ばれる民主化運動に際し，運動への参加を市民に呼びかけるツールとなり，さらには，強権的な政府が管理する報道とは異なる情報を人びとに提供した。

問

⑾　文字によって記録が残されるようになる以前の時代は，それ以降の，「歴史時代（有史時代）」と呼ばれる時代と区別して，何時代と呼ばれるか。

⑿　(ア)　インカ帝国で使用された記録・伝達手段は何と呼ばれているか。

　　(イ)　それはどのようなものであったか，簡潔に説明せよ。

⒀　『聖書』の創世記にみえる洪水伝説の原型となったとされる詩文が，粘土板に記され現在に伝わっている。その叙事詩は何と呼ばれるか。

⒁　パピルスに記され，ミイラとともに埋葬された絵文書で，当時の人びとの霊魂観が窺えるものは何と呼ばれるか。

⒂　キリル文字が考案された宗教上の背景を簡潔に説明せよ。

⒃　この関わりの内容を簡潔に説明せよ。

⒄　アメリカ合衆国は，この世論に押されるかたちで開始した戦争に勝利し，敗戦国にある島の独立を認めさせたうえで，それを保護国とした。その島の名を記せ。

⒅　アニメーション映画もこの時代に発展した。世界最初のカラー長編アニメーション映画『白雪姫』（1937年）を製作した兄弟の姓を答えよ。

⒆　この戦争の名を記せ。

⒇　1991年に中東で勃発した戦争の際には，戦争当事国の一方が自然環境を損壊した，と印象づける映像が報道された。この戦争の名を記せ。

(21)　「アラブの春」において，20年以上にわたる長期政権が崩壊した国を二つあげよ。

64

次の文章（A，B）を読み，　　　　　　の中に最も適切な語句を入れ，下線部
(1)〜(22)について後の問に答えよ。解答はすべて所定の解答欄に記入せよ。

A　人類は，結婚や相続といった枠組みを通じて，有形無形の財産や権利を受け
継いできた。

　　古代ギリシアのポリスでは，参政権は成人男性市民が有し，女性の発言力は
家庭内に限られた。これに対して，アテナイの喜劇作家　　a　　は，『女の
平和』という作品で，女性たちが性交渉ストライキで和平運動に参画する姿を
描き，時事風刺を行った。

　　古代ローマでは，カエサルの遺言で養子になったオクタウィアヌスが元首政
を開始した。そしてこの帝位を継がせる者として，　　b　　を同じく養子と
した。ヘブライ人の王の子孫とされるイエスに対する信仰は，社会的地位にお
　　　(1)
いて劣るとされた女性や下層民を強くひきつけた。この信仰を中心とするキリ
スト教は，後の欧州世界を大きく規定した。

　　古代末にドナウ川中流のパンノニアを本拠としたフン人の中では，伯父から
王位を共同で継承した兄弟王権が成立した。兄ブレダの死後，単独支配者と
　　　　　　　　　　　　　　　　　　　　　　　　　　　　　　(2)
なった王は大帝国を建設したが，その死亡に伴い帝国は瓦解した。東ゴート人
は，テオドリックを指導者とし，ラヴェンナを首都とする東ゴート王国を建設
　　(3)
した。この国はローマ由来の制度や文化を尊重したが，後に東ローマ皇帝によ
　　　　　　　　　　　　　　　　　　　　　　　　　　(4)
り滅ぼされた。

　　フランク王国は，分割相続を慣習とし，カール大帝を継承したルートヴィヒ
1世が死亡すると，3人の子の間で闘争が激化し，王国は3つに分割された。
　　　　　　　　　　　　　　　　　　　　　　(5)
その後，中部フランクが東西フランクに併合され，イタリア・ドイツ・フラン
スの基礎が築かれた。

　　ノルマンディー公国では，フランス貴族との通婚により生まれた次男・三男
以下のノルマン騎士が，傭兵や征服者として欧州各地に出かけた。イタリアで
は，半島南部とシチリア島の領土を継承した王が，両シチリア王国を誕生させ
　　(6)
た。

　この時期，封建貴族に支配された農奴は，地代として生産物の貢納と，領主の農地を耕作する賦役とを課された上に，結婚税を労働力移動の補償として，死亡税を保有地相続税として支払うなど，<u>多岐にわたる負担</u>を義務づけられた。
(7)

　ローマ＝カトリック教会は，修道士を通じて民衆教化を進めた。教会には，国王や諸侯から土地が寄進され，聖界諸侯が政治勢力となったが，現実的には教会は世俗権力の支配下にあり，また腐敗も進んだ。こうした世俗化や腐敗を批判する教会内部の動きは，フランスのブルゴーニュ地方にあった　　c　　修道院が中心であった。司教職などを相続や取引の対象とすることや，戒律に反する妻帯慣行も非難の対象であった。

　イングランドでは王位を巡る混乱が生じた。結果的に，フランスのアンジュー伯が<u>ヘンリ2世として即位した</u>が，アキテーヌ女公と結婚しフランス西
(8)
部を領有するに至り，大陸とブリテン島にまたがる大国が建設された。他方でフランス側では，カペー王家の断絶に伴い，ヴァロア家のフィリップ6世が即位すると，大陸におけるイングランド勢力の一掃を図ったが，これに対して<u>イングランド王エドワード3世は，フランスの王位継承権を主張した</u>。
(9)
　中世後期のイタリアには，ローマ教皇領の北に，コムーネと呼ばれる自治都市が成立した。フィレンツェでは，商人や金融業者などの市民が市政を掌握した。やがて，<u>有力家系が，その後数世代にわたり寡頭政を敷いた</u>。
(10)
　北欧では，混乱を平定したデンマークの王女マルグレーテが，ノルウェー王と結婚し，父王と夫との死亡により，デンマークとノルウェー両国の実権を掌握した。さらにスウェーデン王を貴族の要請で追放すると，<u>3国を連合すること</u>となった。これはデンマーク主導による連合王国を意味したが，後にス
(11)
ウェーデンとの連合は解消された。

問

(1)　『マタイによる福音書』によれば，イエスはヘブライ人の王の子孫とされる。息子ソロモンと共に王国の基礎を築いた王は誰か。その名を記せ。

(2)　この王は，カタラウヌムの戦いで西ローマ・フランクなどの連合軍に撃退され，イタリアでは教皇レオ1世との会見を経て撤退した。この王の名を記

せ。

⑶ テオドリックは，フランク王の妹と結婚した。このフランク王はキリスト教(アタナシウス派)に改宗したことで知られるが，その王は誰か。その名を記せ。

⑷ この皇帝はその后テオドラとともに，北アフリカを征服するなど，地中海帝国を再現させた。この皇帝は誰か。その名を記せ。

⑸ この王国の分割を決定した条約は何か。その名を記せ。

⑹ 伯父と父より継承し，南イタリアとシチリアにまたがるこの王国を作った王は誰か。その名を記せ。

⑺ 教会は，農奴からも税として収穫の一部を徴収した。この税は何か。その名を記せ。

⑻ ヘンリ2世が開き，2世紀余り続いた王朝は何か。その名を記せ。

⑼ エドワード3世がフランスの王位継承権を主張した血縁上の根拠を簡潔に説明せよ。

⑽ 金融業で資金を得て，学芸を庇護し，政治権力を維持した一家は何か。その名を記せ。

⑾ マルグレーテはデンマークとの国境に近い町に3国の貴族を集め，養子のエーリック7世のもとに3国が連合することを承認させ，その実権を握った。この連合は何か。その名を記せ。

B 世界史の中で19世紀は「ナショナリズムの時代」と言われるように，様々な地域で国民国家の形成が目指された時代だった。しかしそれは同時に，かつてない規模の人々が生地を離れて新天地に向かった「移民の時代」でもあった。工業化に伴う社会経済的な変動を背景とするこの時代の移民は，16世紀以降盛んになった大西洋を横断する強制的な人の移動と移動先での不自由な労働との(12)対比で，「自由移民」と呼ばれることがある。

ヨーロッパから海を渡った「自由移民」の代表的な行き先は，アメリカ合衆国(以下，合衆国)であった。合衆国はそもそも移民によってつくられた国であったが，19世紀半ばごろから急拡大した労働力需要は，新たな移民をひきつ(13)け，世紀後半には中国や日本からも多くの移民を迎えた。しかし，これらの新(14)しい移民と旧来の移民やその子孫との間には，摩擦も生まれた。同じころオー(15)

ストラリアや南アフリカにも様々な地域から多くの人が移民として向かった
が，いずれにおいても白人至上主義の体制が敷かれた。

　19世紀以降の大規模な人の移動を物理的に可能にしたのは，鉄道や蒸気船
などの交通手段の発達だった。合衆国では1869年には大陸の東西が鉄道に
よって結ばれ，大西洋側と太平洋側のそれぞれの港に到来する移民の動きは，
国内での移動と連結された。同じころスエズ運河も開通し，地球上の各地はま
すます緊密に結びつけられるようになった。しかし，こうした陸上および海上
の交通網の発達は，人々の自由な移動を推し進めただけではなかった。列強は
帝国の拡張や帝国主義的進出のために各地で鉄道建設を進め，原料や商品の輸
(16)
送のために鉄道を利用するばかりでなく，軍隊を効率的に移動させ抵抗を鎮圧
するためにも利用した。それゆえ，鉄道はしばしば，帝国主義に抵抗する民衆
運動の標的ともなった。
(17)

　20世紀に入ると新たに飛行機が発明され，長距離の移動はさらに容易にな
る。ただし，発明からまもない時期の飛行機の実用化を促したのは，旅客機と
しての利用ではなく，軍事目的の利用だった。飛行機を使った空中からの爆撃
が広範に行われたのは第一次世界大戦中であったが，歴史上最初の空爆は，
1911～12年のイタリア＝トルコ戦争においてイタリア軍によって実行され
(18)
た。

　国境を越える人の移動が拡大すると，それぞれの国家は，パスポートを用い
た出入国管理の制度を導入して人の動きを管理しようとした。また，大規模な
人の移動は感染症の急速な伝播などの危険を増すものでもあったため，各国は
(19)
港での近代的な検疫体制を整備した。こうした出入国管理や検疫の制度は，そ
の運用の仕方次第で，移民を差別あるいは排斥する手段ともなった。

　このように，19世紀以降に拡大する人の移動とそれを支えた交通手段の発
達は，単純に人々の自由な移動の拡大を意味したのではなかった。第二次世界
大戦期およびそれに先立つ時期にも，「不自由」な移動は大規模に発生した。そ
の極端な形は，ドイツ国内やドイツの占領地におけるユダヤ人をはじめとする
人々の強制収容であったが，「亡命」を余儀なくされ国を出る人々も多数あっ
た。たとえば，著名な物理学者アインシュタインは，この時期に合衆国に亡命
した1人である。
(20)

　第二次世界大戦後も，戦争や内戦により，世界の様々な地域の人が「難民」という形で望まない移動を強いられてきた。アジアでは1970年代後半から80年代に，インドシナ半島で多数の難民が生み出され，多くは合衆国などに向かい，一部は日本にも向かった。
　以上のように見るならば，19世紀以降，今日に至る時代は，大量の「強いられた移動」に特徴づけられた時代とも言えるのである。

問

⑿　この強制的な人の移動について，欧米では18世紀末から19世紀に入るころに反対の気運が高まる。1807年にそのような移動を廃止したのはどこの国であったか。その名を記せ。

⒀　㋐　1840年代から50年代にかけてヨーロッパのある地域は合衆国に向けてとくに大規模に移民を送り出した。この地域とはどこであったか，そしてこの地域が大量の移民を送り出した事情とは何か。簡潔に説明せよ。

　　㋑　1840年代後半から移民を多くひきつけた合衆国側の事情について簡潔に説明せよ。

⒁　合衆国におけるこのような動きは1924年の移民法に一つの帰結をみた。この法の内容を簡潔に説明せよ。

⒂　これら両国が20世紀初めにイギリス帝国の中で得た地位はどのようなものであったか。その名称を記せ。

⒃　ロシアがアジアへの勢力拡大の手段としたシベリア鉄道は，ある国の資本援助を受けて建設された。その背景には，その国とロシアの同盟関係があった。この同盟は何か。その名称を記せ。

⒄　19世紀末の中国山東省で生まれ，鉄道の破壊を含む運動を展開した集団は何か。その名を記せ。

⒅　この戦争でイタリアが獲得した地域は，今日の何という国に含まれるか。その国名を記せ。

⒆　1918年から翌年にかけて，インフルエンザが世界中で大流行し，多数の人が命を落とした。この時期にこの伝染病を世界規模で急拡大させた要因の一つとして，大規模な人の移動があった。その移動はなぜおきたのか。簡潔

に説明せよ。

(20) 第二次世界大戦下の合衆国で活動したアインシュタインは，その経験を踏まえ，戦後，哲学者ラッセルらとともに一つの運動を提唱した。この運動は何を目指すものであったか。簡潔に答えよ。

(21) 第二次世界大戦後，イギリスの委任統治の終了を機に急増し，現在も世界で最大規模の難民集団をなす人々は何と呼ばれるか。その名を記せ。

(22) この難民が生まれた背景には，1970年代半ばのベトナムの状況の変化があった。この変化について簡潔に説明せよ。

65

次の文章(A，B)を読み，[　　　]の中に最も適切な語句を入れ，下線部
(1)〜(25)について後の問に答えよ。解答はすべて所定の解答欄に記入せよ。

A　エジプトに，都市[a]が建設されたのは紀元前 4 世紀のことであっ
た。地中海世界の東西南北から文物の集まるこの都市に開設された図書館は名
高く，膨大な蔵書を誇った。エジプトがローマ帝国の支配下にあった紀元 2 世
紀半ば，[a]で，この知的伝統の上に立って，『天文学大全』でも知られ
る[b]が『地理学』を書いた。同書は天文学と幾何学を用いて地球の形態
や大きさを測り平面地図に表現する方法を記し，既知世界の 8,000 以上の地点
を経度・緯度で示した。オリジナルは失われているが，後にビザンツ帝国で作
られた写本には，地図が付されている。

　12 世紀の半ばには，コルドバに学んだイドリーシーが，キリスト教，ユダ
ヤ教，イスラーム教の共存するシチリア王国の国王のために，南を上にした数
十葉の地図を付した『世界横断を望む者の慰みの書』を著した。[b]やラ
テン語の地理書に加え，この頃すでに数百年の伝統を築いていたアラブの地理
学のエッセンスを吸収した成果であったが，キリスト教世界，イスラーム世界
双方で影響は限定的だった。

　中世ヨーロッパの地理的世界観をよく表すのは，1300 年頃の作とされる，
イギリスのヘレフォード図である。中心に聖地を置き，上部にアジア，右下に
アフリカ，そして左下にヨーロッパが配される。

　新しいタイプの地図は近世に生み出された。1512 年に東フランドルの小都
市に誕生したメルカトルは，ルーヴァン大学などで人文主義教育を受けた。
1536 年には卓越した銅版彫刻の技術を駆使して，地球儀の製作にかかわっ
た。順調に評価を高めていったが，1544 年にはルター派の異端として一時投
獄された。その危機を乗り越え，1569 年には，彼の名を後世にとどめること
になるメルカトル投影図法による世界地図を発表した。これは，球体を円筒に
投影して平面に展開したところに特徴がある。目指す方角を正確に示すこの地

図を，彼は，<u>当時世界の海にのりだしていくようになった航海者たちのために</u>
(9)
作成した。

　1666年，ルイ14世は<u>科学アカデミー</u>を設立し，翌年パリ天文台を建てた。
(10)
ここで4代にわたり天文台長をつとめたカッシーニ家は，天文学の技術を地図
作成に応用し，三角測量によって，内政や軍事に求められるフランス王国の正
確な地図を徐々に完成させていった。1793年，こうして作られた地図一式
は，カッシーニ家から没収され国有化される。それ以降，カッシーニの地図
は，王の版図ではなく単一のフランス「国（国民）」を象徴するものとなり，カッ
シーニの科学的測法は他の国々に採用された。地図は，19世紀以降の国民
国家や海外植民地帝国の形成に大きな役割を果たし，<u>「ラテンアメリカ」</u>や「中
(11)
央アジア」のような新たな地域概念は，現代まで世界認識を規定している。

問

(1)　この学問の祖と言われる人物の名を記せ。

(2)　11世紀頃から行われ始め，この社会に大きな変容をもたらしたプロノイ
　　ア制について，簡潔に説明せよ。

(3)　この地出身のイブン＝ルシュドは，ある哲学者の作品に高度な注釈を施し
　　たことで知られる。その哲学者の名前を記せ。

(4)　13世紀末にこの国から分離独立した王国の名を記せ。

(5)　この頃の大きな出来事であるアナーニ事件の概略を説明せよ。

(6)　「人文主義の王者」とも称せられた，ネーデルラント出身の学者の名を記
　　せ。

(7)　この製作を依頼したのは，東フランドルを含む広大な地域を支配したカト
　　リックの皇帝である。その名を記せ。

(8)　彼に数年遅れ，1519年にチューリヒで宗教改革を始めた人物の名を記
　　せ。

(9)　この時代に行われたマゼランの大航海が目指した，香料の特産地の名を記
　　せ。

(10)　フランスにおけるアカデミーは1635年設立のアカデミー＝フランセーズ
　　をもって嚆矢とする。ルイ13世の宰相でこれを設立した人物の名を記せ。

(11) この呼称は，19世紀後半にアメリカ大陸への進出をねらうフランスで用いられるようになった。1861年にナポレオン3世によってなされた軍事介入の対象となった国の名を(ア)に，この介入を撃退した大統領の名を(イ)に，それぞれ記せ。

B　近現代史家エリック＝ホブズボームは，産業革命とフランス革命という「二重の革命」に始まり第一次世界大戦で終わる時代を「長い19世紀」と位置づけた。ホブズボームによれば，「長い19世紀」とは，「二重の革命」を経て経済的・社会的・政治的に力を蓄えていったブルジョワジーという社会階層と，ブルジョワジーの地位向上とその新たな地位を正当化する<u>自由主義イデオロギー</u>の時代であった。

(12)

　イギリスの産業革命は，イギリスの対アジア貿易赤字に対応するための輸入代替の動きを大きな契機として始まった。イギリスではそれに先行する時代に，私的所有権が保障され，<u>農業革命</u>が進行するなど，工業化の条件が整って

(13)
いた。綿工業から始まった産業革命は，19世紀が進むにつれて，鉄鋼，機械など，重工業部門に拡大していった。この過程で，<u>資本家を中心とするブル</u>

(14)
<u>ジョワジーが経済的・社会的な力を強め</u>，新たな中間層の中核を形成する一方，<u>伝統的な中間層の一翼を担った職人層はその少なからぬ部分が没落し，新</u>

(15)
<u>たな下層である労働者層に吸収されていった。</u>

　フランス革命は，貴族層の一部，ブルジョワジー，サンキュロットと呼ばれた都市下層民衆，および農民という，多様な勢力が交錯する複合革命であった。「第三身分」が中核となって結成された議会は，封建的特権の廃止や人権宣言の採択，および立憲君主政の憲法の制定を実現したが，憲法制定後に開催された議会では，<u>立憲君主政の定着を求める勢力がさらなる民主化を求める勢力</u>

(16)
<u>に敗北した。</u><u>対外戦争の危機の中で新たに構成された議会の下で</u>，ブルジョワ

(17)
ジーとサンキュロットが連携し，王政が廃止された。まもなく急進派と穏健派の間に新たな対立が生じ，急進派が穏健派を排除して恐怖政治のもとで独裁的な権力を行使するようになったが，対外的な危機が一段落し，恐怖政治に対する不満が高まると，<u>権力から排除されていた諸勢力はクーデタによって急進派</u>

(18)
<u>を排除した。</u>しかし，穏健派が主導する新政府は復活した王党派とサンキュ

ロットの板挟みとなって安定せず，フランスを取り巻く国際情勢が再び緊迫する中で，ナポレオンが台頭する。民法典の編纂や商工業の振興に代表される彼
(19)
の施策は，おおむねブルジョワジーの利益と合致するものであった。

　「二重の革命」の影響は広範囲に及んだ。フランスにおいて典型的に実現されたとされる「国民国家」は，ヨーロッパ内外を問わず政治的なモデルと見なされるようになった。これが近現代の世界におけるナショナリズムの大きな源流のひとつである。1848年にハプスブルク帝国内に噴出した民族の自治や独立を
(20)
求める動きや，イタリアとドイツの統一国家建設は，「国民国家」という新たな規範がヨーロッパの政治に与えたインパクトを物語るものであった。また，多くの欧米諸国では，国民の権利意識や政治参加を求める主張が強まり，一定程度の民主化が進展した。民主化の潮流は，一方では，労働者層の権利意識を高
(21)
め，ブルジョワジー主導の自由主義的秩序の変革を目指す社会主義思想の普及につながったが，他方では，拡張的な対外政策への大衆的な支持の高まりや，
「国民」とは異質な存在と見なされた集団への差別にもつながった。「長い19世
(22)
紀」を終わらせることとなる第一次世界大戦は，こうして蓄積されていたナショナリズムのエネルギーの爆発という側面を有した。

　一方，ヨーロッパとアメリカ合衆国で工業化が進展した結果，欧米世界は，世界の他地域に対して圧倒的に強力な経済力と軍事力を獲得していった。欧米
以外の多くの地域では，工業化した諸国に経済的に従属する形で経済開発が行
(23)
われ，19世紀以前とは大きく異なる貿易パターンが出現した。国民国家の建設および工業化を進めた諸国とそれに遅れた諸国との間の力関係は，前者の後者に対する圧倒的な軍事力の行使や，不平等条約として表面化した。19世紀
(24)
中葉から後半にかけて，欧米以外の諸国における上からの改革の動きは，経済や軍事の面で欧米諸国に追いつくことを大きな目標としていたが，その多くは挫折することとなった。のちにフランス革命前の「第三身分」になぞらえて「第三世界」と呼ばれるようになる地域の多くは，19世紀末までに欧米諸国の植民地や勢力範囲に分割されることとなる。これらの地域に台頭する反植民地主義
的ナショナリズムは，ホブズボームが「短い20世紀」と呼ぶ時代の世界史を大
(25)
きく動かす原動力のひとつとなっていく。

問

⑿ 主著『経済学および課税の原理』で，比較優位に基づく自由貿易の利益を説いた人物の名を記せ。

⒀ 18世紀から19世紀初頭にかけて，イギリスにおいて議会主導で行われた農地改革を何と呼ぶか。

⒁ 1830年代末から1840年代にかけて，イギリスでは，ブルジョワジーがみずからの利益を実現するために，ある法律の廃止を要求する圧力団体を結成し，法律廃止を実現した。この法律の名称を記せ。

⒂ イングランド北・中部の手工業者や労働者が起こしたラダイト運動とは，どのような運動であったか。

⒃ この勢力を何と呼ぶか。

⒄ この議会の名称を記せ。

⒅ この事件を何と呼ぶか。

⒆ 19世紀前半のフランスでは，工業化をめざす政策が採用されたにもかかわらず，実際の工業化の進展は緩慢であった。その理由を述べよ。

⒇ このときに，ある民族集団は，一時的にハプスブルク帝国から独立した政権を樹立した。この民族集団の名を記せ。

(21) 1886年にアメリカ合衆国で結成された，熟練労働者を中心とする労働組合の名称を記せ。

(22) 19世紀末のフランスで発生したある事件は，反ユダヤ主義を反映するものであるとして，ゾラなどの知識人から批判を浴びた。この事件の名を記せ。

(23) 19世紀前半に，イギリス，インド，中国の間に出現した三角貿易を通じて，イギリスは対アジア貿易で黒字を計上するようになった。この貿易黒字は，どのようにして実現されるようになったのか。イギリスとインドの貿易商品に言及しつつ，簡潔に説明せよ。

(24) 19世紀後半に清で行われた富国強兵をめざす改革運動を何と呼ぶか。

(25) 1925年にホー＝チ＝ミンが結成し，のちにベトナムの独立運動を中心となって担っていく組織の母体となった団体の名称を記せ。

66

次の文章(A，B)を読み，□の中に最も適切な語句を入れ，下線部 (1)〜(16)について後の問に答えよ。解答はすべて所定の解答欄に記入せよ。

A　歴史上において，人はしばしば集団をなし，大規模な移動を行ってきた。西洋の前近代においても，移動の顕著な例がいくつも見られる。それらには，強力な武器を持った戦士集団が周囲に拡大するように移動した事例が含まれてはいるものの，生命の安全と生活の糧を得るためにやむなく集団で移動するに至った，近代以降の移民や難民に似た事例も少なくない。

　西洋史上で注目される最初の大規模な移動として，前2000年頃より北方からバルカン半島に南下したギリシア人のケースをあげることができるだろう。彼らは<u>ミケーネ文明の担い手となり</u>(1)，<u>さらに東地中海地域に広く分布して，ポリスと呼ばれる独自の都市国家を多数形成した</u>(2)。また，西方のイタリア半島にも前1000年頃に古代イタリア人が南下したが，その一部であるラテン人がテヴェレ川の河畔に建てた<u>都市国家ローマ</u>(3)が，やがて帝国を築くに至った。

　こうした地中海周辺地域での動きとは別に，アルプス山脈の北側では別の移動があった。ヨーロッパの中央部では，前8世紀頃から鉄製の武具を装備した戦士集団が拡大するように東西に移動し，西はイベリア半島，東は小アジアまで達した。彼らは□a□人と総称されるが，前1世紀にローマがアルプス山脈の北にも征服を進めると，ガリア地方に居住する□a□人はその支配下に組み込まれ，次第に同化した。しかし，<u>彼らと接してその北東のゲルマニアに住んでいた人々</u>(4)は，一部はローマ帝国の支配下に置かれたものの，多くは帝国の外に居住し，ローマと交易をしたり，掠奪のために帝国領に侵入したりした。

　4世紀後半になって，東方から□b□人の移動に押されたゴート人が，生命の安全と生活の糧を求めて移動を開始し，ローマ帝国に救いを求めて376年にドナウ川を渡った。しかし，帝国領に入った人々に対してローマ帝国側が苛烈な取り扱いをしたため，<u>移住者たちは反乱を起こして，ローマ軍を撃破</u>(5)

し，皇帝を戦死させるに至った。これ以後，ゲルマニアやその東方に居住していた人々が集団をなして続々と西へ移動を始め，5世紀になるとローマ帝国の西半は大混乱に陥った。

　この大移動の結果，長らくローマ帝国統治下にあった西ヨーロッパでは，政治秩序が大きく変化した。イタリアは東ゴート人が統治する国となり，イベリ
(6)
ア半島には西ゴート人が王国を建てた。アルプス山脈の北でも，　　c　　人
の諸集団がクローヴィスによって統合されてガリア北部に王国を形成し，さら
(7)
に南へと勢力を拡大していった。ブリテン島では，ローマ帝国の支配が終わった後，島外からの来襲が繰り返されるようになり，アングル人やサクソン人の定住と支配が進んでいった。

　こうした古代の終焉期の大規模な移動によって大きく変化した西ヨーロッパは，9世紀初めにカール大帝によってその大部分が統一された。大帝は，数
(8)　　　　　　　　　　　　　　　　　　　　　　　　(9)
世紀前よりヨーロッパ中央部に移動して強勢をなしていた遊牧民を制圧してもいる。しかし，この頃，新たな移動が本格化した。ユトランド半島やスカンディナヴィア半島を本拠とするノルマン人は，8世紀後半からヨーロッパの各地に来航し掠奪や交易を行っていたが，次第に内陸部に到達するとともに，定住を開始し，国家建設も始めたのである。そして，西北フランスにノルマンディー公国を建て，イングランドをも征服した。シチリアにも王国を建て，ロシアにノヴゴロド国，次いでキエフ公国を建てた。
(10)

問

(1)　ミケーネ文明の実態を知ることができるようになったのは，出土した粘土板に書かれた文字をイギリスのヴェントリスらが解読したからである。この文字は何と呼ばれているか。

(2)　ギリシア人は方言の違いからいくつかの派に分けられるが，アテネを築き，小アジアの西岸にもポリスを数多く建てた一派は何人と呼ばれるか。

(3)　都市国家ローマは，その初期，イタリア半島の先住民の王によって支配されていた。ローマの国家形成や文化に大きな影響を与えたこの先住民の名を記せ。

(4)　ローマ人の記録によれば，ゲルマニアの住民は，集団にとって重要な決定

をある機関で行っていた。その機関の名を記せ。

(5) この皇帝の敗死後に即位し，ゴート人を帝国領内に定住させて混乱を一時的に収めたローマ皇帝は，キリスト教を帝国の国教とする政策も実施した。この皇帝の名を記せ。

(6) イタリアに進撃して東ゴート人の王国を建てた王は，ローマ帝国の統治と文化の継承をはかったとされる。この王の名を記せ。

(7) クローヴィスが行った宗教的な措置は，その後の | c | 人の国家発展の基礎となった。この措置の内容について，簡潔に説明せよ。

(8) カール大帝は，広大な領土を集権的に統治するためにどのような行政上の措置をとったか。その内容を，役職名を示しつつ，簡潔に説明せよ。

(9) この遊牧民の名を記せ。

(10) キエフ公国に最盛期をもたらしたウラディミル1世は，ギリシア正教を国教とし，ある国の専制君主政治をまねた。ある国とはどこか。

B 16世紀以降，バルト海周辺地域の覇権をめぐって諸国の争いが繰り返された。

　スウェーデンとデンマークの対立によってカルマル同盟は解体し，両国はともにルター派を受容しつつ戦争を続けた。| d | を中心都市とするドイツ騎士団領でも，騎士団総長がルター派に改宗し，1525年にプロイセン公としてカトリックのポーランド国王に臣従した。さらに16世紀後半にはロシアも，バルト海への出口を求めて争いに加わった。

　1625年，デンマークは三十年戦争に参戦したが，神聖ローマ帝国の皇帝軍に敗北した。スウェーデンは1630年に参戦し，フランスと同盟を結んで皇帝軍を破った。スウェーデンはデンマークとの戦争でも勝利を重ね，17世紀後半には「バルト海帝国」と呼ばれる権勢を誇った。

　1700年からの北方戦争では，デンマーク，ポーランド，ザクセン，ロシアが同盟してスウェーデンと戦った。スウェーデン国王カール12世は各国の軍を撃破したが，1709年にウクライナのポルタヴァでロシア軍に敗れ，南に敗走して | e | に亡命した。ポーランドやロシアと対立していた | e | は翌年にスウェーデン側に立って参戦するが，スウェーデンの劣勢を挽回する

には至らなかった。その後，ロシアによる黒海沿岸の ｜ f ｜ 併合に
｜ e ｜ が抗議して1787年にロシアと開戦すると，翌年にはスウェーデン
もロシアに宣戦布告している。

　北方戦争の結果，ロシアは今日のエストニアとラトヴィアの一部を獲得し
た。戦争中にロシアは新首都ペテルブルクをバルト海沿岸に建設し，バルト海
経由の交易を増大させた。また，1701年にプロイセン公国は王国に昇格した
が，国王フリードリヒ1世は ｜ d ｜ で戴冠式を挙行している。その後，
ポーランド分割でロシアはリトアニアなどを，プロイセンは港湾都市
｜ g ｜ などを獲得した。ロシアの発展にバルト海沿岸在住のドイツ人が大
きく関与するようになり，また，プロイセン領 ｜ d ｜ の大学からは重要な
(13)
思想家や作家が輩出した。

　1756年に始まる戦争で，スウェーデンは当初中立を保ったが，イギリスに
(14)
よる中立国船舶の拿捕政策に抗議し，デンマークとともに武装中立を提唱し，
のちに対英戦争に参戦した。1780年の武装中立同盟の結成も，1778年にス
(15)
ウェーデンが戦時中の中立国船舶の保護を訴えたことに端を発している。これ
は国際法における中立国の権利に関する考え方を発展させるきっかけになっ
た。

　フランス革命勃発後，スウェーデンとロシアは革命の波及を恐れ，ともに
1805年の第3回対仏大同盟に参加したが，ロシアはナポレオン軍との戦闘で
敗退を重ね，1807年にフランスと講和を結んだ。その後ロシアは一転してス
ウェーデン領 ｜ h ｜ に侵攻し，｜ h ｜ は1809年にロシア皇帝が大公
を兼任する大公国となった。

　ナポレオンの没落以降，第一次世界大戦までバルト海沿岸をめぐる大きな国
境の変更はなかった。第一次世界大戦に際しスウェーデンは中立を維持した
(16)
が，バルト海南岸はロシアとドイツの戦場となった。ロシア革命が勃発する
と，バルト3国はロシアから独立した。独立を回復したポーランドも，いわゆ
るポーランド回廊でバルト海に接することとなり，また ｜ g ｜ は自由都市
となった。ドイツ系住民が大多数を占めていた ｜ g ｜ のドイツへの返還要
求が，ドイツのポーランドに対する宣戦布告の名目の一つとなった。

　1939年，ソ連は ｜ h ｜ に侵攻し，1940年にはバルト3国を軍事的圧力

のもとに併合した。翌年からの独ソ戦でバルト3国の住民は両陣営に分かれて
戦うこととなった。　　　d　　　とその周辺は，大戦末期の凄惨な包囲戦と戦後
のドイツ系住民追放を経てソ連領となり，市名もカリーニングラードと変えら
れた。

問

⑾　ドイツ騎士団がこの地域の植民を進めたのは，13世紀前半以降である。
　　12世紀末の結成当初の活動目的を答えよ。

⑿　スウェーデンとフランスとの同盟は，三十年戦争の性格の変化を端的に示
　　しているといえる。なぜそのようにいえるのか，簡潔に説明せよ。

⒀　この大学の総長も務め，『純粋理性批判』などを著した哲学者の名を記せ。

⒁　㋐　この戦争の名称を記せ。

　　　㋑　この抗議の思想的根拠として，17世紀オランダの法学者の議論が参
　　　　照された。『海洋自由論』などを著したこの法学者の名を記せ。

⒂　中立国船舶の航行の自由などを宣言した1780年の武装中立同盟は，誰が
　　どのような目的で提唱したか，簡潔に説明せよ。

⒃　㋐　第一次世界大戦の開戦当初は，多くの国が中立を宣言したが，その後
　　　　いくつかの国が参戦に転じた。1917年に参戦した国名を一つ挙げよ。

　　　㋑　その後もスウェーデンは独自の外交政策を展開した。一方，スイスは
　　　　19世紀に国際会議で永世中立を認められている。この会議の名を記
　　　　せ。

67

次の文章（A，B，C）を読み，　　　　　　の中に最も適切な語句を入れ，下線部(1)～(23)について後の問に答えよ。解答はすべて所定の解答欄に記入せよ。

A　古代以来，西洋では船が運輸と軍事で重要な役割を果たした。フェニキア人は二段櫂船（かい）などを用いて海上輸送を行い，地中海沿岸に植民市を建設した。ギ(1)リシア人は衝角を備えた三段櫂船などの艦隊を用いて，前 480 年　a　の海戦でペルシア艦隊に勝利した。ローマ人も軍事用に櫂船を用いたが，前 1 世紀頃までに地中海がほぼ平定され，遠隔地交易が活発になると，帆船が発達し(2)た。

　9～11 世紀の地中海では，ビザンツ帝国の艦隊とシリアやアンダルスなど(3)から出撃するムスリムの艦隊が，ともに三角帆を備えた櫂船などで覇権を争ったが，イオニア海以西ではしだいにイタリア諸都市とノルマン人が勢力を伸張(4)させた。7 回に及んだ十字軍の遠征では，第 1・2 回においてその主力は陸路でシリア・パレスチナへ進軍したが，第 3 回以降は海軍と海上輸送される兵士が中心となった。兵士や馬に加え，多くの巡礼者と物資を輸送するため，ヴェ(5)ネツィアやジェノヴァでは多くの櫂船と帆船が建造された。

　13 世紀末，ジェノヴァの櫂船がジブラルタル海峡経由でフランドルへ到達し，　b　と地中海という二つの海域を結ぶ航路が開設された。この頃，　b　・バルト海間の通商では，ハンザ同盟の盟主　c　とハンブルクをつなぐ河川路・陸路が主軸であったが，15 世紀以降，　b　とバルト海をむすぶエーレスンド（ズント）海峡の通航量が増大し，バルト海沿岸から(6)西欧へ生活物資が大量に帆船で運送されるようになった。地中海でも商用帆船は発達したが，軍事用では櫂船が 16 世紀に至るまで支配的であった。

問

(1)　フェニキア人が北アフリカに建設した代表的な植民市の名を記せ。

(2)　地中海をかこむ諸地域を支配下に入れたオクタウィアヌス（アウグストゥス）の知遇をえて，ローマの建国伝説をテーマとする一大叙事詩を書いた人物の名を記せ。

(3)　8世紀半ば以降，コルドバを首都として，この地域を支配していた王朝の名を記せ。

(4)　12世紀前半，ノルマン人が地中海域に建てた国の名を記せ。

(5)　巡礼者の保護などのために設立された代表的な宗教騎士団の名を二つ記せ。

(6)　15世紀，この海峡の両側を支配していた王国の名を記せ。

B　支配的な権力や勢力に強制されて，あるいはよりよい機会を求めて，故地を出て各地に離散した人々やその状態をあらわす，ディアスポラという概念がある。この切り口から見ると，ヨーロッパ近世・近代史は，たえずディアスポラを生みだす歴史であった。
(7)

　コロンブスがサンサルバドル島に到達した年，数万人のユダヤ人がスペインから追放された。彼らは西欧諸国およびオスマン帝国へと移住し，商業などで
(8)
目覚ましい活躍をする者もあらわれた。また，同じくスペインから，モリスコ（キリスト教に改宗した元イスラーム教徒）が，1568～71年の反乱の鎮圧を経
(9)
た後の17世紀初頭，約30万人追放された。そのうちの大部分はモロッコなど北アフリカに逃れた。

　宗教改革の影響で，新教・旧教の双方からディアスポラが発生した。ヘンリ8世によって国教会体制が敷かれたイギリスでは，カトリック教徒が厳しい制
(10)
約の中でひそかに信仰を守ったが，一部は国外へ逃れ，故郷の同宗信徒との関係を保った。フランスでは，16世紀後半の宗教内乱を経てしばらくはユグノーの信教は許容された。しかし，1685年にナント王令が廃止されるなどし
(11)
たため，多くのユグノーがイギリスやスイス，オランダやプロイセンへと逃れ，共同体をつくり，またフランスで迫害に遭っている仲間の救済に尽力した。

　政治闘争の敗北者たちが一種のディアスポラを形成することもあった。名誉革命で王位を追われたジェームズ2世はフランスにわたり，やがてパリ西方のサン＝ジェルマン・アン・レーに亡命宮廷を構えたが，ここは，<u>ジェームズの王統をなおも信奉する人々，ジャコバイト</u>にとって物心両面での拠り所となった。また，<u>フランス革命の際にはエミグレ（亡命貴族）が発生し</u>，異郷で反革命を画策し，帰還の機会をうかがった。
(12)(13)

　経済的要因が強く作用したディアスポラの例もある。たとえば，ヨーロッパ人が深く関与した奴隷貿易によって<u>膨大な数の黒人がアフリカから離散した</u>。また，<u>南ロシアで1881年に大規模なポグロム（ユダヤ人に対する襲撃）が生じた</u>ことも手伝って，その後，<u>多くのユダヤ人が住んでいた場所を捨て</u>，西方のヨーロッパ諸国やアメリカ合衆国に移民していった。
(14)(15)(16)

　このような各種のディアスポラは国の枠を越えて拡大し，ヨーロッパ諸国にとっては，これらの人々をどのように処遇するにせよ，つねに憂慮すべき要素となった。

問

(7)　この語は古代ギリシア語に起源を持つが，もっぱらパレスチナ地方を追われたユダヤ人と関連付けられてきた。19世紀末になると，各地に散ったユダヤ人の間で民族的郷土の建設を求める運動が活発化した。この運動を何と呼ぶか，記せ。

(8)　この追放令が発せられた時のスペインの女王の名を記せ。

(9)　これと同じ時期にスペイン王を悩ませる大規模な反乱を開始し，十数年後に独立を宣言した国がある。その国の中心都市で，17世紀に国際金融の中心となった都市の名を記せ。

(10)　そのような状況にもかかわらず，彼らは16世紀半ばの一時期，イギリスで復権した。その理由を簡潔に記せ。

(11)　この頃プロイセンを統治していた家門名を記せ。

(12)　彼らは18世紀初頭にイギリスで王朝交代があったその翌年に，ジェームズ2世の息子を奉じて反乱を起こした。これを撃退したイギリスの新しい王朝の名を記せ。

⒀　反革命の動きに対抗して，革命政権は1792年に戦争に踏み切った。この
　　とき最初に宣戦した相手国の名を記せ。

⒁　彼らが輸送先のプランテーションで栽培に従事した主な作物を二つ記せ。

⒂　1881年にある人物が暗殺されたことがきっかけで，農民たちは農奴制が
　　復活するのではとの恐怖に駆られ，それがポグロムの引き金となったとされ
　　る。この人物の名を記せ。

⒃　ユダヤ人など多くの移民を生み出したロシア・東欧と並んで，1880年代
　　にエリトリアを植民地化したある国からも，アメリカ大陸への移民が増大し
　　た。この国の名を記せ。

C　第二次世界大戦後に出現した，アメリカ合衆国とソ連を頂点とする二極構造
　の国際システムは，時間の経過とともに，より多極的な構造に移行していっ
　た。

　　非共産主義世界では，西ヨーロッパ諸国と日本が急速な経済成長を遂げたこ
　　　　　　　　　　　　(17)
　とで，アメリカの経済的地位は相対的に低下した。ベトナム戦争の長期化によ
　　　　　　　　　　　　　　　　　　　　　　　　(18)
　り，アメリカの経済的疲弊はさらに深まった。1970年代初頭，アメリカが自
　　　　　　　　　　　　　　　　　　　　　　　(19)
　国の経済的利益を優先する政策を採用したことを契機に，ブレトン・ウッズ体
　制は大きく変容することとなった。

　　社会主義国よりなる東側陣営では，1956年にソ連のフルシチョフが新たな
　　　　　　　　　　　　　　　　　　(20)
　政治路線を打ち出したことを大きな契機として，陣営内でさまざまな変動が生
　起した。中国はフルシチョフの新たな路線を批判し，中ソ関係は国境をめぐる
　　　　　　　　　　　　　　　　　　　　　　　　　　　(21)
　軍事衝突が発生するまでに悪化，最終的に中国は東側陣営から事実上離脱し
　た。一方，東ヨーロッパでは，抑圧的な国内政治体制とソ連の支配への批判が
　高まり，ポーランド・ハンガリー・チェコスロヴァキアで政治的自由化に向か
　う動きが断続的に発生した。

　　かつて植民地や半植民地などとして経済的に従属的な地位に置かれていた地
　域は，政治的独立を果たした後にも，低開発に苦しむことが多かった。しか
　し，このような地域の中からも，韓国・台湾・シンガポール・香港・ブラジル
　　　　　　　　　　　　　　　　　(22)
　など，比較的早い段階から急速な経済成長に成功する国や地域が現れた。これ
　らが，のちに新興工業経済地域(NIES)と呼ばれる地域のさきがけとなった。
　　　　　　　(23)

問

(17) ヨーロッパ石炭鉄鋼共同体が結成される契機となった提案を行ったフランス外相の名を記せ。

(18) ベトナムからのアメリカ軍の撤退を定めた和平協定が締結された都市はどこか。

(19) 1971～73年にブレトン・ウッズ体制に生じた変化を，それに関連するニクソン政権の政策と合わせて，簡潔に説明せよ。

(20) このときフルシチョフが打ち出した新たな路線を，国内政策と対外政策について，簡潔に説明せよ。

(21) 1969年3月に，ソ連と中国の間で領有権をめぐって大規模な戦闘が起こったのはどこか。

(22) 1988年に総統に就任し民主化を推進した人物の名を記せ。

(23) 新興工業経済地域（NIES）の主要な国々が1960～70年代に急速な経済発展を実現した際に採用した経済政策の特徴を，簡潔に説明せよ。

68

次の文章（A，B，C）を読み，下線部(1)〜(24)について後の問に答えよ。解答は
すべて所定の解答欄に記入せよ。

A　ヨーロッパでは中世半ばから，政治や社会においてさまざまな団体の形成と
　その活動が重要になる。

　　11 世紀以後，イタリアの北部や，ライン川流域からフランドル地方，フラ
　　　　　　　　　(1)　　　　　　　　　　　　　　　　　　(2)
　ンスの北部では商工業者を中心に，自治都市共同体の形成が活発化し，しばし
　ば都市領主の支配に対して闘争が起こった。また成立した自治都市内部では，
　手工業者や商人の同職組合が結成され，組合は様々な営業上の特権を獲得し
　(3)
　た。こうした手工業者の団体は，富裕な商人による都市行政に反発を強め，14
　世紀には多くの都市で蜂起して改革運動を行い，彼らの市政参加が実現される
　こともあった。

　　農村部でも賦役を中心とした古いタイプの荘園制が崩れ，一定の自治権を持
　つ村落共同体が農業経営と農民生活において重要な意味を持つようになった。
　こうした村落を単位として共同で行う，牧畜と穀物栽培を組み合わせた三圃農
　　　　　　　　　　　　　　　　　　　　(4)
　法の普及により，生産力は飛躍的に向上した。

　　政治においても集団的な活動が重要性を増した。政治的危機に対応した都市
　　　　　　　　　　　　　　　　　　　　　　　　　　(5)
　同盟は 13 世紀にも見られたが，14，15 世紀には貴族たちは封臣として君主と
　の個別的な関係を結ぶのみならず，王の課税要求や領邦君主の相続をめぐる混
　乱などをきっかけに横の連帯を強め，議会で結束して王に対抗し，自分たちの
　財産や権益を守ろうとした。早くも 13 世紀に，イングランドでは国王と貴族
　　　　　　　　　　　　　　　(6)
　の対立が激しくなり，その中で開かれた議会は後の二院制につながる構成を示
　していた。神聖ローマ帝国の帝国議会では，選帝侯を中心とする諸侯の影響力
　　　　　　　　　　　　　　　　　　　　(7)
　が強く，その他の貴族や市民の発言力はきわめて弱かった。

　　フランスなど，絶対主義が成立した国では議会が招集されなくなることも
　(8)
　あったが，身分団体や職能団体などの特権団体は，王権の下で一定の権限を認
　められて存続した。

問

(1) 11，12世紀にイタリア都市の繁栄を促した要因を記せ。

(2) この地方の都市発展の最も重要な基盤となった産業は何か。

(3) ギルド，ツンフトなどと呼ばれる手工業者の同職組合の正式構成員は，何と呼ばれたか。

(4) 三圃農法の成立にとって重要な役割を果たした農具の名を記せ。

(5) 1250年代に，ドイツ(神聖ローマ帝国)における政治的混乱に直面して諸都市や貴族はライン都市同盟を結成した。この混乱に始まる危機の時代を何と呼ぶか。

(6) 1295年の「模範議会」には大貴族・高位聖職者のほか，後の下院議員に相当する代表が出席した。この代表はどのような人々か。

(7) 七選帝侯による皇帝選挙などを定めた14世紀の皇帝文書の名を記せ。

(8) フランス絶対王政下で，特権を守ろうとする貴族の抵抗の拠点となった司法機関の名を記せ。

B　11世紀の中ごろに東西キリスト教会が決裂した後も，カトリック教会はヨーロッパの広い範囲で信仰を集めた。しかし，「普遍」を意味する名をもつこの教会も，決して単一であったわけではない。中世にはいくつもの異端運動が発生したし，教皇庁がフランス王権の圧力によってローマ以外の都市に移転(9)し，さらには教会が大分裂したこともある。

16世紀前半，信仰によってのみ救済されるとして教会を批判し，宗教改革の火ぶたを切ったドイツの修道士ルターは，教皇から破門されただけでなく，神聖ローマ皇帝からも喚問を受けたが，自らの信仰を放棄することを拒んだ。帝国内の領邦君主の中にはルター派に帰依するものも現れ，同盟して皇帝と争い，政治的な抗争が宗教の装いをまとうことになった。1555年のアウクスブ(10)ルクの和議で，領邦教会制が確認され，帝国領内では両派がモザイク状に入りくむことになったが，特にドイツ南部やオーストリアでは，カトリック教会が(11)勢力を維持した。

ジュネーヴで宗教改革を指導したカルヴァンの教えは，やがてフランス国内

でも支持を集め，さらにネーデルラントやスコットランドへも広がった。フランスにおけるカルヴァン派はユグノーと呼ばれ，貴族，市民の間に支持を広げたが，王権はこれを弾圧し，16世紀後半にはユグノー戦争と呼ばれる内戦が長くつづいた。16世紀末に，ヴァロア家の断絶を受けて王位についたブルボン家のアンリ4世は，ユグノーからカトリックに改宗するとともに，王令によってユグノーの信仰の自由を承認したが，この王令は後にルイ14世によって廃され，国外に亡命するユグノーも多く現れた。

　一方カトリック教会側も対抗宗教改革を実施し，トリエント宗教会議で教義の確認を行うとともに，イエズス会士ら宣教師による海外布教を積極的に展開した。

　イギリスでは，1534年に議会が定めた法によってイングランド教会(国教会)が成立し，国家が主導するかたちで宗教改革が実施された。国教会は初め，旧来のカトリックの教義や教会統治の方式を多く受け継いだ。後には大陸の改革者の教説の影響を受けたが，なおも飽き足りない人々は，国教会を離れて多くの改革的宗派を形成した。

　17世紀半ばに起きたイギリスの内乱は，教会指導者に対する改革派の強い反感が背景にあり，内乱後に成立した共和政は，独立派出身のクロムウェルの政教一致の政治を特徴とした。18世紀には世俗化と宗教的寛容の進行が見られたが，強い反カトリック感情は存続した。英仏間では戦争が繰り返されたが，そのたびにイギリスでは，背後にあってカトリック住民の多いアイルランドがフランスと連携することへの危機感が高まった。ジェームズ1世の時代に本格化したアイルランドへのプロテスタント系住民の移住は，アイルランドにおける，民族と宗教の問題が一体化した深刻な事態の原因となり，イギリスは1801年にアイルランドを併合することでこれを国内問題としてさらに抱え込むことになった。

問

　(9)　南フランスにあるこの都市の名を記せ。

　(10)　アウクスブルクの和議で確認された領邦教会制とはどういうものか。簡潔に説明せよ。

⑾　19世紀後半のドイツ帝国の宰相ビスマルクは，ドイツ南部を基盤とするカトリック教会を，国家の統制下に置こうとする政策をとった。この政策は何と呼ばれたか。

⑿　ネーデルラントでは，16世紀後半，スペインによる宗教弾圧に対し，独立戦争が起きた。南部10州は鎮圧され帰順したが，北部7州は同盟して戦争を継続した。この同盟の名を記せ。

⒀　ユグノー戦争中の1572年，多数のユグノー派の人々が殺害された事件を何というか。

⒁　中国で布教にあたったイエズス会と他の修道会との間に，布教の方法をめぐって論争が生じた。この論争（問題）を何というか。

⒂　こうした宗派に所属した人々の中には，1620年にメイフラワー号に乗船して，北米大陸に移住したものもあった。この人々は後に何と呼ばれたか。

⒃　1689年，前王のジェームズ2世が，フランスの軍隊を率いてアイルランドに上陸し，翌年にかけてイギリス側の軍隊と戦った。このイギリス側の軍隊を戦場で率いたイギリス国王の名を記せ。

⒄　プロテスタントの人々が多く入植したアイルランド北部地方を何というか。

C　19世紀から20世紀，世界の様々な地域で，「パン＝ゲルマン主義」や「パン＝スラヴ主義」のように，特定の民族，人種，地域，宗教などに属するとされる人々の一体性を強調する考え方が現れた。それらのすべてが初めから領土拡張主義の主張として生まれたわけではないが，第一次世界大戦に至る過程では，ドイツが「パン＝ゲルマン主義」を，ロシアが「パン＝スラヴ主義」を，自国の勢力拡大のための論理とした。

　アメリカ合衆国では，1889年に「パン＝アメリカ会議」が開催された。「パン＝アメリカ主義」もまた，元来はラテンアメリカ諸国の独立の動きの中で生まれた連帯の思想であったが，この会議ではアメリカ合衆国がラテンアメリカ諸国に対する干渉を強めようとする意図が示された。これに続く時期，アメリカ合衆国は，ラテンアメリカに対する経済的・軍事的な影響力を増していったばかりでなく，カリブ海や太平洋において新たな領土も獲得した。

　一方，特定の民族，人種，地域，宗教などに属するとされる人々の一体性を強調する考え方が帝国主義に対抗する思想として現実の政治・社会の変革と結びついた例もある。19世紀後半に活躍したイラン出身のアフガーニーは，全世界のムスリム（イスラーム教徒）の団結を説き，専制政治に対する政治・社会改革の重要性を訴えた。アフガーニーのこの「パン＝イスラーム主義」の思想は，近代的な交通網の発達にも助けられ，西アジアはもとよりインドやその他の地域にも広がり，多大な影響力を持った。1880年代初めのエジプトにおけるウラービー（オラービー）の運動も，1870年代に長くエジプトに滞在したアフガーニーの活動抜きには考えられない。

　19世紀末，アメリカ合衆国やカリブ海地域のアフリカ系（黒人）の知識人たちの中からは世界中のアフリカ系の人々の地位向上と連帯を目指す「パン＝アフリカ主義」の思想が生み出され，1900年にはロンドンで最初の「パン＝アフリカ会議」が開かれた。「パン＝アフリカ主義」の思想と運動は20世紀を通じて発展し，1960年前後のアフリカ諸国の独立に一つの結実を見た。ガーナの独立を指導したンクルマ（エンクルマ）は「パン＝アフリカ主義」の運動の中心人物であり，独立を遂げたアフリカ諸国は1963年に「パン＝アフリカ主義」の理想に基づきアフリカ統一機構（OAU）を結成した。一方，「パン＝アフリカ主義」の思想は，その後も抑圧された地位に置かれ続けた南アフリカ共和国の黒人たちの解放運動にも大きな影響を与えた。

問

(18)　1810年代から20年代にかけてのラテンアメリカ諸国の独立に先立ち，カリブ海では19世紀初めに黒人共和国が生まれた。この共和国の成立の経緯について簡潔に説明せよ。

(19)　アメリカ合衆国のラテンアメリカに対する強い影響力を象徴するのがパナマ運河の建設であった。アメリカ合衆国は20世紀を通じてこの運河に対してどのような関係を持ったか。簡潔に説明せよ。

(20)　アメリカ合衆国は19世紀末の米西戦争の結果，カリブ海と太平洋にあったスペインの植民地を獲得した。それ以外にも，アメリカ合衆国は同じ時期に太平洋で領土を拡大し，のちに自国の一州とした。その場所の名を記せ。

⑳　アフガーニーの影響を受け，19 世紀末のイランで発生したナショナリズ
　　ムの運動は何か。

㉒　ウラービーの運動は，エジプトのどのような現状を批判し，何を目指した
　　ものであったか。簡潔に説明せよ。

㉓　ガーナは独立するまでどの国の植民地であったか。

㉔　アフリカ統一機構は，21 世紀に入り，地域統合を目指す新たな組織に改
　　変された。その際にモデルとされた地域統合組織の名を記せ。

69

以下の文章（A，B，C）を読み，　　　　　　　の中に最も適切な語句を入れ，下線部(1)～(22)について後の問に答えよ。解答はすべて所定の解答欄に記入せよ。

A　11世紀のイベリア半島ではアル＝アンダルス（ムスリム支配地域）が政治的に分裂し，キリスト教諸国が軍事的に優位に立った。以来レコンキスタ（国土回復運動）は，マグリブ（北西アフリカ）のベルベル系ムラービト朝とそれに続く　　a　　朝によるアル＝アンダルス遠征のために一時停滞したものの，(1)
12～13世紀に急速に進展した。この間にキリスト教諸国ではナバーラ王国の優位が崩れ，カスティーリャ＝レオン王国・アラゴン連合王国・　　b　　王国の三国が強勢となった。なかでもカスティーリャ＝レオン王は一時「皇帝」の(2)
称号をローマ教皇から許され，キリスト教諸国への宗主権を主張した。カスティーリャ＝レオン王国は分裂・統合を繰り返した後，1230年に再統合された。それに先だって，カスティーリャ王を中心とするキリスト教諸国軍は1212年の戦いで　　a　　軍を破っており，その後南進を加速させ，1240年代までに　　c　　王国を除いて半島内のレコンキスタをほぼ完了させた。

　この後キリスト教三国のなかでいちはやく海外進出を果たしたのはアラゴン連合王国である。同国はバルセローナ伯領を中心とするカタルーニャ地方とアラゴン王国を束ねた同君連合国家で，ピレネー山脈の北側にも支配を及ぼして(3)
いたが，13世紀初頭にこれを喪失した。ハイメ1世はバレンシア征服でレコンキスタに区切りをつける一方で，地中海への進出を目指してバレアレス諸島を征服した。1282年「シチリアの晩鐘」事件がおこると，ペドロ3世はこれに(4)
乗じてシチリア王位を獲得した。後にサルデーニャとアテネ公領などもアラゴン連合王国に組み込まれた。こうしてアラゴンの地中海帝国が形成された。

　アラゴン連合王国の政治と経済において牽引役を果たしていたのはカタルーニャであった。カタルーニャ，とくにバルセローナの商人は東地中海からシチリアを経て南フランス，マグリブ，北大西洋に及ぶ広範な海上貿易で活躍した。その基軸は毛織物などをマグリブに輸出し，マグリブで得た金によってベ

イルート，エジプトの ☐ d ☐ やカイロで<u>アジア産の香料</u>を入手し，それを

(5)
ヨーロッパにもたらすことにあった。この地中海貿易は 14 世紀に頂点に達
し，海上保険や為替制度などの発展，海事法典の整備が促された。

　しかし，黒死病の影響による生産力の低下や海洋帝国を維持するための軍事
的負担増はアラゴン連合王国の将来に暗い影を落とした。金融危機や反ユダヤ
暴動などを背景に，14 世紀末以降同国は全般的な危機に陥り，海上貿易も
ジェノヴァ人やカスティーリャ人との競合の激化で縮小に転じたのである。

問

(1)　ムラービト朝は西サハラを縦断するキャラバン交易を支配し，ニジェール
　　川上流およびセネガル川上流産の金を入手した。

　　(ア)　金と引きかえにサハラ以南にもたらされた商品のうち代表的なものは何
　　　　か。その商品の名を記せ。

　　(イ)　サハラ南縁で「黄金の国」として繁栄したが，ムラービト朝の攻撃を受け
　　　　て衰退した国はどこか。その国の名を記せ。

(2)　皇帝アルフォンソ 6 世は 1085 年トレドを奪回したが，ムスリム支配以前
　　にトレドを首都としていた国はどこか。その国の名を記せ。

(3)　14 世紀末の北欧でも同君連合が成立したが，その実権を握ったのは誰
　　か。その人物名を記せ。

(4)　この事件で住民暴動の標的となった王家は何か。その王家の名を記せ。

(5)　14 世紀末までにこの香料貿易を支配することになったアドリア海の港市
　　国家はどこか。その国家の名を記せ。

B　国家の構成員が政治に参加する仕組みはいかにあるべきか，という問題をめ
　ぐって，ヨーロッパでは，古代以来，さまざまな議論が行われ，また，多様な
　制度が生み出されてきた。たとえば，古代のアテネでは，<u>紀元前 6 世紀初めの</u>
　<u>改革によって血統ではなく財産額に応じて市民の政治参加の道が開かれたの</u>
　
(6)
　ち，前 508 年に指導者となった<u>クレイステネス</u>によって民主政の制度的な基礎
　
(7)
　<u>が築かれた</u>。その後，アテネでは，前 5 世紀に無産市民の発言力が強まり，民
　会が政治の最高機関となった。民会には，18 歳以上の市民権をもつ成人男子

が参加を認められたが，女性，在留外人，奴隷には参政権が与えられなかった。古代ローマにも，市民が直接参加する政治集会が存在した。前287年に(8)は，護民官によって招集される民会（平民会）の決議が，元老院の承認なしで国法と認められるようになった。しかし，帝政期にはいると，民会は立法上の機能を失い，形骸化していった。他方で，ローマ帝国の周辺部の諸民族のなかに(9)は，自由人が集会を開いて共同体の問題について決定する慣習をもつ集団が存在した。

　中世から近世にかけてのヨーロッパでは，君主が新たな課税や立法を行うさいに諸身分と交渉する場として，身分制議会が成立した。身分制議会の構成員は，自らが所属する身分の利益を君主に対して代表していたが，議会を構成する身分の範囲は地域によってさまざまであった。(10)諸身分が君主の政策に同意しない場合には，議会と君主のあいだで激しい対立が生じ，君主が議会の招集を停止することもあった。(11)18世紀後半のイギリスでは，議会の権限をめぐって，(12)本国と北米植民地のあいだで議論が起こった。本国側の政策に不満を抱いた北米植民地は，やがて本国から独立して，独自に近代的議会制度を発展させた。(13)

　1789年にフランスの国民議会が採択した「人権および市民権の宣言」は，「す(14)べての主権の根源は，本質的に国民のうちに存する」（第3条），また，「法は，一般意志の表現である。市民はすべて，自分自身で，あるいはその代表者をつうじて，その形成に協力する権利をもつ」（第6条）と認めている。しかし，19世紀をつうじて，欧米諸国においても，選挙権を行使する集団の範囲は，財産や性別によって，なお限定されたものであった。ヨーロッパ諸国やアメリカ合衆国で，女性に国政に参加する権利が認められたのは，ようやく20世紀になってからのことである。こうした参政権の獲得も含めて，財産や人種や男女の違いを越えて，(15)より多くの人びとに国民としての権利が保障されるためには，長い闘いが必要であった。

問

(6)　このとき貴族と平民の調停者として改革を指導した人物の名を記せ。

(7)　僭主の出現を防ぐためにクレイステネスが導入した制度の名を記せ。

⑻　このことを定めた法の名称を記せ。

⑼　紀元後1世紀末に，このような習俗の記述を含む民族誌『ゲルマニア』を著した歴史家の名を記せ。

⑽　フランスでは，1302年に聖職者，貴族，平民の代表者が出席する三部会が開かれた。このときの三部会を招集した国王の名を記せ。

⑾　1628年，イギリスの議会は，国王の恣意的な課税や不法な逮捕・投獄を批判する文書を提出した。国王はいったんこれを受け入れるが，翌年議会を解散し，以後11年間にわたって議会を開かずに専制的に統治した。この1628年の文書の名称を記せ。

⑿　この議会の権限の問題は，1765年に印紙法が成立したさいに，本国と北米植民地が対立する争点となった。このとき，植民地側が掲げた主張を記せ。

⒀　1787年に採択されたアメリカ合衆国憲法は，人民主権，連邦主義に加えて，国家による権力の濫用を防ぐ原理を採用している。モンテスキューによっても唱えられたこの原理の名称を記せ。

⒁　フランスでは，この年の初めに，ある聖職者が特権身分を痛烈に批判するパンフレットを刊行し，大きな反響を呼んだ。この著作の題名を記せ。

⒂　アメリカ合衆国では，1950年代半ばから1960年代にかけて，黒人に対する差別に反対する運動が高揚した。この運動の成果として1964年に制定された法律の名称を記せ。

C　フランス人ヴェルヌが1872年に書いた小説『80日間世界一周』は，多数の言語に翻訳され，19世紀後半の世界的ベストセラーの一つになった。主人公のイギリス人男性が，1872年のこと，80日間で世界を一周することができると主張し，ロンドンを出発して<u>スエズ運河</u>，インド亜大陸，マレー半島，中国大陸沿岸，日本列島，北アメリカ大陸を経由し，ロンドンに戻ってくる話である。蒸気機関が長距離移動手段として実用化されるようになった当時の交通状況を背景に書かれていることが，人気を博した一因であった。
　　この小説には，ヴィクトリア女王下のイギリスが世界において占めていた地位も反映されている。<u>経済的にも軍事的にもイギリスが他国を圧倒する大きな</u>

力を持っていた19世紀後半の世界で，主人公は，イギリスの支配下にあった地点を経由してアジアを旅するのである。インドでは，<u>西海岸にあってイギリスによる経済活動の拠点であった都市</u>に上陸し，ついで，「海峡植民地」ではシンガポールに寄港した。そして<u>中国では香港に，日本では長崎と横浜</u>に主人公は立ち寄った。日本はイギリスの政治的支配下にあったわけではない。だが，長崎や横浜などの開港を1850年代に日本がイギリスなど欧米列強と約した諸条約は，<u>日本側に不利な不平等条約</u>であり，当時の日本も，イギリスの大きな力の影響下にあった。

　当時の欧米諸国にひろがっていた人種差別・民族差別の心性も，この小説のなかに色濃い。アメリカ大陸横断鉄道の列車を襲う先住民（インディアン）を主人公が撃退する，というエピソードが挟み込まれているのである。じっさい先住民が鉄道工事を妨害し，列車を襲撃することはあった。だがこの小説には，先住民がこうした行為に及ぶ理由への考察が欠けていた。<u>アメリカ大陸横断鉄道の建設</u>は，先住民の保留地にも及んだために，狩猟で生活の糧（かて）を得る彼らの生存を脅かしたのである。

問

⒃　スエズ運河が位置するエジプトでは，1870年代当時，イギリスとフランスが経済的影響力の拡大を競っていた。

　㋐　当時のエジプトの実質的統治権は，19世紀初頭にエジプト総督となったある人物の子孫によって世襲されていた。この人物の名を記せ。

　㋑　当時のエジプトは，ある産物のモノカルチャー化が進展し，その国際価格の動向によって国家経済が左右される状況にあった。その産物の名を記せ。

⒄　イギリス優位のこのような世界の状況は，何と呼ばれるか。

⒅　この都市の名を記せ。

⒆　イギリスの「海峡植民地」は，シンガポールとペナンにくわえ，もう一つ港市を併せて1826年に形成された。もう一つの港市の名を記せ。

⒇　19世紀後半，これらの港は，中国および日本からの国際市場向け産品の輸出港として賑（にぎ）わっていた。両国に共通するもっとも重要だった産品の名

を，二つあげよ。

(21) このような不平等条約を，1840年代に清朝もイギリスなど欧米列強と結
んだ。不平等の内容を簡潔に記せ。

(22) 鉄道会社への公有地払い下げなど，大陸横断鉄道の建設を推進する法律が
制定された1862年には，西部で5年間定住し開墾した者に公有地が無償で
与えられる法律も制定された。先住民の生活空間をますます狭める原因に
なった後者のこの法律は，何と呼ばれるか。

70

　　次の文章(A，B，C)を読み，□□□□□の中に最も適切な語句を入れ，下線部(1)～(24)について後の問に答えよ。解答はすべて所定の解答欄に記入せよ。

A　ヨーロッパでは長らく，歴史はオリエントに始まり，ギリシア・ローマを経て中世以後のヨーロッパへと発展するものと考えられ，「世界史」と呼ばれてきた。歴史の主たる舞台が移動するこうしたヨーロッパ的世界史像の形成に大きく関わったのは，古代のギリシア人である。「歴史の父」と呼ばれるヘロドトス<u>は，小アジア生まれのギリシア人であった</u>が，彼はギリシア世界で起きた出来事を歴史叙述の中心とはせず，アジアとヨーロッパを旅して見聞を広め，彼の生きた時代に最も力のあった国家であるペルシア帝国の動向を叙述の中心に置いた。そして，ペルシア帝国の軍事行動の重要な一つとして，帝国のギリシア遠征，すなわち<u>ペルシア戦争</u>を描いたのである。ヘロドトスより少し後に活躍したトゥキュディデスは<u>ギリシア世界内部で生じた大戦争</u>を描いたが，ギリシア人の歴史家がギリシア世界の出来事を中心に歴史書を著すことは長続きせず，<u>前4世紀前半に北のマケドニア王国が強大化すると</u>，マケドニアの動きを中心に歴史を描くようになる。そして，<u>前2世紀に現れたポリュビオスは，興隆するローマを中心に歴史書を著した</u>。こうして，その時々の最も強大な国家を中心にして歴史を描くギリシア人の歴史叙述は，次第にまとめられて，大国の変遷を基軸とする「世界史」となっていった。ギリシア世界は前2世紀後半にはローマ帝国の事実上の支配下に入ったが，ローマ時代を通じてギリシア語は文化言語として重視され，<u>ギリシア語による歴史作品や伝記作品が数多く書かれた</u>。

　　こうしたギリシア人の歴史学に比して，ローマ人の歴史学は性格を異にしている。<u>かれらの言語であるラテン語は，長らく宗教や法律の必要のために用いられるものであった</u>が，<u>ギリシア文化の影響を受けて高度な文学言語に成長した</u>。その中で，歴史書も著されるようになったが，ローマ人は自分の国家の出来事を叙述の中心に置き，とくに<u>出来事を年ごとに書き記す年代記が主流と</u>

なった。年代記の叙述スタイルは単調になりがちであるが，リウィウスやタキ
トゥスといった見事なラテン語の使い手が，感動を呼ぶ歴史作品を著してい
る。ローマ帝政後期になるとラテン語による文学作品の書き手がキリスト教徒
作家に移り，中世においてもラテン語は学術言語として重視され続け，数多く
の歴史作品も著された。
(10)

問

(1)　小アジアのギリシア人都市で，前6世紀に自然哲学の中心地となり，前5
　　世紀の初めにペルシア帝国に対する反乱を主導した都市の名を記せ。

(2)　この戦争で大きな働きをなしたアテネでは，戦後に無産市民が政治的発言
　　権を強め，政治の民主化が進んだとされる。かれら無産市民たちは，ペルシ
　　ア戦争でどのような役割を演じたのか。その最も重要な任務を簡潔に記せ。

(3)　この「大戦争」の名を記せ。

(4)　前359年に即位して，マケドニア王国を強大化させ，ギリシア世界の支配
　　を進めた国王の名を記せ。

(5)　ポリュビオスはローマの将軍スキピオに同行して，ローマ軍が戦争の結
　　果，前146年にある都市を滅ぼすのを目撃している。このときに滅ぼされた
　　都市の名を記せ。

(6)　ローマ帝国最盛期のギリシアに生きて，大部の伝記作品や倫理論集を著し
　　た人物の名を記せ。

(7)　ローマ人が前5世紀半ばに生み出した最初の法典の名を記せ。

(8)　演説や修辞学，哲学に関する書など数多くの作品を著し，ラテン語の発展
　　に大きく貢献した，雄弁で知られるローマ共和政末期の政治家の名を記せ。

(9)　ローマ人は特定の年を表示するために，年の初めに国家の最高公職に就任
　　する2名の人物の名でその年を表したので，年代記では冒頭にそれが書かれ
　　ている。このローマ国家の最高公職の名を記せ。

(10)　カール大帝の時代を中心に興り，古典を模範にした正しいラテン語の復興
　　を中心とし，美術や建築へと展開した文化運動は，一般に何と呼ばれている
　　か。その名称を記せ。

B　地中海と大西洋とはジブラルタル海峡で結ばれている。この海峡の名は，海
峡に面して北のヨーロッパ側から南へ突き出した，小さな岬の地であるジブラ
ルタルに由来する。古代には，ジブラルタル海峡は地中海世界の西の極限とみ
なされ，海峡をはさんで向きあう山塊を門柱に見立て，「ヘラクレスの柱」と呼
ばれていた。しかしその古代にあっても，門を出て大西洋へと交易の範囲を広
げた民族もあった。
　　(11)

　ジブラルタル海峡は海洋と海洋をつないでいただけではない。最も狭隘な箇
所でおよそ13キロメートルと，アフリカとヨーロッパとが接近するこの地点
は，大陸から大陸への移動の通路としても利用された。紀元5世紀には，ゲル
マン人の部族の中に，イベリア半島から海峡を越えてアフリカ大陸北岸に進入
　(12)
し，王国を建設するものもあった。8世紀にはウマイヤ朝のイスラーム教徒
が，逆にアフリカからジブラルタル海峡を渡ってイベリア半島に進入した。か
れらはさらにピレネー山脈を越えてフランク王国に入り，　　 a 　　間の戦い
で，宮宰カール・マルテル率いる軍と対決した。

　ジブラルタルの地は，その後イスラーム教徒とキリスト教徒の間で争奪がく
りかえされたが，1462年にカスティーリャ王国のメディナ・シドニア公が，
ナスル朝のグラナダ王国からこれを奪取してユダヤ人に与えたため，ジブラル
タルにはユダヤ人のコミュニティがつくられた。しかしその後出された追放令
　　　　　　　　　　　　　　　　　　　　　　　　　　　　　　　(13)
によってかれらは追われ，1501年にジブラルタルはスペインの領有に帰し
た。

　近代には，その交通上，戦略上の重要性から，ジブラルタル及び海峡の周辺
は，たびたび激しい戦闘の場となった。16世紀後半から17世紀にかけての，
オランダの対スペイン独立戦争においても，また18世紀初頭のスペイン継承
戦争においても，ジブラルタルの攻防戦が行われた。その結果，スペイン継承
戦争後のユトレヒト条約で，ジブラルタルはイギリスに割譲されることにな
る。アメリカ独立戦争時には，スペインがジブラルタルを封鎖し，イギリス軍
　(14)
が抗戦する包囲戦が3年半にわたってつづいた。ナポレオン戦争中の1805年
　　　　　　　　　　　　　　　　　　　　　　　　　　　　　　　(15)
に，この海峡に近い　　 b 　　岬の沖で起きた，イギリスとフランス・スペイ
ンとの海戦は，この岬の名を冠して呼ばれている。

　19世紀後半にいたりジブラルタル海峡をめぐる状況が変化した。海峡を通
　　　　　　　　　　　　　　　　　　　　　　　　　　　　　　　(16)

過するイギリスの船舶の数が，1870年代以降いちじるしく増大したからである。それにしたがってイギリスにとっての海峡の重要性もまた増した。20世紀に入って，ジブラルタル海峡のアフリカ側にあたるモロッコで，二度にわたって「モロッコ事件」が発生したとき，イギリスが紛争に強い関心を示し干渉
(17)
することになったのも，そのことと無関係ではない。

問

(11)　地中海沿岸にティルスなどの都市を築き，海上交易で活躍したこの民族は何か。

(12)　この部族の名を記せ。

(13)　イベリア半島から追放されたユダヤ人は，イタリア半島をはじめ，ヨーロッパ各地に離散した。かれらは，都市内の指定された地区に居住することが多かったが，そうしたユダヤ人居住区を何といったか。

(14)　アメリカ独立戦争にスペインが参戦した目的に，七年戦争後イギリスへ割譲した，北米大陸における領土の奪回があった。この領土はどこか。

(15)　この海戦の翌年，ナポレオンがイギリスに対してとった経済政策を何というか。

(16)　この時期，海峡を通過するイギリス船の数が増えた理由を簡潔に記せ。

(17)　この事件の主要な当事者となったイギリス以外のヨーロッパの国名を2つ記せ。

C　第二次世界大戦後，先進諸国の政治的・経済的な支配から独立することをめざす国や地域は，おおまかに「第三世界」と呼ばれるようになった。第三世界諸国の多くは，進行中の冷戦対立に巻き込まれることなく，迅速に自国の経済開発を進めることを望んだ。1955年のアジア＝アフリカ会議や1961年以降断続的に開催された非同盟諸国首脳会議を主導したインドのネルー，エジプトのナセル，インドネシアの［　c　］は，このような方針を追求した代表的な指導者であった。アフリカ諸国が1963年に設立した［　d　］も，域内の平和と安定の確保を通じて同様の目標を追求しようとする組織であった。

アメリカとソ連は，第三世界に影響力を拡大するために，積極的な政策を採

用した。アメリカは，第三世界にも西側の政治的・軍事的同盟網を拡大しよう
₍₁₉₎
とするとともに，資本主義世界との経済的な統合強化によって早期の近代化が
可能であるとする開発理論を発展させ，多くの第三世界諸国に援助を提供し
₍₂₀₎
た。ソ連は，1953 年に □ e □ が死去して以降，反植民地主義を掲げる第
三世界の多様な勢力に援助を提供するようになった。この結果，第三世界のい
くつかの国は米ソ双方から援助を獲得することに成功したが，外部勢力の介入
によって内戦や域内紛争が激化した国や地域も数多く存在した。
₍₂₁₎

　第三世界諸国の運動は，国際連合内でゆるやかな非同盟ブロックの形成に成
功するなど，政治的には一定のインパクトを有したが，短期間のうちに自律的
₍₂₂₎
な経済開発を実現するという目標の達成には失敗する国が多かった。一方で，
₍₂₃₎
1970 年代以降，韓国，台湾，シンガポールなど，輸出指向の工業化に成功
し，のちに「新興工業経済地域(NIES)」と呼ばれるようになる国や地域も現れ
た。しかし，これら新興工業国の中には強権的な統治によって経済開発を推進
した国も多く，その後の民主化の過程で政治的な混乱を経験する国もあった。
₍₂₄₎

問

(18)　1954 年に下線部の人物とともに平和五原則を発表した人物の名を記せ。

(19)　東南アジア地域を対象として形成された西側の軍事同盟の名称を記せ。

(20)　ラテンアメリカ諸国の経済開発と政治的安定を目標として，1961 年にア
　　メリカの主導で開始された近代化プログラムの名称を記せ。

(21)　1975 年にポルトガルから独立を達成したある国は，独立の前後に，アメ
　　リカ，ソ連，中国，キューバ，南アフリカなどの干渉を受け，独立後も長く
　　内戦に苦しんだ。この国はどこか。

(22)　南北間の経済格差の是正を目指し，発展途上諸国の主導で 1964 年に設立
　　された，国連総会の常設機関の名称を記せ。

(23)　おもに 1950～60 年代に第三世界の多くの国が採用した，国内産業への補
　　助や保護主義的通商政策に基づく経済開発政策を何と呼ぶか。

(24)　1980 年 5 月，韓国のある都市で急進化した民主化運動は，全斗煥を中心
　　とする戒厳軍指導部により武力で鎮圧された。この事件が発生した都市名を
　　記せ。

71

(2012年度 第4問)

次の文章（A，B，C）を読み，下線部(1)～(26)について後の問に答えよ。解答はすべて所定の解答欄に記入せよ。

A　民衆や虐げられた人々の反乱は政治・社会の変化を促し，またその時代を特徴づける事件でもあった。古代ローマの奴隷は紀元前2世紀に，シチリア島で大規模な反乱を起こしていたが，前73年の反乱には数万人の奴隷が加わり，(1)各地でローマ軍を破ったのち，前71年に鎮圧された。(2)

　中世後期のヨーロッパ封建社会では，黒死病の流行による農業労働力減少などにより，領主に対する農民の地位は改善されたが，領主が封建支配の再強化を企てると，農民は各地で反乱を起こした。フランスでは1358年に「ジャックリーの乱」と呼ばれる農民反乱が生じ，(3)イギリスでは1381年にワット＝タイラーが指導する反乱が起こった。(4)これらの反乱は，領主の不当な徴税を拒否し，また農奴制の廃止を要求した。いずれの反乱も諸侯や国王により鎮圧されたものの，農民の地位向上の流れはとまらなかった。15世紀前半に神聖ローマ帝国東部で生じた宗教的反乱は，(5)農民のみならず，ドイツ人の支配に対するこの地域の人々の民族的な反発と結びついて，広範囲な反乱となった。

　宗教運動と結びついた農民反乱としてもっとも大規模なものは，宗教改革時代のドイツ農民戦争である。(6)農民戦争はドイツ西南部から中部にかけて広がり，地方ごとに軍団に組織された農民は，ルターらの主張した福音主義に基づ(7)く様々な改革要求を掲げて蜂起したが，諸侯の同盟軍に個別的に撃破された。しかしエルベ川以東の農村社会を除くと，農民戦争後も農民の領主に対する地位は必ずしも改悪されたわけではなかった。また中世後期から宗教改革期にかけてドイツでは，都市においても中・下層民による蜂起や市政改革運動が起(8)こったが，農民反乱と連帯することはほとんどなかった。

問

(1)　この奴隷反乱の指導者の名を記せ。

(2)　この反乱の鎮圧に貢献し，のちにパルティア遠征で戦死した，第1回三頭
　　政治に参加した政治家の名を記せ。

(3)　ジャックリーの乱では，このころにフランスで行われていた戦争の災禍
　　も，農民の不満の一因であった。この戦争名を記せ。

(4)　聖書を根拠に人間の平等を説いたとされる，この反乱の思想的指導者の名
　　を記せ。

(5)　(ア)　この反乱が起きた地域の名を記せ。

　　　(イ)　この反乱のきっかけを与えた宗教改革者の名を記せ。

(6)　ルターには批判されることになる，急進的改革思想を持つ農民戦争の指導
　　者の名を記せ。

(7)　(ア)　ルターが聖書を信仰のよりどころとするために行った，後世に大きな
　　　　影響を与えた業績を挙げよ。

　　　(イ)　14世紀にイギリスで聖書の尊重を唱えて，(ア)で問うたルターの業績
　　　　と同様のことを試みたとされる神学者の名を記せ。

(8)　中世都市の市政改革運動でしばしば中心的な役割を果たした手工業者の組
　　織は，何と呼ばれるか。

B　歴史は包摂と排除のプロセスを繰り返してきた。古代ギリシア都市の市民
　は，異民族をバルバロイと呼んで軽蔑し，自分たちの文化的優越を誇った。帝
　　　　(9)
　政期ローマの東部で勃興したキリスト教は，ユダヤ教内部の改革運動にとどま
　　　　　　　　　　　　　　　　　　　(10)
　らず，外部にも積極的に布教することによって信徒を増やした。こうして4世
　紀には帝国の国教となったキリスト教は，新たな包摂と排除のプロセスを開始
　した。

　　7世紀に興ったイスラーム教の影響はイベリア半島に及び，この地の帰属を
　　　　　　　　　　　　　　　　　　　　　　　　　　　　(11)
　めぐり，キリスト教陣営との間には争いが長く続いた。

　　正教会と分裂したローマ＝カトリック教会は，その影響力を維持すべく，内
　部の異質な分子を排除しようとした。13世紀からは，異端審問が各地で猛威
　　　　　　　　　　　　　　　　　　(12)
　を振るうようになった。16世紀には宗教改革が起き，西欧はカトリックとプ
　ロテスタント諸派がモザイク状に混在する世界になり，各地で新たな包摂と排
　除の動きが展開した。宗教改革の影響もあり，16，17世紀には魔女狩りが盛
　　　　　　　　　　　　　　　　　　　　　(13)

んに行われた。

　宗教や思想とは違う形の包摂と排除もある。フランス革命期，国民議会は
人権宣言を採択したが，そこに女性の権利は明示されなかった。オランプ＝ド
＝グージュは「女の人権宣言」を出してその欠落を批判したが，ほどなくして断
頭台で刑死した。19 世紀のとくに後半以降には，女性の参政権獲得運動が各
地で繰り広げられることになる。排除された者による包摂の要求である。

　古代ギリシアにも見られた異民族への蔑視の態度は，近代になると，科学の
装いをもって現れる。博物学や人種論は，アジアやアフリカの人々に対する
ヨーロッパ人の優越意識に根拠を与えることになった。よりあからさまに感情
的な要素が強かった包摂と排除の動きは，ナショナリズム熱である。これは，
西欧の諸地域では国民国家の形成をうながし，東欧やバルカンにおいては諸帝
国の体制の動揺をまねいた。

　両大戦を経て，20 世紀半ば以降のヨーロッパは，排除ではなく積極的な包
摂の方に傾いている。EU はまさにその象徴である。ただ，その EU といえど
も，包摂と排除のサイクルから抜け出すことは，そう簡単なことではない。

問

　(9)　古代ギリシア都市の市民は，これに対して自らを何と呼んだか。

　(10)　この宗教にあって，律法を詳細に研究し，それを厳格に守ろうとした人々
　　　は，イエスの論敵となったことでも知られる。かれらのことを何派と呼ぶか
　　　記せ。

　(11)　1492 年にグラナダは陥落した。このときまでイベリア半島に存在した最
　　　後のイスラーム王朝名を記せ。

　(12)　フランス南部で大きな勢力となったが，教皇やフランス王から弾圧され衰
　　　微した異端の名を記せ。

　(13)　(ア)　魔女狩りは新大陸でも行われた。とくに有名なのはマサチューセッツ
　　　　　　北東部のセーラムで 17 世紀末に起きた事件である。この地に生まれ，
　　　　　　魔女裁判や魔女集会に取材した作品も書いた，『緋文字』で知られる作家
　　　　　　の名を記せ。

(イ)　1950年代にアメリカ合衆国で吹き荒れた，現代の魔女狩りともいわれる「赤狩り」を扇動し，この運動を表す言葉の語源にもなった連邦上院議員の名を記せ。

(14)　フランス革命で女性の果たした役割は大きい。たとえば，1789年10月5日の女性たちの行動により，ルイ16世は人権宣言への署名を約束することになった。十月事件ともいわれるこの出来事は何か。

(15)　第一次世界大戦を経て，イギリスやドイツでは女性の選挙権が認められることになった。ドイツでは1919年，男女普通選挙権による憲法制定国民議会選挙が実施され，ヴァイマルに召集されたその議会で大統領が選出された。この人物の名を記せ。

(16)　こうした優越意識は恐怖感の裏返しでもあった。19世紀末以降欧米でたびたび噴出した，中国人や日本人に対する否定的な議論を何と言うか。

(17)　この地域に大きな版図を有していたオーストリア＝ハンガリー帝国は，第一次世界大戦に敗れた。そして戦勝国側とオーストリアが結んだ講和条約により，同国の版図は縮小され，ドイツ系住民が多数を占める共和国となった。この条約の名称を記せ。

C　現代社会は膨大な電力消費の上に成立している。電気の発見は，人類史において火の発見に匹敵する出来事である。「電気」の英語electricityが琥珀を意味する古典ギリシア語elektronに由来するように，摩擦帯電現象は古代ギリシアでも知られていた。しかし，石炭を燃料とする蒸気機関に代わって電動機が(18)(19)実用化されたのは19世紀後半である。「発明王」エジソンは1882年に電力供給を目的とした火力発電をニューヨークで始めているが，先進工業諸国で一般家(20)庭に電灯が広く普及したのは第一次世界大戦以降である。

　　この大戦中に勃発したロシア革命の指導者レーニンは「蒸気の世紀はブルジョアジーの世紀，電気の世紀は社会主義の世紀」のスローガンを好んだ。自立的な機関とちがって，集中的に管理された送配電システムは個人主義的な階級文化に終止符を打つと期待したのである。1920年の国家電化計画に際してレーニンが発した「共産主義とは，ソヴィエト権力プラス全国の電化である」と(21)

いう言葉にもそうした思いを読み取ることができる。このような<u>電力供給事業</u>
<u>を社会経済システムの基盤とみなす</u>発想は，国家体制の違いを超えて広まっ
た。日本でも電源開発としてのダム建設は盛んに行われたが，1950年代後半
には安価な石油を燃料とした火力発電所が急増した。しかし，<u>第四次中東戦争</u>
以降は状況が一変し，供給の安定性，経済性の観点からエネルギー源の多様化
が図られた。

アメリカで核分裂連鎖反応の実験が成功したのは第二次世界大戦中だが，や
がて原子炉で発生する熱を利用した原子力発電の計画も始まった。<u>冷戦下の核</u>
<u>兵器開発競争の中で</u>，1954年に実用レベルの原子力発電所を世界にさきがけ
て稼働させたのはソヴィエト連邦である。一方，第二次世界大戦の敗戦国ドイ
ツでは原子力発電のスタートは遅れていた。しかし，<u>1958年にヨーロッパ原</u>
<u>子力共同体（EURATOM）が発足する</u>と西ドイツは積極的に技術開発を進め，
原子力発電の比重を高めてきた。しかし，<u>1986年のチェルノブイリ原子力発</u>
<u>電所事故</u>を受けて，西ドイツ，そして後の統一ドイツでは環境問題への懸念か
ら脱原発への関心がしだいに高まった。

問

(18) 琥珀の摩擦実験を行ったとされる古代ギリシアの哲学者で，万物の根源を
　　水と考えた人物の名を記せ。

(19) 1830年に営業運転が始まった蒸気機関車による鉄道はリヴァプールとど
　　こを結ぶ路線だったか。その都市名を記せ。

(20) この年にスタンダード石油トラストを組織してアメリカの「石油王」となっ
　　た実業家の名を記せ。

(21) 第一次世界大戦末期にドイツにおこった革命運動の組織で，「ソヴィエト」
　　のドイツ語訳にあたる名称を記せ。

(22) アメリカ合衆国のニューディールの中で，電力供給による大規模な地域開
　　発などを目的として1933年に設立された組織の名称を記せ。

(23) (ア) この地域紛争でエジプト・シリアと交戦した国はどこか。

　　(イ) (ア)で問われた国を支援する諸国に対して原油の輸出停止を行った組織
　　　の名称を記せ。

(24)　「ソ連水爆の父」と呼ばれた原子物理学者で，後に市民的自由を要求して反
　　体制活動を行い，1975年にノーベル平和賞を受賞した人物の名を記せ。

(25)　西ドイツは西ヨーロッパへの統合に向かった。この時期の西ドイツ首相の
　　名を記せ。

(26)　当時のソヴィエト連邦の最高指導者が打ち出した情報公開をすすめる政策
　　の名称を記せ。

72

次の文章（A, B, C）を読み，□□□□□の中に最も適切な語句を入れ，下線
部(1)〜(20)について後の問に答えよ。解答はすべて所定の解答欄に記入せよ。

A　アルプス山中に源を発し，ドイツ西部を流れて北海に注ぐライン川は，古代
から重要な意味を持つ河川であった。アルプスを越えて北方に侵攻したローマ
は，カエサルのガリア遠征の時期にライン川まで勢力圏を広げた。1 世紀の終
(1)　　　　　　　　　　　　　　　　　　　　　　　　　　　　　　(2)
わり頃になると，ローマはライン川の西岸地域を河口近くまで領有し，属州を
設置し統治し始めた。ローマ帝国領はライン川，およびその東側に築かれた防
壁で守られ，領内には数多くの都市や要塞が建てられたが，マインツ，ボン，
　　　　　　　　　　　　　　　　　　　　　　　　　　　(3)
ケルンなど，今日のライン川沿いの主な都市は，その都市としての起源をロー
マ帝国時代にもっている。

　3 世紀にローマ帝国が混乱期にはいると，ゲルマン系の部族集団がライン川
を越えて帝国領に侵入する事件がしばしば生じた。その後，混乱を克服し帝国
　　　　　　　　　　　　　　　　　　　　　　　　　　　　　　(4)
再建をめざしたディオクレティアヌス帝のもとで，ライン川地方の安定が一時
回復されるものの，4 世紀後半以降になると，帝国領の外に居住していたゲル
マン系の諸部族が続々とライン川を渡って移住するようになった。多くの部族
　　　　　　　　　　　　　　　　　　　　　　　　　　　　　　　(5)
が長い距離を移動して国を建てた中で，フランク族はライン川から西へ向かっ
たものの大きくは移動せず，ラインの西側を並行して流れるマース川（ムーズ
　　　　　　　　　　　(6)
川）までの間の地域を中心に定着し，分立していた小国を統一して王国を形成
した。そして，ここからヨーロッパの新しい政治秩序を作り出してゆき，カー
　　　　　　　　　　　　　　　　　　　　　　　　　　　　　　　(7)
ル大帝の時には近隣諸部族を制圧して，西ヨーロッパの主な部分を統一する大
国家になったのである。

　カール大帝の死後，大国家は数度にわたって分割され，マース川付近から東
　　　　　　　　　(8)
が東フランク王国となったが，ライン川はこの王国の西部を流れる主要河川と
して，ますますその重要性を増し，中世を通じてライン沿岸都市は商業で栄え
　　　　　　　　　　　　　　　　　　　　　　　　(9)
るようになった。

問

(1)　カエサルがガリアに遠征できたのは，ポンペイウスとクラッススとともに盟約を結んで，それまで国政に対して大きな権力と権威を行使してきた政治機構の影響力を排除したことによる。この政治機構の名を記せ。

(2)　１世紀終わり頃のローマ帝国の状況を正しく説明した文を，次の(a)〜(d)より１つ選んで，記号で答えよ。

　(a)　ギリシア人ポリュビオスが，ローマがいかにして地中海世界の覇権を握ったかを主題とする歴史書を執筆した。

　(b)　グラックス兄弟が護民官となって，改革を始めた。

　(c)　帝国政治は比較的安定し，アジア方面との交易など経済活動も活発に行われていた。

　(d)　禁止されていたキリスト教の信仰が公認され，同時に教義の面での争いが激しくなった。

(3)　ローマ帝国西部には，ライン沿岸に限らず数多くのローマ風都市が建てられ栄えたが，そうした都市の多くには，フォルムや会堂，劇場や公共浴場とともに，人々の娯楽のために建てられた重要な公共建築物があり，今日でも各地でその遺跡をみることができる。この公共建築物の名を記せ。

(4)　ディオクレティアヌス帝は，皇帝権力の強化と神聖化を行うとともに，軍隊の反乱を防ぎ外敵の侵入に効果的に対処するための重要な措置を実施した。この措置の内容について，その要点を簡潔に記せ。

(5)　ゲルマン系の諸部族の中で，長い距離を移動して北アフリカに国を建てた部族の名を記せ。

(6)　ライン川とマース川(ムーズ川)との中間に位置し，カール大帝の重要な宮廷所在地となった都市の名を記せ。

(7)　カール大帝は，ゲルマン系の部族が６世紀に北イタリアに建国していた王国を滅ぼした。この王国の名を記せ。

(8)　西フランク王と東フランク王が中部フランク王の領土を分割することを約した870年の条約により，後のフランス，ドイツ，イタリアの大まかな枠組みができあがることとなった。この条約の名を記せ。

(9)　13世紀頃に誕生し，ライン沿岸のケルンなども参加した，北ドイツの都

市の一大同盟の名を記せ。

B　ルイ14世は1643年，幼くしてフランス王となった。この時フランスは，ス
ウェーデンなどの新教国陣営に加わって三十年戦争を戦っており，即位の翌年
(10)
にはフライブルクでの激戦の結果，バイエルン選帝侯の軍隊に勝利した。三十
年戦争は，1648年にヴェストファーレン（ウェストファリア）条約が結ばれて
終結した。同じ年，フランスでは　　a　　の乱が勃発，混乱は6年におよん
(11)
だが，宰相マザランによって鎮圧された。1661年にマザランが没すると，ル
イ14世は親政を開始する。国王の権力は神に由来し，いかなるものもそれを
制約することができないとする王権神授説を奉じ，フランスの絶対主義王政を
(12)
樹立することになる。

　王は財務総監としてコルベールを登用した。コルベールは重商主義的な経済
政策を実施して，官僚機構の整備や軍隊の増強に必要な財政の基盤をつくっ
(13)
た。この強大な軍事力は，ルイ14世の領土拡大政策において発揮されること
になる。1667年，ルイ14世はスペイン王の死去に乗じ，スペイン領であった
南ネーデルラントの領有権を主張して軍を進攻させた。これに脅威をおぼえた
オランダは，交戦中であったイギリスとの戦争を停止し，逆に同盟を結んでフ
(14)
ランスと対峙した。そのオランダにも，フランスは1672年以降侵略を企てた
が不成功に終った。

　さらに1688年には，隣接するファルツ選帝侯領の継承権を主張するフラン
スと，ルイ14世の覇権主義に反対してアウクスブルクで同盟を結んだ諸国と
の間で，ファルツ継承戦争（大同盟戦争）が始まる。同年イギリスで名誉革命が
起こり，オランダのオラニエ公ウィレムがイギリス王として即位した。その結
果イギリスも同盟に参加することになる。イギリスとフランスとの衝突は植民
地にも飛び火し，この後1世紀以上つづく，英仏の海外における対立抗争の発
(15)
端となった。

　1700年には，スペイン＝ハプスブルク家のカルロス2世が死去し，ルイ14
世の孫がフェリペ5世として即位した。これに反対し，オーストリア，イギリ
ス，オランダが同盟してフランス・スペインに宣戦を布告した。スペイン継承
戦争といわれるこの戦争は，ユトレヒト条約でようやく終結をみる。この条約
(16)

で，ブルボン家によるスペイン王位継承は承認されたが，フランスによるスペインの併合は認められず，スペイン領の南ネーデルラントやナポリ王国はオーストリアに割譲され，全体としてはフランス・スペインにとって失うものが多かった。ルイ14世の侵略戦争はこうして，フランスの財政を逼迫させた。また1685年に　　b　　を廃止したため，商工業者に多かった新教徒が国外に亡命してフランス産業の停滞を招いた。

問

(10)　三十年戦争に新教徒の保護を名目として参戦したスウェーデンの国王の名を記せ。

(11)　ヴェストファーレン条約が，その後のドイツ・オーストリア地域に与えた政治的影響について簡単に記せ。

(12)　ルイ14世の時代に，『世界史叙説』などを著してこの説の主唱者となった人物の名を記せ。

(13)　コルベールが実施した経済政策のうち主なものを1つ記せ。

(14)　この戦争は，オランダが北米大陸に建設した都市をイギリスが征服したことがきっかけで起きた。建設当時のこの都市の名を記せ。

(15)　ウィリアム王戦争と呼ばれるこの時の戦争は，北米大陸の英仏植民地間の戦闘であった。第2次英仏百年戦争と呼ばれるこの後の抗争で，両国が領土の支配や勢力の優位をめぐって戦った北米大陸以外の地域を2つあげよ。

(16)　イギリスはこの条約でアシエントと呼ばれる，大西洋地域における交易の独占権をスペインから獲得した。この交易が対象としたのは何か。

C　近世以降のバルカン半島では国境の移動が繰り返され，19世紀になると新しい国家が生まれるようになった。

　　1683年の第2次包囲を最後にオスマン帝国が都市　　c　　を脅かすことはなくなり，1699年のカルロヴィッツ条約で広大な領域がハプスブルク家の支配下に入った。18世紀には，ベオグラード周辺をオーストリアが一時領有したこともある。ロシアも1774年のキュチュク＝カイナルジャ条約でオスマン帝国領内に居住する　　d　　の保護権を獲得し，これを口実にバルカン半

島各地に領事館を設置している。エカチェリーナ2世はコンスタンティノープ
ルを首都とする「ギリシア帝国」の創設を計画し，ヨーゼフ2世にも協力を要請
(18)
している。

　ギリシアに特別な眼を向けていたのは，宗教を同じくするロシアだけではな
い。特に18世紀後半以降，古代ギリシアはヨーロッパが参照すべき理想的過
去の一つとして重視され，ギリシア人は高度な文明を生み出した人々の子孫と
みられるようになっていた。こうした考えはギリシア人自身にも影響を与え，
独立運動が出現するようになる。1821年から始まる独立戦争では，著名なロ
マン派詩人　　　e　　　などさまざまな人物が義勇軍に身を投じたり，戦争募金
に応じるなどして熱烈に独立運動を支援した。ロシアなど3か国の政府は，当
初はギリシア独立に対して積極的支援を行わなかったが，結局1827年に共同
(19)
でオスマン帝国・エジプト連合艦隊を撃破するなどして，独立に手を貸すこと
となった。ただし新生ギリシア王国に居住するギリシア人は，ギリシア人全体
の一部に過ぎず，ギリシア政府はその後も領土拡張を模索している。

　ベオグラードを首都とするセルビアも，1804年の第1次蜂起，1815年の第
2次蜂起後に自治公国の地位を獲得し，1878年には　　　f　　　やモンテネグ
ロとともに独立国となった。さらに1908年にはブルガリアも完全独立してい
る。しかしセルビアや　　　f　　　はオーストリアとの間に領土問題を抱えてお
(20)
り，第一次世界大戦ではオーストリアと交戦することになる。

問

(17)　この時ハプスブルク帝国領となり，第一次世界大戦終結まで帝国の一部で
　　　あった地域の名を1つ記せ。

(18)　エカチェリーナ2世ら啓蒙専制君主が構想した政策の多くは，「ギリシア
　　　帝国」計画のように計画のままに終わり，あるいは失敗した。しかしヨーゼ
　　　フ2世が施行した政策の一部は，フランス革命を先取りしたものとして評価
　　　されることもある。そのような政策のうち1つを簡潔に記せ。

(19)　(ア)　3か国のうち2つはロシアとフランスである。残り1つの国名を記
　　　　　せ。

　　　(イ)　3か国が当初独立戦争支援に消極的であった理由を，簡潔に説明せ

　　　よ。

⒇　独立の直接のきっかけとなった，旧支配国における事件の名称を記せ。

73

次の文章(A，B，C)の 　　　　　 の中に最も適切な語句を入れ，下線部(1)～
(20)について後の問に答えよ。解答はすべて所定の解答欄に記入せよ。

A　古代末期にはじまる東西のキリスト教会の対立は，8 世紀の聖像をめぐる論
争によってますます深まり，11 世紀には両教会は完全に分離するに至った。
この東西教会の分離に先立って，ビザンツ帝国はスラヴ諸民族のあいだにキリ
スト教の布教活動を展開していた。9 世紀には，ギリシア出身の修道士の兄弟
がビザンツ皇帝によってモラヴィアに派遣され，聖書と典礼書を現地の言語に
翻訳し，布教を試みた。10 世紀末には，キエフ公国の大公 　 a 　 がビザ
ンツ皇帝の妹との結婚を機にギリシア正教に改宗した。

　　1453 年にビザンツ帝国が滅亡すると，モスクワ大公 　 b 　 は最後のビ
ザンツ皇帝の姪と結婚してツァーリを名乗り，自らをローマ帝国の継承者とみ
なした。また，コンスタンティノープル総主教のもとに従属していたモスクワ
府主教は，1589 年に総主教の地位に格上げされ，ビザンツ滅亡後の正教世界
においてロシア正教会が指導的役割をはたすべきであるとする主張の実現が目
指された。

　　他方，ローマから西方のキリスト教を受容したポーランド・リトアニアで
は，16 世紀後半から，対抗宗教改革の一環として，カトリック教会がウクラ
イナの正教徒社会への布教活動を推し進めた。西方のラテン＝キリスト教文化
の影響が浸透することによって，正教会の内部には対立が生じた。1652 年に
モスクワ総主教に就任したニコンは教会儀礼の改革を断行したが，かえってロ
シア正教会の分裂をもたらした。さらに，俗権に対する教権の優位を主張した
ニコンは，やがてツァーリであるアレクセイ＝ミハイロヴィチと対立して総主
教を解任された。18 世紀前半，ピョートル 1 世は総主教制を廃止し，宗務院
を設置して正教会を国家機関のなかに組み込んだ。この状態は，ロシア革命後
に宗務院が廃止されるまで続いた。

問

(1)　8世紀前半に聖像崇拝を禁止する布告を発したビザンツ皇帝の名を記せ。

(2)　この修道士の名前を1人挙げよ。

(3)　このときコンスタンティノープルを攻略して，アドリアノープル(エディルネ)からこの地に首都を移した君主の名を記せ。

(4)　この称号の語源となった古代ローマの有力政治家の名を記せ。

(5)　ポーランド人と並んで，ローマ=カトリックに改宗した西スラヴ系の民族を1つ挙げよ。

(6)　このときカトリック布教の中心となった修道会は，1534年に設立され，中国や日本でも活発な布教活動を行った。この修道会の名称を記せ。

(7)　このツァーリの治世下，1670年から71年にかけて，ヴォルガ川流域からカスピ海沿岸にかけての地域で大規模な反乱が発生した。

(ア)　この反乱の中心となった戦士集団の名称を記せ。

(イ)　この反乱を指導した人物の名を記せ。

B　人口の増減や移動はヨーロッパ近代史を強く規定した。

　　大航海時代の幕開けとともに，ヨーロッパの人々はヨーロッパの外の世界からのさまざまな影響にさらされるようになった。中世後期に激減した人口の回復基調とも重なり，また，南米から大量の銀が流入し，物価騰貴がもたらされたことも刺激となって，16世紀には，商業活動が新たに盛り上がった。しかし，17世紀に入ると様相は一変し，深刻な人口停滞と経済不況を含む「17世紀の危機」と呼ばれる状況があらわれた。

　　危機の時代を経て，ヨーロッパは新たな局面に入った。ある推計によると，ヨーロッパの人口は，1750年に1億4400万人であったが，1850年には2億7400万人，1900年には4億2300万人と，未曾有のペースで増加した。これは，同じ時期にヨーロッパ社会を大きく変容させることになった一連の産業革命の原因であり，また結果でもあった。

　　たとえば，世界最初の産業革命の地イギリスにおいては，農業生産方式の革新が，都市の人口，言い換えれば商業や工業を担う人々を支えた。1851年に

は，イングランドの実に37.6％の人が人口2万人以上の都市に住むように
なった。そして，こうした都市民を中心に構築された巨大な消費市場は，世界
中の商品を引き寄せた。

　上述の人口推計には，ヨーロッパの外への移民の数は含まれていない。その
数は，20世紀の最初の10年間だけで，約1120万人にも及んだ。それほど
ヨーロッパにおける人口の伸び，したがって人口の圧力には，著しいものが
あった。

問

(8) (ア)　この時期の人口激減のもっとも大きな要因になった病気の名前を記
　　　せ。

　　(イ)　パリに生まれ，ナポリやフィレンツェに暮らしたある人物は，(ア)の要
　　　因をきっかけに集まった10人の男女が順に話を語り継ぐ，10日間の物
　　　語を書いた。この人物の名を記せ。

(9)　一方で，それまでヨーロッパ経済における一大勢力であったイタリア諸都
　　市は，相対的重要性を次第に低下させただけでなく，政治的にも混乱し，イ
　　タリア戦争の舞台となった。この戦争に中心的に関わった二つの王家を挙げ
　　よ。

(10)　17世紀の危機は，三十年戦争に代表されるように，戦争や反乱の頻発と
　　いう形でもあらわれた。この時期，フランスで起きた大規模な貴族反乱を記
　　せ。

(11)　18世紀の末，このような人口増加の問題について鋭い診断を下して，大
　　きな衝撃を与えた学者の名を記せ。

(12) (ア)　同じ年，イギリスの工業力を内外に誇示する壮大なイベントが催され
　　　た。それは何か。

　　(イ)　産業革命期，急激に人口が増え，コブデンやブライトが活躍したこと
　　　でも知られる都市の名を記せ。

　　(ウ)　1871年の段階で，ドイツの同じ数値は7.7％であった。しかし，そ
　　　の後ドイツは急速な都市化と工業化を遂げ，帝国主義的拡張を追求する

ようになり，イギリスの脅威となった。このような「世界政策」を行った

皇帝の名を記せ。

⒀　㋐　19世紀半ばから20世紀初頭にかけて，アイルランドやドイツ，ロシ

ア，東欧，南欧からの移民の大半が向かった国はどこか。

　㋑　アイルランドから大量の移民を出すことになった大きなきっかけは何

か。

C　西ヨーロッパ世界の外部への拡大過程で，東南アジアは次第に世界経済に組

み込まれ，19世紀末までにその大部分が西ヨーロッパ諸国の植民地に編成さ

れていった。

　16世紀には，スペインとポルトガルが，香料などを求めて東南アジアに進

出した。スペインはフィリピンを領有したが，ポルトガルは東南アジアではご

く小さな領土を保持するにとどまった。17世紀には，オランダとイギリスそ
(14)

れぞれの東インド会社が勢力を競ったが，まもなくオランダが優位を築き，の

ちにオランダ領東インドとなる東南アジア島嶼部の広大な領域を勢力下におさ
(15)

めていった。一方，イギリスはナポレオン戦争後に海峡植民地を建設し，同植

民地はのちのイギリス領マラヤの中心となった。インドシナ半島では，19世
(16)

紀後半にフランス領インドシナ連邦が建設された。

　20世紀初頭には東南アジア各地で植民地支配に抵抗し，さらには政治的独

立を要求する民族運動が勃興した。第二次世界大戦中にこれらの地域の植民地
(17)

政府が一時的に崩壊すると，独立への動きが加速した。インドシナでは，大戦

終結の直後にベトナム民主共和国の独立が宣言されたが，植民地支配の回復を

求めるフランスとの戦闘が1954年まで続いた。オランダ領東インドでも，イ
(18)

ンドネシア共和国の独立が宣言され，オランダとの武力闘争を経て，1949年
(19)

に正式な独立が認められた。イギリス領マラヤは1957年にマラヤ連邦として

独立し，1963年に周辺のイギリス領を加えてマレーシア連邦を形成した。
(20)

問

⒁　旧ポルトガル領で，1976年にインドネシアに併合された後，2002年に完

全独立した地域の名称を記せ。

(15) 輸出用作物の栽培を促進するために，オランダがジャワ島に1830年代に導入した制度の名称を記せ。

(16) イギリス領マラヤから輸出された主要な鉱物資源は何か。

(17) 1910年代のオランダ領東インドで最も大きな勢力を誇った民族主義組織の名称を記せ。

(18) 1954年に締結されたジュネーヴ協定において，ベトナムについて合意された内容を簡潔に説明せよ。

(19) 1960年代後半にインドネシアの実権を掌握し，開発独裁体制を築いた指導者の名前を記せ。

(20) マレーシア連邦の結成に参加したある地域は，1965年に連邦から分離独立した。

   (ア) この地域の名称を記せ。

   (イ) 分離独立の背景を簡潔に説明せよ。

74

次の文章（A，B，C）の［　　　　］の中に適切な語句を入れ，下線部(1)～(21)について後の問に答えよ。解答はすべて所定の解答欄に記入せよ。

A　古代の地中海地域を中心に文明を築いたギリシア人とローマ人には，市民権を持つ都市の正式構成員が主体となる政治体制を樹立するなど，共通する面も多かったが，他方ではまったく性格の異なる政策を実施するなど，注目すべき相違点もみられる。

　古代ギリシアの代表的なポリス，アテネでは，民主政の発展によって成年男(1)性市民の総会である民会が国政の最高決定権を有し，また市民は一部の特別職を除いて誰でも公職に就くことができ，公職者はくじで選ばれ，日当が支払われた。参政権は市民の成年男性に限られており，女性や在留外国人には与えられなかった。しかも，紀元前5世紀中ごろの立法によって，アテネ市民の両親(2)から生まれた子でない限り市民権は与えられなくなった。

　ローマの場合も，共和政の時代は，市民の集会である民会で国家の公職者が選出され，参政権を持つ者も成年男性に限られていた点は，アテネと同様であった。しかし，ローマ市民の中でも貴族が公職を独占的に保持して権力をふ(3)るい，貴族主導の政治体制をとった点は大いに異なる。また，ローマ人は征服(4)活動を進める過程でローマ市民権を他の諸部族，諸民族にも与えたため，政治(5)的特権であるローマ市民権を持つ市民団は，故地ローマ市はもとより，イタリアをも越えて拡大した。

　対外的な活動においても，ギリシア人とローマ人の違いは注目に値する。両者とも，地中海を自由に航行し，植民活動や都市建設をおこなっている。しか(6)し，ギリシア人の場合，植民によって建設された都市は母市から独立したポリスとなったが，ローマ人が建設したり植民したりした都市がローマ国家から切り離されることはなかった。また，ギリシア人は広大な植民活動をおこなったが，植民市はおおむね故地と気候や風土の似た海岸部に建てられたのに対し，

ローマ人の場合，ヨーロッパの内陸部にも征服地を広げ，イタリアとは気候や
(7)
風土の異なる地域にも都市を建設した。このため，ローマ人の国家は，地中海
(8)
沿岸にとどまらず，ヨーロッパの中央部，さらにはブリテン島やドナウ川下流
域にまで広がり，ヨーロッパの広大な地域に大きな影響を残すこととなった。

問

(1) アテネとともに古代ギリシアを代表するポリス，スパルタは，市民間の
平等維持や厳しい軍事訓練などを定めた独自の国家制度を完成させた。こ
の名称を記せ。

(2) この法律を提案し，アテネ民主政の黄金期を築いた政治指導者の名を記
せ。

(3) 貴族の権力から平民を守るために前 5 世紀に設置された公職の名を記
せ。

(4) 前 1 世紀の初めに，イタリア半島の都市へのローマ市民権付与をめぐっ
て生じた戦争の名を記せ。

(5) 政治的特権であったローマ市民権は，保持者の増大につれて特権として
の価値を減じていった。

(ア) キリスト教のローマ帝国東部への伝道に活躍し，キリスト教を世界宗
教とするために最も大きな役割を果たした人物は，属州で逮捕された
が，ローマ市民権を有したために首都ローマの皇帝の裁判に上訴するこ
とができた。この人物の名を記せ。

(イ) 紀元 3 世紀の初めには，ローマ帝国内のすべての自由民にローマ市民
権が与えられた。この措置がなされた当時の帝国の状況を正しく説明し
た文章を，次の(a)〜(d)より 1 つ選んで，記号で答えよ。

(a) オクタウィアヌスが内乱に勝利し，新しい政治体制を導入した。

(b) ディオクレティアヌス帝が混乱した帝国を再統一し，様々な改革を
断行した。

(c) 門閥派と民衆派の政治権力をめぐる争いが激化した。

(d) 五賢帝時代も過ぎて，国境外の諸民族の侵入や皇帝位をめぐる争い
が頻発するようになった。

(6)　ローマ人の地中海進出以前，ギリシア人とともに地中海での交易や植民
に活躍し，カルタゴなどの植民市を建設した民族の名を記せ。

(7)　初代皇帝アウグストゥスの治世に，ローマの3軍団がゲルマン人の部隊
によって全滅させられ，ローマの内陸部征服計画は頓挫することになっ
た。この戦いの名を記せ。

(8)　ローマ人が進出する以前のヨーロッパ中央部には，前5世紀から前1世
紀にかけて独自の性格を持つ鉄器文化，ラ・テーヌ文化が広がっていた。

(ア)　この文化の担い手となった民族の名を記せ。

(イ)　この文化の担い手である人々がローマの支配下に包摂されるようにな
る大きな契機は，ユリウス・カエサルの遠征である。彼がこの遠征につ
いて自ら書き記した作品の名を記せ。

B　ユーラシアの歴史では遊牧民族の移動と征服活動によって幾度も大きな変化
がもたらされた。規模は異なるもののヨーロッパ史においても，様々な民族や
集団の移動が，社会や国家の変化を促している。ゲルマン民族の移動が一段落
した後，7世紀にスラヴ民族が西進，南下し，ヨーロッパ東部の政治と文化に
大きな影響を与えた。バルカン半島ではトルコ系の[　a　]人が東部に定着
し，7世紀末には独立国家を建て，やがてスラヴ化した。西ヨーロッパでは，
北欧からのノルマン人の略奪活動が，ブリテン島や西フランク王国の社会に
とって大きな脅威となり，各地において支配体制の変化をも促した。しかしノ
ルマン人の活動が，略奪と交易から植民と定住に向かうことにより，ヨーロッ
パ各地における新たな国家形成の出発点となったことも，見逃してはならな
い。
(9)
(10)

このように4世紀から11, 12世紀にかけては，様々な民族集団がヨーロッパ
を縦横に移動したのに対し，11, 12世紀には西ヨーロッパから周辺世界への
移動や支配の回復・拡大が始まる。11世紀末に開始された十字軍は，イェルサ
レム王国を建ててイスラム王朝と戦ったが，1187年にはアイユーブ朝の建国
者[　b　]との戦いでイェルサレムを失い，1291年にはアッコン陥落によ
り，王国最後の拠点をも失った。エルベ川以東のスラヴ民族の居住地域では，
ドイツ人による植民と都市・村落の建設が進められていたが，パレスティナで
活動していたドイツ騎士団は14世紀初めまでに拠点をバルト海南岸地域に移

して，国家的支配を築いた。この「騎士団国家」はバルト海南岸各地に広がった
が，その一部は宗教改革を経て世俗国家となり，ドイツのホーエンツォレルン
家の支配下に入った。他方，イベリア半島のレコンキスタもまた，イスラム教
徒との戦いにおいて十字軍理念と結びついたと言われるが，実際にはキリスト
教諸王国はイスラム教徒と同盟し，共存をはかるなど，柔軟な相互関係を結ん
でいた。非キリスト教徒に対する抑圧が強まるのは，イベリア半島の政治的統
一が進んだ中世末以後である。

　14, 15世紀にはヨーロッパ東南部は，東方からの新たな脅威に直面する。バ
ルカン半島に進出し，コンスタンティノープルを征服したオスマン朝は，
1529年にはウィーンを包囲して，当時の神聖ローマ帝国の政治に大きな影響
を与えたのである。

問

　⑼　9世紀末にノルマン人の一派，デーン人を破ってアングロ゠サクソン王
　　国を復興した人物の名を記せ。

　⑽　ノルマン人が12世紀前半にイタリア南部に建設した王国の名称を記
　　せ。

　⑾　15世紀に「騎士団国家」と戦って優位に立った，この地域の国家の名称
　　を記せ。

　⑿　ホーエンツォレルン家が継承した，この世俗国家の名称を記せ。

　⒀　15世紀後半にイベリア半島の政治的統一を大きく前進させる契機と
　　なったのはどのような事実か。簡潔に記せ。

　⒁　具体的にどのような影響を与えたのか，簡潔に記せ。

C　ロシアはピョートル1世のころから，西方，特にドイツとの関係をそれ以前
　に増して強化している。ピョートル1世が建設した新首都は，ドイツ語風にサ
　ンクト・ペテルブルクと名付けられた。ロマノフ家とドイツ貴族との関係は深
　く，たとえば，啓蒙専制君主のエカチェリーナ2世はドイツ貴族の娘である。
　ロシア領内のドイツ系住民の一部は，帝国にとって重要な地位を占めることと
　なる。経済的にも，第一次世界大戦までにドイツはロシアにとって輸出入両面

で最大の貿易相手国となった。

　一方，ドイツとロシアとの政治的関係は1870年代から不安定となる。1878年，ロシア＝トルコ戦争（露土戦争）で戦勝国となったロシアは，ビスマルクが議長を務めたベルリン会議でバルカンへの権益拡大を制限され，代わってオーストリアが勢力を拡大した。その後，バルカンをめぐってロシアとドイツは亀裂を深めていき，第一次世界大戦では交戦国となる。開戦直後に，ロシアの首都はロシア語風にペトログラードと改名されている。ロシア軍が劣勢におかれるなかで，ドイツ系有力者が敵と内通しているためにロシアは戦争に勝てない，という意見も公然と叫ばれるようになった。

　ロシア革命後，ソヴィエト政権とドイツは1922年に国交を回復する。ナチスの政権獲得後，1939年には両国の間で不可侵条約も結ばれるが，1941年から両国は再び交戦国となり，ドイツの首都ベルリンはソ連軍に占領される。戦後，ドイツは東西に分割され，ドイツ民主共和国（東ドイツ）はソ連の勢力圏に入り，ベルリンも東西に分断された。その後，東ドイツ市民の大量流出を防止するため，東西ベルリンの間には「ベルリンの壁」が築かれた。この壁は東西対立を象徴する存在となった。

問

　(15)　新首都は戦争のさなか，要塞建設を中心に進められた。建設工事は，交戦中だったある国の陸海軍の妨害を受けることもあった。この国の名称を記せ。

　(16)　彼女と盛んに文通したフランスの啓蒙思想家を一人挙げよ。

　(17)　このころのロシア第2の貿易相手国は，ロシアと1907年に協商を結び，両国は政治的に接近する。この国の名称を記せ。

　(18)　オーストリアはベルリン会議後ボスニア・ヘルツェゴヴィナを管理下におくこととなり，1908年にはこの地域を併合した。この地域で1914年に起こった事件は，第一次世界大戦の直接の引き金となった。

　　(ア)　この事件の内容を簡潔に記せ。

　　(イ)　1990年代に入ると，この地域は内戦の舞台となる。この内戦で解体した連邦国家の名称を記せ。

(19)　ドイツでも第一次世界大戦後，敗戦の原因を国内の特定の「人種」に押し
　　　つける理論が流行した。この「人種」は何人と呼ばれたか。

(20)　この間に起こったある国の内戦で，両国はそれぞれが支持する勢力に武
　　　器援助等をおこなった。その国の名称を記せ。

(21)　(ア)　「ベルリンの壁」の建設が始まった翌年，ソ連はアメリカ合衆国との
　　　　　対立を激化させ，全面核戦争直前という状況を迎える。この事件の名
　　　　　を記せ。

　　　(イ)　「ベルリンの壁」が崩壊した年を記せ。

75

　　次の文章(A，B，C)を読み，下線部(1)～(23)について後の問に答えよ。解答は
すべて所定の解答欄に記入せよ。

A　宗教改革以降のヨーロッパでは，宗教上の対立にもとづく戦争や抑圧がしば
　　しば生じる一方，異なる宗派間の共存を制度的に保障する取り決めも必要に応
　　じて結ばれた。しかし，信仰の自由が個人の権利として認められるまでには
　　長い時間を要した。以下に引用する史料①は 1648 年に締結された講和条約，
　　　　　　　　　　　　　　　　　　　　　　(1)
　　②は 1781 年に公布された勅令，③は 1829 年に成立した法律の，それぞれ一部
　　である。

①　　第 5 条　帝国の両宗派の選帝侯，諸侯，等族の間に存在していた不平不満
　　　が大部分当該戦争の原因および動機であったので，彼らのために以下のこと
　　　　　　　　(2)
　　　を協約し，調停する。
　　　第 1 項　（前略）1555 年の宗教和議は，1566 年アウクスブルクで，またさら
　　　　　　　　　　(3)
　　　　　にさまざまな帝国決定で承認されたように，皇帝および両宗派の選帝
　　　　　侯，諸侯，等族の全会一致で受け入れられ，可決された条項において
　　　　　有効と宣言される。
②　　良心に対する圧迫はすべて有害であること，また，真のキリスト教的寛容
　　　　　　　　(4)
　　　が宗教と国家に多大な利益をもたらすことを確信し，余は以下の決定を下し
　　　た。プロテスタントとギリシア正教徒に対し，その宗教の流儀に従った私的
　　　な礼拝行為を全面的に許可する。（中略）ただし，公的な礼拝行為を行うこと
　　　ができるという特権は，今後もカトリックのみに許される。
③　　幾多の議会制定法により，ローマ・カトリックを奉じる陛下の臣民に対し
　　　(5)
　　　て，他の臣民には課せられない一定の拘束および制約が課されてきた。この
　　　　　　　　　　　　　　　　　　　　　　　　　　　　　　　　　(6)
　　　ような拘束および制約は，今後撤廃されることが適切である。

　　（引用は歴史学研究会編『世界史史料』第 5・6 巻，岩波書店刊による。文章は
　　　一部改変した箇所がある。）

問

(1) (ア) この講和条約は何と呼ばれるか。

　(イ) (ア)の講和条約によって独立を承認された国を1つ挙げよ。

(2) この戦争は何年に始まったか。

(3) (ア) この宗教和議の内容を簡潔に説明せよ。

　(イ) 1648年の講和条約では，1555年の宗教和議で認められなかった宗派が公認された。この宗派の名称を記せ。

(4) (ア) この決定を行った君主は，啓蒙思想の影響を受けながらオーストリアの国力を強化しようとした。この君主の名を記せ。

　(イ) 1772年，(ア)の君主はプロテスタントのプロイセン国王，正教徒のロシア皇帝と結んで，ある国の領土の分割を行った。この国の名称を記せ。

(5) ここで言及されている法律のうち，公職就任者を国教徒に限定した1673年の法律の名称を記せ。

(6) カトリック教徒に対する差別を撤廃する法律が制定された背景には，1801年に併合したある地域の住民の反発を抑える意図があった。この併合された地域はどこか。

B　ウマイヤ朝の時代に，イスラム世界は北アフリカを経てイベリア半島まで拡大した。これにともなって，サハラ砂漠を南北に縦断する交易が活発化し，サ(7)ハラ砂漠の南西縁には，サハラ縦断交易を経済的基盤とする王国が出現した。11世紀にベルベル人が興したイスラム王朝が，ニジェール川上流域からイベ(8)リア半島南部にいたる広大な地域を支配して以降，サハラ南西縁の王国の支配(9)者はイスラム教を受け入れた。ニジェール川大湾曲部に栄えた交易都市では，(10)建築などに独自の様式をもつイスラム文化が発展した。

　15世紀後半以降，西方イスラム世界は大きく変化していく。イベリア半島(11)ではレコンキスタが完了し，イスラム勢力は北アフリカへと後退した。いっぽう，16世紀から18世紀にかけて環大西洋貿易が発展するにつれて，西アフリ(12)カは南北アメリカおよびヨーロッパとの三角貿易に組み込まれていった。西ア(13)フリカのギニア湾岸地域には，奴隷の輸出を経済的基盤とする王国が出現し

た。数千万の人口を奴隷として奪われたアフリカの社会は，大きな打撃を受けた。

　19世紀はじめに奴隷貿易が廃止された後，工業化を経たヨーロッパ諸国は，アフリカを一次産品の供給地および工業製品の市場と見なすようになった。1880年代から第一次世界大戦にいたる間に，ヨーロッパ諸国はアフリカのほぼ全土を植民地や保護国として分割した。
　　　(14)

問

　⑺　サハラ縦断交易によって，西アフリカからサハラ以北にもたらされた，主たる交易品は何か。

　⑻　この王朝の名称を記せ。

　⑼　14世紀に最盛期を迎えた王国の名称を記せ。

　⑽　代表的な交易都市の名称を記せ。

　⑾　イベリア半島における最後のイスラム王朝の名称を記せ。

　⑿　㋐　18世紀に黒人奴隷貿易の中心地となった，イングランド北西部の都市の名称を記せ。

　　　㋑　西インド諸島のプランテーションで輸出向けに栽培された，主たる商品作物は何か。

　⒀　現在のナイジェリアにあたる地域で，16〜17世紀に，おもにポルトガルとの奴隷貿易で栄えた王国の名称を記せ。

　⒁　㋐　タンジール事件およびアガディール事件において，フランスとドイツとの争いの対象となった地域は，どこか。

　　　㋑　この時期に西アフリカで独立を維持した国の名称を記せ。

C　経済面ならびに文化面で世界が一体化する動きは，20世紀後半以降におお
　　(15)
きく進展した。

　まず経済面では，第二次世界大戦後，自由貿易体制の構築を目指す「関税と
貿易に関する一般協定」(GATT)などによって一体化の動きが徐々に進んで
　　　　　　　　　　　　　　　　(16)
いった。1980年代になると，社会主義諸国においても市場経済の導入が進ん
　　　　　　　　　　　　　　　(17)
だ。さらに，1990年前後に東欧社会主義圏およびソヴィエト社会主義共和国
　　　　　　　　　　　　　　　　　　　　　　　　　　(18)

連邦（ソ連邦）が解体し，ついで GATT を継承した新機関が 1995 年に設立され
ると，この世界一体化の動きはますます加速した。
<u>(19)</u>

　文化の世界一体化も，第二次世界大戦後，急速に進んだ。<u>科学知識や思想，
娯楽などが短時日のうちに人類に共有されるようになった</u>。とりわけ，世界経
<u>(20)</u>
済の中心の一つであるアメリカ合衆国から発信される生活文化，いわゆる「<u>ア
メリカ的生活様式</u>」の影響は大きく，大量生産・大量消費に基づくこの生活様
<u>(21)</u>
式にあこがれる人々は少なくない。このような生活様式が拡大するにつれ地球
規模の環境破壊が進行し，<u>環境保全が人類全体の課題と認識されるようになっ
た</u>が，これも，思想の人類共有化の一例である。
<u>(22)</u>

　だが，経済の世界一体化は，経済強国に有利に働く一方で，<u>途上国の経済的
困難を増すことにもなった</u>。また，文化の世界一体化についても，各国・各民
<u>(23)</u>
族の文化を衰退させる側面を持っていることがしばしば指摘されるようになっ
た。

問

(15)　世界の一体化は，近年の情報技術の革新によってますます深まってい
　　　る。このような世界一体化現象は何と呼ばれるか。

(16)　GATT に加え，国際通貨基金（IMF）と国際復興開発銀行（IBRD）との創
　　　設を主導し，第二次世界大戦後の国際経済管理体制の指導権を握ったのは
　　　アメリカ合衆国であった。この管理体制は，後者2機関の創設会議が開か
　　　れたアメリカ合衆国内の地名にちなみ，何と呼ばれるか。

(17)　中国の市場経済化は，1978 年末に開かれた共産党第 11 期中央委員会第
　　　3回全体会議以降始まった新政策の帰結であった。この新政策は何と呼ば
　　　れるか。

(18)　解体の背景には，計画経済の行き詰まりと，膨大な軍事費の重荷があっ
　　　た。軍事費を軽減させるために，ソ連邦は 1987 年にアメリカ合衆国と核
　　　軍縮条約を締結した。この条約名を記せ。

(19)　この新機関の名称を記せ。

(20)　DNA が二重らせん構造になっていることが 1953 年に提唱され，2003
　　　年には，ヒトの DNA 解読計画が世界各国の研究者の協力で完了した。
　　　DNA 二重らせん構造を提唱した科学者二人の名前を記せ。

⑵ 両世界大戦間期のアメリカ合衆国では，大衆のあいだでジャズがひろく
楽しまれるようになった。当時のアメリカ合衆国において，ジャズの普及
をうながしたメディアを，レコードと映画の他に一つ記せ。

⑵ (ア) 豊かな生活を将来の世代にも保証するために，環境保全に留意しつ
つ節度ある経済開発に努めるべきだという考え方が，1980年代に広
まり，1992年の国連環境開発会議(地球サミット)などを経て人類の
共通理念となった。この考え方を要約する用語を記せ。

(イ) 地球温暖化防止のため，二酸化炭素など温室効果ガスの排出削減を
先進工業国に義務づける議定書が，1997年に80数か国の合意を得て
採択され，2005年に発効した。この議定書は，これが採択された会
議の開催都市にちなみ何と呼ばれるか。

⑵ 経済発展から取り残された地域では，経済混乱から内戦にいたる場合も
少なくない。アフリカの一国で，1962年にベルギーから独立し，1990年
代前半に大量虐殺と大量難民の発生をともなう内戦が勃発した国の名を記
せ。

76

次の文章(A，B，C)の ▢ の中に適切な語句を入れ，下線部(1)〜(21)に
ついて後の問に答えよ。解答はすべて所定の解答欄に記入せよ。

A　西洋における君主権力の発生過程を考えると，多くの場合，君主権力が軍事
　的指導者の地位や権限に由来するものであったことがわかる。国家の存亡や安
　定がしばしば，対外防衛や征服，膨張のための戦争と密接に結びついていたか
　らである。古代ローマの第 2 回三頭政治を行ったオクタヴィアヌスは，宿敵ア
　　　　　　　　　　　　　　(1)
　ントニウスとクレオパトラを滅ぼし，カエサル暗殺後の内乱を制した軍事的実
　力により，元老院からアウグストゥスの尊称を与えられ，帝政をひらいた。ア
　ウグストゥスは共和政ローマの主要な権限のみならず，軍事力が重要な意味を
　　　　　　　　　　　　　　(2)
　もつ属州をも管轄下に置くことにより，あらゆる権限を掌握した。ローマ帝国
　における軍隊と皇帝の密接な関係は，3 世紀の軍人皇帝時代には，各地の軍団
　　　　　　　　　　　　　　　　　(3)
　がその指導者を皇帝に擁立し，半世紀間に 26 人の皇帝が乱立するという，混
　乱した事態をももたらした。

　　ゲルマン民族移動期に部族を率いた軍事的指導者の権限が，定住後に君主的
　権力へと発展することは，とりわけ長距離の移動を行った東・西ゴート族や
　ヴァンダル族の場合に明らかである。このことは，長距離の移動，植民，征服
　　　　　　　　　　　　　　　　　　　　　　　　(4)
　によって各地域に国家を建設したノルマン人の指導者についてもあてはまる。
　しかしそのような軍事行動をともなう長距離移動を行わなかったフランク族の
　　　　　　　　　　　　　　　　　　　　　　　　　　　　　　　(5)
　王たちも，戦士集団を率いて征服や略奪を行う軍隊の長であり続けた。また
　962 年にローマ教皇により皇帝戴冠を受けたドイツ(東フランク)王国のオッ
　トー 1 世は，当時ヨーロッパ中部に侵入をくり返していた非キリスト教民族を
　　　　　　　(6)
　955 年にドイツ南部のレヒフェルトで破った。このときオットーは兵士たちか
　ら「皇帝」との歓呼を受けたと伝えられるが，ここにも輝かしい戦勝をあげた軍
　隊指揮者が皇帝として讃えられる習慣がみられる。

　　このように軍功が政治的指導者や独裁者を生み出すという事例は，近代のナ
　ポレオン＝ボナパルトや 20 世紀の幾人かの政治家にも見出され，決して古代
　　　　　　　　　　　　　(7)
　や中世に限られる現象ではない。

問

　(1)　オクタヴィアヌス，アントニウスとともに第2回三頭政治を行った人物
　　　の名を記せ。

　(2)　共和政ローマの国政全般におよぶ最高の公職の名称を記せ。

　(3)　3世紀には帝国の社会経済的基盤も変化する。農業・土地制度における
　　　変化を30～40字程度で述べよ。

　(4)　(ア)　9世紀にノヴゴロド国を建設したと言われるノルマン人の指導者の
　　　　　名を記せ。

　　　(イ)　10世紀初めに北フランスにノルマンディー公国を建設したノルマ
　　　　　ン人の指導者の名を記せ。

　(5)　フランク王クローヴィスは軍事的征服以外にも，以後のフランク王権に
　　　とって重要な意味を持つ選択を行った。それは何か。

　(6)　この民族の名称を記せ。

　(7)　第一次世界大戦中の軍功により国民的英雄となり，ワイマール（ヴァイ
　　　マル）共和国の大統領になった人物の名を記せ。

B　アメリカ大陸の西に広がる大洋の存在は，16世紀前半にヨーロッパ人に知
　られるようになった。1513年，スペインの探検家　　a　　はパナマ地峡を
　横断し，新大陸の彼方に望見した海洋を「南の海」と名づけた。この大洋を船で
　横断し，「太平洋」と命名したのは，ポルトガル人航海者マゼラン（マガリャン
　イス）である。しかし，太平洋に点在する島々やオーストラリア大陸について
　　　　(8)
　正確な地理的認識がヨーロッパにもたらされたのは，ようやく17世紀から
　18世紀にかけてのことであった。1642年，オランダの探検家　　b　　は，
　オーストラリア大陸の南方の海洋を東に向けて航海し，ニュージーランドに到
　　　　　　　　　　　　　　　　　　　　　　　　　　(9)
　達した。また，1760年代後半には，フランスとイギリスがそれぞれ太平洋に
　　　　　　(10)
　探検隊を派遣した。フランスのブーガンヴィルは，1768年にタヒチ島を経由
　して太平洋を東から西に横断した。哲学者ディドロは，この航海によって知ら
　　　　　　　　　　　　　　　　　(11)
　れるようになったタヒチ人の暮らしぶりに刺激を受けて，ヨーロッパ文明の退
　廃と偽善を批判する『ブーガンヴィル航海記補遺』を著した。イギリスから
　は，1768年，ジェイムズ・クックがエンデヴァー号を指揮して太平洋に向か

い，タヒチ島を経てニュージーランドを回航したのち，<u>1770 年，ヨーロッパ</u>
<u>人としてはじめてオーストラリア大陸の東の沿岸を探査した</u>。その後，クック
(12)
はさらに 2 度にわたって太平洋の航海を行い，それまでヨーロッパで知られて
いなかった多くの島の存在を確認したが，1779 年，3 度目の航海の途上に<u>ハ</u>
<u>ワイ</u>で島民に殺害された。クックの航海は，イギリスの太平洋への勢力拡大政
(13)
策の一環として行われたが，専門家による天体観測を行い，動植物にかんする
膨大な資料を収集するなど，<u>科学的探検を目的とする航海のはじまりとしての</u>
<u>側面ももっている</u>。
(14)

問

(8) (ア) マゼランは，ポルトガルから亡命し，スペイン国王の援助をうけて
1519 年にセビリャを出航した。当時，スペインは新大陸の西側の海
洋を自らの勢力範囲に含まれるとみなしていた。その根拠とされた条
約の名称を記せ。

(イ) マゼランの太平洋横断の目的地の一つはモルッカ諸島であったとい
われる。香料諸島とも呼ばれるこの島々は，16 世紀から 17 世紀にか
けてヨーロッパ諸国の争奪の対象となった。17 世紀前半にオランダ
がイギリスをこの地域から排除するきっかけとなった事件の名称を記
せ。

(9) ニュージーランドは，イギリス政府の派遣した代理総督と先住民の首長
たちとの間で 1840 年に結ばれた条約によってイギリスの植民地となっ
た。この先住民は何と呼ばれるか。

(10) これらの探検に先立って，両国間では，1756 年から 7 年間にわたって
海外の植民地をめぐる戦争が行われた。1763 年にパリで結ばれた講和条
約によってフランス領からイギリス領となった植民地を 1 つ挙げよ。

(11) 彼とダランベールが中心となって 1751 年から 72 年にかけて編纂された
書物の名称を記せ。

(12) イギリスの植民地となったオーストラリアでは，19 世紀末以降，有色
人種の移民を制限する政策がとられた。この政策は何と呼ばれるか。

(13) ハワイは，1898 年にアメリカ合衆国に併合された。同じ年に，米西戦
争の結果としてスペイン領からアメリカ領となったマリアナ諸島中の島の
名称を記せ。

⒁　1831年から36年にかけて，イギリスの生物学者ダーウィンは，海軍の測量船ビーグル号に乗り組んで南半球を周航し，動植物の調査を行った。ダーウィンはこの調査からえた着想を理論化し，1859年にその成果を書物として刊行した。この著書の題名を記せ。

C　1776年，北アメリカ大陸の13植民地の指導者たちが，本国イギリスに対して示した独立宣言は，近代世界史の大きな転換を告げるものであった。
　　　　　　　　⒂
1787年につくられたアメリカ合衆国憲法は，共和政体という新しい政治原理のもとで連邦統治機構の構成と権限を明記した。連邦共和国としてのアメリカ
　　　　　　⒃
合衆国はその憲法の批准をへて発足した。1789年のことである。

　誕生した統一国家は，その後，西に拡大していった。経済的改善を目指す農民あるいは移民が西部移住の主力であった。特に19世紀に入って，アレガニー山脈を越える西部への進出が本格化した。1821年にはミシシッピー川を
　　　　　　　　⒄
越える最初の州として，ミズーリが州に昇格した。しかしその時期から奴隷制を否定する自由州と，それを認める南部奴隷州との対立が表面化していった。新しい州に奴隷制を認めるか否かの論争であった。1850年，カリフォルニア
　　　　　　　　　　　　　　　　　　　　　　　　　　　　　　⒅
が州に昇格する際にも論議が起こった。1854年，奴隷制の拡大を争点として起こった全国政党の再編は，自由州と奴隷州の対立を決定的とする転機であっ
　　　　⒆
た。

　19世紀の世界における最大の内戦であった南北戦争後，合衆国の工業化は急速であった。戦前から綿工業などが北部に発達したが，戦後の工業化は，鉄
　　　　　　　　　　　　　　　　　　　　　　　　　　　　　　　　⒇
鋼業，機械産業，さらに食肉産業といった多様な分野におよび，1890年代には合衆国は世界第一の工業国家の地位を手にしていた。工業化とともに，全国
　　　　　　　　　　　　　　　　　　　　　　　　　　　　　　　　㉑
的交通体系の形成，また都市化が進行した。フロンティアの消滅を記載したのは，1890年に行われた国勢調査の報告書である。その記述は，大西洋から太平洋におよぶ強大な近代国家の誕生を告げる宣言でもあった。

問

⒂　アメリカ独立宣言書に盛り込まれた思想には，イギリス啓蒙思想の影響が大きい。代表的なイギリス人啓蒙思想家の名を1名記せ。

(16) アメリカ合衆国憲法が定めた連邦統治機構を 30 字程度で説明せよ。

(17) (ア) 西部への進出によって 1830 年代，アメリカの政治制度に重要な変化が起こった。その新しい政治のあり方は何と呼ばれるか。

(イ) 1840 年代，西部への領土拡張の際に広く語られた言葉を記せ。

(18) アメリカ合衆国はカリフォルニアを割譲によって得た。割譲の原因となった出来事の名称を記せ。

(19) 1854 年に成立した全国政党の名称を記せ。

(20) 南北戦争後，鉄鋼業において台頭した代表的企業家の名を記せ。

(21) 1869 年に完成した新しい全国的交通体系の名称を記せ。

77

　　次の文章(A，B，C)の　　　　　　の中に適切な語句を入れ，下線部(1)〜(20)に
ついて後の設問に答えよ。解答はすべて所定の解答欄に記入せよ。

A　14 世紀の半ば，ヨーロッパを広く襲った疫病の流行によって，イギリスで
　も短期間に多くの死者が出た。流行が去った後に残されたのは，人口の減少に
　よる労働力の不足であった。直営地における労働を農奴に依存していた領主層
　にとってとりわけ危機は深刻であった。そのため賦役の強制や賃金の規制など
　領主層による反動が一時的に見られたが，土地に縛りつけられていた農奴も移
　(1)
　動の自由を得て，イギリスではこの世紀中に農奴身分は消滅に向かった。
　　　　　　　　　(2)
　　農民の中には土地を集積して富裕になる者，また土地を失って零細化する者
　が現れた。集団による共同耕作と，比較的均等な土地保有とに基盤を置いた伝
　　　　　　(3)
　統的な農業は，農村における階層の分化と競争の激化によって徐々に崩壊し始
　めた。散在していた農民の保有地も一箇所に集中されることが多くなり，その
　ような土地では占有を示す指標として周囲に垣がめぐらされた。15〜16 世紀
　に進行した囲い込みでは，労働力をあまり必要としない牧羊が主に行われた。
　囲い込みによって生計を失う農民も多く出て，人文主義者トマス・モアは，
　　　　　　　　　　　　　　　　　　　　　　　　(4)
　「羊が人間を食う」さかさまの関係をその著書で指摘した。
　　14 世紀頃からイギリスでは輸出用の毛織物生産が増大していた。大陸の毛
　織物生産と対照的に，イギリスのそれは農村に展開した。そのため都市の
　　　　a　　　の規制を受けることなく，価格を低く抑えまた需要に応じて生産を
　拡大することが可能で，順調に成長をつづけた。地主化した農民の中には，囲
　い込みによって原料である羊毛を確保し，同時に低廉化した労働力を組織して
　織布工場を経営するなどして大きな利益をあげ，さらに社会的な上昇をとげる
　者もいた。
　　彼らや，土地を購入した商人，あるいは官僚として王権に協力し俸給を土地
　に投資した人々など，この時期に出現したジェントリと呼ばれる新しい地主層
　は，この世紀以降もさらに土地集積を重ね，地方行政や国政においても大きな

権力を獲得して，この国の寡頭的な支配体制を築きあげることになる。一方17世紀後半における　b　作物の導入に始まった農業の改良は，資本主義的な農業経営を導き，大規模な排水工事や土壌改良などを通じてさらに土地の収益性をあげることになった。18〜19世紀に実施された第2次囲い込みは，穀物生産を目的としており，産業革命期の増大する人口に食糧を供給することを可能にした。
(5)
(6)

問

(1) このような反動に抵抗して，14世紀中頃にフランス北部で，また世紀後半にイングランド南部で起きた反乱を，それぞれ何というか。

(2) 近世に入って，ドイツのエルベ川以東では逆に農奴制が強化された。このような農奴制に基づいて行われた，この地域における大規模農業経営を何というか。

(3) 中世西ヨーロッパに特徴的な，この農業における土地利用の方式を何というか。

(4) 大法官であったトマス・モアは，国王の政策に反対して1535年に刑死した。この政策は何であったか。

(5) 第2次囲い込みを，第1次囲い込みと比較した場合の，本文に述べた以外の特徴を記せ。

(6) 1815年に制定された穀物法には，安価な外国産穀物の流入をさまたげて，地主の利益をまもる狙いがあった。外国産穀物の流入が予測された理由は何か。

B 産業革命期の工業化は，欧米諸国の政治・経済・社会に大きな変動をひき起こした。18世紀後半にいちはやく工業化を経験したイギリスでは，人口移動の問題や新たに台頭した産業資本家の政治参加要求に対応するため，1832年に第1回選挙法改正が行われた。この際に選挙権を与えられなかった労働者は，議会の民主化や男子普通選挙を求めて議会への請願を含む政治行動を起こしたが，要求を実現するには至らなかった。一方，1840年代には関税の引き下げが行われ，イギリスは自由貿易体制に向かったが，このことは海外におけ
(7)

る軍事力の行使を排除するものではなかった。たとえば，イギリスはアヘン戦
争を通じて中国に5港の開港を強い，列強による中国従属化の口火を切ったの
である。
(8)

　フランスでは，七月革命後に工業化が本格化し，その過程で力をつけつつ
あった中小資本家と労働者の政治参加要求が強まった。二月革命は，このよう
な政治参加要求の帰結であったが，臨時政府のもとで実施された男子普通選挙
(9)
では農村部の支持を得た穏健共和派が勝利し，政府の保守化に不満をもったパ
リの労働者の蜂起は政府によって鎮圧された。やがて成立した第二共和政にお
いては秩序の回復を標榜する保守勢力が優勢になり，さらに大統領によるクー
デタを経て，フランスは第二帝政の時代に突入していった。
(10)

　アメリカ合衆国では，19世紀前半から工業化を進めた北部と，奴隷制にも
とづく農業を基幹産業とする南部との間に，利害対立が深まった。南北戦争の
(11)
結果，奴隷制は廃止され，北部の利益に合致する強力な連邦政府が確立した
が，南部においては黒人を従属的な地位にとどめておく経済的な制度があらた
(12)
に出現した。

問

　(7)　この政治行動の名称を記せ。

　(8)　(ア)　この戦争の終結時に，イギリスと清の間に締結された条約名を記
　　　　　せ。

　　　(イ)　(ア)の条約によって，清がイギリスに割譲した地名を記せ。

　(9)　(ア)　革命に際して亡命した国王の名前を記せ。

　　　(イ)　革命が勃発した年に綱領として発表され，のちの社会主義運動に大
　　　　　きな影響を与えた著作の名称を記せ。

　(10)　大統領の名前を記せ。

　(11)　アメリカ合衆国の通商政策をめぐる北部と南部の対立を，イギリスとの
　　　関係から説明せよ。

　(12)　南北戦争後のアメリカ合衆国南部において，黒人を土地に縛りつけるた
　　　めに導入された制度の名称を記せ。

C　第一次世界大戦のさなか，ロシアで革命が起こり，ソヴィエト政権が誕生し
た。その中心となったのはレーニンが指導するボリシェヴィキで，1918 年，
　　　　　　　　　　　　　　　　　　　　　　　　　　　　　　　　(13)
大戦が終結するころには共産党の一党支配体制を作り上げた。社会主義社会建
設の成否が先進資本主義国における革命にかかっているとみた彼は，1919 年
　　　　　　　　　　　　　　　　　　　　　　　　　　　　　　　　(14)
にそれを促進するための機関を創設した。しかし，新国家の前途は内でも外で
も多難であった。

　まず，ソヴィエト政権は国内の反革命勢力，およびそれと結びついた諸外国
の武力干渉と戦わねばならず，経済は危機的状況に陥った。これを乗り切るた
めにとられたのが，戦時共産主義と呼ばれる政策である。だが，強権的な政策
　　　　　　　　　　　(15)
に対する農民らの反発は強く，外国の干渉が結局ほぼ失敗に終わったこともあ
り，レーニンら指導部は 1921 年に自由主義経済の復活を一部で認め，国内の
　　　　　　　　　　　(16)
安定を図った。また翌年には，資本主義国との関係改善を目指してドイツとの
間で友好関係を取り結んだ。

　1922 年末，4 つのソヴィエト共和国が連合してソヴィエト社会主義共和国
連邦（ソ連）を形成し，やがて新たな指導者スターリンの一国社会主義論に基づ
く道を歩み始めた。1928 年からは，重工業化の推進による社会主義社会の建
　　　　　　　　　　　　　　　　　　(17)
設を目指し，農業面でも機械化とともに集団化が，抵抗を抑え込んで強力に推
進された。

　1929 年末から多くの資本主義国は世界恐慌の影響を受けて苦しむが，ソ連
はそれを回避することができた。しかし，世界恐慌の深化やナチス＝ドイツの
出現でヨーロッパの情勢が緊迫すると，1935 年，ソ連はその革命運動におい
て共産主義の主要な敵はファシズムであるとする戦術を採用し，また同年，今
　(18)　　　　　　　　　　　　　　　　　　　　　　　　　　　　　(19)
度はフランスとの間に友好関係を強化する取り決めを結んだ。しかしドイツは
この関係を口実として，1936 年，第一次大戦後に形成されたヴェルサイユ体
制の破壊をさらに進め，ヨーロッパの秩序は，混迷の度を深めた。
　(20)

問

　(13)　このときに排除された主要な政党の名を一つ記せ。

　(14)　この機関名を記せ。

　(15)　この政策の工業面，農業面それぞれの中心になったのはどのようなこと
　　　　か。

(16)　この年に自由化を求めて水兵・労働者が起こした反乱をなんと呼ぶか。

(17)　このために策定された政策の名称を記せ。

(18)　この戦術を何と呼ぶか。

(19)　友好関係を定めたこの条約名を記せ。また，このときのフランス側の狙いは何か，簡明に記せ。

(20)　このときドイツがロカルノ条約を無視して進めた行動は何か。

78

次の文章(A，B，C)の下線部(1)〜(19)について後の問に答えよ。解答はすべて所定の解答欄に記入せよ。

A　2004 年 5 月に EU(ヨーロッパ連合)は新たに 10 カ国を加えて 25 カ国体制となり，バルカン諸国など一部の国をのぞくヨーロッパの大半の地域が，共通の法や議会をもつ政治組織に統合された。「ヨーロッパ統合」というべき，このような広域的な政治組織は，ヨーロッパ史においては「帝国」として幾度か出現した。ローマ帝国は，<u>紀元 2 世紀初めには地中海周辺地域からライン，ドナウ河流域地方までを含む最大版図を実現した</u>。そして，<u>3 世紀には帝国内部のすべての自由民はローマ市民として共通の法を享受した</u>のである。しかしこの広大な帝国は，決して緊密にまとまった政治組織ではなく，帝政末期，とくにゲルマン民族移動期に入ると，帝国各地域の自立化が進行した。<u>帝国の四分統治は，集権的統治には大きすぎる帝国の効果的な支配と防衛を意図した方策であった</u>。

　西ローマ帝国滅亡後，ゲルマン部族国家の興亡の中で成立したフランク王国は，カロリング家のカール大帝のもとで，<u>ヨーロッパの広い範囲を支配下に置いた</u>。第二次世界大戦後のヨーロッパ統合運動の中で，カール大帝が「ヨーロッパの父」と称されたのは，この版図の大きさによるのみではない。800 年にはカールはローマ教皇により戴冠され，それにより<u>カールはローマ帝国の政治的伝統およびキリスト教的文化とゲルマン的要素を結合し，ヨーロッパ世界の枠組みを形成した</u>と考えられたからでもある。とりわけカールはキリスト教の保護者として，布教や<u>異教徒との戦い</u>に尽力した。しかしカールの帝国も，ローマ帝国以上に，独自の法や文化，言語を持つ民族・地域のルーズな集合体という性格が顕著であり，9 世紀には幾度かの領土分割を経ることになる。統合と多様化の競合は今日までヨーロッパ史を貫く特質である。

問

(1)　このときの皇帝は誰か。

(2)　212年に帝国内の自由民すべてにローマ市民権を認めた皇帝は誰か。

(3)　この時期に東部でローマ帝国と抗争した国家を記せ。

(4)　(ア)　下記のEU諸国のうち，その地域の大半がカールの帝国に属していなかったのはどれか。一つ選んで記号で答えよ。

　　　　a　オランダ　　　　b　ベルギー　　　　c　スペイン

　(イ)　(ア)で選んだ地域は，当時どのような勢力の下に置かれていたか。

(5)　このようにカールの戴冠を，ヨーロッパ文明の成立を象徴するものと見なすことは，西ヨーロッパに偏った見方であるとの批判がある。このような批判が生じる根拠としては，どのような事象が考えられるか。簡潔に述べよ。

(6)　帝国東方でカール大帝に敗れ衰退した，モンゴル系とされる遊牧民は何と呼ばれるか。

B　つぎの文章は，19世紀後半のヨーロッパで台頭したある<u>芸術思潮を代表するフランス人の文学者</u>が，1880年に著した『実験小説論』の一節である。

(7)

　　「あえて法則を規定しようというのではないが，<u>遺伝の問題は人間の知的情的発現に大きな力を持つ</u>とわたしは思う。また環境も非常に重要なものであ
(8)
ると思う。そのため<u>ダーウィンの学説</u>に触れねばなるまい。」(古賀照一訳)
(9)

　この文学者はまた，19世紀末のフランス社会を揺るがした<u>えん罪事件</u>に際
(10)
して，<u>1898年</u>，「私は告発する」と題する文書を発表し，事件をめぐる政府の
(11)
対応を非難した。同じ年にフランスの新聞に掲載された風刺マンガ「一族の晩餐」(図1)も，この事件を扱ったものである。

問

(7)　(ア)　文学者名を記せ。

　　(イ)　この文学者が代表する芸術思潮について，それが一般に何と呼ばれているかを明示したうえで，その思潮の特徴を簡潔に説明せよ。

　　(ウ)　この芸術思潮は絵画にも及んだ。この思潮をフランスにおいて代表し，働く農婦の姿など，貧しい農民の生活を正面から凝視して描いた画家の名前を記せ。

図 1

「とくに守って欲しい。あの事件については話題にしないように。」

でも話題になってしまった！

(8) 遺伝の影響を過大評価する考えは，人種主義を助長することになり，第二次世界大戦中には，ナチスによる強制収容所でのユダヤ人大量殺害につながっていった。この大量殺害は一般に何と呼ばれているか。

(9) 19 世紀後半，イギリス人哲学者ハーバート・スペンサーがダーウィンの学説に影響を受け展開した社会思想は，一般に何と呼ばれているか。

(10) この事件の名前を明示したうえで，図 1 において風刺されている社会状況にも触れながら，事件の概要を簡潔に説明せよ。

(11) 19 世紀末，フランスはアフリカとアジアにおいて，イギリスやドイツに対抗しながら植民地の拡張に努めた。

(ア) 1898 年，ナイル河中・上流域の支配をめぐって，フランスとイギリスが厳しく対立する事件がおきたが，フランス側の譲歩で終わった。この事件は一般に何と呼ばれているか。

(イ) 1898 年にドイツ，ロシア，イギリスが中国から租借地を得たことに

　　　　対抗して，フランスも翌 1899 年に中国から租借地を得た。フランスの
　　　　得た租借地の名前を記せ。

C　第二次世界大戦後，かつての国際的な地位を失ったヨーロッパは，アメリカ
　　合衆国とソヴィエト連邦という二超大国間の冷戦の主要な舞台となり，東西に
　　分断された。西欧諸国は合衆国から戦後復興のための大規模な援助を受け，さ
　　　　　　　　　　　　　　　　　　　　　　　　(12)
　　らに 1949 年には北大西洋条約を締結して合衆国との政治的・軍事的連携を強
　　めた。その後，西欧諸国は，フランスとドイツ連邦共和国の政治的連携を軸と
　　しつつ，経済分野を中心とする統合を推進し，EC(ヨーロッパ共同体)と総称
　　される超国家的組織を形成した。当初 6 カ国で設立された EC は段階的に加盟
　　　　　　　　　　　　　　　　　　(13)
　　国を拡大し，有力な政治的・経済的組織に発展していった。
　　　一方，東欧諸国では，大戦後数年のうちにソ連の強力な影響のもとに共産主
　　義政党による一党支配の政治体制が相次いで成立し，コミンフォルム，経済相
　　　　　　　　　　　　　　　　　　　　　　　　　　　(14)
　　互援助会議，ワルシャワ条約機構などを通じてソ連による事実上の支配が確立
　　した。東欧諸国に断続的に発生した自由化・民主化を求める動きはソ連の軍事
　　　　　(15)
　　的介入などによって弾圧されたが，1980 年代のポーランドにおける自主管理
　　　　　　　　　　　　　　　　　　　　　　　　　　　　　　(16)
　　労働組合の要求に見られるように，政治体制への不満がくすぶり続けた。ソ連
　　の指導者ゴルバチョフが，ソ連国内の政治・経済・社会のたてなおしを図る改
　　　　　　　　　　　(17)
　　革を進め，また東欧への不介入政策を採用すると，東欧諸国の一党支配体制は
　　急速に崩壊し，1990 年のドイツ再統一をもってヨーロッパの東西分断は終焉
　　　　　　　　　(18)
　　した。
　　　EC は 1980 年代半ばにはさらなる統合へ向けた動きを強め，1992 年に締結
　　　　　　　　　　　　　　　　　　　　　　　　　　　　　　(19)
　　された条約にもとづいて，EU に発展した。EU は，超国家的諸制度の拡充，
　　域内障壁の撤廃や緩和，共通通貨ユーロの導入などを通じて統合をいっそう深
　　化させ，さらに東欧に領域を拡大することによって，ヨーロッパ全域を代表す
　　る組織としてヨーロッパの国際的地位の向上を象徴する存在となっている。

　問

　　(12)　この援助を何と呼ぶか。

　　(13)　ヨーロッパ石炭鉄鋼共同体やヨーロッパ経済共同体の発足当初，イギリ
　　　　スはこれらの組織に参加しなかった。その理由を簡潔に説明せよ。

(14) 1948 年にこの組織から除名された国の当時の指導者の名前を答えよ。

(15) 1950 年代から 1960 年代末までにソ連が軍事的に介入した東欧の国を 2 つ挙げよ。

(16) この組織の名称を記せ。

(17) この改革を総称して何と呼ぶか。

(18) ドイツ再統一を推進し，統一後最初のドイツ連邦共和国首相の地位にあった人物の名前を答えよ。

(19) この条約が締結された都市名を記せ。

79

次の文章(A，B，C)の 　　　　 の中に適切な語句を入れ，下線部(1)～(17)に
ついての後の設問に答えよ。解答はすべて所定の解答欄に記入せよ。

A　シベリアという地名は，16世紀，ロシアのウラル山脈以東への進出にとも
　(1)
なって征服されたシビル゠ハン国の名称に由来する。ロシアは，毛皮や鉱物資
源を求めてシベリアの開発を進め，17世紀前半には太平洋岸に達した。この
ためアムール川(黒竜江)流域をめぐって中国と利害が衝突し，1689年に清朝
とのあいだでスタノヴォイ山脈(外興安嶺)を境界とする条約を結んだ。

　18世紀にはいるとロシアは2度にわたってカムチャツカの探検を組織し，
　　　　　　　　　　　　　　　　　　　　　　(2)
アラスカに到達した。伊勢国出身の船頭，大黒屋光太夫が遠州灘で遭難し，ア
リューシャン列島に漂着したのは，18世紀末のことである。光太夫はシベリ
アを横断してロシアの当時の首都 　a　 に至り，エカチェリーナ2世に拝
　　　　　　　　　　　　　　　　　　　　(3)
謁したのち，1792年に帰国した。1847年，初代東シベリア総督に任命された
ムラヴィヨフは武力でアムール川地方を占領し，1858年に清朝との間に条約
　　　　　　　　　　　　　　　　　　　　(4)
を結んでアムール川以北をロシア領とした。さらに1860年の北京条約により
　　　　　　　　　　　　　　　　　　　　　　　(5)
ウスリー川以東の沿海州がロシア領となった。1891年よりシベリア鉄道の建
設を始めたロシアは，1896年，中国領内を経由して沿海州に至る 　b　
　　　　　　　(6)
の敷設権を獲得し，1903年にこれを完成した。シベリア鉄道は日露戦争にさ
いして兵員や物資の輸送に利用されたが，ロシア革命後の対ソ干渉戦争によっ
て大きな被害を受けた。

　19世紀をつうじてシベリアは，ツァーリの支配体制に反抗する政治犯の流
刑地でもあった。デカブリストの乱やポーランドの反ロシア蜂起の参加者た
ち，1870年代のナロードニキ，90年代以降のマルクス主義者をはじめとする
　　　　　(7)
革命家たちの多くがシベリアに送られた。

問(1)　このときシビル゠ハン国の首都を占領し，ロシアの本格的なシベリア進
　　　出のきっかけをつくったドン゠コサックの族長は誰か。

⑵　この探検によって，北極海と太平洋を結ぶ海峡の存在が確認された。この探検隊の隊長の名を記せ。

⑶　大黒屋光太夫は，日本に対して通商を求めるロシアの使節の船で帰国した。この使節は誰か。

⑷　この条約は，イギリスとフランスによる中国への侵略戦争に乗じて締結された。この戦争の名称を記せ。

⑸　1860年に建設が開始され，のちにロシアの極東政策の拠点となる沿海州の港湾都市の名を記せ。

⑹　同じ頃，ヨーロッパのある国が西アジアへの進出を図り，アナトリアからペルシャ湾に至る鉄道の敷設権をオスマン帝国より獲得した。この国の名称を記せ。

⑺　この人々の考え方を簡潔に説明せよ。

B　17世紀から18世紀にかけて，北米大陸の大西洋岸にイギリスが建設した各植民地は，成立の経緯も，経済的基盤も，支配のあり方もそれぞれに異なっていた。ロンドン会社による入植が行われたヴァージニア植民地では，　c　　のプランテーションが成功し，大土地所有が進んだ。一方，ピュー(8)リタンによって建設されたマサチューセッツ植民地では，宗教的な規律が重視される政教一致の体制が築かれ，またそれを嫌う人々によって他の植民地が分離，成立した。カトリック教徒が入植したメリーランドや，クェーカー教徒によって建設されたペンシルヴァニアもあった。独立前，最後に建設されたジョージアの場合は，当初，本国の債務者監獄の囚人を解放して入植させ，同時に南からのスペインの侵攻に備えるために計画されたものであった。

　このようにばらばらな北米大陸の植民地に一体感をもたらしたのは，むしろイギリス本国が植民地に課した重商主義的な規制であったといえよう。1651年の航海法をはじめ，17世紀後半から18世紀前半にかけても重商主義的な立法は存在したが，それが厳格に強制され，また新たな規制および課税の攻勢が(9)かけられるようになったのは，七年戦争の結果，北米大陸にあったフランスの(10)脅威が取り除かれて以降のことである。植民地は本国議会に代表を送っていないにもかかわらず課税されることに強く反発し，抵抗を開始した。本国政府は(11)

抑圧をもってそれに応え，対する各植民地は代表を　　d　　に送って，1774年，最初の大陸会議が開かれた。こうして植民地間の結合がもたらされたのである。

　本国との戦争，独立宣言の公布を経て，1783年パリ講和条約でアメリカ合
(12)
衆国の独立が承認された後も，かつての植民地は州として，個別の政治体としての性格を維持した。1787年に開かれた憲法制定会議では，中央政府の権限
を強化しようとする人々と，制限しようとする人々との間に対立が見られた
(13)
が，翌年発効した合衆国憲法は，権限を中央政府と各州に分配しながらも，外交や軍事，課税にとどまらず，州際通商の規制など比較的広範な権限を中央政府にあたえ，アメリカの統合を目指すものであった。

問(8)　これらの植民地が存在した地方を何と呼ぶか。

　(9)　この時期の規制・課税立法の例を一つあげよ。

　(10)　このできごとについて説明せよ。

　(11)　この時期の抵抗の例を一つあげよ。

　(12)　この戦争の期間中，本国からの独立と共和政の樹立の正当性を主張して
　　　大きな影響のあったトマス゠ペインの著作は何か。

　(13)　この人々を何と呼ぶか。

C　つぎの文章は，後年ノーベル文学賞を受賞することになる作家が，1947年
(14)(15)
に発表した寓意小説の冒頭部分から引用したものである。舞台は，この作家が生まれ育った故郷にある一港町であり，かつてヨーロッパで黒死病とも呼ばれ
て恐れられていた伝染病に仮託され，人生そのものにつきまとう死や病などの
(16)
「悪」，そして貧困や戦争などの社会悪に対して，人間はいかに立ち向かうべきなのかが問われている。

　この記録の主題をなす奇異な事件は，194＊年，オランに起こった。通常というには少々けたはずれの事件なのに，起こった場所がそれにふさわしくないというのが一般の意見である。最初見た眼には，オランはなるほど通常の町であり，アルジェリア海岸におけるフランスの一県庁所在地以上の何もの
(17)

でもない。 (宮崎嶺雄訳)

問(14) 作家名(ア)と，小説名(イ)を記せ。

　(15)　(ア)　この小説にうかがえる文芸・哲学思潮について，それが一般に何と
　　　　　呼ばれているかを明示したうえで，その思潮の特徴を簡潔に説明せ
　　　　　よ。

　　　　(イ)　この思潮を20世紀中葉のドイツにおいて代表する人物で，ナチス
　　　　　の積極的加担者であったと後に批判されるようになる哲学者の名を記
　　　　　せ。

　(16)　この伝染病の病原菌は，ある日本人学者によって1894年香港で発見さ
　　　　れた。かつて彼が師事していたドイツ人で，細菌学の祖と呼ばれる人物の
　　　　名を記せ。

　(17)　(ア)　1954年に始まったアルジェリア戦争では，アラブ世界がアルジェ
　　　　　リア民族解放戦線側に有形無形の支援を行った。1956年，この支援
　　　　　に対抗することを目的の一つに，フランスはイギリスとともにアラブ
　　　　　世界への軍事介入を行う。この介入によって起きた紛争が一般に何と
　　　　　呼ばれているかを明示したうえで，その紛争へのイスラエルの関わり
　　　　　方と，その紛争の終結にいたる過程を，簡潔に説明せよ。

　　　　(イ)　アルジェリアは1962年に独立する。当時のフランス大統領の名を
　　　　　記せ。

80

次の文章(A, B, C)の □ の中に適切な語句を入れ, 下線部(1)〜(22)に
ついての後の設問に答えよ。解答はすべて所定の解答欄に記入せよ。

A 都市と都市国家は, 古代地中海世界を構成する最も重要な政治的単位であっ
た。紀元前15〜13世紀にギリシア本土のミケーネやティリンスで栄えた
(1)
国家は, なお専制的な支配者をもつ小王国であったが, 紀元前8世紀以後, ア
クロポリスやアゴラを中心とする集住によってポリスが成立すると, ギリシア
世界は大小の独立都市国家によって構成されるようになった。またポリス市民
(2)
は盛んに黒海沿岸から地中海各地に植民都市を建設し, 海上交易をおこなっ
た。

　ポリスは軍役義務を負う住民の共同体であり, この義務を担うことによっ
て, 住民の政治的権利も拡大した。このような「戦士共同体」としての都市国家
の性格は, ローマにおいても同様であった。イタリア中部の都市国家として出
発したローマは, 他の都市国家を征服し, 服属させることによって地中海世界
を統一した。こうしたローマの版図拡大において軍役を担った市民は, 紀元前
(3)
4〜3世紀には政治的権利を発展させたが, 軍役の長期化は次第に自作農でも
(4)
ある市民の没落をも招き, 民主政は危機に陥った。この危機と権力闘争の中か
らやがて, 帝政ローマが誕生する。

　ローマ帝国は, 地中海世界のみならず, ほぼライン川とドナウ川までの地域
をも支配した。帝国は, 地中海世界のような都市文明を持たなかったアルプス
(5)
以北のこの地域にも都市を建設し, 都市を中心とした行政単位を設けて統治し
たのである。これらのローマ都市は, とくにアルプス以北では, ゲルマン民族
の移動と西ローマ帝国の滅亡後の混乱の中で衰退した。しかし多くのローマ都
市では, 人口減少や市域縮小をともないつつも, 司教座などの教会を中心とす
る都市の核は存続し, 11世紀以後のヨーロッパにおける遠隔地商業の復活に
より, 商工業都市として, あらたな発展を開始した。またライン川以東の,
ローマ都市が存在しなかった地域では, 12, 13世紀以後, 国王や諸侯によっ
て都市が建設された。とくにドイツ北部からバルト海地方にかけてのハンザ商
(6)

業圏では，こうした建設都市が多い。

　ヨーロッパ中世都市においても，市民は都市防衛のための軍役を負い，都市は城壁で囲まれた。一般に中世都市の自治権は，城壁内とその小さな隣接地域に限られ，大きな領域を持つ都市国家へと発展することはなかった。また13，14世紀以後の各地域における国家統合の進展の中で，都市自治は次第に制限されていった。しかし<u>イタリア北・中部の諸都市は，広い領域を持つ都市国家を形成し</u>，<u>ドイツの有力な帝国（自由）都市もまた，イタリア都市のような国家形成は実現できなかったものの，その政治的自立性を維持した</u>。
(7)(8)

問(1)　(ア)　このミケーネ文明において使用された文字を何というか。

　　　(イ)　またこの文字を解読したイギリス人学者の名を記せ。

　(2)　紀元前500年ころペルシアに対して反乱した，イオニアの中心的な植民都市の名を記せ。

　(3)　平民会の議決が元老院の承認なしでも法律となることを認めた，紀元前287年に制定された法を何というか。

　(4)　自作農没落の原因として，軍役の長期化以外にどのようなことが考えられるか。1点のみ簡潔に記せ。

　(5)　次の都市のうち，ローマ都市に起源を持つものを1つ選んで，記号で答えよ。

　　　　　　a　ケルン　　　　　　b　ニュルンベルク

　　　　　　c　ベルリン　　　　　d　プラハ

　(6)　ハンザの盟主的存在であった，バルト海南部の建設都市の名を記せ。

　(7)　12世紀にロンバルディア同盟の中心となり，また14，15世紀にはヴィスコンティ家の支配下で大きな国家を形成した都市の名を記せ。

　(8)　都市国家，都市共同体という形態の相違はあれ，イタリア，ドイツの有力都市が19世紀まで，自立性を維持することができた政治的背景を，簡潔に述べよ。

B　ヴィッテンベルク大学の神学教授であったマルティン・ルターが，95箇条の改革意見書を公表して始まったヨーロッパの宗教改革は，信仰の実践と教会のありかたについて，真摯な問い直しをおこなって多くの支持者を集め，ヨー

ロッパに新たな生活の指針や社会の原理を提供した。しかしそれは同時に，宗教的な対立にもとづく迫害や戦乱を引き起こす原因ともなり，また政治的な抗争の口実として利用されることにもなる。1524年に西南ドイツの農民が起こした反乱に，最初ルターは好意的であった。だが，反乱が中部ドイツに拡大して再洗礼派の影響の下に急進化すると，ルターはこれを非難し，以後ルター派
(9)
の運動は領邦君主や都市の市民と結びついて支持を得た。1529年，神聖ローマ帝国皇帝はシュパイエルの国会でルター派の布教を禁止したが，諸侯・都市はそれに抗議し同盟を結成して皇帝に対抗した。ドイツにおける宗教問題は，1555年のアウグスブルクの和議で一応の決着をみたが，対立はその後もつ
(10)   (11)
づき，1618年には，ベーメン（ボヘミア）で王の即位に反対した新教徒を，皇帝の軍隊が弾圧したことをきっかけに三十年戦争が開始された。この戦争は，新教徒擁護を口実とした外国勢力の介入を招いて長期化し，とくに戦争末期に
(12)
はフランスまでもドイツに遠征して皇帝の軍隊と戦った。

　フランス国内では16世紀に，救済は予定されていると説いたジュネーヴの改革者ジャン・カルヴァンの教義が，都市の商工業者を中心に支持を拡大し，宮廷にも勢力をもつにいたった。ここでも新旧の信仰は，貴族間の対立と結びついて30年以上にも及んだユグノー戦争を引き起こした。この戦乱のなかで
(13)
フランスの　　a　　朝は断絶し，あらたに即位したブルボン家のアンリ4世は，自らカトリックに改宗するとともにナントの勅令を発してユグノーの信仰を承認し，混乱を収拾することに成功した。

　イギリスではすでに，ヘンリー8世と議会がカトリック教会から制度的に離脱して国教会制度を誕生させていたが，改革は比較的穏健なままにとどまっていた。カルヴァンの改革の影響はイギリスにも及んで改革を先鋭化させ，教会
(14)
のありかたにあきたらない諸勢力は多くの教派をうみだした。国教会に対する批判はやがて国家と国王に対する反抗となって共和政の実現をもたらした。革命で議会軍を指導した独立派のオリヴァー・クロムウェルは，政治上の実権を掌握すると，禁欲的倫理にもとづいた厳格な神政政治を実施し，またカトリック教徒の多く住む　　b　　への軍事遠征をおこなった。共和政が短期間で終了した後，1673年に制定された審査法は，新王のカトリックへの復帰を警戒
(15)
した議会による立法であったが，同時に非国教会諸教派の権利をも抑圧することになった。

問(9) この反乱を指導したドイツの宗教改革者は誰か。

(10) この和議によって，帝国内の宗教問題はどのように決着したか。簡潔に説明せよ。

(11) 19世紀に成立したドイツ帝国においても，カトリック，プロテスタントの対立は顕在化した。この時期のカトリック教徒を代表した政党の名は何か。

(12) この戦争に介入したプロテスタント国1つの国名と，その国王の名を記せ。

(13) この戦争中の1572年，多数の新教徒が殺害された事件を何と呼ぶか。

(14) スコットランドではカルヴァン派は何と呼ばれたか。

(15) この法律が19世紀に廃止された際の経緯を簡潔に記せ。

C つぎの〔ア〕〔イ〕は，元徒刑囚を主人公とする<u>フランスの歴史小説</u>(1862年
　　　　　　　　　　　　　　　　　　　　　　　　　　(16)(17)
刊)から引用したものである。〔ア〕は，登場人物の一人マリユスが，1827年17歳の時，復古王政支持者からナポレオン支持者へと転向をとげる場面を描いている。〔イ〕は，その約1年後，マリユスが，共和主義者に論争を挑んだあげく論破され，ナポレオン崇拝熱から冷めていく様子を描いている。

〔ア〕 マリユスは屋根裏の小さな自分の部屋にひとりでいた。ナポレオン軍の公報を読んでいた。ときどき亡父の名が出てきたし，皇帝の名はしょっちゅう出てきた。大帝国全体が彼の目の前に現れた。ときどき，父親が息吹きみたいにそばをとおりすぎ，耳もとに話しかけるような気がした。彼はだんだん妙な気持ちになってきた。太鼓や大砲やラッパの響きや，軍隊の整然とした歩調や，騎兵隊のかすかな遠い早がけの響きが聞こえるような気がした。胸がしめつけられるようだった。感動で身をわななかせて，あえいだ。ふいに，心のなかでなにが起こったのか自分がなにに服従しているのかわからないままに，立ちあがって両腕を窓のそとに突きだし，闇（やみ）や，静けさや，暗い無限や，永遠のひろがりをじっとみつめて叫んだ。「皇帝ばんざい！」

　この瞬間で，すべてが決まった。皇帝は，崩壊を建てなおす驚異的な建築家であり，シャルルマーニュや，ルイ11世や，アンリ4世や，リシュ

リューや，ルイ14世や，公安委員会などの後継者だった。あらゆる国民
に，フランス人を「大国民」とほめさせる使命をになった人物だった。いや
それ以上だった。剣をにぎってヨーロッパを，光りを放って全世界を征服
するフランスの化身そのものだった。マリユスはボナパルトのなかに，つ
ねに国境にすくっと立って未来を見守る，まぶしくかがやく幽霊を見た。

〔イ〕「いったい，きみたちは，皇帝を賛美しないとすれば，だれを賛美する
んだ！　彼にはすべてがそなわっていた。完全だった。ユスティニアヌス
のように法典をつくり，カエサルのように命令し，談話では，タキトゥス
の雷撃にパスカルの稲妻を混じえた。歴史をつくり，歴史を書いた。ティ
ルジットでは皇帝たちに尊厳をおしえた。このような皇帝の帝国に住むこ
とは，国民としてなんとすばらしい運命だろうか。しかもその国民はフラ
ンスの国民であり，フランスは自分の天才をこの男の天才につけ加えたの
だ！　山が四方にワシを放つように，地上のあらゆる方面に軍隊をとびた
たせ，征服し，支配し，粉砕し，勝利をつぎつぎに勝ちとってヨーロッパ
のいわば金色にかがやく国民となり，歴史をつらぬいて巨人のファン
ファーレを鳴りひびかせ，征服と眩惑によって二度世界を征服する。これ
は崇高なことだ。これより偉大なことが，いったいあるだろうか？」

「自由でいることだ」とコンブフェールが言った。

こんどはマリユスが顔を伏せた。この簡単な，冷たい言葉は，鋼鉄の刃
のように，彼の叙事詩のような熱弁をつらぬいた。彼は心のなかで熱情が
消えさるのを感じた。　　　　　　　（辻昶訳　訳文は一部省略した）

問(16)　小説名(ア)と，作者名(イ)を記せ。

(17)　(ア)　作者は，古典主義と啓蒙主義を批判するかたちで19世紀前半に隆
盛した文芸思潮を代表している。その文芸思潮名を記せ。

(イ)　また，その文芸思潮の特徴を，批判内容に言及したうえで，引用文
を参考にしながら簡潔に説明せよ。

(18)　公安委員会がおこなった土地改革を10字程度で説明せよ。

(19)　ボナパルトが1802年にイギリスと結んだ協定を何と呼ぶか。

(20)　このときに結ばれた条約の結果として建国され，フランスの従属国家と
なった国を1つ記せ。

⑵ 自由主義の精神は，1820年代，ヨーロッパ各地に広がっていった。ロシアにおいて自由主義を掲げ，1825年に立憲君主制確立などを唱えて蜂起した人びとは何と呼ばれているか。

⑵ 1820年代当時のブルジョワジーがよりどころにした自由主義経済学は，前世紀にイギリスで誕生した。この経済学の体系的創始者名(ア)と，その主著名(イ)を記せ。